产业发展与环境治理研究论丛

中国车用能源战略研究

冯飞 等 编著

2014年·北京

图书在版编目(CIP)数据

中国车用能源战略研究 / 冯飞等编著. —北京：商务印书馆，2014
（产业发展与环境治理研究论丛）
ISBN 978 - 7 - 100 - 10727 - 3

I. ①中⋯　II. ①冯⋯　III. ①汽车—能源管理—研究—中国　IV. ① U473

中国版本图书馆 CIP 数据核字（2014）第 210689 号

所有权利保留。
未经许可，不得以任何方式使用。

中国车用能源战略研究
冯飞　等　编著

商　务　印　书　馆　出　版
（北京王府井大街36号　邮政编码100710）
商　务　印　书　馆　发　行
三河市尚艺印装有限公司印刷
ISBN 978 - 7 - 100 - 10727 - 3

2014年11月第1版　　　开本 710 × 1000　1/16
2014年11月北京第1次印刷　印张 25 1/4

定价：90.00元

CIDEG 研究论丛编委会

主编 薛澜
编委 （按拼音顺序）

巴瑞·诺顿	白重恩	陈清泰	高世楫	胡鞍钢	黄佩华
季卫东	江小涓	金本良嗣	李 强	刘遵义	卢 迈
钱 易	钱颖一	秦 晓	青木昌彦	仇保兴	藤本隆宏
王晨光	王 名	吴敬琏	肖 梦	谢德华	谢维和
薛 澜	查道炯	周大地			

本书参编人员名单
（姓名按拼音排序）

国务院发展研究中心产业经济研究部课题组
冯飞、李秋淮（安徽省政府发展研究中心）、
石耀东、宋紫峰、王金照、王晓明、王忠宏、
吴克明（安徽省政府发展研究中心）、张可（交通运输部）

专家推荐

在可预见的未来，汽车能源多元化的形势将较快发展，它为缓解我国持续增长的汽车消费与能源环境的矛盾开辟了新的途径，但也带来了严峻的挑战。能源结构的调整牵一发动全身，新旧能源的替代是一个相对缓慢的过程，但是我们作为未来全球最大的能源消费国，必须对汽车能源的变革保持足够的敏感并为各种可能做好准备。因此，汽车能源的问题，是国家战略的问题。近十多年来以冯飞为首的研究团队深度跟踪国内外相关形势的发展，本书以翔实的资料、全球视野和政策研究的视角做出判断、分析并提出建议，是迄今为止我国汽车能源领域最有价值的专著。无论对汽车能源战略、政策的制定还是汽车能源技术的研究，都有重要参考价值。

（国务院发展研究中心原党组书记、副主任、研究员；清华大学公共管理学院首任院长；清华大学产业发展与环境治理研究中心理事会理事长　陈清泰）

面对交通能源与环境的巨大挑战，以动力电气化、燃料低碳化、能源多元化为特征的车用能源技术变革在全球迅猛发展。如何根据中国国情选择车用能源发展战略，是我国广泛讨论、反复求证的一个重大问题。冯飞博士长期研究车用能源发展战略，本书是他多年研究成果的结晶。书中全面梳理了国内外汽车能源的发展趋势、战略定位与政策体系，定量分析了各种车用能源技术的生命周期能效与环保效益，在此基础上，提出了适合中国能源供应条件的车用能源发展战略与政策建议。总之，本书是将战略高度、学术深度和应用广度有机结合的好书，特此推荐。

（国家"863"计划"节能与新能源汽车重大项目"总体专家组组长；清华大学教授　欧阳明高）

本书对车用能源进行了全面、深入的研究，在综合介绍国外车用能源发展状况的基础上，从产业发展、技术水平、政策法规、全生命周期能效和排放分析、资源禀赋等多个维度，对中国各种车用能源进行了详细的分析比较和严谨的判断思考，系统地提出了我国的车用能源战略及政策建议。本书对于我国车用能源发展战略的制定和实施，具有较好的指导意义；对于国家和企业的决策者、相关领域的技术及研究人员，具有极高的实用参考价值。

（清华大学汽车产业与技术战略研究院院长　赵福全）

总 序

作为"产业发展与环境治理研究论丛"的主编,我们首先要说明编撰这套丛书的来龙去脉。这套丛书是清华大学产业发展与环境治理研究中心(Center for Industrial Development and Environmental Governance,CIDEG)的标志性出版物。这个中心成立于 2005 年 9 月,得到了日本丰田汽车公司的资金支持。

在清华大学公共管理学院设立这样一个公共政策研究中心主要是基于以下思考:由于全球化和技术进步,世界变得越来越复杂,很多问题,比如能源、环境、健康等,不光局限在相应的科学领域,还需要其他学科的研究者参与进来,比如经济学、政治学、法学以及工程研究等,进行跨学科的研究。参加者不应仅仅来自学术机构和学校,也应有政府和企业。我们需要不同学科学者相互对话的平台。而 CIDEG 正好可以发挥这种平台作用。CIDEG 的目标是致力于在中国转型过程中以"制度变革与协调发展"、"资源与能源约束下的可持续发展"和"产业组织、监管及政策"为重点开展研究活动,为的是提高中国公共政策与治理研究与教育水平,促进学术界、产业界、非政府组织及政府部门之间的沟通、学习和协调。

中国的改革开放已经有 30 多年的历程,它所取得的成就令世人瞩目,为全世界的经济增长贡献了力量。但是,近年来,中国经济发展也面临着诸多挑战:如资源约束和环境制约;腐败对经济发展造成的危害;改革滞后的金融服务体系;自主创新能力与科技全球化的矛盾,以及为构建一个和谐社会所必须面对的来自教育、环境、社会保障和医疗卫生等方面的冲突。这些挑战和冲突正是 CIDEG 开展的重点研究方向。

为此,CIDEG 专门设立了重大研究项目,邀请相关领域的知名专家和学者担任项目负责人,并提供相对充裕的资金和条件,鼓励研究者对这些问题进行深入细致、独立客观的原创性研究。CIDEG 期望这些研究是本着自由和严谨的学术精神,对当前重大的政策问题和理论问题给出有价值和独特视角的回答。

CIDEG 理事会和学术委员会设立联席会议，对重大研究项目的选题和立项进行严格筛选，并认真评议研究成果的理论价值和实践意义。本丛书编委会亦由 CIDEG 理事和学术委员组成。我们会陆续选择适当的重大项目成果编入论丛。为此，我们感谢提供选题的 CIDEG 理事和学术委员，以及入选书籍的作者、评委和编辑们。

目前，"产业发展与环境治理研究论丛"已经出版的专著包括《中国车用能源战略研究》《城镇化过程中的环境政策实践：日本的经验教训》《中国土地制度改革：难点、突破与政策组合》《中国县级财政研究：1994—2006》《寻租与中国产业发展》《中国环境监管体制研究》《中国生产者服务业发展与制造业升级》《中国应对全球气候变化》《构建全面健康社会》等。这些专著国际化的视野、独特的视角、深入扎实的研究、跨学科的研究方法、规范的实证分析等，得到了广大专业读者的好评，对传播产业发展、环境治理和制度变迁等方面的重要研究成果起到了很好的作用。我们相信，随着"产业发展与环境治理研究论丛"中更多著作的出版，CIDEG 能够为广大专业读者提供更多、更好的启发，也能够为中国公共政策的科学化和民主化做出贡献。

产业发展与环境治理研究中心主任
清华大学公共管理学院院长
2014 年 5 月

目 录

第一章 全球汽车能源的发展趋势、战略和政策 1

 第一节 全球汽车能源发展趋势以及各国发展重点 1

  一、汽车能源发展概述 1

  二、混合动力汽车发展趋势以及各国发展重点 6

  三、插电式混合动力、纯电动汽车发展趋势以及
   各国发展重点 7

  四、燃料电池汽车发展趋势以及各国发展重点 23

  五、生物燃料发展趋势以及各国发展重点 29

  六、先进柴油、汽油技术发展趋势以及各国发展重点 33

  七、小结 39

 第二节 全球主要汽车生产国及欧盟的汽车能源战略 39

  一、美国汽车能源战略 39

  二、欧盟汽车能源战略 56

  三、日本汽车能源战略 64

  四、小结 73

 第三节 主要国家及欧盟的支持政策 74

  一、美国的支持政策 74

  二、欧盟的支持政策 98

三、日本的支持政策 116
四、小结 122

第二章 我国汽车能源技术发展现状及能力 123
第一节 总论 123
一、我国汽车能源发展的紧迫性 123
二、我国汽车能源发展现状 129
三、我国汽车能源发展存在的问题 141
第二节 电动汽车发展现状及能力 144
一、我国电动汽车技术发展现状 144
二、我国电动汽车整车产业化现状 155
三、我国促进电动汽车技术进步和产业化的政策 160
四、我国电动汽车示范推广情况 162
第三节 燃料电池发展现状及能力 173
一、我国燃料电池发展现状 173
二、技术基础及能力 180
三、国家支持政策及效果 187
四、各地发展情况 192
五、存在的主要问题 193
第四节 天然气替代能源发展现状及能力 195
一、我国天然气替代能源发展现状 195
二、技术基础及能力 199
三、支持方向及政策 204
四、各地发展情况 208
五、存在的主要问题 216
第五节 生物柴油发展现状及能力 217
一、我国生物柴油产业发展现状 218

二、技术模式和能力 221
　　三、国家支持政策及效果 226
　　四、各地发展情况 228
　　五、存在的主要问题 229
　第六节　我国传统能源改进发展现状及能力 231
　　一、我国节能汽车产业发展现状 231
　　二、基础技术分析 233
　　三、现行汽车能源政策的节能减排实施效果分析 248
　　四、各地发展情况 252
　　五、存在的主要问题 254

第三章　主要替代能源的能效和排放分析 259
　第一节　全生命周期的"油井到车轮"分析方法 260
　　一、生命周期评价的起源 260
　　二、全生命周期理论在汽车领域的应用 261
　　三、替代能源生命周期能效和排放计算方法 264
　第二节　车用替代能源的全生命周期能效和排放情况 266
　　一、原料开采和燃料生产阶段数据 267
　　二、车辆运行阶段数据 282
　　三、替代能源全生命周期分析结论 284
　第三节　不同研究对替代能源的全生命周期分析结论对比 288
　　一、汽柴油路径对比 288
　　二、电力路径对比 289
　　三、氢路径对比 295
　　四、生物燃料路径对比 297
　　五、综合对比 299
　　六、其他 301

第四章 我国的能源资源禀赋及供需情况 ······ 303
第一节 我国的能源资源状况 ······ 303
一、煤炭资源 ······ 304
二、石油资源 ······ 306
三、天然气资源 ······ 310
四、可再生能源资源 ······ 314
五、土地资源 ······ 318
六、水资源状况 ······ 321

第二节 我国的能源供需形势 ······ 326
一、现阶段我国能源供需形势 ······ 326
二、未来我国能源供需形势 ······ 330
三、小结 ······ 338

第五章 我国车用能源战略及政策 ······ 340
第一节 我国车用能源现状 ······ 340
一、我国车用能源消费呈现高速增长态势，占能源消费总量的
比重不断攀升，对保障能源安全提出了严峻挑战 ······ 340
二、机动车引发的环境问题日益突出，已经成为城市污染的
主要来源，严重威胁人民群众身体健康 ······ 357

第二节 解决我国车用能源问题面临的挑战与机遇 ······ 361
一、车用能源消费特别是石油消费持续增长是最大挑战，将
影响能源安全和加剧环境污染 ······ 361
二、能源工业和汽车产业技术创新及应用是最大机遇，将实
现车用能源转型发展 ······ 362
三、短期中挑战大于机遇，长期中机遇大于挑战 ······ 364

第三节 原则、思路和途径 ······ 365
一、原则 ······ 365
二、思路 ······ 366

  三、途径 ··· 367
第四节　战略目标和重点 ·· 368
  一、战略目标 ·· 368
  二、战略重点 ·· 369
第五节　预期效果 ·· 372
  一、基准情景 ·· 373
  二、节能减排措施及潜力 ·· 376
  三、预期效果 ·· 377
第六节　政策建议 ·· 378
  一、制定明确的国家车用能源总体战略 ·· 378
  二、加强车用能源技术研发和标准体系建设 ······································ 379
  三、构建公平开放的车用能源发展政策体系 ······································ 380
  四、推进替代能源和非常规动力能源的宣传推广和产业化 ·················· 382
  五、加快车用能源发展的基础设施建设 ·· 383
  六、建立健全汽车及电池回收相关政策法规 ······································ 384

主要参考文献 ·· 387

第一章
全球汽车能源的发展趋势、战略和政策

第一节 全球汽车能源发展趋势以及各国发展重点

一、汽车能源发展概述

(一) 全球能源结构与发展趋势

随着世界经济、社会的发展,世界能源消费量持续增长。国际能源署(IEA)发布的《世界能源展望2011》(World Energy Outlook 2011)报告指出,全球能源需求从2010年至2035年会增加1/3。化石燃料的时代还远未结束,但其主导地位有所下滑,化石燃料在全球一次能源消费中的占比会从2010年的81%小幅下滑到2035年的75%,水电和风电为主的可再生能源技术将占到满足日益增长的需求所需新增装机容量的一半。

根据美国能源信息署(EIA)的最新预测,全球能源需求量预计2020年将达到128.89亿吨油当量,2025年达到136.50亿吨油当量,年均增长率为1.2%。欧洲和北美洲两个发达地区能源消费占世界总量的比例将继续呈下降的趋势,而亚洲、中东、中南美洲等地区将保持增长态势。

随着世界能源消费量的增大,二氧化碳、氮氧化物、灰尘颗粒物等环境污染物的排放量逐年增大,化石能源对环境的污染和全球气候的影响将日趋严重。据EIA统计与预测,1990年世界二氧化碳的排放量约为215.6亿吨,2001年达到239.0亿吨,2010年为277.2亿吨,2025年将达到371.2亿吨,年均增长1.85%。

面对以上挑战,未来世界能源供应和消费将向多元化、清洁化、高效化、全球化和市场化方向发展。

一是多元化。世界能源结构先后经历了以薪柴为主、以煤为主和以石油为主的时代，现在正在向以天然气为主转变，同时，水能、核能、风能、太阳能也正得到更广泛的利用。可持续发展、环境保护、能源供应成本和可供应能源的结构变化决定了全球能源多样化发展的格局。天然气消费量将稳步增加，在某些地区，燃气电站有取代燃煤电站的趋势。未来，在发展常规能源的同时，新能源和可再生能源将受到重视。

二是清洁化。随着世界能源新技术的进步及环保标准的日益严格，未来世界能源将进一步向清洁化的方向发展，不仅能源的生产过程要实现清洁化，而且能源工业要不断生产出更多、更好的清洁能源，清洁能源在能源总消费中的比例也将逐步增大。在世界能源消费结构中，煤炭所占的比例将由目前的26.47%下降到2025年的21.72%，而天然气将由目前的23.94%上升到2025年的28.40%，石油的比例将维持在37.60%—37.90%的水平。同时，过去被认为是"脏"能源的煤炭和传统能源薪柴、秸秆、粪便的利用将向清洁化方面发展，洁净煤技术（如煤液化技术、煤气化技术、煤脱硫脱尘技术）、沼气技术、生物柴油技术等将取得突破并得到广泛应用。

三是高效化。世界能源加工和消费的效率差别较大，能源利用效率提高的潜力巨大。随着世界能源新技术的进步，未来世界能源利用效率将日趋提高，能源强度将逐步降低。例如，以1997年美元不变价计，1990年世界的能源强度为0.3541吨油当量/千美元，2001年已降低到0.3121吨油当量/千美元，预计2010年为0.2759吨油当量/千美元，2025年为0.2375吨油当量/千美元。但是，世界各地区能源强度差异较大，例如，2001年世界发达国家的能源强度仅为0.2109吨油当量/千美元，2001—2025年发展中国家的能源强度预计是发达国家的2.3—3.2倍，可见世界的节能潜力巨大。

四是全球化。由于世界能源资源分布及需求分布的不均衡性，世界各个国家和地区已经越来越难以依靠本国的资源来满足其国内的需求，越来越需要依靠世界其他国家或地区的资源供应，世界贸易量将越来越大，贸易额呈逐渐增加的趋势。以石油贸易为例，全球石油贸易总量从1965年的3232.4万桶/日上升到2011年的5458万桶/日，占全球石油产量的比重在同期也从51.4%上升到65.3%，自2003年以来一直高于60%[1]。世界能源供应与消费的全球化进程将加快，世界主要能源生产国和能源消费国将积极加入到能源供需市场的全球化进程中。

五是市场化。由于市场化是实现国际能源资源优化配置和利用的最佳手段，故随着世界经济的发展，特别是世界各国市场化改革进程的加快，世界能源利用的市场化程度越来越高，世界各国政府直接干预能源利用的行为将越来越少，而政府为能源市场服务的作用则相应增大，特别是在完善各国、各地区的能源法律法规并提供良好的能源市场环境方面，政府将更好地发挥作用。当前，俄罗斯、哈萨克斯坦、利比亚等能源资源丰富的国家，正在不断完善其国家能源投资政策和行政管理措施，这些国家能源生产的市场化程度和规范化程度将得到提高，有利于境外投资者进行投资。

（二）全球汽车能源发展趋势

从煤炭到石油，到天然气，再到太阳能、风能等可再生能源，产生同等能量的二氧化碳排放量逐渐减少。从这个意义上来说，能源利用的演变过程就是脱碳的过程。汽车能源的发展也遵循着这一条规律，目前正经历着从石油到非石油的转变：从汽/柴油到天然气或生物燃料，再到电能或氢气，二氧化碳的排放量逐渐减少，直至排放量为零。

1. 低碳燃料

以天然气或者生物燃料替代汽/柴油。天然气的二氧化碳排放量可减少50%；生物燃料，如生物柴油和生物乙醇，来自绿色植物，其生长过程吸收和使用过程排放的二氧化碳几乎相等，不额外排放的二氧化碳，也可较大程度减少二氧化碳的排放。

2. 混合动力汽车

混合动力汽车，是指车上装有两个以上动力源，包括有电机驱动，符合汽车道路交通、安全法规的汽车。车载动力源有多种：蓄电池、燃料电池、太阳能电池、内燃机车的发电机组，当前复合动力汽车一般是指内燃机车发电机，再加上蓄电池的汽车。

---

[1] 资料来源：BP能源统计数据。

混合动力汽车的优点是:第一,采用混合动力后可按平均需用的功率来确定内燃机的最大功率,此时处于油耗低、污染小的最优工况下工作,与同类发动机车型相比,排放降低。第二,因为有了电池,可以十分方便地回收制动、下坡、怠速时的能量,提高了整车的燃料经济性。第三,在繁华市区,可关停内燃机,由电池单独驱动,实现"零"排放。第四,有了内燃机可以十分方便地解决耗能大的空调、取暖、除霜等纯电动汽车遇到的难题。第五,可以利用现有的加油站加油,不必重新投资建设新的燃料供应站。第六,可让电池保持在良好的工作状态,不发生过充、过放,延长其使用寿命,降低成本。第七,通过减小发动机负荷降低了噪声。其缺点为:长距离高速行驶时,基本不能省油;由于它有两套动力,再加上两套动力的管理控制系统,结构复杂,技术较难,价格较高。通过回收汽车行驶过程中被浪费的能量,以及电池储存的电能辅助汽车行驶,能够部分减少汽/柴油使用量,从而达到减排的目的。

3. 纯电动汽车

汽车以电为能量,使用过程中二氧化碳排放量为零。

4. 燃料电池

以氢气为燃料,排放物只有水,二氧化碳排放量为零。

图 1-1 给出了各种动力系统对应的能源类型及相关说明。车用新能源在国内外已发展多年,但与传统汽/柴油相比,由于其燃料来源和燃用性能的局限,一直无法大规模替代汽/柴油,直至今日也仅仅是作为传统燃料的有益补充,但其仍不失为一种减少二氧化碳排放的有效途径。发展最快的新能源当属生物燃料,主要是燃料乙醇(美国和巴西)和生物柴油(德国和美国)。但乙醇和生物柴油需占用大量土地,与民争粮,引起多方争议,无法各国大规模推广。巴西、美国和德国依靠国内政策大力扶持,充分利用其国内耕地面积大的优势,生物燃料发展迅猛。而在其他耕地资源相对贫乏的国家,发展生物燃料受到很大局限。

动力类型		能源类型	备注
内燃机型 ↓	低碳燃料汽车	醇类燃料（甲醇、乙醇） 醚类燃料（如二甲醚） 生物柴油 天然气/液化气	利用现有加油站体系，只需改进传统内燃机。可减少二氧化硫、二氧化碳排放，但资源供应量受到限制。
混合动力（减少排放）↓	机电混合汽车	内燃机为主动力，辅以电动机及能量回收、存储装置	以丰田普锐斯为代表，以内燃机为主，无外接电源，可回收刹车和下坡时的能量，减排潜力有限。
		插电式混合动力	电机驱动，外接电源为电池充电。电能消耗完毕，内燃机启动，为电池充电。电池容量技术和成本有待突破。
电力型（零排放）	纯电动汽车	电池+电动机	以电池为能量来源。目前电池容量和寿命尚需突破，充电网络完备是纯电动汽车商用的基础。
	燃料电池汽车	碱性电池（AFC）	阿波罗宇宙飞船和航天飞机。
		磷酸型燃料电池（PAFC）	技术成熟，但成本高，较强腐蚀性。应用于独立电站。
		熔融碳酸盐型燃料电池（MCFC）	燃料要求低，工作温度600—700℃，应用于大型独立电站。
		固体氧化物燃料电池（SOFC）	车用辅助电源、空调、加热、照明等。
		质子交换膜燃料电池（PEMFC）	最有潜力的电池技术，适用于汽车动力以及各种移动设备。但成本较高，尚无廉价的制氢技术。

图1-1 低碳汽车发展趋势

资料来源：国联证券研究所。

天然气、石油液化气等不能从根本上解决对矿石能源的依赖，近年来有逐渐萎缩的趋势。甲醇和二甲醚来自煤炭，转化过程中需消耗大量能源，政府持谨慎态度；而天然气和液化石油气的能量密度较汽/柴油有较大差距，多年来多局限于公共交通领域。

各国在纯电动汽车（EV）、混合电动汽车（HEV）、燃料电池汽车（FCEV）的投入比例略有不同。法国侧重纯电动汽车研发；而美国、日本等则对混合能源汽车、燃料电池汽车的研发也给予了较大的支持；德国、英国对纯电动汽车、混合电动汽车给予较大的政策扶持力度。

巴西在生物燃料应用上非常普及，逐渐成为新能源车发展的典范。

在先进柴油技术方面，欧洲出现了越来越明显的轿车柴油化趋势，美国柴油汽车在过去的 5 年中销量增长 56%，柴油将成为国际节能趋势。

二、混合动力汽车发展趋势以及各国发展重点

（一）全球混合动力汽车发展趋势

尽管从汽车制造技术的长远发展来看，混合动力车辆只是由燃油动力车辆到纯电动汽车的过渡类型，但其在近几十年内会很有发展前景，这一点是毫无疑问的。一方面，混合动力作为一种技术，在不远的将来会成为燃料电池替换内燃机的重要过渡技术，对燃料电池混合动力车的开发将会起重要的作用。从这个意义上说，混合动力技术就不仅仅是一种提升品牌、知名度和技术实力的需要。另一方面，混合动力汽车本身确实具有商业前景，它也许会成为百年汽车史上的又一个里程碑，开创世界汽车工业的新篇章。各大汽车公司竞相开发和推出自己的新一代混合动力汽车，表明看好这一前景，也许是眼前和长远的利益兼而有之。

目前，大部分混合动力轿车项目样车开发和试制已经结束，而用户面临的重大障碍还是成本相对较高。因此，尽可能采用成熟技术、降低整车成本，成为混合动力轿车技术发展的一大趋势。由于混合动力轿车技术自身的特点，混合动力轿车专用零部件的开发和批量生产也将成为混合动力轿车技术发展的另一大趋势。研究开发应用于混合动力轿车的先进技术，如燃料电池技术、轻质车身技术、柴油发动机技术以及先进的热机、电机驱动系统，也是各国汽车生产商需要全力解决的重要技术问题。混合动力汽车具有很高的市场可行性，但要想快速实现其产业化和商业化，还需要政府创造良好的研究、开发、生产及推广环境。

（二）各国发展重点

近年来，美、日、德等汽车工业强国先后发布了关于推动包括混合动力汽车在内的新能源汽车产业发展的国家计划。

1. 日本发展重点

1997 年，日本丰田推出了世界上第一款批量生产的混合动力汽车，其后

又在 2001 年相继推出了混合动力面包车和皇冠轿车，运用了先进的混合动力系统（THS）电子控制装置与电动四轮驱动及四轮驱动力/制动力综合控制系统，在普及混合动力系统的低燃耗、低排放和改进行驶性能方面处于世界前沿。以丰田为代表的日系企业，正是因十多年前的精确判断，才最终以混合动力这种过渡的新能源技术傲立如今的世界汽车市场。丰田普锐斯轿车 2009 年的销量达 20.89 万辆，同比增长达 290%，成为包含微型车在内的新车销量排行榜榜首。

2. 美国发展重点

美国三大汽车公司通用、福特和戴姆勒-克莱斯勒在 2004 年就组建了生产混合动力汽车和燃料电池汽车所用电池的联合开发公司，投资 460 万美元开发新一代环保型双动力汽车所需要的高性能锂聚合物电池。2005 年 9 月，通用汽车、戴姆勒-克莱斯勒集团与宝马集团签署了关于构建全球合作联盟，以共同开发混合动力推进系统的合作备忘录，共享各自在混合动力推进系统方面领先的技术能力及丰富的科技资源，并把发展"双模"完全混合动力系统作为首要目标。2009 年美国混合动力汽车销量达到 29.03 万辆，占美国汽车市场份额达 2.8%，虽然份额还较小，但却从 2005 年的 1.2% 开始呈逐年上升之势。预计美国混合动力汽车的销量 2013 年将达到 87.2 万辆，市场占有率将达到 5%。

三、插电式混合动力、纯电动汽车发展趋势以及各国发展重点

插电式混合动力汽车和纯电动汽车已成为电动汽车发展主流方向，受到各国的重视。根据电动汽车倡议（EVI）部分成员国发布的预测统计，2020 年全世界插电式混合动力汽车和纯电动汽车的销量将达到 600 万辆/年，占全部新车销量的 6%。而全球性市场咨询公司 JD Power 预测的销售量是 390 万辆/年，占新车销量的 5.5%。

（一）全球插电式混合动力汽车和纯电动汽车的发展趋势

1. 锂离子动力电池技术取得重大进展

以锂离子动力电池为代表的先进动力电池技术进步加快，在能量密度、功率密度、安全性、可靠性、循环寿命、成本等方面取得突破性进展。目前，代

表国际先进水平的能量型锂离子动力电池的能量密度能够达到120瓦时/千克以上,电池组寿命达到10年或20万公里,成本大幅下降,初步具备了产业化的条件。

2. 纯电动汽车产品开发理念趋于实用化

由以往单纯重视性能、一味追求动力性、续驶里程,转为以提高整车性价比为中心、综合考虑动力性、续驶里程和成本的设计理念,使产品更加接近消费者需求。

3. 纯电动汽车发展呈"小型化"、"平台化"趋势

德国、日本、韩国等国家发布的电动汽车发展计划将小型车作为近期纯电动汽车市场的突破口。近期国际市场推出的纯电动轿车呈现出明显的"小型化"趋势,比如奔驰的Smart、宝马的MINI、三菱公司的iMiEV、富士重工的斯巴鲁Rle等。据美国先进电池联合会预测:到2020年,纯电动汽车主流产品是城市代步用小型电动汽车(参见表1-1)。

表1-1 2020年纯电动汽车发展预测(单位:%)

类型 国家和地区	大型	中型	紧凑型	紧凑型小车	城市代步用
加州	0.0	0.0	6.0	15.0	40.0
美国	0.0	0.0	0.60	1.0	25.0
欧洲	0.0	0.0	1.0	2.5	25.0
日本	0.0	0.0	1.0	2.5	25.0
中国	0.0	0.05	0.5	1.5	15.0
其他地区	0.0	0.0	0.5	1.0	15.0

资料来源:美国先进电池联合会,USABC。

开发全新电动汽车专用底盘,并进行整车结构优化设计、应用轻量化材料逐渐成为纯电动汽车发展的方向。如日产公司推出的电动汽车聆风采用全新设计的专用电动化底盘。纯电动汽车动力系统呈现平台化趋势,特别是轮毂/轮边驱动电机技术应用,不但使动力传递链最短、传动效率提高,而且动力系统易于平台化,可以创造出更大的内部空间。

4. 插电式混合动力成为全球新的研发热点

在政府支持下,美国三大汽车公司积极开发插电式混合动力汽车。日

本也加快了插电式混合动力汽车技术研究。丰田公司自 2007 年 9 月分别在日本、法国、美国和比利时进行插电式混合动力汽车的公路行驶验证试验。此外，欧洲和韩国的相关汽车企业也公布了插电式混合动力汽车研发与量产计划。

5. 世界主要汽车制造商加快了纯电动汽车量产步伐

日产汽车公司 2009 年 8 月发布量产纯电动汽车 Leaf 车型，计划到 2012 年实现年产量 30 万辆目标。三菱汽车公司"iMiEV"纯电动汽车已面向集团用户销售，2010 年 4 月起向个人用户出售。挪威 Think Global 公司计划 2009 年实现纯电动汽车产销 7000—10000 辆。雷诺已有两款纯电动汽车完成量产准备，并计划 2011 年在欧洲推出。丰田和宝马等汽车公司也开发出小型纯电动轿车，并投入示范运行。

6. 纯电动汽车的市场推广开始起步

法国计划在 20 个城市推广使用 10 万辆纯电动汽车。以色列政府计划在未来 10 年内推广 100 万辆电动汽车。德国戴姆勒汽车公司和 RWE 能源公司将携手在德国兴建 500 个电动汽车充电站。德国汽车业联盟预计，2012 年前后，德国将完成电动汽车的系列化，并拉开电动汽车商业化序幕。日本政府启动了纯电动汽车推广计划，预计 2020 年建设 200 万个以上的充电桩和 5000 个快速充电站，在电力、邮政行业全面推广电动汽车。美国旧金山等城市的电动汽车充电区域网络建设也陆续启动。

7. 以电池租赁为代表的汽车商业模式取得进展

通用公司认为，采用电池租赁商业模式除解决销售的价格问题，还可通过专业集中的维护提高动力电池的使用性能，保证使用寿命达 10 年或 24 万公里。美国通用公司对插电式混合动力汽车 Volt 采用电池租赁的商业运营方式来开拓市场。雷诺公司电动轿车 Fluence 拟采用电池租赁的商业运营模式，电池月使用费用为 250 欧元（该费用以假设年出行里程按 30000 公里计算为基础）。

表 1-2 综述了不同国家和地区已经公布的纯电动汽车（EV）和插电式混合动力汽车（PHEV）销量目标。

表1-2 不同国家和地区公布的 EV 和 PHEV 销量目标

国家	目标	公布日期	来源
澳大利亚	2012年:第一辆汽车上路 2018年:大量使用 2050年:达到市场份额的65%	2009年6月	Project Better Place 能源白皮书(参照 Garnault 的报告)
加拿大	2018年:50万辆	2008年6月	加拿大政府《电动汽车规划路线图》
丹麦	2020年:20万辆		丹麦 ENS
法国	2020年:200万辆	2009年10月	生态部部长 Jean-Loius Borloo
德国	2020年:100万辆	2008年11月	national strateglekonferenz Elektromobilität
爱尔兰	2020年:25万辆 2030年:40%的市场份额	2008年11月	能源部部长 Eamon Ryan 和运输部部长 Noel Dempsy
爱尔兰	2020年:35万辆	2009年4月	爱尔兰国家议会
以色列	2011年:4万辆纯电动汽车 2012年:每年增长4—10万辆纯电动汽车	2008年9月	Project Better Place 公司
日本	下一代电动汽车占50%的市场份额	2008年7—8月	日本前首相福田康夫
荷兰	2015年:阿姆斯特丹达到1万车辆 2040年:阿姆斯特丹达到100%的车辆(20万辆)	2009年5月	阿姆斯特丹议员 Marijke Vos
新西兰	2020年:5%的市场份额 2040年:60%的市场份额	2007年10月	新西兰首相 Helen Clark
西班牙	2010年:2000辆	2009年2月	Instituto para la Diversificación y Ahorro de la Energía
西班牙	2014年:100万辆	2009年7月	工业部部长 Mlguel Sebastian
瑞典	2020年:60万辆	2009年5月	Nordic Energy Perspectives
瑞士	2020年:14.5万辆	2009年7月	Alplq 咨询公司
英国	2020年:120万辆的纯电动汽车、35万辆插电式混合动力汽车 2030年:330万辆的纯电动汽车、790万辆的插电式混合动力汽车	2008年10月	英国交通部 "High Range" scenario
美国	2015年:100万辆混合动力汽车	2009年1月	美国总统 Barack Hussein Obama
美国	2015年:61万辆	2009年7月	Pike Research
欧洲	2015年:25万辆纯电动汽车	2008年7月	Frost & Sullvan
欧洲	2015年:48万辆纯电动汽车	2009年5月	Frost & Sullvan
北欧	2020年:130万辆	2009年5月	北欧能源展望

（二）各国发展重点

1. 美国发展重点

（1）美国插电式混合动力汽车及纯电动汽车发展概述

美国的电动汽车发展战略以石油安全为第一目标，在经历了克林顿政府的（PNGV 计划）"新一代机动车伙伴计划"和小布什政府的（Freedom Car 计划）"自由车计划"之后，奥巴马政府从新能源产业总体战略出发，重点发展插电式混合动力汽车，目标为到 2015 年普及 100 万辆插电式混合动力汽车（对应的动力电池技术指标目标如表 1-3 所示）。为推进这一计划，美国《2008 年紧急经济稳定法案》规定对插电式混合动力汽车实施税收优惠，根据车重和电池组容量，减税额度在 2500 美元至 15000 美元之间。奥巴马上台后马上部署实施总额为 48 亿美元（其中，24 亿美元为国家拨款）的电池与电动汽车研发与产业化计划，其中 20 亿美元用来支持先进动力电池的研发和产业化。与此同时，美国政府还加大了对国内汽车制造商研制生产电动汽车的贷款资助，福特、日产北美公司和新成立的 Tesla 汽车公司于 2009 年 6 月获得了 80 亿美元的贷款。

表 1-3　美国发展 PHEV 的动力电池支撑计划目标

电池参数	现状	目标值	
		2012 年（16 公里）	2014 年（64 公里）
可用能量（千瓦时）	3.4	3.4	11.6
价格（美元/千瓦时）	1000+	500	300
纯电动汽车（EV）循环寿命（次）	1000+	5000	3000—5000
混合电动汽车（HEV）循环寿命（次）	300000	300000	300000
日历寿命（年）	3+	10+	10+
系统重量（千克）	80	60	120
系统体积（升）	70	40	80

2009 年奥巴马上台后，宣布拨款 24 亿美元资助美国制造商和相关机构生产下一代电动汽车及其先进电池零部件，要求企业按 1:1 的比例配套 24 亿美

元，发展 8 类、48 个科研生产项目（美国能源部锂离子动力电池研发路线图，参见图 1-2）。其中，15 亿美元资助美国的电池及其配件制造者以提高电池的循环容量，包括电池及其材料制造 8 项共 12.47 亿美元，先进电池配件的制造 10 项共 2.35 亿美元；先进锂离子电池再生 1 项 950 万美元。5 亿美元资助电动力系统的制造者，电动机、电路系统及其他动力系统器件，包括电力驱动装置的制造 7 项共 4.651 亿美元，电动汽车的下游器件制造 3 项共 3230 万美元。4 亿美元用来购买 7000 余辆纯电动汽车和插电式混合动力汽车，在多个地点做演示验证，研究并评估它们的性能。建立充电系统，并教育、培训出先进电动汽车领域的专业人才支撑该行业的发展，包括先进车辆电气化 4 项共 2.152 亿美元，交通部门电气化 1 项 2220 万美元，先进车辆电气化加交通部门电动化 3 项共 7050 万美元，先进电动汽车教育计划 10 项共 3910 万美元。

该计划有如下特点：一是规模宏大，能源部资助 24 亿美元，加上企业配套 24 亿美元，共约合人民币 330 亿元。二是重点突出，主要是纯电动汽车，也有"插电式"混合动力车和增程式电动汽车，没有油电混合动力车和燃料电池电动汽车。三是配套整齐，计划涉及电池及其配件制造、电动机、电路系统及其他动力系统器件、数千辆电动汽车演示验证，建立充电系统，并进行教育、培训，一应俱全。四是直接支持最强的企业。

（2）美国插电式混合动力汽车及纯电动汽车主要发展计划

目前，美国涉及发展插电式混合动力汽车及电动汽车主要有以下几项计划：

一是新一代汽车伙伴计划。"PNGV 计划"的最终目的是研发出一系列新型 EV/HEV，保证车辆高性能，减少排放和车辆生命周期费用。"PNGV 计划"所面临的技术挑战涉及整个设计和组装过程，包括 3 个主要部分：一是在减轻车身和底盘的重量的同时要满足安全性要求；二是在增加能量转化效率的同时要满足排放标准；三是在提高燃料效率同时不增加成本。除了这些技术问题外，该计划还有一些非技术方面的考虑：一是用于生产新车型的原材料转化为成品时需要考虑合理的经费；二是汽车制造业需要改革，特别是在企业结构、汽车部件的生产和组装、投资、劳务分配和能源等方面；三是要考虑顾客接受 EV/HEV 新车的程度以及其是否负担得起。

第一章 全球汽车能源的发展趋势、战略和政策

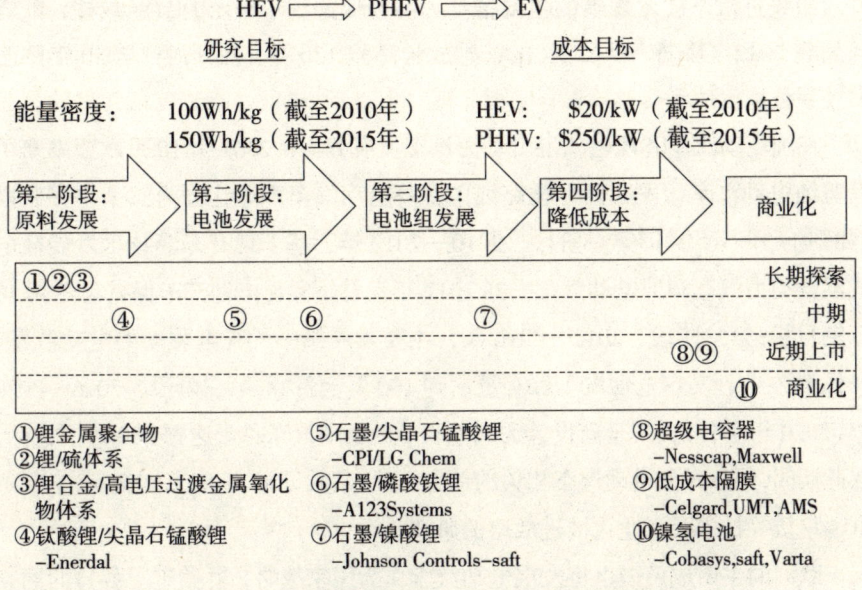

图 1-2 美国能源部锂离子动力电池研发路线图

二是 EV 电池利用研究项目。2002 年，美国能源部批准经费 1500 万美元，用于"工业研究、开发和演示使用电池的电动汽车"的费用共担项目，包括使用效率和动力储存、供电质量等。该项目批准 6 个月后，美国国会制定了相应的法律。

三是"AVP 计划"。1994 年在美国 21 世纪交通法授权下，美国交通部成立专门研究管理机构对 EV/HEV 研究计划进行建议、组织和管理，此机构称作 AVP。AVP 的设立是对 PNGV 系统的补充，是政府"EV/HEV 研发计划"的延续。"AVP 计划"推动其研发的成熟技术转化成实际的应用，并提供相当有价值的交叉学科和多个行业的合作经验，允许具有不同经历和技能的研究伙伴加入"AVP 计划"，保证新鲜血液不断加入以及保持项目成果持续高产。"AVP 计划"不但研发出新型 EV/HEV，而且提供给汽车制造商实用的 EV/HEV 原型，以争取提供给汽车用户更清洁、更安静（低噪声）、更安全、更节能的新型车。

2. 欧盟发展重点

温室气体排放问题是欧盟研究制定车用能源战略的重要考虑因素，同时也

是欧盟先进汽车技术发展的主要推动力。为促进汽车领域的节能减排，欧盟计划到2012年新车平均二氧化碳排放量降至130克/公里，到2020年降至95克/公里。

在纯电动汽车和插电式混合动力汽车发展方面，2009年10月欧盟发布了欧盟纯电动汽车研发及商业化路线图，将电动汽车产业化分为三个主要阶段（如图1-3所示），即第一阶段，2010—2012年，基于现有车辆技术发展插电式混合动力汽车和纯电动汽车，到2012年左右，实现电动汽车保有量达到10万辆目标；第二阶段，2012—2016年，主要发展第一代纯电驱动的电动汽车，2016年左右，实现电动汽车保有量达到100万辆目标；第三阶段，2016—2020年，2020年左右，实现全新设计的纯电驱动的电动汽车总量达到500万辆目标。在此期间，同步开展电动汽车相关的动力电池、基础设施、智能车网交互（V2G）、电池租赁等技术及产业化推进战略的研究。

欧洲的主要成员国也将发展电动汽车作为国家战略，并制定了各自的国家发展计划。据统计，德国、英国、法国、瑞典、瑞士、爱尔兰、意大利、西班牙等国家近期在电动汽车研发方面投入的研究经费合计已超过13.4亿欧元。

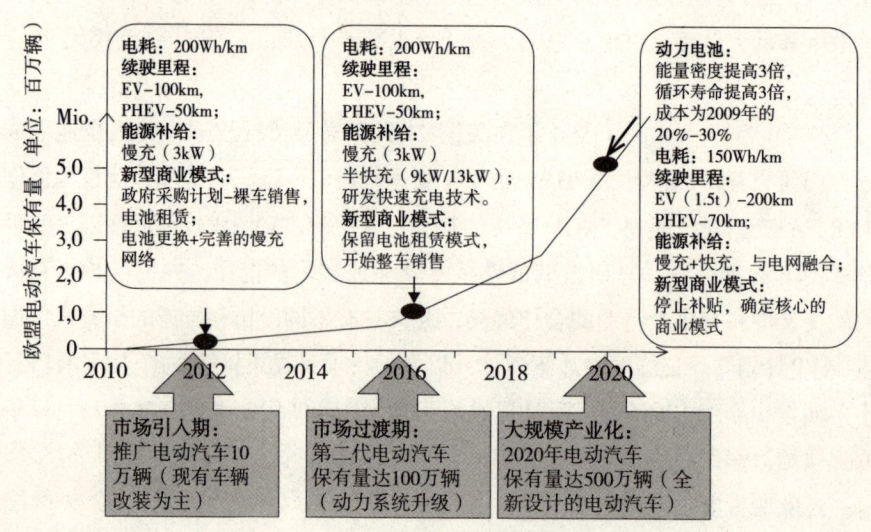

图1-3　欧盟纯电动汽车研发及商业化路线图

（1）法国插电式混合动力汽车及纯电动汽车发展重点

法国侧重于纯电动汽车的研发，积极推动纯电动汽车的配套设施建设及示范应用。

法国有着丰富的核电和水电资源，其中75%的电力来自核电，15%的电力来自水电，并且由于该国缺少石油，因此是积极研制和推广电动汽车的国家之一。作为世界上最鼓励使用纯电动汽车的城市巴黎，已经建立了比较完善的充电网基础设施，停车场及充电站都免费提供服务，另外拥有较大数量的电动公交车、电动送货车、电动环卫车及电动轿车等。法国还有专门的电动汽车电池的租赁、服务和废旧电池回收机构和公司。法国政府、法国电力公司、标致－雪铁龙公司和雷诺汽车公司签署了共同开发和推广电动汽车的协议，并合资组建了电动汽车的电池公司——萨夫特公司。

2009年10月1日，法国政府宣布启动一项名为"电动汽车战役"（Battle of the Electric Car）的电动汽车发展计划。该计划指出，预计到2015年，要建成100万个汽车充电站，至2020年要达到400万个，另外至2020年要有200万辆的纯电动汽车和混合动力汽车实现运营，政府将为此提供15亿元。该计划的目的是为了使法国在电动汽车及相关产业链建成世界领先水平，在未来电动汽车尤其是纯电动汽车市场占据有利地位，并实现减排的战略目标。

（2）德国插电式混合动力汽车及纯电动汽车发展重点

德国汽车工业发达，在纯电动汽车和插电式混合动力汽车上政府制定了长远的发展规划。德国作为传统的汽车大国，对电动汽车的研发和部署也非常重视。1992年德国政府拨款2200万马克，在吕根（Rugen）岛建立欧洲电动汽车试验基地，组织四大公司62辆各类电动汽车在吕根半岛城进行了长达4年的大规模试验。

从2003年起，德国开始实施清洁城市同盟计划，德国政府同9个主要公司签订了一份理解备忘录，创建了一个清洁能源城市同盟。这一同盟，在概念上同美国加州的燃料电池合作计划类似，从2003年起测试30类车型的氢和其他燃料排放情况。这一计划将会持续5年，并由德国主要的汽油制造经销商

Aral 建成一个氢加油站。汽车制造厂家如宝马、戴姆勒-克莱斯勒、福特公司，以及柏林运输组织、天然气供应商 Linde 都将成为计划的参与者。

2009 年 8 月，德国交通部、经济与技术部、环境部、教育与研究部共同制定了《国家电动汽车发展计划》，决定将投资 5 亿欧元资助一个电池研究中心、8 个电动汽车示范区和 190 个项目。该计划认为短期内纯电动汽车和混合动力汽车能够成为电动驱动交通的主要工具，同时提出，至 2020 年德国公路上行驶 100 万辆电动汽车，2030 年达到 500 万辆，2050 年城市交通基本不再使用化石燃料的目标。2009 年 9 月 17 日，德国内阁批准了联邦环境部提交的 2012—2014 年电动汽车促进计划，该计划规定消费者在此期间购买电动汽车，每辆汽车都可享受 3000—5000 欧元的环保补贴或税收优惠。

2010 年 5 月德国总理默克尔召集汽车、能源等领域的 100 余名专家共同商讨德国如何应对电动汽车发展问题，提出了以电动汽车为主重振德国汽车业的发展战略。2010 年 5 月 3 日，默克尔宣布成立"电动汽车国家平台"，用以落实电动汽车发展计划。确定由 147 名专家成立 7 个工作组，解决发动机技术、电池技术、充电站建设和并网、标准化和认证、材料与回收、人员培训、政策条件等问题。目前德国设有柏林/波茨坦、汉堡、不莱梅/奥尔登堡、莱茵-鲁尔、莱茵-美茵、萨克森、斯图加特、慕尼黑 8 个电动汽车示范区，覆盖德国从北到南主要地区。

（3）英国插电式混合动力汽车及纯电动汽车发展重点

政府积极从财政上补贴本国公民购买纯电动汽车、插电式混合动力汽车。英国政府于 2009 年初公布了降低道路交通二氧化碳计划，支持电动汽车研发与产业化和促进"电动汽车城市"网络的建设，于 2009 年 4 月 1 日起对纯电动汽车免征消费税。

英国交通部发布私人购买纯电动汽车、插电式混合动力汽车和燃料电池汽车补贴标准（参见表 1-4）。该项补贴于 2011 年 1 月起至 2014 年，期间总共安排 2.3 亿英镑，单车补贴额度大约为车辆推荐售价的 25%，但不超过 5000 英镑（约合 7600 美元）。此外，英国政府还启动了总额 3000 万英镑（约合 4600 万美元）的充电站补助项目，又叫"插电区域"。伦敦、米尔顿凯恩斯和东北英格兰也在此前得到了建设充电站的专项资金。预计截至 2013 年底，英国将总共建成约 1.1 万座充电站。未来三年上述项目是英国低碳汽车战略的一部分，由低碳汽车办公室联合能源技术研究所和技术战略委员会负责实施。该战略配套资金 4.5 亿英镑（约合 6.87 亿美元）。

表 1-4 英国购买 BEV 和 PHEV 补贴标准

方面	标准
车辆类型	M1 类（座位数不超过 9 座的载客车辆）
	必须是纯电动汽车、插电式混合动力汽车或燃料电池汽车
CO_2 排放	纯电动汽车：0 克/公里
	插电式混合动力汽车：最高 75 克/公里
车辆性能	纯电动汽车续驶里程最长 70 英里（113 千米）
	插电式混合动力汽车最短纯电动续驶里程 10 英里（16 公里）
	最高速度不低于 60 英里/小时（96 公里/小时）
	车辆保证：3 年或 75000 英里（12 万公里）
	电池保证：3 年，或者应消费者要求提供 5 年
	电池衰退：3 年正常使用后电池的一个衰退比率
安全性	碰撞安全：EC（欧盟行人碰撞保护技术指令）或者国际标准
	消费者用电安全：制造商确信已评价车辆使用中的风险，采取合适措施减轻这种风险，并告知消费者；符合 UCECE REG 100（联合国欧洲经济委员会车辆管理标准第 100 号）

资料来源：节能与新能源汽车网。

3. 日本发展重点

日本是最早开始发展电动汽车的国家之一，1965 年就已经把电动汽车列入国家项目，开始电动汽车的研制。当前，日本以产业竞争力为第一目标全面发展混合动力、插电式混合动力和纯电动汽车三种电动汽车。

2007 年 2 月，日本新能源产业技术综合开发机构（NEDO）召开"新一代车用高性能蓄电池系统技术开发"研讨会，宣布将投入约 100 亿日元开发高性能充电电池。2009 年，NEDO 启动"革新型蓄电池尖端科学基础研究"，进行超越锂离子充电电池的新型电极材料等的基础研究，项目总投资额为 210 亿日元。日本经济产业省（METI）于 2008 年 9 月 25 日出台了紧急建议："现在需要借助基础科学研究，探索超越此前的技术改良、基于全新构想和材料的革新性可充电电池技术。"根据此建议，日本的电池厂商、汽车厂商、京都大学以及其他研究机构等22家法人组成联盟团结一致进行开发。

日本前首相麻生太郎在2009年4月提出了以发展电动汽车为核心的"低碳革命"计划，大力普及电动汽车，着力打造10个"电动汽车先进典范城市"。日本政府的"下一代汽车"工程的目标是：到2020年电动汽车保有量达到1350万辆。对应这一目标，到2020年要至少开发出17款纯电动汽车和38款混合动力汽车，建设充电桩200万个，快速充电站5000座。在电动汽车关键核心领域，日本政府认为"谁控制了电池，谁就控制了电动汽车"。为此，日本经产省"下一代汽车"工程中部署了245亿日元用于电池的开发（2010年经费24.8亿日元），部署210亿日元支持先进创新电池的基础科学研究（2010年经费为30亿日元）。图1-4列出了日本纯电动汽车及动力电池研发与产业化路线图，而表1-5列出了日本未来电池性能指标的改进目标。

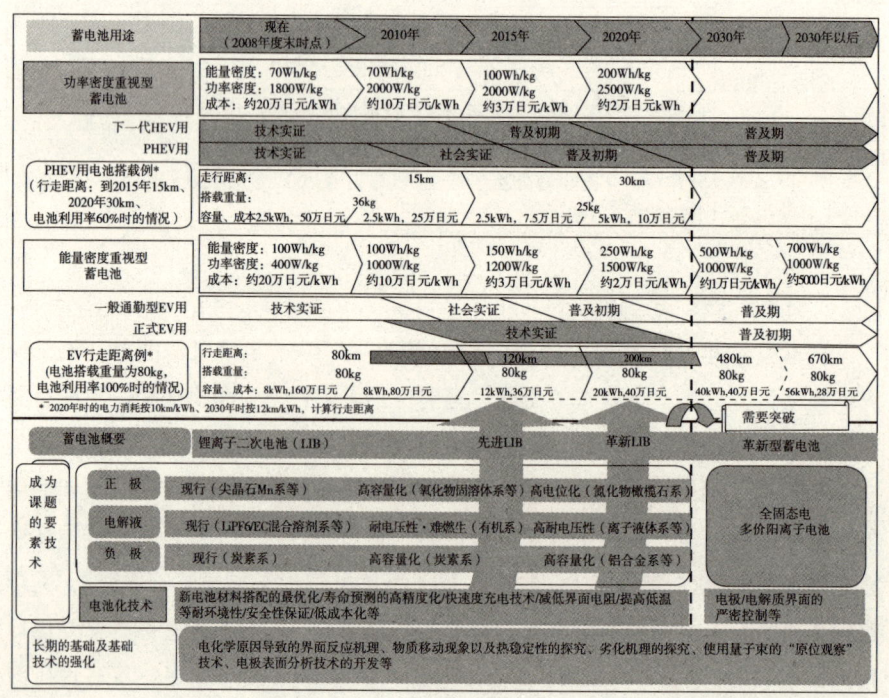

图1-4 日本纯电动汽车及动力电池研发与产业化路线图

表 1-5　日本未来电池性能指标改进目标

	现状	高端电池 （2015年）	创新型电池 （2030年）
应用车型	面向特殊用户的小型电动汽车	常规通勤用小型电动汽车、燃料电池车、插电式混合动力汽车	下一代全功能纯电动汽车
性能	1	1.5 倍	7 倍
成本	1	1/7 倍	1/40 倍
开发体制	民间主导	产官学联合	大学/研究机构

此外，日本还开展低公害汽车开发普及行动计划。该计划包括现处于实用阶段的低公害汽车的普及和燃料电池等下一代低公害汽车的开发，主要对象为：一是处于实用阶段的低公害汽车，指环境负荷较小、政府致力普及的汽车，包括压缩天然气汽车、纯电动汽车、混合动力电动汽车、甲醇汽车、低燃耗且低排放的认证车，即是达到《合理使用能源相关法律》的燃耗标准（Top Runner 标准），而且是通过《低排放车辆认证实施要领（纲要）》认证的低排放车辆；二是燃料电池汽车等下一代低公害汽车，包括燃料电池汽车以及通过技术创新，采用新燃料或新技术而能够减轻环境负荷的车辆。

（三）主要汽车企业发展重点

尽管传统的内燃机汽车仍在当今世界占据主导地位，但发展清洁无污染的电动汽车已是大势所趋，也是世界各国的必然选择。美国的通用福特公司，日本的丰田、日产及本田公司，欧洲的奔驰、雪铁龙公司等都在电动汽车的研制与开发上显示了很强的实力。当前，电动汽车正迅速从研制试验阶段走向商品生产及应用阶段，但纯电动汽车由于受到电池续航能力、充电时间的困扰，目前还没有一款非常完善的产品推向市场。

电动汽车技术作为引领未来汽车发展的关键技术，国际知名的汽车厂商都在这个新兴战场展开了激烈角逐（各企业研发部署与产品路线可参见表 1-6）。我们发现，主要呈现出以下几个主要特点：一是在现有比较成熟的内燃机汽车产品基础上推出混合动力和纯电动汽车产品；二是基本上都根据本公司市场战略制定了短—中—长期的技术开发战略；三是电动汽车有多个系列产品,开始了消费者市场细分;四是不仅关注产品研发,而且开始注重与地方政府合作建立基础设施,构建电动汽车运行环境,共同培育消费市场;五是在关键技术领域,各厂商出于市场占有目的,结成关系紧密或松散的技术创新联盟。

表1-6 国际知名企业研发部署与产品路线一览表

厂商	研发部署	产品路线
通用	"近、中、远"三步战略:近期改进传统发动机和变速箱的技术→中期寻找多种可替代能源→远期生产零油耗、零污染的氢燃料电池车	2010年推出新赛欧BEV纯电动轿车样车;2011年推出两款,分别为国产别克新君越Hybrid中混轿车和进口雪佛兰Volt电动轿车
福特	改良内燃机→开发替代能源→发展混合动力→推进氢发动机→研发燃料电池驱动	2012年将推出2款电动汽车和3款新混合动力车,这5款车型将在未来10年占福特全球销售的10%到25%
克莱斯勒	2009年选一种电动汽车投向北美市场,2010年后推广至欧洲市场,2013年将扩大电动汽车车型数量;计划在随后几年把电力驱动技术应用到公司的各种驱动中;注重社区电动汽车的研发和推广;与通用汽车合作以开发新型集成式能量存储系统	2010年至2013年将投产3款电动汽车,即道奇EV、Jeep EV以及克莱斯勒EV,其中道奇公司推出电动概念车ZEO
大众	计划在2018年成为电动汽车市场的领导者,并希望能占据电动汽车市场3%的份额	2013年首先推出电动UP;随后推出电动高尔夫及朗逸电动汽车
宝马	"近、中、远"三步战略:近期实现高效动力系统→中期普及混合动力汽车→远期普及零排放的纯电动汽车和氢气汽车	今年将在北京和深圳两个中国城市投放一定数量MiniCopper纯电动汽车进行实际测试;宝马德国将在3年后推出纯电动宝马汽车,目前命名为MCV
丰田	着眼于混合动力车,对纯电动汽车车型一直没给予足够的重视	将旗下的混合动力车型普锐斯升级到可插电式和纯电动式外,尚无推出其他型号电动汽车的计划
本田	短期内正在开发插电式混合动力系统;长期计划推进燃料电池电动汽车"FCXClarity"技术进步	在未来一年内,将向日本国内市场投放多款搭载IMA混合动力系统的小型车;目前正在开发适用于中型以上车型的插电式混合动力系统,并计划于2012年投放日本和美国市场

第一章　全球汽车能源的发展趋势、战略和政策

续表

厂商	研发部署	产品路线
日产	在2015年之前，将在全球生产50万辆电动汽车，10年内将占据全球电动汽车市场10%的份额；与全球超过50个国家、政府及相关组织建立了零排放合作伙伴关系；将美国、欧洲和中国作为近年纯电动汽车的重要投放市场；进行充电基站建设	2009年底率先在全球投放采用锂离子电池的首款量产电动轿车Leaf；雷诺－日产联盟在电动汽车领域的投入已累计超40亿欧元，其三大电动汽车生产基地生产的产品涉及3个品牌8种车型

除了各自展开战略布局之外，鉴于电动汽车的关键技术开发还存在很多瓶颈，很多企业都基于利益链、产业链的关系，结成技术创新战略联盟，共同开拓市场（参见图1-5），在锂离子电池产业链上表现得更加明显（参见图1-6）。

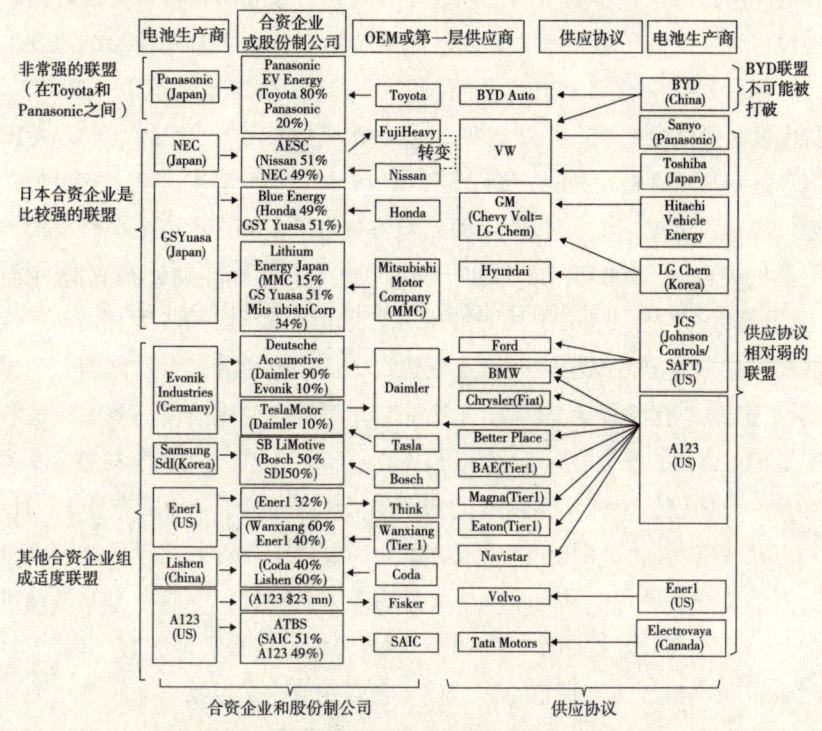

图1-5　全球主要整车厂和电池厂商合作关系

资料来源：Automotive Technology，国金证券研究所。

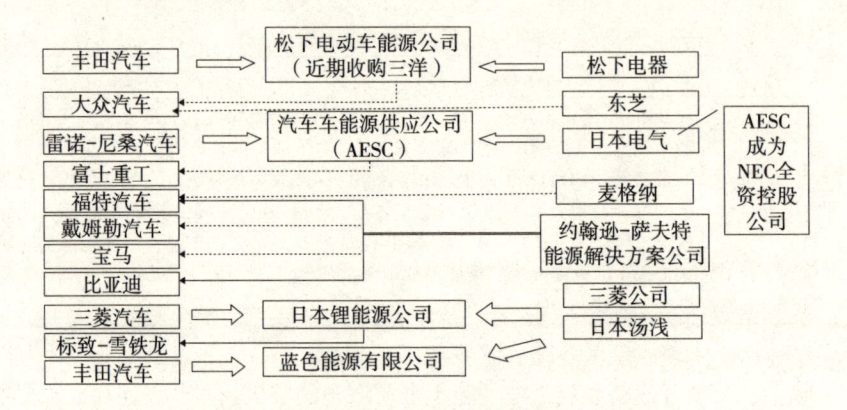

```
丰田汽车      →  松下电动车能源公司    ←  松下电器
                 （近期收购三洋）
大众汽车      ┄→
                 汽车车能源供应公司    ←  东芝         AESC
雷诺-尼桑汽车  →    （AESC）                日本电气      成为
富士重工                                                  NEC全
福特汽车      ┄┄┄┄┄┄┄┄┄┄┄┄┄┄┄┄→  麦格纳         资控股
戴姆勒汽车                          约翰逊-萨夫特          公司
宝马                                能源解决方案公司
比亚迪
三菱汽车      →   日本锂能源公司    ←  三菱公司
标致-雪铁龙                              日本汤浅
丰田汽车      →   蓝色能源有限公司  ←
```

图 1-6　著名整车企业结成电池研发联盟

资料来源：Frost & Sullivan 公司。

　　电池制造商及整车制造商之间建立合资企业或战略联盟成为推进锂离子电池技术快速发展的重要动力。在欧美，2006 年德国大众便开始结盟日本三洋，共同开发新一代镍氢电池系统。之后，双方于 2008 年携手开发 HEV 新一代大容量锂电池系统，并计划在 2012 年正式投入市场。2009 年初，美国福特汽车宣布与江森自控—Saft 签订五年供应合同，由后者向其插入式混合动力车型供应车载电池系统。同年 12 月，双方签订了福特全顺纯电动汽车的锂离子电池供应合同。2009 年 11 月初，韩国现代对外宣布，预计在 2013 年前联手 LG 化学（LG Chem Ltd.）共同组建一家锂电池工厂，投产后直接向现代以及起亚提供车载电池系统。而就在现代宣布这一意愿的三个月之前，美国通用就已选定 LG 化学作为其混合动力 SUV 车型的电池供应商。德国博世和韩国三星 SDI 成立的电池合资企业 SB LiMotive Ltd.，已与美国德尔福签订了为期 10 年的合作协议，计划自 2012 年起向德尔福供应锂离子电池。在日本，日产、NEC 以及 NEC 东金早在 2007 年三方就共同设立了合资企业，量产锂离子电池。为了充分满足日产方面将来的大量需求以及对其他一些整车制造商进行供货，NEC 东金计划在 2010 年底将对锂离子电池电极产能扩容 50 倍。日本 GS Yuasa 与本田、三菱等整车厂均建有合资企业生产电动汽车车载电池。根据其中期报告（2010—2012 年度），未来三年内将在锂离子电池的生产研发方面共计投入 500 亿日元。

四、燃料电池汽车发展趋势以及各国发展重点

燃料电池汽车是电动汽车的一种，其电池的能量是通过氢气和氧气的化学作用，而不是经过燃烧，直接变成电能的。燃料电池以氢气为能源，排放物为水，实现了零排放，是真正清洁能源。完全适应未来对碳排放标准的严格要求。

燃料电池的能量效率远高于内燃机和油电混合动力车。美国国家科学院（National Academy of Science）报告显示，燃料电池车效率为传统汽油车的2.4倍。因此从能源的利用和环境保护方面，燃料电池汽车是一种理想的车辆。

燃料电池汽车的氢燃料能通过几种途径得到。有些车辆直接携带着纯氢燃料，另外一些车辆有可能装有燃料重整器，能将烃类燃料转化为富氢气体。单个的燃料电池必须结合成燃料电池组，以便获得必需的动力，满足车辆使用的要求。

（一）全球燃料电池汽车发展趋势

燃料电池由于是直接将化学能转化为电能，效率可达到40%—50%，再加上对于电池热能的综合利用，能源利用效率可达到70%以上。而且氢来源广泛，可来自水等富氢物质，不存在资源量限制。以目前的技术水平，从水制取1千克氢气，耗电45—70千瓦时；氢气成本（包括储运成本）28元/千克，是同等重量汽油价格的8倍。如果以水电、风电、太阳能等可再生能源制取氢气，则氢气是完全清洁能源。

1. 燃料电池及燃料电池汽车技术近年来取得突破性进展，产业化预期已经提前

一是燃料电池汽车寿命已经超过商业化预期。美国UTC公司通过改进燃料电池系统与控制策略，规避或减缓了由启停、动态加载、低载怠速、零下贮存与启动等过程导致的燃料电池衰减，他们与AC Transit运输公司合作，在加州奥克兰市成功地进行了燃料电池公交车示范运行。截至2010年6月底，其120千瓦的燃料电池系统（PureMotion® Model 120）在没有更换任何部件条件下已经运行了7000小时，远超过美国能源部（DOE）制定的2015年的小时寿命目标。这标志着燃料电池汽车朝商业化方向迈出了可喜的一步，说明了利用现有材料与工艺制备的燃料电池寿命可以达到商业化要求。

二是燃料电池汽车主要指标已与传统内燃机汽车接近。通用公司通过系统与电堆结构的改进,将燃料电池工作电流密度已提高至 2 安/厘米^2。2010 年 3 月通用公司宣称所研制的第五代燃料电池发动机(Chevrolet Equinox FCV),尺寸比第四代技术减少了近一半,与传统的四缸内燃机相当。本田公司新开发的 FCX Clarity 燃料电池汽车,能够在 -30℃贮存与启动,表现出良好的环境适应能力,且续航里程达到了 620 公里。燃料电池车最高时速已经提升至 150—170 公里/时。

三是燃料电池整车成本显著下降。通用公司通过采用核壳型合金催化剂、有序化 MEA 等技术,不但提高了燃料电池性能,而且贵金属催化剂 Pt 用量也得到了大幅度降低,一台发动机中 Pt 用量从上一代的 80 克降低到 30 克,并计划 2015 年 Pt 用量降至 10 克。此外,近期丰田公司也宣布其燃料电池贵金属催化剂 Pt 用量已降低至原来的 30%。据美国 DOE 统计,燃料电池系统成本已由 2002 年的 275 美元/千瓦降低至 2009 年的 61 美元/千瓦(按 50 万套产量测算)。近期丰田公司的高层已在公开场合宣布,2015 年将实现燃料电池车零售价格为 5 万美元/辆的目标。在成本控制方面,目前国际上有两个研究热点,一方面研究抗毒催化剂,使燃料电池可以直接利用粗氢发电,从而降低运行成本;另一方面发展碱性聚合物膜燃料电池,实现催化剂材料非 Pt 化,进一步降低成本。

四是燃料电池汽车动力系统混合化和底盘专用化的趋势更加明显。燃料电池汽车动力系统采用电电混合技术已成为重要的发展方向,其中:本田、奔驰采用锂动力电池,丰田、通用采用了镍氢动力电池。燃料电池汽车整车开发趋于采用全新专用化动力系统平台。本田、奔驰等均将动力系统零部件布置在底盘中,采用非承载式车身结构,整车也采用全新设计,优化了性能。

2. 燃料电池商业化示范深入开展,加氢站建设加速进行

据不完全统计,目前全球投入商业化示范运行的燃料电池汽车数量累计超过 1000 辆。例如,欧洲持续开展"燃料电池汽车商业化示范项目"(CUTE),到目前为止示范的 36 辆燃料电池公共汽车已累计运行 250 多万公里。美国加利福尼亚州"燃料电池伙伴合作计划"(CaFCP)于 1999 年启动燃料电池汽车示范项目,到 2008 年底已经投入 200 余辆燃料电池汽车进行示范运行。通用

汽车推出全球最大规模的燃料电池汽车市场测试项目"车行道计划"（Project Driveway），100多辆雪佛兰 Equinox 燃料电池汽车投入路试，到2008年底已累计行驶50万英里。本田汽车公司从2008年11月开始将 FCX Clarity 燃料电池车以整车租赁方式投放市场，供消费者使用，预计3年内达到200辆的规模。

世界范围内的加氢站累计已有200余个。欧洲计划在2015年前投资5亿欧元建设40个加氢站，日本则在2012年前新增10个加氢站。2009年9月，巴符能源公司（德国第三大电力公司）、奥地利 OMV 石油公司、壳牌公司、法国道达尔公司（全球四大石油化工公司之一）和瑞典 Vattenfall（欧洲第五大能源公司）等全球大型能源公司，继七大汽车巨头签订燃料电池产车备忘录之后，签订联合发展加氢设施的备忘录，积极推进燃料电池车基础设施建设。

3. 燃料电池汽车仍是未来电动汽车技术竞争焦点之一

与其他电动汽车如二次电池为动力的纯电动汽车及混合电动汽车比较，燃料电池汽车具有续航里程长、动力性能高等优点，仍然是未来高端电动汽车的技术支撑。因此，国际上各大汽车集团均对燃料电池汽车的研发进行了持续投入，2009年9月，七大汽车公司戴姆勒、福特、通用、本田、现代、日产、丰田联合签名表示继续发展燃料电池电动汽车，并表示2015年后，全球将有几十万辆燃料电池车投入使用，同时呼吁政府与产业界共同建立加氢设施。

（二）各国发展重点

1. 美国发展重点

多年来，美国较多关注燃料电池汽车技术研发，近两年转到生物燃料和混合动力汽车上。2007年9月，美国能源部斥资2150万美元，资助11个旨在提高轻型汽车发动机能效的研发项目。这些项目主要集中在三个领域上：一是提高乙醇发动机燃料能效，二是研制先进的润滑系统，三是研发高效、清洁内燃发动机。加上来自工业界的匹配研发资金，这11个研发项目的总经费将接近4300万美元。资助时间将从2007财年开始，到2010财年结束。这批项目将通过加大使用清洁、可再生燃料量以及提高车辆能效，推动实施布什总统在10年内将美国汽车燃油消耗量减少20%的计划。

2009年，美国能源部宣布在"美国复兴与再投资计划"（American Recovery and Reinvestment Act Funding）中，拨款4190万美元支持燃料电池特种车辆的研发和示范，还发布了大幅度降低商用车燃油消耗的研发计划，其主要技术途径中涉及动力系统技术变革的仍然是混合动力、怠速停机等技术。

目前，美国在燃料电池方面的主要计划包括：

一是"自由车计划"（Freedom CAR）。"Freedom CAR"将集中于风险较高的实用技术研究，利用国内可再生能源制造氢燃料电池，以使用该种电池不损害汽车使用的自由、不损害选择汽车的自由和不增加使用成本为目的。同时，在不使用国外燃油的前提下，还要研究出可以做到能够支付使用费用、没有排放污染的全功能轿车和载货汽车，同时要求不损害车的安全性、灵活性和汽车选购的自主性。"Freedom CAR 计划"的目标为：不受燃油的限制、没有排放污染、选购你喜欢的汽车、不受限制随时随地驾驶、燃料便宜、添加方便。"Freedom CAR 计划"的战略步骤为：第一，发展可负担起的氢燃料电池汽车技术及相应的氢基础设施；第二，继续支持可降低燃油消耗率和减少环境污染技术的发展；第三，发展可用于多种车辆的燃料电池技术，而不只限于某一种汽车。

二是2亿美元代用燃料示范项目。美国能源部制定了一个2亿美元的《招标计划》，为15个地区提供2000万美元的联邦配套基金发展电动汽车示范项目、超低含硫柴油和代用燃料汽车，支持基础设施建设，以发展交通系统的多样性。

三是氢燃料的研究和发展。美国能源部制定了3项与氢相关的发展计划，即氢研究发展计划，氢发展的技术评估、信息发布、培训计划和效率高、成本低、对环境影响小可再生的氢生产方法的研究计划。

四是公共汽车氢燃料演示项目。批准了在2002—2006财政年度，总费用为1.5亿美元的燃料电池公共汽车示范项目，以从事氢生产、储存和在运营的公共汽车中的使用。

五是绿色校车示范项目。能源部建立了一个3亿美元的鼓励学校使用纯电动汽车、燃料电池汽车和超低硫黄柴油机校车的示范项目。

为了促进天然气燃料电池校车发展和验证天然气燃料电池校车的可行性，拿出2500万美元的基金用于与私人燃料电池制造商合作，当地州政府保证使用不少于2辆天然气燃料电池校车用于评价天然气用作燃料电池的效果。而非联邦拨款的20%用于燃料基础建设的实施，50%用于示范项目活动。

2. 欧盟发展重点

在燃料电池汽车发展方面，2009年初欧盟批准了"燃料电池和氢能技术项目行动计划"（The Fuel Cells and Hydrogen Joint Technology Initiative）。该计划将从第七框架计划中出资4.7亿欧元，重点突破燃料电池及基础设施的瓶颈技术，争取在2015—2020年实现市场大规模增长。

欧盟提出，到2020年应有20%的汽车燃料使用非石油类资源，并且氢燃料应占有5%的市场份额（参见表1-7）。计划投入28亿欧元用于氢能源方面的研究。这个计划规定到2007年氢研究项目投入5亿欧元，另外的12亿欧元在2007—2012年支付。

表1-7 欧盟关于氢燃料电池发展趋势的预测

YEAR	% of new cars[1] fuelled by zero-carbon hydrogen	% of fleet fuelled by zero-carbon hydrogen	Average CO_2 reduction (all cars)[2]	CO_2 avoided per year ($MtCO_2$)
2020	5	2	2.8g/km	15
2030	25	15	21.0g/km	112
2040	35	32	44.8g/km	240

(1) Figures based on an assumed European fleet of 175m vehicles. The fleet size will increase significantly by 2040, with correspondingly larger benefits.
(2) Calculation is independent of total number of cars.

资料来源：欧盟，联合证券研究所。

欧盟推动燃料汽车发展的措施包括冰岛境内的生态城市运输系统（ECTS）和欧洲七个国家九个城市内开展的欧洲清洁城市运输系统（CUTE）。在以上每个试点城市中，都将有3辆燃料电池公共汽车参与运营，每个公共汽车总站都将建设加氢站，氢也将以不同方法生产，有的城市还在加氢站现场设有制氢装置。通过示范活动，提高对燃料电池客车和有关氢基础设施的认识，也将积累使用经验，并获得各种数据，以便进一步分析、比较。示范城市装备了燃料电池公共汽车并组建加氢基础设施车队，同时组建"燃料电池巴士俱乐部"，共同提出了这次活动的7项主要任务：一是在10个欧洲主要大城市的城区范围内，进行为期两年以上的示范验证，摸清不同工作条件下，燃料电池公共汽车的使用和维修特点；二是收集有关燃料电池技术的公众信息；三是评价有关各种制氢方法所必需的基础设施（包括加氢站）的设计、结构、操作要求等；四是收集在使用条件下车辆与制氢、加氢有关的结构和操作特点等；五是在各参与单位和公司之间，交换燃料电池客车在不同工作条件下的各种经验及有关资料；六是验证燃料电池客车在不同气候、地形、城市交通条件下的工作情况；七是验证燃料电池客车在燃料消耗、燃料电池工作寿命的使用情况，包括加氢时间、氢的处理、维修保养等。

3. 日本发展重点

日本以往的研发重点和经验汇集在混合动力汽车领域，但是也并未放弃在氢能、生物燃料等其他新能源领域。日本政府于2002年就开始每年投入2.4亿美元进行氢燃料电池的研究，并于2002年在东京及横滨建立了6座氢加气站。日本政府期望至2010年，氢燃料电池汽车的保有量将达到5万辆，2020年达到500万辆，并于2010年建立2100兆瓦氢燃料电池电站，2020年建立10000兆瓦氢燃料电池电站。

2007年6月，日本经济产业省汇总了一项将氢气、生物燃料等新能源作为燃料的下一代汽车普及计划，今后五年中将为此拨款约2000亿日元。其中，在燃料电池方面，经产省将致力于提高燃料电池汽车的性能和耐久性，到2030年使燃料电池汽车的价格降到与汽油动力车相近的水平。在生物燃料方面，经产省计划通过立法以确保燃料品质和防止逃税。日本政府同时将加强技术开发，利用对粮食不构成威胁的木材作为生物燃料的原料，到2015年使生物燃料价格从现在的每公升150日元降至每公升40日元。

日本政府持续支持氢能燃料电池汽车技术的研发与产业化，隶属于经产省的燃料电池商业化组织（FCCJ）在2008年7月发布了"燃料电池汽车和加氢站2015年商业化路线图"，明确指出于2011—2015年将开展技术和市场的示范，2016—2020年进入商业化前期阶段，2020年之后进入商业化发展时期。

目前，日本发展燃料电池汽车的主要计划有两类。一是低公害汽车开发与普及行动计划，开发、普及燃料电池汽车等下一代低公害汽车。包括燃料电池汽车以及通过技术创新，采用新燃料或新技术而能够减轻环境负荷的车辆。二是专项研究计划，包括燃料电池汽车等用锂电池技术开发、氢能利用技术开发、质子膜燃料电池系统的验证研究、质子膜燃料电池系统的普及基础事业、质子膜燃料电池系统的技术开发和氢气安全利用等基础技术开发费补助金等。

五、生物燃料发展趋势以及各国发展重点

受油价上涨和政府支持等因素的影响，生物燃料（来自生物质原料的运输燃料）的使用将会继续迅速增加。生物燃料不仅有助于减少对传统化石能源的依赖，也能减少温室气体的排放，对实现全球可持续性发展具有重要的作用。

2009年全球政府财政支持为200亿美元，2021—2035年财政支持将上升到每年650亿美元。政府财政支持通常会整体上给经济增加了成本，但如果使用可持续生物质且处理生物质所使用的石化能源不会过多，收益也可能很大，包括减少石油进口和减少二氧化碳排放所带来的收益。清洁技术行业Clean Edge研究出版公司报告表示，2009年全球三大清洁能源行业：太阳能光伏、风能发电和生物燃料总的市场达1391亿美元，其中全球乙醇和生物柴油总生产价值达到449亿美元，预计2019年将达到1125亿美元。

目前生物燃料的成本往往高于当前进口石油的成本，所以需要政府强有力的激励措施使它们能够与石油燃料竞争。据预计，全球生物燃料的使用从目前的约100万桶/天增加至2035年的440万桶/天。美国、巴西和欧盟预计仍然是世界上最大的生物燃料生产和消费国。先进的生物燃料，包括来自木质纤维素生物原料的生物燃料，预计到2020年左右进入市场，主要集中在经合组织国家。

（一）全球生物燃料发展趋势

1.第一代生物乙醇发展空间相对有限

所谓第一代生物能源，就是将玉米、甘蔗、高粱等粮食作物转化为乙醇，或是把大豆、油棕榈和油菜籽等油类作物加工为生物柴油。而第二代生物能源，是把植物中的木质纤维素转化为燃料。发展第一代生物乙醇最主要的瓶颈在于占用农作物耕地。在2007—2008年度，美国用于生产生物乙醇的玉米种植面积为2700万英亩，而玉米总种植面积为9000万英亩，主要农作物总种植面积为3.25亿英亩，也就是说8%的种植面积生产了大约90亿加仑乙醇，而这仅仅占汽油消费量的6%。

2. 第二代技术的纤维素乙醇仍然有赖于技术突破

第二代生物燃料是以麦秆、稻草和木屑等农林废弃物或藻类、纸浆废液为主要原料,使用纤维素酶或其他发酵手段将其转化为生物乙醇或生物柴油的模式。第二代生物燃料与第一代最重要的区别在于其不再以粮食作物为原料,从而最大限度地降低了对食品供应的威胁。Frost&Sullivan公司预计2011年将是第二代生物燃料技术大规模工业化的一年,市场规模将以每年20万吨的速度扩大。在2017年前后,第二代生物燃料有望成为能源的重要组成部分。

与第一代生物乙醇基本上使用传统的啤酒酿造工艺不同,第二代生物乙醇技术非常复杂和昂贵。在过去的20年时间内,纤维素乙醇技术迟迟未能取得突破。尽管美国已经在研发领域投入高达10亿美元的补贴,但现实是美国境内目前仍然没有商业化范围内运作的第二代生物乙醇工厂。也就是说,奥巴马雄伟的生物燃料计划能否实现将完全取决于技术能否取得实质性的突破。

(二)各国发展重点

1. 美国发展重点

奥巴马政府呼吁加快美国生物燃料的开发。环保局已出台规定,确保实现国会设定的2022年美国生物燃料年产量达到360亿加仑的目标;美国农业部也将出台措施,为开发生物燃料提供融资。目前,美国每年的生物燃料产量约为120亿加仑,大部分为利用玉米生产的乙醇燃料。为了达到环保局规定的目标,2010年美国生物燃料产量必须达到130亿加仑以上,大约占汽油销量的8.25%。表1-8给出了美国乙醇产业发展的主要脉络。

表1-8 美国乙醇产业发展里程碑

时间	美国乙醇产业里程碑事件
1978	1978年能源税法规定燃料乙醇必须来自生物材料,政府为每加仑燃料乙醇提供40美分补贴
1980	新能源安全法案向小型乙醇生产商提供贷款;对进口乙醇征收关税
1983	陆地交通援助法案通过,乙醇生产商得到每加仑50美分补贴
1984	税务改革法案通过,补贴提升至60美分
1985	45%乙醇生产商倒闭
1990	乙醇生产商由煤炭转向天然气发电,补贴降至54美分

续表

时间	美国乙醇产业里程碑事件
1995	玉米减产导致价格飙升，部分州政府向生产商发放补贴
1997	汽车生产商开始生产混合燃料汽车，但是大多数汽车仍然只是用汽油，提供 E85 的加油站非常罕见
1998	部分州政府禁止向汽油中添加 MTBE，乙醇需求提高
2002	全美只有 169 个加油站销售 E85；混合燃料汽车达到 300 万辆
2003	全美 18 个州通过立法禁止使用 MTBE
2005	补贴降至 51 美分，新能源标准法案计划在 2012 年之前将乙醇使用量提升一倍
2007	能源独立法案要求：到 2015 年和 2022 年，可再生燃料使用量分别达到 150 亿和 360 亿加仑。2007 年美国使用 68 亿加仑乙醇和 5 亿加仑生物柴油
2008	截至 2008 年 3 月，全美已有乙醇产能达到 72 亿加仑，62 亿加仑产能在建

按照 2007 年能源独立法案规定的生物燃料在 2012 年和 2022 年分别达到 150 亿和 360 亿加仑计算，美国大约需要的额外耕地为 1800 万和 8100 万英亩。这就意味着总耕地面积在 10 年之内将必须从 3.25 亿英亩迅速上升到 4 亿英亩，大约相当于英国加爱尔兰的国土面积，而这显然是不切实际的。

为了防止第一代生物乙醇引发耕地和粮食问题，美国规定 2022 年的 360 亿加仑生物燃料必须大部分来自于第二代纤维素乙醇。从 2013—2022 年，纤维素乙醇年产量将从 10 亿加仑扩大到 160 亿加仑（参见图 1-7、图 1-8）。

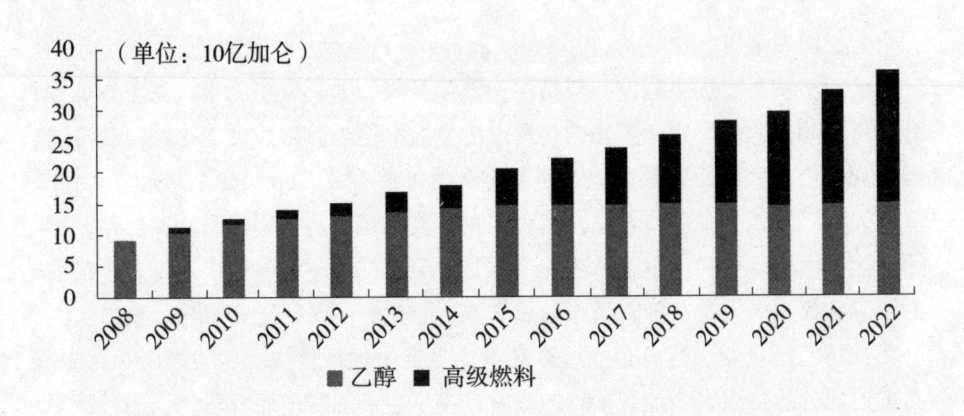

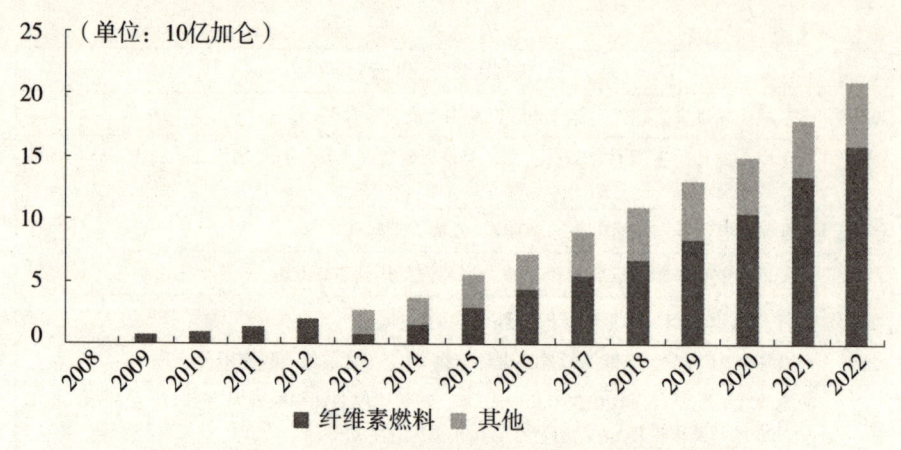

图 1-7　2007 年美国能源独立法案中可再生能源发展目标

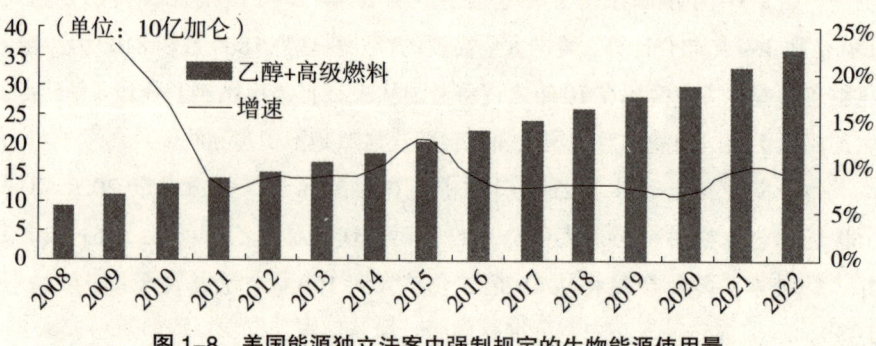

图 1-8　美国能源独立法案中强制规定的生物能源使用量

2. 巴西发展重点

巴西虽然是发展中国家，但是在新能源开发，尤其是生物燃料技术方面却处于世界领先地位。巴西生物燃料技术的发展是巴西经济发展需求同自身自然条件相结合的产物，也和其得天独厚的自然条件有关。20 世纪 70 年代，由于经济发展，巴西大量进口石油，然而还是不能满足自身需要，因此，巴西开始研究生物燃料，因为这里耕地面积广阔，有足够的原材料，政府也给予了很多的补助和极大的支持。随着技术的成熟，生物燃料的价格随之下降，政府也不必再扶持乙醇企业，这些企业可以在市场上自由地跟传统燃料生产企业竞争。目前巴西的乙醇生产企业有接近 500 家，用于生产乙醇的原材料甘蔗的种植面积达到 800 万公顷。乙醇总产量不但可以满足巴西国内需求，而且一旦拥有更广阔的国际市场，巴西还可以生产更多的乙醇。

目前，巴西的汽车大多以乙醇为燃料，巴西逐渐成为新能源发展的典范。在巴西，汽车燃料只有两种：纯乙醇和含 25% 乙醇的汽油，纯汽油作为动力来源的汽车已不存在。此外，因为受到新能源发展带来的冲击，以传统能源起家的巴西石油公司，目前也投入大量的人力和物力开发生物燃料和其他新能源。

六、先进柴油、汽油技术发展趋势以及各国发展重点

（一）全球先进柴油技术发展趋势

柴油机的大功率、低排放、良好的电子控制等显著优点将使柴油发动机在新时代有长足的发展。现在全球各大柴油机厂商正致力于新型绿色环保柴油机的研发，在氮氧化合物和颗粒物的排放方面将得到进一步改善，关键是在燃油的精确配置和废气的后置处理，将有更多的电子新科技运用到新一代柴油机上。随着柴油机先进技术的开发和发展，柴油机噪声大以及排放污染物等问题将会得到很好的解决。

1. 柴油品质不断提高

一是提高柴油机十六烷值。十六烷值在柴油机燃料参数中对氮氧化物（NO_x）排放影响最大。十六烷值较高时，使其稳定性变差，极易裂解为碳烟。虽然柴油机排气烟度较高，但其发火性能好，柴油机点火延迟期缩短，缸内温度与压力降低，NO_x 排放亦降低。当十六烷值从 40 提高到 50 时，NO_x 排放可降低 10% 左右。

二是降低燃油中的含硫量。在燃烧过程中柴油中的硫有 1%—3% 转化为硫酸盐排出；其余的主要转化为二氧化硫。范·贝克哈温（Van Beckhoven）研究发现：在直喷柴油机中，燃油中硫份从 0.30wt% 降低 0.05wt%，微粒排放量将降低 10%—30%。巴特利特（Bartlett）报道：在所有轻型柴油机中，燃油中硫份从 0.30wt% 降低 0.05wt%，微粒排放量将降低大约 7%。

三是使用柴油添加剂。在柴油中添加适量的硝酸盐、亚硝酸盐和各种过氧化物，可以提高燃料的十六烷值，缩短着火延迟期，使得 NO_x 排放减少。

四是使用代用燃料。可以采用醇类和生物柴油等代替柴油。柴油机使用醇类燃料时，基本可以实现无烟排放，在中、低负荷时 NOx 的排量也很低。近年来可以作为内燃机代用的醇类燃料很多，其中甲醇是目前应用较广的内燃机代用燃料。

此外，生物柴油具有优良的环保特性、较好的低温发动机启动性能和较好的润滑性能，而且生物柴油是可再生资源。随着生物柴油生产工艺的改进，使用生物柴油的发动机即可使用普通柴油的发动机，不需做任何改动，而且生物柴油可与普通柴油在油箱中以任何比例相混。生物柴油所用原料随着规模种植价格日趋低廉，使生物柴油的生产成本逐步下降，与常规柴油的价格正在缩小，如美国生物柴油的价格已从每升 1.06 美元降到 0.33—0.59 美元，这个价格与普通柴油的价格差不多。因此生物柴油可以大规模地进行应用，能够解决柴油车能量供应不足的问题。

2. 柴油发动机新技术应用层出不穷

一是高压共轨电子控制燃油喷射技术。共轨式电控燃油喷射技术通过共轨直接或间接地形成恒定的高压燃油，分别送到每个喷油器，并借助于集成在每个喷油器上的高速电磁开关阀的开启与闭合，定时、定量地控制喷油器喷射至柴油机燃烧室的油量，从而保证柴油机达到最佳的燃烧空燃比和良好的雾化，以及最佳的点火时间、足够的点火能量和最少的污染排放。柴油机共轨式电控燃油喷射技术是一种全新的技术，因为它集成了计算机控制技术、现代传感检测技术以及先进的喷油结构于一身。该技术的主要特点是采用先进的电子控制装置及配有高速电磁开关阀；采用共轨方式供油；高速电磁开关阀频响高，控制灵活；系统结构移植方便，适应范围宽。共轨式燃油喷射技术有助于减少柴油机的尾气排放量，以及改善噪声、燃油消耗等方面的综合性能。

二是多气门技术。在柴油机上采用多气门技术是满足更严格排放指标的有效途径。由于缸盖上的喷油嘴和活塞上的燃烧室凹坑布置在气缸中央，从而优化了进气涡流和油雾分布以及活塞与喷油器的冷却条件，并可实现涡流比在不同转速下的变化，这使混合气的形成进一步优化，因而在提高动力性和经济性的同时减少了 NOx 排放，但增加了成本和结构的复杂性。在燃用汽油的大、中、小型轿车上，多气门技术已经作为成熟技术得到了应用。在柴油机上应用多气门技术是国际学术界研究热点之一，国外内燃机的气门最多时已达到5个，目前已在大型柴油机应用的基础上，逐渐开始在小型柴油机上应用，国内在这方面的研究尚未成熟。

三是增压中冷技术。柴油机采用进气增压技术后，由于压缩温度升高，在动力性与经济性提高的同时，NOx的排量也必然增加。但增压柴油机在采用中冷技术以后，增压空气在进入气缸以前被冷却，在一定程度上可以抑制NOx的排放。因此，采用增压中冷技术可使柴油机NOx的排放降低。目前，柴油机增压中冷技术在中型柴油机上应用日益广泛，小型柴油机上也逐渐在采用。一些新研制的轿车柴油机上也开始采用。

四是微粒捕集器。微粒捕集器由微粒过滤器和再生装置组成。微粒捕集器通过其中有极小孔隙的过滤介质（滤芯）捕集柴油机排气中的固态碳粒和吸附可溶性有机成分的碳烟。微粒捕集器的工作主体是滤芯，目前常用的过滤材料有：金属丝网、陶瓷纤维、泡沫陶瓷和壁流式蜂窝陶瓷等。滤芯决定过滤器的过滤效率、工作可靠性、使用寿命以及再生技术的使用和再生效果。滤芯应满足较高的性能指标：具有较高的过滤效率，具有大的过滤面积耐热冲击性好，具有较强的机械性能指标，热稳定性好，能承受较高的热负荷，具有较小的热膨胀系数，通过性好，流通阻力小。在外形尺寸相同的情况下，背压小，背压增长率低，适应再生能力强、质量轻。目前，最常使用的过滤材料为堇青石（其主要成分为MgO、AlO、SiO）和碳化硅晶体SiC。微粒捕集器对碳的过滤效率较高，可达到60%。

五是三元催化器。三元催化器是安装在汽车排气系统中最重要的机外净化装置，它可将汽车尾气排出的CO、HC和NOx等有害气体通过氧化和还原作用转变为无害的二氧化碳、水和氮气。由于这种催化器可同时将废气中的三种主要有害物质转化为无害物质，故称三元。三元催化器的工作原理是：当高温的汽车尾气通过净化装置时，三元催化器中的净化剂将增强CO、HC和NOx三种气体的活性，促使其进行一定的氧化—还原化学反应，其中CO在高温下氧化成为无色、无毒的二氧化碳气体；HC化合物在高温下氧化成水（H_2O）和二氧化碳；NOx还原成氮气和氧气。三种有害气体变成无害气体，使汽车尾气得以净化。

六是废气再循环技术。采用废气再循环（EGR）是降低 NOx 排放的一项极为有效的措施，目前只是在汽油机上得到了较为成熟的应用。EGR 在所有负荷条件下都可以有效减少 NOx 排放。将定量废气引入柴油机进气系统中，再循环到燃烧室内，有利于点火延迟，增加了参与反应物质的热容量以及 CO_2、H_2O、N_2 等惰性气体的对氧气的稀释作用，从而可降低燃烧最高温度，减少 NOx 的生成。大约 60%—70% 的 NOx 是在高负荷时产生的，此时采用合适的废气再循环率对于减少 NOx 是很有效的。废气再循环率为 15% 时，NOx 排放可以减少 50% 以上；而废气再循环率为 25% 时，NOx 排放可减少 80% 以上。利用 EGR 技术来降低 NOx 的排放，需要与电子控制结合，根据柴油机负荷、转速、冷却水温度传感器及启动开关信号，由 ECU 对 EGR 率和 EGR 时机进行控制，保证在对柴油机性能影响不大的条件下，降低尾气中 NOx 的排放。

3. 相比汽油发动机具有多重优势

从动力性、燃油经济性、可靠性和环保性等方面来看，与汽油发动机相比，柴油发动机都有较强的优越性。

在动力性方面，柴油发动机具有功率大、动力性能好等特点。其压缩比一般为 16—22，而汽油机的压缩比一般为 6—11；如果采用增压技术柴油发动机的功率还可以进一步增大。如美国康明斯柴油发动机功率高达 448kW，这对于汽油机来说是不可思议的。

在燃油经济性方面，柴油机的燃烧方式决定了它具有优越的燃油经济性。汽油机的热效率一般为 20%—30%，而柴油机的热效率可达 30%—40%。有资料表明，以质量为 0.8—1.5t 的轿车百公里油耗比较：汽油车约为 5—8.2L，非直喷式柴油车约为 4.6—8L，直喷式柴油车约为 5—6L，柴油车比汽油车低 30% 左右。

在耐久可靠性方面，柴油机的工作可靠性强、耐久性好。柴油机由于没有复杂的点火系统，它避免了油、电路共存的麻烦，只要喷油压力达到规定，起动转矩足够，就能顺利起动并进入正常工作。国际上先进的柴油机大修里程一般约为 50 万公里，相比之下汽油机只有 30 万公里。

在环保方面，柴油车与汽油车各有千秋，柴油车处于过量空气的情况下工作，燃料燃烧充分，而且柴油车的燃料是在燃烧前高压喷入燃烧室，雾化良好，因此柴油车排放的一氧化碳和碳氢化合物的量要比汽油车少得多；由于氮氧化合物是在高温条件下产生的，而汽油发动机燃料燃烧环境温度要比柴油发动机高得多，因此产生的氮氧化合物的量也要多得多。但是，柴油机也有其不足之处，柴油车排放的主要问题是颗粒物，由于燃料与空气混合不均匀，易产生大而多的排放颗粒物，直观表现为排气冒黑烟，而且柴油发动机本身体积、重量都比较大，运转产生的噪声也比汽油发动机大得多。但随着柴油机排放技术水平的不断提高，以及先进柴油机技术的应用，这些问题逐渐得以改善，除了微粒排放外，柴油机轿车的一氧化碳、碳氢化合物和氮氧化合物等污染物排放量已远低于汽油机轿车，尤其在 CO_2 排放方面具有明显优势，可减少 45% 以上的温室气体排放。

（二）全球先进汽油发动机技术发展趋势

目前，先进技术在汽油发动机上的应用也得到了快速发展。

一是涡轮增压技术。涡轮增压的工作原理是通过发动机所排出的废气压力来推动轮叶，然后带动另一段的叶片来压缩进入的新鲜空气。经过压缩后的空气是高温高压的，所以在一些压力设定值较高的车上会采取散热器来进行降温，这就是我们平时所说的中冷器的作用。

二是机械增压技术。机械增压的原理是通过发动机运转所提供的动力来带动压缩机进行工作。与涡轮增压相比，几乎没有动力迟滞。实际驾驶感受与一般的自然吸气车型没有明显差别。不过，就运动性而言，由于受制于发动机转速等因素，机械增压的实际动力效果没有涡轮增压来得迅猛和强大。而且增压器与发动机之间的相互制约性的现实也是它逐渐被淘汰的原因。

三是可变配气相位技术。包括诸多先进技术：VTEC、VVT-i、CVVT、Valvetronic、可变进气歧管长度（以及横截面）等。发动机转速低时，需要的是足够强大的扭矩输出。为了达到这一目的，就要求其进气门的开启幅度小。此时的原理就像是被捏瘪的水管一样，尽管涌出的水一样多，但却更有力道。在发动机里，这样做的目的就是能够让混合气的雾化更加充分，燃烧也更完全。当发动机高转时，需要大量的空气进行参与燃烧。这时，就要求气门的升程变得更大，以求得单位时间内进入更多空气。此时，在进气门打开的时机上，也相应变得更加提前。原因很简单，空气是有惯性的，这样能给它的进入留出提前量。发动机启动之前,进气歧管里的空气是静止的,而当其运转、进气门不断重复打开和关闭的过程中,进气歧管里的空气就开始了一个来回游荡的过程。这时,如果空气在进气门打开时恰好处在向缸内涌动的过程中,那么在惯性的作用下,空气进入的量也就是最佳的,这也是可变进气管涡流技术的意义所在。

四是缸内直喷技术。目前,最为先进并广为量产的技术应当是缸内直喷。在电喷发动机控油技术里,决定喷油量的是电脑,但喷油终端却是喷嘴。它越接近燃烧室,喷射的量和时机也就越准确,同时也就越环保。缸内直喷技术就是将喷油嘴直接安装到燃烧室靠近火花塞的位置。当然,这项技术致使汽车发展100多年之后才广泛应用的瓶颈就是汽油的含硫量和喷嘴的压力,这两个问题相继解决,我们也享受到低油耗与低排放的好处了。所谓的稀薄燃烧并非一定要在缸内直喷的基础之上才能完成。以日本三菱公司 tumble 技术为例,其通过在两只进气歧管中的其中一只安装喷油嘴,当气流沿缸壁竖直向下,遇活塞而翻滚向上,在压缩后期形成无数个小旋涡。由于两个进气道中只有一个喷油而另一个不喷,所以形成了浓和稀的两股气流,从而实现分层充气。当然,这种技术是很难随着工况的变化而进行改变的。

(三)各国发展重点

1. 欧盟发展重点

早在20世纪70年代,欧洲就已基本实现了载货汽车和大型客车的柴油机化。自20世纪90年代以来,随着电控喷油、高压共轨、废气再循环和废气后处理等技术的诞生,柴油机技术取得了突飞猛进的进展,传统柴油机的缺点得到了纠正,改变了冒黑烟、震动大、噪声高的"墨斗鱼"形象。

从20世纪80年代后期开始,欧洲出现了越来越明显的轿车柴油化趋势。现代先进柴油机不仅完全能够满足现行的国际排放标准,而且还分担了全球燃油价格持续上涨给车主带来的压力。柴油机在车用动力中占据的位置越来越重要,已经成为欧洲发达国家理想的汽车动力源之一。现代柴油轿车更被誉为21世纪轿车发展的方向,深受欧洲消费者的欢迎。

据统计,欧洲100%的重型车、90%的轻型车均已采用柴油机,90%以上的出租车均采用柴油机,德国等国的出租车基本上都是柴油轿车。此外,欧洲柴油轿车已占轿车年产量的32%,奥地利、法国、比利时、西班牙、意大利等国的比例高达50%以上，其中法国和比利时为67%、奥地利则超过了71%。值得注意的是，由于柴油动力车扭矩大、驾驶性能好，欧洲许多国家的豪华车主和飙车族也日益倾向于购买柴油车。目前，西欧柴油驱动豪华车的比例已高达44%，在乘用豪华车中的比例也非常高，例如比利时为87%，法国为82%，奥地利为77%，意大利为70%。

2.美国发展重点

美国也在考虑汽车柴油化的问题。美国前总统布什曾在一次讲话中提出，美国的柴油车要在三年内增长50%，到2020年将柴油车市场份额提高到15%，也就意味着轿车开始实现柴油化。目前，美国柴油汽车比重尽管不高，但柴油汽车销量增速很快。

七、小结

总体而言，全球汽车能源转型的脱碳过程是大势所趋，汽车能源正从石油转型到非石油：从汽/柴油到天然气或生物燃料，再到电能或氢气。二氧化碳的排放量逐渐减少，直至排放量为零。

混合动力汽车技术、产业化已经相对成熟，未来将进一步精进技术，降低成本。插电式混合动力和纯电动汽车的电池技术取得显著进展，目前仍处于产业化初期阶段，汽车制造商正加快产业化步伐，各国政府也在助力推动市场应用。燃料电池汽车技术取得重要进展，虽然仍然处于研发阶段，但是产业化前景预期提前。生物燃料将成为石化能源的重要补充。乘用柴油化趋势越来越明显，高效柴油汽车等成熟技术取得长足进步，成为汽车能源战略的重要组成部分。

第二节　全球主要汽车生产国及欧盟的汽车能源战略

一、美国汽车能源战略

美国是世界汽车生产与消费大国，汽车能源消费巨大。20世纪70年代以来爆发的几次世界石油危机,不断向美国敲响警钟,让美国不断审视能源问题,探索能源多元化发展道路。美国汽车能源战略就是在这种背景下开始的。

(一)美国汽车能源发展现状

美国是世界汽车生产与消费大国。根据国际汽车制造商协会公布的数据,2011年,美国生产汽车865.4万辆,仅次于中国,居世界第二位;美国全国汽车保有量约为2.49亿辆左右,居世界第一。美国汽车能源发展主要体现在各种汽车能源的需求结构、供给结构及研发等方面。

1. 汽油在交通运输能源消费中占据主导地位

总的来看,石油能源在美国汽车能源中依然占有绝对优势地位,替代能源的使用量依然相对较小。2011年EIA发布的交通运输领域历年能源消费统计中,具体包括石油、天然气、可再生能源和电能四种。其中石油消费所占比重是92.7%;可再生能源所占比重是4.26%;天然气所占比重是2.7%;电能所占比重不到0.3%。

大量使用汽油带来的主要问题是威胁能源安全。尽管美国一直是石油生产大国,但交通运输中汽油消费不利于维护美国能源安全。美国是世界主要石油生产国,2011年美国原油产量为7841千桶/日,占世界总产量的8.9%,是世界第三大产油国;石油产品加工产量达到17730千桶/日,占世界总产量的19.1%,是世界第一大石油产品加工国。尽管近年来随着"能源独立"进程的推进,美国能源安全局面有所好转,但影响依然不容忽视。

燃油效率不高是美国交通运输能源消费特别是汽油消费持续处于高位的关键原因之一。在燃油使用效率方面,美国存在较大问题,并且长期进步缓慢。1997年美国汽车燃油效率是17.0英里/加仑,2008年仅仅提高到17.4英里/加仑,其水平长期低于日本、德国等国家。据统计,2009年丰田汽车的燃油效率最高为每加仑25.4英里,随后是现代公司和本田公司,燃油效率分别为每加仑25.1公里和24.6公里,韩国起亚的平均油效为每加仑24.2英里,大众、日产和三菱分别为每加仑23.8、23.6和23.5英里,美国通用汽车、福特和克莱斯勒的油效仅为每加仑20.6、20.3和19.2英里。此外,随着美国汽车使用量及汽油使用量的不断上升,美国交通部门的二氧化碳排放量也逐年上升,直到2007年才开始逐步下降:1992年、2007年、2010年美国汽车汽油燃烧导致的二氧化碳排放量分别为 979 百万吨、1201 百万吨和 1130 百万吨，而 2010 年二氧化碳排放量的下降和美国汽车燃油使用量的下降有一定关系，其中 1992 年的排放率是 0.045167 百万吨/百万亿 BTU（英热单位），2010 年为 0.044061 百万吨/百万亿 BTU，排放率下降速度非常缓慢。

2. 在可再生能源、天然气利用方面取得明显进展

尽管可再生能源、天然气在汽车能源领域在美国还没有占据主流地位，但是和世界其他国家相比，美国取得的成效还是显著的。

在可再生能源中的生物能源生产方面，2011 年美国产量达到 28251 千吨石油当量的水平，占世界总产量的 48.0%，而位居世界第二位巴西的产量仅占世界的 22.4%。与此同时，这些生物能源很大一部分被用于生产生物燃料乙醇和生物柴油，2011 年生物燃料乙醇和生物柴油的总产量达到 4511 百万亿 BTU，占同期可能在能源总产量的 48.8%；并且生产的燃料乙醇和生物柴油绝大部分被用于国内消费，2011 年美国该类燃料消费量占生物燃料消费量的 44%。此外，2009 年美国使用乙醇的生物燃料汽车使用量占替代燃料汽车总数量的 75%，生物燃料在美国得到了积极使用。总的来看，在生物能源领域的生产和应用领域，美国的优势是毋庸置疑的。

在天然气能源领域，虽然目前美国天然气汽车使用量极少，2009 年使用量只有 3770 辆，但是美国 2009 年已经成为世界第一大天然气生产国，国内天然气价格从 2009 年开始持续下降，目前已经成为"价格洼地"，这种情况无疑有利于天然气能源未来在汽车能源领域的发展。

3. 在汽车电池能源领域取得的诸多成绩

在电池能源的需求方面，美国表现在使用混合动力汽车、纯电动汽车和使用燃料电池的电动汽车上。根据 2009 年美国替代燃料汽车数量统计资料看，使用蓄电池供电驱动的纯电动汽车数量是 2255 辆，氢燃料电池汽车数量是 26 辆，混合动力车数量是 263535 辆，其中混合动力汽车使用量较多，纯电动汽车和燃料电池汽车比较少。从世界范围看，美国是世界混合动力电动汽车全球销量最大的国家，2009 年混合动力电动汽车销量为 29 万辆，也是世界最主要的使用汽车电池能源的国家。

在研发方面，美国的成绩也是有目共睹：20 世纪 90 年代美国通用公司成功

推出能够使用蓄电池的 Impact 和 EV1 电动汽车，1997 年美国德州大学教授古迪纳夫博士（Goodenough）发现了磷酸铁锂正极材料并申请专利，1999 年福特公司推出能够使用燃料电池的样车 P2000HFC，A123 公司首先研发出高效的使用纳磷盐酸的锂离子电池；2011 年美国马里兰大学的研究人员开发出一种燃料电池，它通过开发新的电解质材料、改变电池设计等措施，对比同样尺寸的传统电池而言可以产生 10 倍以上的功率；2011 年美国俄亥俄州 Nanotek 仪器公司的研究人员利用锂离子可在石墨烯表面和电极之间快速大量穿梭运动的特性，开发出一种新型储能设备，可以将充电时间从过去的数小时之久缩短到不到一分钟；等等。

但在电动汽车电池的生产方面，美国存在较大的问题，即美国的研发能力强，但却缺少将之变成产品的生产商，本地产量较少。奥巴马承认，美国在电动汽车电池市场上只占有 2% 的份额。尽管 2009 年奥巴马政府上台时鼓励美国在电动汽车电池生产领域奋起直追，但是最乐观的估计也不过是在 5 年内使美国的份额达到 40%。当前美国只有 EnerDel 在生产车用锂离子电池，2012 年 10 月全球最大的纳米磷酸盐化学电池制造商——美国 A123 系统公司（A123 Systems）提出破产保护申请，美国汽车电池生产情况令人担忧。

在推广电动汽车充电基础设施建设方面，美国已经创建了一系列成功的风险公司，形成了不同的商业模式，因此美国在发展电动汽车、使用可充电电池能源领域具有良好的条件。其中，成立于 2007 年的 Better Place 是总部设在加利福尼亚的公司，是以提供电动汽车及充电基础设施为服务的风险公司，其中提供电动汽车业务是指其从汽车生产商那里购买电动汽车并将其作为自己的汽车提供给客户使用，其中由公司提供昂贵的电池部分，客户只要拥有车辆本身即可。提供充电基础设施主要包括两种方式，一种是设置充电站，另一种是可称为加油站电动汽车版的电池更换站。而同样成立于 2007 年、总部也设在加利福尼亚的 Coulomb Technologies 公司则是另外一种提供电动汽车充电服务的风险公司，其业务是开发充电站"Smartlet"，通过设置自立型和挂靠型两种类型的充电服务装置为来往的电动汽车服务。Smartlet 可以通过互联网连接到一种称为 NOS（Net Operating System）的服务管理系统，提供用户认证、计费、电量传输数据管理以及 Host/ 使用者 / 公益事业公司的 Web 服务器功能，NOS 还与 GPS·On Star 联合实现实时的信息传输，因此该公司是联合了 Smartlet 机主（包括企业、大厦、公寓的所有者以及地方政府）、电力公司来共同提供充电服务。

总的来看，在发展电动汽车电池和电动汽车方面美国已经形成了较好的社会基础，这主要表现在美国开始形成了实现电动汽车社会的四个层次，即基础设施层次、控制层次、应用层次和服务层次。其中，基础设施层次主要包括发电站、输电网、充电点等，它由美国政府负责；控制层次主要包括分散发电控制、输电技术等，它由大型企业如谷歌、IBM、思科等负责；应用层次包括电动汽车、家庭用蓄电池、太阳能发电面板等，服务层次包括电动汽车拼车、按照固定价格回购家用太阳能发电产生的电力等，这两个层次都由风险投资企业负责，一直以来领导着汽车产业的美国三大汽车公司继续投资电动汽车。由于全美国这四个层面的初步形成，美国汽车电动能源的使用前景将比较广阔。

（二）美国汽车能源战略演变

从第二次世界大战结束到20世纪70年代初期第一次石油危机爆发之前，石油一直是美国汽车的主流能源。当时人们已经认识到石油能源对美国环境的负面影响，但由于石油长期处于低价位和稳定供应状态，同时从技术上看也没有其他能源能够取代它，因此美国政府就没有动力去开发其他汽车新能源和制定汽车能源战略。1973年第一次石油危机后，鉴于汽油能源弊端的日益严重和美国石油安全问题的日益严重，美国政府也开始重视汽车能源问题，并形成了汽车能源发展战略。总的来看，1973年后美国历届政府均比较重视汽车能源发展，其制定的汽车能源战略具有较大的连贯性和一定的相似性；同时，由于不同时期汽车能源技术发展情况不一样，历届美国政府能源战略的侧重点也有不同。

1. 美国汽车能源战略总体概述

石油危机爆发以后，美国历届政府都制定了汽车能源战略，但历届政府的战略既具有一定的连贯性和相似性，又由于侧重点不同而有细微的差别。美国汽车能源战略主要表现在以下方面。

一是始终站在汽车能源的发展技术前沿，大力发展电池能源，力争未来汽车能源的竞争制高点。1973年石油危机爆发后，电池汽车能源属于发展技术前沿，代表未来汽车能源发展方向，为此历届美国政府对汽车电池能源高度重视，努力从战略的高度去发展电池能源。尽管电池能源的发展是一个循序渐进的过程，但是美国历届政府不是消极地等待技术成熟，而是根据技术发展情况主动进行选择，力图选择最有代表性、最有发展前途的汽车新能源并将其作为侧重点进行发展，例如克林顿政府时期积极探索电池能源应用技术、小布什政府侧重燃料电池能源、奥巴马大力发展插电式电动汽车，这些都表明了美国政府力争站在发展技术前沿、努力占领未来汽车能源的竞争制高点的决心。

　　二是循序渐进、全面发展各种汽车能源。石油在长期内处于主体能源地位，天然气、汽车电池、生物燃油等替代能源在长期内有可能取代石油能源，但是在短期内无法取代石油，同时未来何种能源能成为主流能源还无法确定，因此美国无法单纯倚重任何一种替代能源，只能从实地出发，循序渐进地全面发展各种汽车能源。但是，这种全面发展并不是简单地面面俱到，它体现了美国政府的深层次考虑，体现了美国政府的短期、中期、长期战略发力点层次问题。发展汽油能源，目的是为了解决现实需要问题，为此历届政府通过制定节能减排指标提高对汽油能源的使用效率，促进本国传统汽车产业的发展，为未来汽车新能源发展提供时间和资本，因此这属于短期战略发力点。发展生物燃料、天然气和油电混合动力，目的是为了缓解石油安全问题和环境问题，以此作为从传统汽车能源向纯电池能源的过渡，因此这属于中期战略发力点；一旦生物能源、天然气能源成为未来汽车能源主流，甚至还可以转变为长期战略发力点。发展汽车燃料电池能源及纯电动汽车的蓄电池能源，其目的最终以电能取代其他能源并成为主流能源，从而实现零排放，彻底解决石油安全问题，因此这属于长期战略发力点。

　　三是实行以立法为中心、调节供需为两翼的间接支持模式。美国为促进汽车能源的发展，实行以立法为中心、调节供需为两翼的间接支持模式。美国之所以采用这种模式，是因为美国经济的特点是自由主义，包括联邦政府在内的各级政府不能直接干预企业发展，为此美国政府采取这种支持模式，间接推动汽车能源发展。在该种支持模式中，政府立法处于中心地位，立法主要是确定未来发展方向、设定支持模式和规范政府作为。在立法的基础上，政府通过供需两种渠道间接推进的方式发展汽车能源：在供给上，政府通过技术立项、投资和组织保证（设立研究院、公私合营公司等方式）来促进各种研发机构建立及汽车能源生产，从而促进关于汽车能源的研发与生产；在需求上，通过税收政策和完善基础设施的政策降低汽车能源使用成本、提供使用便利，从确保市场需求上进行推动。在这种发展模式中，企业是汽车能源的发展主体，政府只是通过供求两方面的渠道间接干预的做法进行推动汽车能源发展。虽然在这种模式中政府的作用是间接的，但是它也能够有效地减少基础设施重复投入、降低研究费用，同时能够克服企业在技术研发方面的投资不足问题，并能够最大程度地避免政府战略误判带来的负面影响。

2. 美国汽车能源战略历史演变

美国各届政府都高度重视电池能源，但是在不同时期的侧重点、战略目标都有所不同，这表现在对电池能源的发展方向、支持力度等方面。为此，可以根据美国政府对电池能源的发展侧重点情况，对美国各届政府汽车能源进行分类并对其演变情况进行分析。

一是1973—1992年期间的汽车能源战略。1973年第一次石油危机爆发后，美国政府不得不面对石油危机问题，制定关于汽车能源的战略及相关政策。在20世纪70年代中后期，美国使用的汽车能源主要有三种：第一种是传统的石油能源，它作为汽车主流能源的地位长期内无法被取代；第二种是液化天然气、液化石油气、甲醇、乙醇等能源，该类燃料的生产和使用技术相对简单，并且污染较小，但是它们只能部分替代石油而不能从根本上替代石油能源；第三种是电池能源，它能够从根本上取代石油能源，并且具备无污染的优点，但是由于成本、技术问题使其短期内无法成为主要汽车能源。总的来看，石油能源的地位无法撼动，非石油汽车能源尚处于摸索和初步研发阶段，未来汽车新能源发展前景并不明朗，这是当时美国政府制定汽车能源战略的现实背景。

在这种情况下，民间和政府均无法确定未来汽车能源的发展方向，因此美国政府只能采取综合性发展的汽车能源战略，即在努力改良传统汽车能源使用效率的基础上探索开发各种替代能源，其中对液化天然气、液化石油气、生物能源采取积极资助和发展政策，力图尽快使其投产和使用，部分取代汽油能源；而对汽车电池能源，则采取立法、研发和小规模购买的政策，逐步推动电池能源的发展，并没有将其推向市场的设想，因此支持力度有限。在具体实践中，美国略微偏重于液化天然气、液化石油气、燃料乙醇等。总的来看，这种汽车能源战略只是从现实出发，它并没有对未来汽车能源发展方向做出长远规划，也没有想从根本上取代汽车传统能源的地位，目标就比较保守，因此整体战略带有很强的功利性与模糊性。尽管这种全面发展的汽车能源战略有较大的缺陷，但是它比较符合现实情况，因此奠定了以后美国汽车能源战略的总体内容和结构框架，其相应的政策也为后来历届政府所沿用，它是美国汽车能源发展的探索和起步期。这种状况一直延续到 1990 年，为此从尼克松政府到老布什政府期间，美国各届政府的汽车能源战略带有很大的相似性，即强调各种汽车能源全面发展，比较重视液化天然气、液化石油气和生物能源。

二是克林顿政府时期的汽车新能源战略。克林顿政府上台时，面临着新的历史背景：美国刚刚经历了第三次石油危机，新的危机再次警示了美国政府，美国必须认真面对汽油能源危机的弊端；在 1990 年前后，美国公司先后推出了使用混合动力的电动汽车概念车，并在汽车用电池的研发及使用方面取得了一定成就；联邦政府及地方政府开始重视空气环境质量问题，并制定了相关排放标准，要实现新排放标准就必须发展非汽油能源。在这种背景下，克林顿政府开始尝试研究将电池推向商用的可能性。

由于电池能源仍然处于研发阶段，克林顿政府延续了以往稳妥发展的汽车能源战略，但开始研发混合动力车及纯电动汽车推向市场的可行性。在实践中，一方面强调要在大力提高汽油能源利用效率的条件下继续依赖汽油能源，为此 1993 年克林顿批准了《总体技术措施计划》，计划在 2003 年把美国的汽车油耗降低三分之一；另一方面继续加强对天然气、生物燃料、电池能源的研究和开发，但是开始重视混合动力电动汽车和纯电动汽车的研发，试图通过研发由电池动力部分取代汽油能源，提升电动汽车推向市场的可能性，这和以往政府仅仅停留在研发阶段的战略有较大的区别，意味着美国汽车能源战略开始偏向电池能源。为此，克林顿政府通过加大资金投入发展电动汽车，推行"新一代汽车伙伴计划"（PNGV）等方式，研究发展电池驱动的混合动力汽车和纯电动汽车，尝试将电池推向商用，探索电动能源取代汽油能源，提升其成为未来美国汽车主要动力的可能性。

三是小布什政府时期的战略。小布什政府执政之初美国爆发了"9·11"事件，美国和中东诸国关系迅速恶化，世界油价开始逐年上涨，美国石油安全问题进一步严重起来；与此同时，克林顿政府的"新一代汽车伙伴计划"已经证明混合动力无法摆脱对汽油等传统能源的依赖，此时燃料电池等新型汽车能源又有了新的进展,这就影响了小布什政府的汽车能源战略。虽然小布什政府继续综合发展各种汽车能源的战略,但是它开始将注意力放在对电池能源的侧重点进行了调整,高度重视燃料电池能源,同时通过各种政策将混合动力汽车及混合动力能源推向市场,这比克林顿政府又进了一步。在提高汽油能源效率方面,它规定到2020年美国轿车和新型卡车要达到每加仑35英里的标准,替代1985年规定的27.5英里标准,步子迈得很大;在汽车新能源的研究和开发领域,它通过比以往政府更大的力度继续发展乙醇等可再生能源、纯电动汽车电池能源、混合动力能源、燃料电池氢能源等。在新能源中努力将燃料电池氢能源之外的其他能源向市场进行推广,对燃料电池氢能源则进行重点研发。小布什在2003年国情咨文中专门讲到,"提议拨出12亿美元的研究资金,使美国能够领导世界研制出洁净的氢动力汽车",这意味着小布什政府的战略重点开始转变,从克林顿政府的注重混合动力改为氢动力。在具体操作中,小布什政府主要通过"Freedom CAR 计划",实行政府与企业共同攻关的措施来实现发展汽车氢动力的战略目标。在氢燃料项目遇到挫折后,小布什政府又迅速调整思路,将燃料电池的研究转向基础性研究,重新回到以往均衡发展各种汽车新能源的思路上。

四是奥巴马第一任期政府的汽车能源战略。奥巴马政府上台后,石油安全问题、环境保护和全球变暖问题日益严重,与此同时世界各国对于汽车能源的发展方向及发展步骤问题基本上有了明确认识,即"三步走":近期,推广柴油以及非石油产品的天然气、乙醇等;中期,发展油电混合动力及纯电动汽车;远期,发展资源丰富、污染为零的氢动力燃料电池。与此同时,美国国内混合动力汽车已经开始进入商业化阶段,插电式混合动力汽车也有望投入市场,美国在汽车新能源领域及相关领域的发展存在巨大的技术优势和商业潜力,在这种背景下,奥巴马政府适当调整小布什政府战略,大胆推行自己的战略,其特点是大规模促进可插电式电池的产业化、市场化。

奥巴马政府在2009年1月的经济复兴计划中提出:将促使政府和私营行业大力投资混合动力汽车、电动汽车等新能源技术,政府将以7000美元的抵税额度鼓励消费者购买节能型汽车,动用40亿美元的联邦政府资金来支持汽车制造商,力争到2015年实现美国的混合动力汽车销量达到100万辆;同时支持强制性的"总量管制与排放交易"制度,力争在2050年之前实现二氧化碳减排80%,低于1990年的水平。2011年,奥巴马在2011年国情咨文中又一次提出,"我们将向我们时代的'阿波罗项目'提供资金支持……在进行更多的研究和激励措施后,我们可以用生物燃料来打破我们对石油的依赖……成为在2015年前首个拥有100万电动汽车上路的国家"。在这些计划和咨文前后,奥巴马政府根据该计划制定了一系列措施,如大力开发国内石油和天然气资源、实施更严格的节能减排指标、开展第二代生物燃料开发项目、对汽车电池研发及生产实行巨额补贴、鼓励购买电动汽车等。通过这些措施可以看出,奥巴马政府的汽车能源战略依然是确保所有汽车能源的全面发展,即重视汽油能源、生物能源、太阳能、可充电电池电动能源、氢燃料电池等汽车能源的全面发展,但同时将战略重点转向可插电式电池能源,并采取更激进的措施促使本国汽车产业使用汽油能源时做到节能减排。

为实现战略目标,奥巴马政府高度强调政府支持的作用,同时也坚持支持的间接性。2009年9月20日奥巴马政府在出台美国联邦政府创新战略时,奥巴马就表示,"向只有政府组织才能完成的创新项目投资,为个人与企业建立一个开放而竞争的环境……借助我们生机勃勃的私营企业来推动创新,从而确保下一轮经济增长比以前更加扎实,更加广泛,更加造福于民"。这表明奥巴马政府在促进能源产业发展时,非常强调政府在创新方面的作用;同时,奥巴马政府也强调支持的间接性,强调政府的支持主要在于创新项目,认为私营企业是创新的主体。

五是奥巴马第二任期政府的能源战略。奥巴马政府第一任期政府侧重于发展可插电式电池能源的汽车能源战略并以此制定的政策,在四年后成效不大,美国汽车能源领域的发展情况并不乐观:自2011年下半年以来,包括汽车电池生产商在内的大批美国新能源企业相继倒闭,奥巴马政府推行的新能源振兴计划面临全面崩盘局面;与此同时,随着页岩气技术革命的出现,美国天然气产量大幅度上升,价格持续下降,美国能源行业出现大规模变革;部分汽车公司已经开始对可插电式汽车发展丧失信心,例如密歇根汽车业智囊机构汽车研究中心已经取消了2012年插电式汽车商业大会的召开。在2012年美国大选中,面对罗姆尼等人的质疑,奥巴马无力反击,在总统选举中已经不再打能源牌。在这种背景下,奥巴马第二任期政府的能源战略面临调整。

由于奥巴马政府还没有对其能源政策进行说明，因此很难对其第二届政府的能源战略做出准确预测。但可以根据大选前后各方面情况，对其进行大体预测。2012 年 2 月奥巴马已经宣布了将电动汽车的税费优惠幅度加大，并且制定了 3 年后累计 100 万辆的电动汽车销量目标；而在 2012 年 11 月成功连任后，奥巴马曾宣称要继续推进电动汽车的发展，并同时对氢能源汽车业表示出浓厚的兴趣；Edmunds 公司燃料利用及绿色汽车部的高级编辑 John O'Dell 认为，奥巴马总统从未放弃他将电动汽车变为人们主流选择的努力……插电式汽车——混合动力和"纯"电池动力的汽车——新一轮的发展即将开始……奥巴马清洁能源汽车的计划将在他的第二个任期内真正得以实施。根据这些迹象判断，奥巴马将继续坚持侧重发展可插电式电池能源。与此同时，可充电电池能源在实践中遇到的重重困难和上一届任期内的挫折使得奥巴马不太可能再像以前那样大力度地支持可插电电池能源，再考虑到当前美国天然气能源顺利开发情况，奥巴马政府有可能会对以往的战略进行微调，即在继续重视发展可插电式电池能源的同时，积极发展天然气能源、石油能源、生物能源和燃料电池能源等，而不是过于偏重"新能源"而忽视化石能源发展。

3. 美国当前的汽车能源战略

2008 年奥巴马第一任期上台后就推出了侧重于发展可插电式电动汽车的汽车能源战略，并付诸实施。尽管四年后奥巴马政府发展可插电式汽车的战略及政策遭到重大挫折，但是 2012 年美国大选前后奥巴马并没有改变其支持发展电池能源的侧重点，因此 2012 年后奥巴马的下一任期政府，仍将继续推行侧重于发展可插电式电动汽车的汽车能源战略。但值得注意的是，奥巴马政府侧重于发展可插电式电动汽车及相关电池能源属于中期发力点，是将其作为未来向纯电动汽车、电动能源的过渡，同时也并不想在短期内就迅速取代汽油能源，而是要表明美国政府的战略意图及能源发展方向。

奥巴马政府 2008 年当选时强调"新能源"的重要性，在执政之初就提出了"美国新的综合性能源计划"，呼吁联邦政府在未来十年内投入 1500 亿美元，以激励社会努力，建立一个清洁能源的未来，其具体内容包括：打击能源投机和动用石油储备平抑油价；通过提高燃油经济性标准和普及插电式混合动力汽车等措施减少从中东及委内瑞拉进口石油；为在 2050 年削减 80% 的温室气体而执行一个经济可行的配额—交易项目;确保2012年10%的电能来自可再生能源;2025年25%的电能来自于可再生能源;开发和推广洁净煤技术等。由此可见,奥巴马政府继续强调要全面发展包括汽油、生物燃料、天然气、蓄电池式充电电池和燃料电池等各种汽车能源,但是要实现该计划必然要将重点放在汽油能源的节能减排和发展可插电式电池能源上。为此,在这里重点分析奥巴马政府关于发展汽油能源和可充电电池能源的战略思想。

对于汽油能源的节能减排问题,奥巴马政府主要通过设定严格的排放标准和油耗标准来实现。2009年9月16日,美国环保署和交通部联合提出了适用于轻型汽车的燃料经济性和温室气体排放标准的国家方案。该方案包括两个部分:由交通部国家高速公路安全管理局(NHTSA)提出的平均燃料经济性标准(CAFE)和由环保局提出的国家排放标准。该方案涉及2012—2016年的新车型,燃料经济性标准平均每年提高5%以上,要求到2016年整体燃料经济性达到35.5mpg(参见表1-9)。这也使得2007年国会制定的到2020年实现35.0mpg的CAFE法定目标将提前四年实现。方案中提出了各类轻型汽车的平均CO_2排放标准,这些标准基于CO_2排放足迹曲线,各种汽车依其碳足迹有着不同的CO_2排放相容性目标。汽车碳足迹越高,相应的CO_2排放目标也越高。受此方案影响的汽车占全美交通相关GHG排放的60%和石油消耗的40%,预期相关标准的实施可减少CO_2排放9.5亿吨,节约石油18亿桶。环保局和国家高速公路安全管理局希望汽车制造商通过提高发动机效率、传动系统、轮胎以及增加启停技术的应用和改进空调系统来满足标准要求,同时期望标准的实施能够促进先进节油技术如混合动力汽车和清洁柴油发动机的使用。

表1-9 美国2012—2016年各类汽车阶段性排放限值目标

汽车种类	年度				
	2012	2013	2014	2015	2016
乘用车($g\ CO_2/mi$)	261	253	246	235	224
轻型卡车($g\ CO_2/mi$)	352	341	332	317	302
中型客货车($g\ CO_2/mi$)	295	286	276	263	250
中型客货车(mpg)	30.1	31.1	32.2	33.8	35.5

2011年11月，美国环保署和美国交通部又正式推出联合提案，要求2021年的燃油经济性要达到40.1mpg（百公里耗油5.8升），2025年汽车燃油经济性要达到49.6mpg（百公里4.7升）；2025年汽车二氧化碳排放不得超过每公里101.9克；2012年7月29日，美国总统奥巴马宣布2012—2016年轿车和轻型卡车的燃油经济性标准提升至每加仑35.5英里（约合百公里6.63升），而到2025年轿车和轻型卡车的燃油经济性标准则将提升至每加仑54.5英里（约合百公里4.3升），而这个新标准也已经与13个主要汽车制造商达成了协议。无疑，奥巴马的举措对于各大汽车厂商是个非常严峻的考验，同时也为二氧化碳的排放带来前所未有的低数字。

对于发展可插电式电池能源，奥巴马政府的目标非常明确，就是通过本届乃至下届政府的努力，让可插电式电池能够从研发阶段走向推广应用阶段，在八年内实现电动汽车数量达到100万辆的目标。值得注意的是，100万辆的绝对数字不小，但是相对于美国上亿辆的汽车总数来说它只是很小的数字，因此奥巴马政府的目标只是让这种能源能够尽快从实验室走向市场，能够在应用中逐步扩大发展，而不是幻想在短期内能迅速取代石油，成为主流能源。在实践操作中，奥巴马政府主要通过大规模政府资助、提高节能减排指标迫使汽车制造商积极研发和使用电池能源等措施来实现战略目标。为此，2009年3月奥巴马总统宣布将用24亿美元资助美国制造商和相关机构生产下一代插电式电动汽车及其先进电池零部件。美国能源部还计划对以下领域提供帮助：电池制造业的建立与升级、电池部件、锂电池等其他先进电池循环工厂、电动汽车动力电子生产厂家。该计划有利于降低电池包、电池、电驱动系统的成本，促进制造商创造一个繁荣的国内电动汽车产业。能源部还会支持先进电动汽车市场化促进项目，如示范运行与技术评估。为此，能源部为以美国为基础（U.S. based）的制造商生产高效电池及其部件提供15亿美元资助；能源部为以美国为基础的制造商生产电动汽车其他零部件，如电机等提供5亿美元资助；能源部将提供4亿美元，用于插电式混合动力汽车及其他电气设施方案的示范运行和评估——比如卡车停车场充电站、电气轨道、培训电动汽车装配与维修技师。随后，奥巴马政府按照这些计划逐步推行相关政策，企图以此来实现发展可插电式电池能源的目标。

(三) 美国地方政府汽车能源战略

美国是联邦制国家，地方政府对经济发展影响力度并不比联邦政府小，因此地方政府的汽车能源战略也颇值得重视。美国地方政府也十分重视开发新的汽车能源技术，制定州一级的汽车能源发展战略，它对美国汽车能源发展也发挥了积极的作用。

地方政府的汽车能源战略分两种，一种以密歇根州为主要代表，一种以加州为主要代表。由于密歇根州境内具有庞大的汽车产业集群，发展汽车能源对本地经济发展有极大好处，故其对发展汽车能源主要采取促进供给战略，即通过对汽车企业及能源企业减税、鼓励能源企业在本地投资、协助企业进行技术研发等措施刺激供给，从而达到促进汽车能源发展目的。除了密歇根州外，其他境内有汽车产业或汽车能源产业的州也采取了类似战略。加州则是另外一种情况，其汽车产业并不是太发达，它发展汽车能源的目的是促进环保和本地高新技术产业发展，因此其主要采取促进需求战略，主要通过制定汽车尾气排放指标、对新能源汽车进行补贴等措施刺激需求，达到促进汽车能源发展目的。

在地方政府中，加利福尼亚州是突出的代表。加州本地汽车产业并不太发达，因此其制定汽车能源战略的形式主要是从需求角度出发，其目的不仅是为促进本地电动汽车及电池能源发展，更是实现本地环境保护目标，加州的战略和美国大多数州有相似之处，影响也很大。由于特殊的自然环境和经济环境，加州对汽车的排放问题高度重视，对发展新能源汽车态度非常坚决，目前加州是美国新能源汽车使用数量最多的州，约有 500 万辆汽车为混合动力车，另有 1000 辆纯电动汽车在当地运行，加州被众多汽车厂商视为进军美国市场的重要阵地。

加州的战略主要是通过空气资源管理局制定排放指标实现的。加州空气资源管理局在 2009 年 10 月评述加州零排放汽车战略时，提出 2050 年加州所有销售新车将是零排放汽车，并提出了实现目标的具体路线图（参见图 1-9）。该项计划不是对未来电动汽车技术的预测，也不是根据价格、市场接受度等进行的测算，而是根据 2050 年温室气体排放目标进行倒推的，即为实现 2050 年减排目标，电动汽车技术应该以何种速度发展。

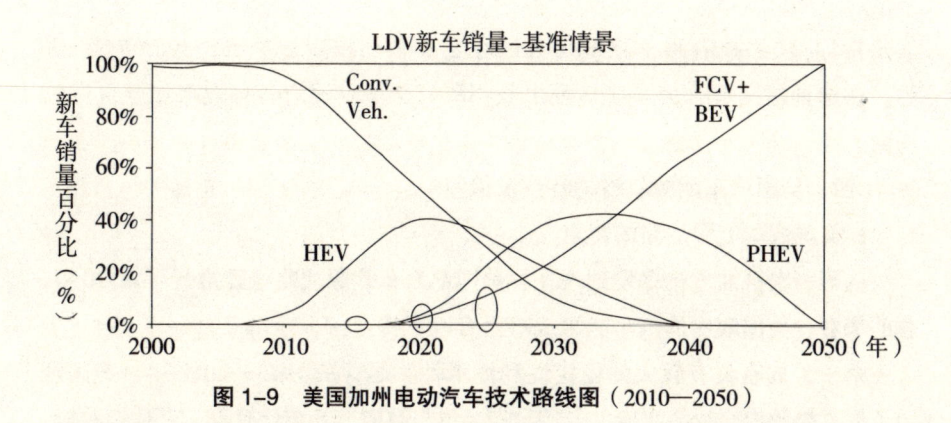

图 1-9　美国加州电动汽车技术路线图（2010—2050）

从该图可以看到，加州电动汽车发展分三步走，即先发展混合动力汽车、后发展插电式混合动力汽车，最后发展零排放汽车。其中，传统的汽油能源型汽车市场占有率将逐年下降，到2040年完全退出市场。普通混合动力汽车2010年前后大约占据市场的4%，未来10年需要增加到40%，然后逐渐降低，至2040年退出销售市场。插电式混合动力汽车在导入市场后迅速增长，并于21世纪30年代中期达到40%的市场。零排放汽车——纯电动汽车和燃料电池汽车在2015年之后导入市场，并迅速增长，至2050年占据整个市场。鉴于加州1990年零排放法案经历的挫折，本次提出的2050电动汽车发展目标也显现出一定难度。2010年6月前后，加利福尼亚州又进一步将其目标进行了细化，即到2014年在其道路上能够行驶7500辆全电动汽车以及25000辆可充电式混合动力汽车，并且到2017年以上数量能够增长至60000辆电动汽车以及85000辆可充电式混合动力汽车。

为推动新能源汽车在加州的发展，加州给出了一系列优惠政策。包括对电动汽车及有关部件的研发活动给予财政资助；对购买电动汽车提高5000美元的补贴；对市政机构或公共企业购置电动汽车的给予财政资助或者通过行政命令迫其购置；电动汽车不受限制车辆通行及限制停车的交通法规约束；电动汽车充电电力价格优惠；电动汽车及蓄电池免付商业税或免税4%—19%等。

对于地方政府的做法，联邦政府的态度一直是大力支持的。例如加州政府的节能减排指标高于联邦政府的指标时，奥巴马政府允许其他州政府采用加州指标；联邦政府和密歇根州共同在密歇根州投资建立电池生产企业；等等。在这种情况下，美国就呈现出联邦政府与地方政府各自战略相互促进的局面。

（四）美国汽车能源战略的特点及借鉴

1. 美国汽车能源战略的特点

从第一次石油危机爆发到现在，美国的汽车能源战略已经推行了40多年，总的来看，美国政府的汽车能源战略具有以下特点：

第一，战略具有较大的稳定性和继承性。尽管从1973—2012年，美国经历了尼克松政府、福特政府、卡特政府、里根政府、老布什政府、克林顿政府、小布什政府和奥巴马政府，尽管各届政府的汽车能源战略在侧重点上有较大的差别，但是历届政府的汽车能源战略总体上具有较大的稳定性与继承性，都强调既要做好提高传统能源的使用效率工作，又要发展新能源；强调在各种新能源发展过程中，既要根据实际情况有所侧重，又要做好全面均衡发展；强调新能源的发展能够符合社会发展实际，不急于求成；在各种新能源开发过程中，都充分吸取上届政府的经验教训，并结合现有技术发展情况，合理选择具有战略性的汽车能源。因此，各届政府的战略具有较大的稳定性和继承性。

第二，以发展汽车新能源带动汽车能源发展。汽车新能源最终是为新能源汽车使用的，没有后者的发展就没有前者的发展，为此美国通过刺激新能源汽车的市场需求，做大新能源汽车产业，来引导和直接带动汽车新能源的发展。

第三，汽车能源发展结构与本国资源情况紧密结合。尽管电池能源是未来汽车能源发展的方向，但是美国的汽车能源战略中对燃料乙醇等生物能源非常重视，原因就在于美国具备其他国家所没有的农业自然资源条件，能够大力发展乙醇等生物燃料。

第四，美国战略与石油关系存在错综复杂的联系。美国始终注意保持汽油能源在汽车能源中的重要位置，这一方面是因为长期内汽油能源无法被取代，另一方面是因为美国自身石油资源情况的影响：美国石油资源比较丰富，传统汽车产业也很发达，并由此形成了相关利益集团，在这种情况下美国不得不优先考虑挖掘现有油气资源的潜力，而不是像日本和西欧那样更重视其他汽车能源。解决石油安全是发展汽车能源的主要推动力。但是，由于美国石油安全问题一直严重，而交通运输领域是主要耗油部门之一，因此美国历届政府在制定发展汽车能源战略时，都是打着降低美国石油对外依赖度、确保石油安全进行的旗号进行的，因此发展汽车新能源的主要动因就是石油安全问题。在这种情况下，美国汽车能源战略的松紧程度，就和美国石油安全问题呈高度的正相关性。

第五，注重联邦政府与地方州政府的互动，但是联邦政府发挥了主导性作用。美国实行联邦制，各个州在管理地方经济、发展战略性产业方面有很大权力，随着汽车新能源技术的不断发展和环保意识的加强，各州政府也开始积极发展汽车能源，并且其作用也越来越大，这以加州为主要代表；而联邦政府则对地方政府的行为积极支持，因此逐步形成了联邦政府与地方州政府的互动。但是在汽车能源战略的制定及实施过程中，联邦政府发挥了主导性作用。联邦政府通过制定联邦法规、推行国家级项目、实施财税支持，对美国汽车新能源发展方面起着地方州政府所起不到的巨大作用。

2. 美国汽车能源战略的借鉴意义

美国长期推行的汽车能源战略，有很多成功之处，值得借鉴。

一是强调有限干预。汽车能源发展有其自身的规律，其发展主体应该是相关公司而不是政府，在这种情况下政府只有有限干预，才能够避免误导市场，在此方面美国政府做得比较好，它只是通过制定联邦法规、推行国家级项目、实施财税支持等间接干预措施，这使得美国相关汽车能源开发公司能够充分发挥自身积极性和根据市场情况，成功开发出一系列汽车新能源产品和推出一系列新概念车，始终走在世界前列。

二是强调根据实际情况，全面和合理发展各种汽车能源。由于新能源逐步取代传统汽车能源是一个长期的过程，是技术、市场等因素综合作用的结果，非人力所能猜测和干预，在这种情况下兼顾传统能源，全面的发展各种新能源，就能够做到保证传统汽车产业正常发展的同时，确保各种新能源都得到发展，防止出现战略性失误进而影响到其他能源的开发。纵观小布什政府，虽然它曾经出现误判，将发展重点放在氢动力能源方面，从而影响了美国汽车业在混合动力方面的优势，但是由于它还是尽力确保了各种新能源的全面性发展，在这种情况下这种误判没有对美国汽车能源发展起到太严重的危害。而美国历届政府均注重生物能源、电力能源、氢燃料能源等能源的多样性发展，才使得美国在这些能源方面均取得了一定成果，确保了美国在汽车新能源领域的全面领先地位，同时也保证了美国在传统汽车能源领域的领先地位。

三是根据强调新能源战略的技术发展情况，从战略高度有选择地发展某一新能源。从 1973 年开始，美国政府有选择地先后试探研究了天然气等代用混合燃料能源、混合动力能源、燃料电池能源和插电式电池能源，尽管其中大部分都没有太大进展，但是它使得美国积累了各种经验教训，为美国今后汽车新能源的发展打下了坚实的基础。

二、欧盟汽车能源战略

（一）欧盟汽车能源发展状况

1. 欧盟汽车业发展状况

汽车业是欧盟的支柱产业和优势产业，被称为欧洲经济的发动机。截至 2012 年末欧盟 27 国共有汽车生产厂 200 个左右，机动车年产量达 1500 万辆，占全世界产量的 1/4。其中小汽车产量占世界的 1/3，现今绝大多数高档车品牌都源于欧洲。2007 年，欧盟小汽车出口额为 1250 亿欧元，进口额 650 亿欧元，顺差达 600 亿欧元。受金融危机影响，2008 年和 2009 年贸易顺差连续降至 440 亿欧元和 286 亿欧元。目前，欧盟汽车年销售额超过 7800 亿欧元，年行业增加值达 1550 亿欧元，约占制造业总增加值的 9%，而且汽车业还是欧盟制造业中吸纳就业最多的部门之一。目前汽车业直接就业人数约为 230 万，间接就业高达 1000 万之多。

2. 欧盟汽车能源发展状况

欧盟目前超过一半的能源需求依赖进口。在能源消耗结构中，交通运输行业占比高，尤以汽车为甚。目前，交通运输行业约占欧盟温室气体排放总量的 25%，欧盟要实现减排目标，交通运输行业是主攻对象。因此，欧盟积极推动新汽车能源的开发利用。在强调传统汽车节能减排的同时，积极推动生物燃料、氢燃料等新的可再生汽车能源的研发推广和使用。目前欧盟汽车市场上新的汽车能源主要以柴油为主。柴油车尤其是柴油轿车已成为欧洲主要国家汽油轿车的替代品。

从总体看，欧盟汽车市场上柴油汽车的覆盖率较高，而相比于美国和日本等其他发达国家市场，欧盟的混合动力汽车、纯电动汽车的销量较低。2009年混合动力汽车销量7.35万辆，仅占欧盟市场汽车销售总量的0.4%，2010年达到10.70万辆，而纯电动汽车在2009年的销量仅仅为300辆。

据英国汽车制造与交易商协会统计，2010年英国共有203万新乘用车注册，其中约2.3万辆为新能源汽车，新能源汽车所占市场份额仅为1.1%。按照2010年销量由多到少的次序，可将英国市场上的新能源汽车依次分为四种：汽油/电动混合动力车、汽油/乙醇混合动力车、纯电动汽车和汽油/燃气混合动力车。其中汽油/电动混合动力车销量超过2.2万辆，占比95%以上。2010年，德国的新能源汽车销量在全国汽车市场的份额仅为0.9%，销量为2.5万辆，主要是混合动力、纯电动和氢燃料电池汽车。

（二）欧盟汽车能源战略演变

温室气体排放、能源短缺问题等是欧盟研究制定车用能源战略的主要考虑因素。

1. 大力发展柴油汽车

欧盟一直重视汽车领域的环保与节能问题，在确定汽车能源时，把防止温室效应作为政策的优先目标。其中，发展节油环保的车用柴油发动机，是欧盟汽车能源战略的重要内容。

传统汽车能源污染严重，消耗能源多，而欧洲许多国家石油产量有限，战略石油储备少，节约能源需求迫切。于是，欧洲一些国家开始寻求切实可行的节能措施，并发现了柴油的节油性能，率先明确了柴油技术在汽车节能技术中的战略定位，把大力发展柴油汽车作为未来汽车发展的重要方面。并组织科技攻关，克服传统柴油发动机的缺点，同时积极推广先进柴油技术的应用，力求降低传统车辆的能耗。目前的柴油汽车与传统汽车相比，具有很多优势，一是柴油价格较为低廉；二是节省燃油；三是二氧化碳排放减少；四是颗粒物和氮氧化物等气体污染物的排放大为降低；五是柴油不易挥发、燃点高，性能稳定；六是动力性强、噪音低、震动小、发动机小型化；七是经久耐用。

2. 重视可再生能源

2007年1月，欧盟公布了"新欧洲能源政策"，目标是到2020年，将温室效应气体排放量降低到至少低于1990年的20%，将能源消耗中可再生能源的比例提高到20%。而柴油汽车领域，由于欧盟柴油汽车的快速发展，目前面临着巨大的柴油需求缺口，同时随着欧洲不断提高汽车尾气排放标准，对柴油汽车所依赖的清洁柴油质量的要求进一步提高。这要求欧盟在发展柴油汽车的同时，强调可再生能源在汽车领域中的研发与利用，将电动汽车、生物燃料汽车、氢燃料汽车作为未来汽车发展的战略方向。

（三）欧盟汽车能源战略重点、目标、实施途径

1. 战略重点

欧盟重点发展电动汽车、生物燃料汽车和氢燃料汽车。在燃料汽车中，生物燃料汽车产业拥有相对成熟的技术和基础设施，是欧盟在短期内发展的重点，而氢燃料汽车特别是氢燃料电池汽车作为真正清洁高效的新能源汽车，则是欧盟在中长期发展的重点。

2. 战略目标

2010年，欧盟公布的《清洁能源与节能汽车欧洲战略》定下两大目标：一是以传统发动机为基础不断提高能效和清洁度，二是开发超低排放的新能源汽车。欧盟希望到2020年，新车二氧化碳排放量从2005年的每公里159克减少到95克。2011年推出的《2010—2020欧盟交通政策白皮书》则指出，欧盟未来的交通核心在公共运输上，并推广使用新能源汽车，提出2050年交通运输行业温室气体排放比1990年减少60%。

（1）电动汽车发展战略目标

2009年10月发布的"欧盟道路交通电气化路线图"，指出了欧盟电动汽车未来的发展目标。即将电动汽车产业化分为三个主要阶段。其中第一阶段（2010—2012年），基于现有车辆技术发展插电式混合动力汽车和纯电动汽车，到2012年前后，实现电动汽车保有量达到10万辆目标；第二阶段（2012—2016年），主要发展第一代纯电驱动的电动汽车，到2016年前后，实现电动汽车保有量达到100万辆目标；第三阶段（2016—2020年），实现全新设计的纯电驱动的电动汽车总量达到500万辆目标。并在此期间，同步开展电动汽车相关的动力电池、基础设施、智能车网交互、电池租赁等技术及产业化推进战略的研究。

（2）燃料汽车发展战略目标

在生物燃料汽车方面，为推动生物燃料在交通运输领域的应用，欧盟于2003年颁发了"生物燃料促进指令"。欧盟要求2005年底欧盟境内生物燃油的使用应达到燃油市场的2%，2010年底达到5.75%。欧盟第七研发框架计划（2007—2013年），计划于2030年实现交通运输燃料的四分之一来自生物燃料，其计划分三个阶段来实现这一目标：第一阶段（2010年前），包括研究提高现存技术，研究新一代生物燃料的生产设备，关于生物燃料生产厂的构想等；第二阶段（2010—2020年），主要包括发展新一代生物燃料生产技术，关于生物燃料生产厂构想的实证等；第三阶段（2020年之后），主要内容有新一代生物燃料的规模化生产、发展综合性生物燃料生产设施等。

在氢燃料汽车方面，欧盟、欧洲工业委员会和欧洲研究社团于2008年11月联合制定了2020年氢能与燃料电池发展计划，希望在2020年前就燃料电池和氢能研究、技术开发及验证方面实现重大突破，使氢能与燃料电池技术于2010—2020年实现商业化应用。2009年初，欧盟批准了燃料电池和氢能技术项目行动计划。该计划将从第七框架计划中出资4.7亿欧元，重点突破燃料电池及基础设施的瓶颈技术，争取在2015—2020年实现市场大规模增长。欧盟提出，到2020年应有20%的汽车燃料使用非石油类资源，并且氢燃料应占有5%的市场份额。

3. 实施途径

（1）电动汽车发展实施途径

"欧盟交通道路电动化路线图"将欧盟的电动汽车发展分为三个阶段。分别为：引入阶段（2012年前），对现有汽车进行调整和改装；过渡阶段（2012—2016年），第二代电动汽车问世；大规模生产阶段（2016—2020年），全欧范围混合动力汽车和电动汽车将得到全面使用。

欧盟路线图为每项工作的启动和完成都厘定时间表。如在"电能储存系统"下第7工作事项为"研究后锂电池技术"，路线图规定该项工作2012年启动，2018年完成研发，2020年实现生产和销售。

除了指定路线图外，欧盟还通过发起绿色轿车行动，建立欧盟研究区域联络网（ERA-NET）框架等，运用资金投入、促进研发信息交流等具体措施，促进电动汽车的研发与发展。并通过实施"发展世界领先的电动汽车技术远景规划",在欧盟范围内生产、使用统一标准的电动汽车电池充电设施,出台电池充电设施设备标准,推出电动汽车安全标准。

(2) 燃料汽车发展实施途径

在生物燃料汽车方面,欧盟开展分阶段推进。在第一阶段(2010年前),研究提高现存技术,研究新一代生物燃料的生产设备,构想生物燃料生产厂等;第二阶段(2010—2020年),发展新一代生物燃料生产技术,实证生物燃料生产厂构想等;第三阶段(2020年之后),规模化生产新一代生物燃料、发展综合性生物燃料生产设施等。

在氢燃料汽车方面,2008年欧洲氢能源及燃料电池技术平台战略研究议程(简称"SRA")为欧洲制定相关战略建议,并将开发氢能源及燃料电池技术分为三个阶段:短期阶段(至2010年)主要包括开展氢燃料汽车的基础性研究,对传统燃料技术的改进,也强调在适宜的市场中介绍氢能和燃料电池的早期应用;中期阶段(2010—2020年)主要包括改良化石燃料以从中提取氢、为氢生产开发和实施系统、氢能在燃料电池系统中使用等;中长期阶段(2020年之后)主要包括实现对电的需求持续增长将由氢能来满足。

(四)典型国家汽车能源发展战略

1. 德国汽车能源发展战略

(1) 德国重视发展新的汽车能源

德国重视可再生能源的开发利用,将发展新能源作为"基本国策"大力推进,通过制定颁布支持政策促进其发展。作为1991年《电力回购法》的延续和拓展,2000年德国联邦议院正式通过了《可再生能源法》,2004年对其进行了修订和补充。该法案的目标是更加促进可再生能源比例的增长,2010年至少达到12.5%,2020年至少达到20%,同时降低CO_2的排放,最终达到同常规能源的市场竞争能力。目前德国新能源在总能源供给中的比例逐渐增加。1991年为118%。政府出台《输电法》给予补贴后,新能源比例逐步升高,1998年为218%。2000年《可再生能源法》的颁布是德国新能源战略的重大转折,新能源供给在总能源供给中所占的比例从2000年的311%迅速上升到2004年的418%。由于2004年"新能源法"的实施,截至2007年底新能源的比例已占到整个能源结构的 712%。德国新能源消费比例有较大提升。

目前，德国在电动汽车、生物质能等方面都拥有世界最先进的技术，是新能源技术领域的先驱。在欧盟成员国中，德国一直实行较严格的排放标准，对控制汽车尾气污染和温室气体排放等方面制定严格的产业政策。2005 年 7 月，德国政府通过《国家气候保护报告》，提出到 2012 年和 2020 年减少温室气体排放的具体目标，强调进一步开发汽车相关技术和推广住宅能源节约计划，争取到 2020 年使德国温室气体排放比 1990 年减少 40%。对生物柴油生产企业全额免除税收，并规定从 2004 年 1 月 1 日起，石油柴油中必须加 5% 的生物柴油。这些法律规定使生物柴油的市场价格低于普通柴油，并使德国成为世界上利用生物柴油最为广泛的国家。

（2）德国汽车能源战略特点

一是注重制定国家能源战略。德国是一个矿物能源资源贫乏国，国内仅有少量硬煤和褐煤，但德国却是世界第五大能源消耗国。其石油、天然气消耗居欧盟前列，其能源的对外依存度很高。这使德国不得不考虑研发使用新能源。此外，能源供给安全问题、能源国家主义的威胁、能源资源耗竭、价格不断上涨以及全球气候变化而承担的节能减排义务等外部因素也坚定了德国发展新能源的决心。德国将发展新能源提高到战略的高度，制定了一系列的战略路线，保证能源战略的实施。具体内容包括：1990 年的《电力输送法》规定，对可再生能源发电提供补贴，打破垄断市场；"2000 能源对话" 制定经济性（开发市场共同竞争）、保证供应性（品种和货源多样化）、环境保护性（合理使用能源，减少二氧化碳排放量）的三角连环目标；2004 年《可再生能源法》提出最终新能源比例要超过 50%，保证可再生能源的地位等内容。

二是政府、社会机构的政策与国家战略密切配合。由德国政府牵头专门成立了联邦教育和科研部，主动承担投入和风险，研究新能源。德国各级政府出台了各种税收优惠政策对国家政策做出补充。各政党也制定了相应的政策，并通过优惠税收政策和各种补贴鼓励企业发展新能源，鼓励个人的环保行为，并有专门的银行机构为新能源研发提供贷款。

三是民间积极响应新能源政策。德国在全国范围内发起了节油倡议。如今，节能、环保、发展新能源成为德国的执政理念。社会出现了大量的公益团体，专门宣传、推广节能环保和新能源政策,大众媒体也纷纷响应,通过媒体塑造社会公众的环境价值观。德国公民已经形成了高度的节能、环保意识和对新能源发展战略的高度认同。据德国官方数据显示,德国公民愿意为发展新能源而做出个人牺牲的比例高达86%。

四是将自主研发作为战略核心。德国摆脱能源困境的战略核心就是自主研发,掌握新能源的关键技术和前沿领域技术。德国清楚地认识到,只有拥有了新能源的关键技术和前沿领域技术才能掌握主动权。例如,弗赖堡的弗劳恩霍弗太阳能系统研究所最新研究的太阳能电池能量存留效率为4111%,远高于目前市场标准。

五是投入大量研发资金。巨额资金投入是德国新能源战略成功的巨大驱动力。1999年,生态税改革为新能源的拓展提供了大量的资金,仅2005年就提供了约1193亿欧元,德国政府拿出5亿欧元用于电动汽车的研发。生态税改革通过提高环境污染的化石能源的税收,以减少其消耗;并吸引企业进行技术创新,提高能源利用效率,鼓励使用新能源。同时效能高的燃料和公共交通享有税收优惠。资金、技术、立法的有机结合,为德国新能源以市场为导向的商业化运营铺平了道路,新能源产业正在诞生,新能源产业将形成新的经济增长点。

六是重视发展电动汽车。2009年9月,德国发布《国家电动汽车发展计划》。《国家电动汽车发展计划》是德国发展电动汽车的纲领性文件,具有重要的战略意义。该计划将发展纯电动汽车和插电式混合动力汽车作为主要技术路线,提出了德国发展电动汽车的目标。

七是注重发展生物能源。首先,德国出台了不少鼓励生物能源的相关法规。德国为鼓励发展生物能源等资源,制定了多个相关法律和法规,主要有《再生能源使用资助指令》《农业投资促进计划》《农业领域生物动力燃料资助计划》《复兴信贷银行降低二氧化碳排放资助计划》和《再生能源法》(EEG)等。在上述法规中,《再生能源法》对生物能源的资助做了较全面的规定,用生物能源发电可获得补偿及多种补贴。其次,政府为再生能源发电新设备提供投资补偿。再生能源发电新设备可获得政府的投资补偿,补偿幅度是以设备投产的年度确定的,补偿期限为20年。设备的功率和所使用的原料及技术性能（发电和供暖）决定补偿幅度。而小型设备的补偿较高，是为了鼓励大众使用再生能源。为使企业不断创新，提高设备利用率，降低成本，补偿幅度每年降低1.5%。再生能源发电新设备投资补偿主要标准（欧分/千瓦小时）如下：生物质发电设备补偿3.9欧分至21.5欧分；垃圾填埋、阴沟和坑道气发电设备补偿6.65欧分至9.67欧分；太阳能发电设备补偿45.7欧分至62.4欧分；水力发电设备补偿3.7欧分至9.67欧分；地热发电设备补偿7.16欧分至15欧分；陆地风能发电设备补偿8.7欧分至5.5欧分（起始与结束阶段的补偿标准）；近海风能发电设备补偿9.1欧分至6.19欧分。最后，为生物能源、混合能源和技术创新提供补贴。德政府对使用生物原料和技术创新发电及发电—供热联合设备给予补贴。补贴具有能源政策的导向功能，补贴不采用递减方式，且不同类型的补贴可以累加。为鼓励多用能源植物和森林木材，政府给予用生物原料发电的500千瓦以下设备每千瓦时6欧分的生物能源补贴，500千瓦以上至5兆瓦以下的发电设备给予4欧分的补贴；木材发电的补贴为2.5欧分；20兆瓦以下的发电—供热联合设备可获2欧分的混合能源补贴。此外，混合能源如使用特别新颖和有创新的技术将获得2欧分的技术创新补贴。德国还鼓励新建沼气设备和利用植物原料，原则上小型沼气设备和植物原料设备能获得较高的生物能源补贴。

2. 英国汽车能源发展战略

汽车产业是英国制造业中的支柱产业之一，汽车能源政策是英国汽车产业政策的重要内容。为解决汽车产业发展的能源难题，英国积极推行能源政策，强调对可再生能源的开发和利用，加强新能源汽车的研发与推广。

英国近年积极推行能源政策，注重对可再生能源的开发和利用。例如，1990年实施《非化石燃料公约》，1999年在原《非化石燃料公约》的基础上又通过了《可再生能源义务令》，2002年正式签署《京都议定书》，2003年发布《我们未来的能源——创建低碳经济》的能源白皮书（以下简称《白皮书》）。《白皮书》指出，为解决由于石油、天然气和煤炭产量减少所带来的问题，在今后的几十年里英国将更替或更新大部分的能源基础设施，重点发展清洁可再生能源。2006年颁布的《能源回顾——能源挑战》对可再生义务制度进行了回顾和改进，将电力供应商必须提供的可再生能源电力所占比例从2002年设定的3%

计划逐步提高到 2010 年的 10% 和 2015 年的 15%,并规定可再生电力信用额可以进行交易。2007 年 5 月英国政府发表新的《能源白皮书》,其中提出 2020 年的可再生能源使用义务量在目前基础上增加 4 倍。

2009 年 7 月英国公布《能源与气候变化白皮书》,即《英国低碳过渡计划》,标志着英国正式向低碳经济转型。为顺利实现转型还公布了三个配套计划:《英国低碳工业战略》《可再生能源战略》和《低碳交通计划》,分别从产业发展、能源使用和出行方式等方面为实现低碳经济提供保证。为了加强政策在产业方面的引导,2009 年英国还出台了《低碳产业战略远景》,强调英国应当从四个方面加快实施低碳产业战略,这四个方面分别是:提高能源效率,减少商业、消费者和公共服务成本;重视可再生能源、核能、碳捕获和碳封存技术以及输电网等能源基础设施建设,并以此作为未来发展低碳产业的重要方向;促进英国成为低碳汽车开发和生产领先者;通过培养技能、基础设施采购和研发、示范和政策的部署,促进英国成为低碳经济商业中心。《英国可再生能源规划》宣布,到 2020 年,英国可再生能源消耗比例要占能源总消耗量的 15%。可再生能源包括风能、生物燃料、氢燃料及潮汐发电等。英国能源主管部门宣布投资 200 万英镑建立创新中心,重点关注传统绿色能源及新型可再生能源。

三、日本汽车能源战略

(一)日本汽车能源发展现状

日本是世界汽车工业大国,同时也是汽车保有量居多的国家之一。从全世界范围看,高度依赖石油的运输部门是能源供需结构中最薄弱的部分。对日本这样一个能源匮乏的国家,更是如此。为此,日本通过各种措施保障能源安全,开发新能源,促进汽车能源的多样化发展。

1. 石油仍是主要汽车能源

日本汽油车燃油效率高,汽车燃油发动机在排放及节油指标上十分先进,日本是单车年平均燃料消耗量最低的国家。虽然如此,由于日本是全球汽车保有量居多的国家之一,又是一个能源主要依靠海外的国家,汽车节能问题仍十分突出。由于日本汽车保有量大,对石油的需求也相当巨大。2000 年,日本汽车保有量高达 7265.3 万辆，年消耗燃料 7765.4 万吨，其中汽油 4073.9 万吨，柴油 3691.5 万吨。汽油和柴油车在相当长的时期内仍将处于主导地位。

2. 在混合动力车方面达到世界先进水平

日本在混合动力汽车方面达到世界领先水平，混合动力车已形成产业化。目前，丰田、本田、日产等日本厂商的混合动力汽车不仅在国内热销，在国际市场上也表现优异。长期以来，日本致力于混合动力汽车研发，其技术水平领先于欧美。丰田公司是日本研发和生产混合动力车的先驱，1997 年第一代普锐斯上市后，丰田继续加大研发力度，到 2009 年 5 月第三代普锐斯上市时，价格大幅下降，每升汽油行驶里程可达 38 公里，是欧美车的 2—3 倍。本田公司亦不逊色，2009 年 2 月推出混合动力车 Insight，销量远超预期。此外，日本各大汽车厂商还在既有车型的基础上安装混合动力系统，加快了节能环保汽车的推广和普及。

3. 在电动汽车开发方面成效显著

搭载高性能锂电池的轻型车及小型电动汽车在日本不断向实用化迈进。日本的电动汽车开发经历了三次高峰。第一次开始于 1970 年，但是因为使用铅蓄电池的可靠度低，再加上高峰电力需求不能满足，所以没有成功推广。第二次是在 1990 年以后，政府出台法律规定一部分企业必须生产电动汽车，各企业也开始研发第二代电动汽车。第三次出现在 2000 年以后，面对油价迅速上涨和环境污染的压力，日本电动汽车开发速度开始加快。目前，电动汽车成为日本各大汽车厂商着力研发的重点。三菱公司 2009 年 10 月率先推出电动汽车"iMiEV"，每次充电后可行驶 160 公里，最高时速达 130 公里，当年产量 1400 辆全部售给政府和企业，2010 年 4 月起正式面向个人用户销售。此外，富士重工、日产也陆续推出了与三菱匹敌的电动汽车，其他厂商亦与电池供应商合作加紧研发，预计今后竞争日趋白热化。

4. 燃料电池汽车开发稳步推进

燃料电池汽车被称为"究极环保汽车"。燃料电池汽车搭载的电池中主要含有氢，氢与大气中的氧发生化学反应，从而产生出电能启动电机以驱动汽车。由于其不使用汽油，只靠氢气和氧气运行，不会排放温室气体，因此受到了越来越多的关注。燃料电池车被认为是未来长途运输的发展方向。尽管日本在此领域拥有先进技术，但当前应用状况并不理想，2007年底全国燃料电池车保有量仅为42辆。虽然燃料电池车还需要解决很多问题，但日本对普及燃料电池车的工作不遗余力。日本国内13家汽车和能源公司于2011年1月13日共同宣布，就今后共同推广普及燃料电池汽车达成一致意见，包括在2015年之前在日本东京、大阪、名古屋、福冈四大都市圈的市区和高速公路上建立100家"氢气站"；通过完善设计、改善生产技术的方法大幅降低燃料电池汽车的生产成本。今后，随着配套技术设施逐步完善，相信这一领域将实现新的突破。

（二）日本汽车能源战略演变

日本是世界能源消费大国，其所消费的能源大量依赖进口。为了维护本国能源安全，摆脱对石化能源的过分依赖，促进能源发展多样化，日本制定和实施了一系列能源战略，建立经济社会可持续发展的基础，其中汽车能源战略是重要内容。

1. 日本能源战略计划

一是实施石油战略储备制度。"二战"后日本经济迅速崛起主要依靠当时廉价的石油资源，但20世纪70年代发生的两次石油危机中，不断提高的石油价格和石油禁运给日本经济造成沉重打击。日本认识到石油储备战略的重要性和必要性，决定建立战略石油储备制度，防范可能出现的危机。1975年，日本制定《石油储备法》，加大对建立石油储备的扶持力度。1978年，日本确立国家储备与民间储备的双重体制，通过修改《石油公团法》，规定石油公司实施国家储备。2007年，由于国际原油价格持续高涨，为规避国际市场压力及产油国地缘政治等不确定性风险，日本大幅增加国家石油储备。当年，日本石油储备量仅次于美国，居世界第二位，其中商业储备4010万吨，战略储备4490万吨，合计8500万吨。如今，日本石油储备作为一项基本国策，已成为稳定供求关系、平抑物价、应对突发事件、保障国民经济安全的有效手段。

二是"阳光计划"。为了确保能源安全，减少对石油的依赖，开发替代能源，走能源多元化之路，是日本的必然选择。以第二次石油危机为契机，日本于1974年制定并实施了"新能源开发计划"即"阳光计划"。该计划的核心内容是太阳能开发利用，同时由于日本号称"火山之国"，地热利用前景广阔，该计划提出了地热能的开发利用。此外，该计划高度重视煤的价值，把煤的煤炭液化和气化技术列为重点开发项目;积极推进氢能的开发利用,从海水中提取未来的燃料氢,以此作为石油替代能源,用于火箭、飞机、轮船和汽车等。

三是"月光计划"。为了开发节能技术,提高能源的利用率,1978 年,日本又启动了"节能技术开发计划"即"月光计划"。按照该计划,不但进行以能源有效利用为目的的技术开发,还要推进以燃料电池发电技术、热泵技术、超导电力技术等"大型节能技术"为中心的技术开发。挖掘节能潜力,也是"月光计划"的特点之一。计划高度重视对于将来有可能成为节能技术突破口的基础、尖端理论。对于作为先行的理论和技术的超导现象、氧化还原电池的贮电技术以及通过热管道的热输送理论,投入了大量经费开展研究。另外,政府还组织了机械、电力、化学等各方面的专家、教授一百多人,成立了"能源有效利用工学研究会",组成了一支潜力巨大的智力节能生力军。

四是"新阳光计划"。1993 年,日本政府把"阳光计划"、"月光计划"和"环境保护技术开发计划"有机地融为一体,推出了"能源与环境领域综合技术开发推进计划",又称"新阳光计划"。该计划的内容是:在政府领导下,采取政府、企业和大学三者联合的方式,共同攻关,以革新性的技术开发为重点,解决能源环境问题。"新阳光计划"的主要研究课题包括七大领域,即再生能源技术、化石燃料应用技术、能源输送与储存技术、系统化技术、基础性节能技术、高效与革新性能源技术及环境技术。

五是新的国家能源战略。近年来,国际能源形势剧变,"能源安全"问题日益凸显。对此,无论是能源输出国还是能源进口国,都在选择、调整应对能源新形势的发展战略。能源消费和进口大国的日本,为谋求能源安全与世界政治关系之间的平衡,对本国的能源战略也进行了重新审视,并于 2006 年 5 月颁布了新国家能源战略。新战略在分析总结世界能源供需状况的基础上,从建立世界上最先进的能源供求结构、综合强化资源外交及能源、环境国际合作、充实能源紧急应对措施等方面,提出了今后 25 年日本能源战略三大目标、八大战略措施计划及相关配套政策。

日本新能源战略的三大目标是确立国民可以信赖的能源安全保障;为经济的可持续发展奠定基础,将一体化解决能源问题与环境问题;为解决亚洲和世界能源问题做出积极贡献。为了实现上述能源战略目标,日本政府设定了五项数值指标：到 2030 年，将能源利用效率至少再提高 30%；到 2030 年，将石油在一次能源供应总量中的比例从目前的约占 50% 进一步降低到 40% 以下；到 2030 年，努力将运输部门的石油依存程度从目前的几乎 100% 降低至 80% 左右；2030 年以后，核电在总发电量中所占比例达 30%—40% 或以上；将日本企业权益下的原油交易量占海外原油总进口量的比例（自主开发比例）从目前的 8% 逐步扩大到 2030 年的 40% 左右（以交易量计算）。

2. 日本能源战略中的汽车能源规划

一是优先在汽车能源领域实施最先进的节能计划。20 世纪 70 年代以来，日本通过调整产业结构和引进新的生产技术等措施，在节能工作方面取得了巨大成就。为了能在今后 30 年仍保持优势，日本政府提出最先进的节能计划，制定未来能源中长期节能技术战略，不断完善、充实各领域的节能评价标准并有重点地予以支持，开发节能投资评价方法并向国际推广，建立鼓励节能技术创新的社会体制，显著提高能源效率，到 2030 年能源效率比目前提高 30% 以上。其中重要内容包括：制定面向 2030 年的中长期节能技术战略并提出初期基准目标，在运输部门、通用机械和车辆等领域优先推广，对热心销售节能产品的零售商，对节能有重要贡献的机构和个人进行表彰和奖励；建立由市场评估节能投资的机制，将各部门、各领域制定的最先进的准则等整理成基本标准，将这些基本标准及评估制度国际化，同时努力使这些标准及评估机制成为国际上公认的世界通用节能制度。

二是大力实施新一代运输能源计划。运输部门对石油的过度依赖使之成为能源供需结构中最薄弱的部分。寻求新一代运输用能是日本未来迫切需要解决的课题，为此，新一代运输能源计划提出通过改进燃料消耗率，保证生物质燃料、天然气制油（GTL）等的供应并为新燃料的引进创造环境条件，促进电动汽车和燃料电池汽车等的开发与普及，使运输部门对石油的依存度从目前的 98% 降至 2030 年的 80%。主要措施有：制定促进改善汽车燃料消耗效率的新标准和提高车用汽油的辛烷值；进一步开展对乙基叔丁基醚的应用风险评价以及燃料乙醇的应用实验，建设必要的基础设施促进其推广使用；支持生物燃料、天然气液化合成油等新型燃料及添加剂的开发和利用；促进天然气液化合成油制造技术的应用，加快生物质基和煤基合成油等未来液体燃料的技术开发；加大柴油车普及力度，将电动汽车、燃料电池汽车作为重点进行开发。

三是将蓄电池作为新能源创新计划的重点。虽然日本在可再生能源利用方面已经取得了一定的成绩。但是，从整体上看，由于提高能源转变效率及设备利用率都很困难，因此，存在与其他竞争能源相比成本较高，与系统联网以及确保电力品质等很多课题。为此，日本政府提出支持以新一代蓄电池为重点的能源技术开发，包括推广以复式动力车为主，促进电动汽车、燃料电池汽车使用的新车型，促进燃料电池及蓄电池关联产业群的形成。计划以超高效燃烧和能源储存为突破口，真正摆脱对化石燃料的依赖，对支撑未来能源经济的核心技术实施战略性开发。

（三）日本当前的汽车能源战略

1. 日本下一代汽车发展战略

汽车能源战略是日本下一代汽车发展战略中的核心。为了降低对石化能源的依存度，保持汽车产业在全球的竞争力，日本经济产业省牵头成立了"下一代汽车战略研究会"，战略研究会由企业、院校、研究机构、政府（经产省）共136人组成。该研究会公布了《下一代汽车战略2010》。

发展战略思路包括三个方面。一是保持内燃机汽车先进性的同时加快开发下一代汽车。日本在传统内燃机汽车开发、制造领域技术领先，应继续保持其技术的先进性。同时根据当今汽车产业发展趋势，加快开发推广下一代汽车，保持日本在世界汽车产业的领先地位及在世界汽车市场的竞争力和占有率。二是制定技术研发优先顺序。在传统内燃机汽车和下一代汽车技术开发的技术选择上，需综合考虑技术成熟度、成本以及市场情况等制定技术研发优先顺序。应努力保持电动汽车及插电式混合动力车方面的领先地位。应继续支持有潜力、有发展空间的技术研发活动，并在不同发展阶段，制定适宜政策，保证其技术研发的持续性，应对未来技术发展的不确定性。在"二氧化碳零排放汽车"和"低碳排放汽车"的选择上，零排放汽车对于技术和资金等要求高，虽然是将来的努力方向，但在较长时期内，可能只能在特定范围推广应用。中短期来看，低碳排放汽车应是现实的、重要的研发方向。三是制定下一代车整体发展战略及子系统发展战略。根据下一代车发展的紧迫程度，从电池战略、资源战略、完善基础设施战略、系统战略、国际标准化战略等方面全面分析电动汽车、插电式混合动力车等下一代汽车面临的问题，制定发展措施、行动路线图。

发展战略目标是在政府及汽车相关产业相互配合下，按照国际标准，研发节能、先进的汽车技术，把日本建成下一代汽车研发生产基地。2020—2030年分车种推广目标如下：到2020年下一代汽车新车销售量占新车销售量的20%—50%，其中混合动力车占20%—30%，电动汽车和插电式混合动力车占15%—20%，燃料电池车占1%，清洁柴油车占5%；到2030年下一代新车销售量占新车销售量的50%—70%，其中混合动力车占30%—40%，电动汽车和插电式混合动力车占20%—30%，燃料电池车占3%，清洁柴油车占5%—10%。

2. 汽车能源战略

（1）继续促进传统汽车的节能

一是要制定2020年的车辆油耗基准值（目前的小汽车燃油效率标准值为2007年制定，其目标是2015财年每升燃油可行驶16.8公里以上）；二是要对于采用先进环保技术的车辆生产、销售给予税收优惠及财政补助支持；三是加快旧车淘汰；四是推广低油耗驾驶方式以及完善城市交通管理系统。

（2）继续注重车辆及零部件的轻量化和节能化

无论对传统的内燃机汽车还是下一代汽车，均要继续注重车辆及零部件的轻量化和节能化。主要措施包括：政府和企业联合研发节能、减轻重量等技术；各地方经济产业局促进零部件厂家信息、技术、人才交流，推动企业间合作研发；政府对从事开发低碳产品开发的制造企业给予政策、资金支持；加强汽车零部件的通用化、供应链的有效管理、品质保障以及知识产权保护等。

（3）促进燃料多样化发展

一是推进生物燃料使用及相关基础设施的配套建设。考虑到日本出口汽车占国内汽车生产量的一半，现有汽车的更新换代需要一定周期等因素，从新车着手大力推动可适用E10标准汽油（即汽油中含10%的乙醇）车辆的批量生产，争取到2015年100%新产汽油车适用E10标准。

二是推进清洁柴油车及柴油混合动力车的普及。这不仅可促进日本汽车燃料多样化，还有利于日本汽车在新兴国家占领更多市场份额。

第一章 全球汽车能源的发展趋势、战略和政策

三是推进燃料电池车的普及。氢可以从石油、天然气、煤等化石能源中获取，也可以通过生物质转换和水的电离分解获得。其优点是低排放、氢填装时间短、续航距离长，适用大型车辆，将来还可实现动力储存功能。但其运输、储存技术还有待大幅改进，基础设施、安全性等还不完备。在安全性方面日本标准高于其他国家，相关国际标准有待协调、统一。

（4）制定电池发展战略

日本蓄电池技术处于世界领先地位，蓄电池生产量居世界前列，面对欧美和亚洲的竞争，日本高度重视电池战略，并将它作为下一代汽车发展战略的重要组成部分。

其战略目标是继续加强电池技术研发，提高生产制造技术，以保持日本在世界蓄电池领域技术优势；加强电池二次利用技术研究，完善社会基础设施；研究蓄电池系统在汽车以外领域的应用。围绕这个战略目标的实现，日本政府还为此制定了详细的路线图（具体参见表1-10、1-11、1-12、1-13）。

表1-10 电池研究与开发计划目标

	现状（2006年）	改良型电池（2010年）	先进型电池（2015年）	创新型电池（2030年—）
用途	用于小型BEV	用于限定用途的一般BEV和高性能HEV	一般BEV、PHEV、燃料电池	真正意义的BEV
性能	1	1	1.5倍	7倍
成本	1	1/2	1/7	1/40
开发体制	民企	民企	产官学联合	大学研究机构

资料来源：日本经济产业省《次世代自动车战略2010》。

表1-11 改良阶段的电池性能目标

阶段		现状（2006年）		改良（2010年）	
用途		BEV用Li-ion	HEV用Li-ion	限定用途的一般BEV	高性能HEV
单体	能量密度/质量（Wh/kg）	125	90	125	90
	输出功率密度/质量（W/kg）	500	2300	1250	2500
	能量密度/体积（Wh/L）	250	180	250	180
	输出功率密度/体积（W/L）	1000	4600	2500	5000

续表

阶段		现状（2006年）		改良（2010年）	
电池组	能量密度/质量（Wh/kg）	100	70	100	70
	输出功率密度/质量（W/kg）	400	1800	1000	2000
	能量密度/体积（Wh/L）	120	84	120	84
	输出功率密度/体积（W/L）	480	2200	1200	2400
	充电效率（%）	95	95	>95	>95
	使用寿命（年）	≈10	≈10	>10	>10

资料来源：日本经济产业省《次世代自动车战略2010》。

表1-12 先进阶段的电池性能目标

阶段		现状（2006年）		改良（2010年）	
用途		BEV用 Li-ion	HEV用 Li-ion	限定用途的一般BEV	高性能HEV
单体	能量密度/质量（Wh/kg）	125	90	200	120
	输出功率密度/质量（W/kg）	500	2300	1500	2500
	能量密度/体积（Wh/L）	250	180	400	240
	输出功率密度/体积（W/L）	1000	4600	3000	5000
电池组	能量密度/质量（Wh/kg）	100	70	150	100
	输出功率密度/质量（W/kg）	400	1800	1200	2000
	能量密度/体积（Wh/L）	120	84	180	120
	输出功率密度/体积（W/L）	480	2200	1500	2400
	充电效率（%）	95	95	>95	>95
	使用寿命（年）	≈10	≈10	>15	>15

资料来源：日本经济产业省《次世代自动车战略2010》。

表1-13 创新阶段的电池性能目标

阶段		现状（2006年）	先进（2030年—）
用途		BEV用Li-ion	限定用途的一般BEV
单体	能量密度/质量（Wh/kg）	125	900
	输出功率密度/质量（W/kg）	500	1200
	能量密度/体积（Wh/L）	250	1800
	输出功率密度/体积（W/L）	1000	2400

续表

阶段		现状（2006年）	先进（2030年—）
用途		BEV 用 Li-ion	限定用途的一般 BEV
电池组	能量密度/质量（Wh/kg）	100	700
	输出功率密度/质量（W/kg）	400	1000
	能量密度/体积（Wh/L）	120	900
	输出功率密度/体积（W/L）	480	1200
	充电效率（%）	95	>95
	使用寿命（年）	≈10	>15

资料来源：日本经济产业省《次世代自动车战略2010》。

四、小结

当前，全球主要国家纷纷开始争夺未来发展战略制高点，并将能源技术特别是汽车能源技术的发展和应用作为重要发力点。

各国根据自身情况，制定了不同的汽车能源发展战略，在战略发力点上有所区别。例如在替代燃料方面，美国重点扶持可再生能源和清洁能源的利用，促成了"页岩气革命"，实现了页岩气大规模商业性开采，改变了世界液化天然气的市场格局，并推动了本国天然气汽车的快速发展。

各主要国家在新能源汽车发展中有不同的优先方向，并且在产业化时间和规模上有较大差异。例如，美国优先发展插电式混合动力汽车和纯电动汽车，并且希望在2015年实现100万辆保有量的产业化目标（参见表1-14）。

表1-14 世界主要国家新能源汽车发展方向

国家	优先方向	产业化时间	产业化规模
美国	插电式混合动力汽车 纯电动汽车	2015年	保有量：100万辆
德国	插电式混合动力汽车 纯电动汽车	2020年 2030年	保有量：100万辆 保有量：500万辆
日本	混合动力汽车 电动汽车	2020年	占总销量的50%

在制定汽车能源战略、选择汽车能源优先发展方向以及推动战略实施的过程中，各主要国家都非常重视发挥政府的积极作用。

第三节 主要国家及欧盟的支持政策

一、美国的支持政策

自 1973 年第一次世界石油危机后，美国历届政府为发展汽车能源出台了一系列政策，这些政策的形式是多样化的，有立法形式、有财政补贴形式、有合作开发项目等多种形式，其目标不外是发展汽油能源、发展可再生能源、发展电动能源等多种汽车新能源。

（一）美国汽车能源政策框架

发展汽车能源，主要靠解决供给、需求两方面问题。为此，美国各级政府通过立法、研发政策、实施经济激励政策、加强基础设施建设等政策影响汽车能源供求，从而促进其发展。

1. 法律法规政策

美国经济的特点是自由经济，即美国政府不直接干预经济发展，主要通过立法来调节产业发展、指导政府工作，实行重大技术立项、实施经济激励政策、加强基础设施建设等手段都是建立在立法基础上的，立法是美国政策的基础。为此，美国联邦政府及各州政府在立法方面做了大量的工作。这些立法主要有《1975 年能源政策和节能法令》《1980 年能源安全法》《1990 年空气清洁法案》、《1992 年能源政策法案》《2005 年能源政策法案》《2007 年能源独立与安全法案》《2007 年能源促进和投资法案》《2007 年可再生燃料、消费者保护和能源效率法案》《2009 年复兴与再投资法案》《零排放法案》等。除法律文件外美国政府还制定了各种法规和标准来促进法律的执行，这些立法及相关法规等主要涉及汽车节能减排、促进代用汽车能源发展等领域。这些法规，有一些是规范政府行为、指导政府工作；还有一些是制定汽油能源的节能减排标准、汽车能源发展标准等，从而为汽车能源发展提供强效激励，起到倒逼发展的作用。

2. 经济激励政策

美国的经济政策主要体现在税收优惠、财政补贴、金融扶持、政府采购等方面，这些政策又对供给和需求的影响很大。其中，针对需求的主要是对购买新能源汽车者实行税收抵免、政府采购电动汽车等措施；针对供给的主要是政府资助汽车生产企业和汽车能源企业等措施。由于美国主张全面发展汽车能源，因此这些政策惠及汽油、生物燃料、电池等多种汽车能源领域，当前这些经济激励政策开始向汽车电池能源领域集中。例如 2009 年 3 月奥巴马政府宣布，为生产高效电池及其零部件的制造商提供 15 亿美元资助，对购买燃料电池汽车、插电式电动汽车分别实行减税政策。

3. 技术支持政策

为促进汽车能源技术的开发，美国经常采用政府部门与民间部门联合技术立项的方式，协助能源企业、汽车公司进行汽车能源的研发，促进汽车能源发展。例如克林顿政府以来，美国先后实施"PNGV 计划"、"Freedom Car 协作计划"、第二代乙醇生产技术等国家级重大项目，借以促进美国汽车能源的技术研发。

4. 基础设施政策

汽车新能源的推广使用，与基础设施建设、社会认可度、维修服务保障等密切关系，为此美国联邦政府及地方州政府做了很多工作。从 2000 年以来，为促进电动汽车发展联邦政府和各州政府都加大了对电动汽车的充电站建设；美国联邦政府通过直接资助的方式，培训电动汽车装配与维修技术；为刺激电动汽车的使用，地方州政府推出了混合动力车享用 HOV 车道、纯电动汽车免费停车等一系列社会政策；等等。

（二）美国汽车能源具体支持政策

1. 针对汽油能源的节能减排政策

汽油能源在长期内处于主流能源的地位，为此美国通过确保供应安全和实现节能减排两方面措施发展汽油能源。大力开发本国石油资源和确保进口安全属于供应安全政策，在此不予过多论述。而实行节能减排，是现实情况下积极应对的政策。对于节能减排问题，美国历届政府都是高度重视，并从实际出发采取了一系列政策。

为实现节能减排，美国政府主要以立法方式，通过制定关于汽车燃料经济性和温室气体排放的标准来实现目标。1973 年石油危机爆发后，尼克松政府在其《能源独立计划》中提出，在全国范围内实施汽车限速 55 公里/小时；将建立 100 亿美元的能源研究和开发基金，联合联邦所有独立的能源研究机构开展节能和替代能源的研究。1976 年前后由福特政府提出并经国会通过的《能源独立法案》中提出，实施强制性节能政策，要求汽车制造商在 10 年内将汽车的燃料效率标准从当时的每加仑汽油行驶 13 英里提高到 27.5 英里。1977 年前后卡特政府提出并经过国会通过的《能源法案》中，提出对未能达到节能标准的汽车制造商征收新的能源税。1990 年，加利福尼亚州政府提出《零排放法案》，1990 年美国政府根据《清洁空气法修正案》的环保标准对汽油使用效率进行规定，迫使汽车公司实施节能减排。2007 年美国政府通过《能源独立和安全法案》，该法案规定到 2020 年美国轿车和新型卡车要达到每加仑 35 英里的标准，替代 1985 年规定的 27.5 英里标准。奥巴马政府时期，由于美国石油安全问题进一步严重，奥巴马政府积极制定汽车燃料经济性和温室气体排放目标。2009 年奥巴马宣布实施新的针对小型汽车和轻型卡车的排放标准和油耗标准，在 9 月份由美国环保署和交通部联合提出适用于轻型汽车的燃料经济性和温室气体排放标准的国家方案。该方案包括两个部分：由交通部国家高速公路安全管理局（NHTSA）提出的平均燃料经济性标准（CAFE）和由环保局提出的国家排放标准。2011 年 11 月，美国环保署和美国交通部又正式推出联合提案，要求 2021 年的燃油经济性要达到 40.1mpg（百公里耗油 5.8 升），2025 车型年份的汽车要达到 49.6mpg（百公里 4.7 升）；2025 车型年份的二氧化碳排放不得超过每公里 101.9 克。2012 年 7 月 29 日，奥巴马宣布 2012—2016 年轿车和轻型卡车的燃油经济性标准提升至每加仑 35.5 英里（约合百公里 6.63 升），而到 2025 年轿车和轻型卡车的燃油经济性标准则将提升至每加仑 54.5 英里（约合百公里 4.3 升）。

除了立法措施，美国也通过实施技术立项的方式支持汽油能源的发展，并在立项中进行拨款援助。早在尼克松政府期间就通过法案，联合国内能源机构研发节能技术并进行巨额拨款。克林顿的"PNGV 计划"也部分涉及提高汽油燃烧利用效率问题，此外政府也为汽油的节能问题进行拨款资助，但是规模并不大。例如 1996 财政年度和 2000 财政年度期间美国用于改善能源效率和发展可再生能源资源的开支增长了 50%，而化石和核能源的开支下降了大约 20%；2001 年财政年度，克林顿政府向能源部拨付 22 亿美元用于"能源资源"，其中 12 亿美元拨给了能源效率、可再生能源和替代燃料汽车项目，对专门用于汽油资源的具体资助数目不详，但肯定不会太多。小布什政府和奥巴马政府在对混合动力汽车、可插电式混合动力车进行相关技术立项时也对提高燃油使用效率问题进行过技术支持和资金援助。目前汽油能源利用效率问题基本上已经成熟，可以主要靠汽车企业解决，因此它无须美国政府过多支持，为此当前美国仅仅就提高汽油能源使用效率的技术立项较少。

总的来看，当前美国在汽油能源方面的政策基本上以立法为主，技术立项和拨款支持为辅。但在现实生活中，由于利益集团的干扰，与日本、欧洲等相比美国关于节能减排的立法力度很不够；此外美国还长期执行低石油税等政策，并通过种种政策鼓励美国国内石油生产。这些，使得美国国内汽油资源相对廉价和充沛，美国汽车公司很难有压力去积极改善汽油使用效率。

2. 针对液化天然气、液化石油气的政策

液化天然气、液化石油气在提高能源使用效率、降低尾气排放等方面具有很多优点，同时其应用技术相对简单易行，因此1973年第一次石油危机后美国对包括天然气、液化石油气等在内的合成燃料非常重视，并着力发展液化石油气、液化天然气等汽车能源。总的来看，美国对这两种能源的支持主要是以立法支持为主，经济支持为辅。

卡特政府1980年前后通过的《能源法案》规定，美国政府将组建合成燃料公司，发展合成燃料，政府为该公司首批拨款200亿美元；在第二阶段将拨款680亿美元，计划到1987年建成10座日产5万桶合成燃料的工厂。虽然在里根政府时期逐步削减甚至停止了对该公司的拨款，但是该公司的建立对于美国合成燃料的应用起到了积极作用。克林顿政府时期，美国政府根据立法通过向能源部拨款等形式继续支持这两种燃料的开发。在小布什政府时期和奥巴马第一届政府时期，政府均通过购买汽车税收优惠的方式支持液化天然气、液化石油气能源的发展。

在立法上，美国政府的支持力度很大。1988年10月，美国颁布《汽车代用燃料法案》，该法案规定：如果制造商生产符合条件的代用燃料汽车，则其CAFE可以得到相应提高，最高可以提高1.2英里/加仑；对于CAFE尚未达标的企业，可以通过生产特定的代用燃料汽车获得CAFE的提高，以避免缴纳罚金。该项CAFE激励对美国新能源汽车商场的促进效果比较明显，汽车制造商认为该项政策是量产代用燃料汽车的主要因素。在美国政府激励下，美国天然气汽车的数量逐步增加，其中 1992—1998 年平均年增长率为 22.6%，其中液化天然气汽车年增长率约为 50%。小布什政府时期，美国继续重视代用燃料生产及使用，在《2005 年美国能源政策法案》中对代用燃料汽车实施了所得税抵免。同时，规定了相关汽车税收抵免政策，这种税收抵免方法与其他类型的新能源汽车有所不同，它是代用燃料汽车与对比车型差价的一个百分比，符合条件的代用燃料对应的比例有 50% 和 80% 两个档次。美国规定，无论是新购买的原装代用燃料汽车还是使用代用燃料的改装车，均可获得税收抵免，符合条件的代用燃料是指天然气、燃料石油气、氢和至少掺兑 85% 乙醇的燃料，车辆则必须是 2006 年 1 月 1 日之后开始使用的代用燃料汽车，其中税收抵免额度是年度纳税期间投入使用的任何符合条件的代用燃料汽车的新增成本的一个相应的百分比，其中任何新的符合条件的代用燃料汽车适用的抵免差价的百分比是 50%，而对满足以下两个条件之一的抵免百分比是 80%：已依照《洁净空气法》获得一个排放审核证书，或者超过《洁净空气法》规定的适用该品牌的本车型年的最严标准（而非零排放标准）；已获得一个关于该车与可能在加州出售或出租的车辆满足同样条件的认证，并且满足或超过加州规定的适合该品牌的最严标准（而非零排放标准）。2009 年，奥巴马政府将这一政策延长到 2019 年。

进入 21 世纪后，随着美国页岩气开发技术的提高，2006 年以来美国天然气开采量迅速上升，自 2009 年起美国已经成为世界天然气产量最大的国家。美国扩大天然气开采量的初衷并不是为提高其在汽车能源领域中的地位，但其产量的扩大导致国内天然气价格的下降，这有利于天然气能源在美国汽车领域的使用。因此，小布什政府及奥巴马政府积极促进天然气能源开采的政策，也属于促进天然气能源发展的政策。

总的来看，由于液化石油气、天然气燃料自身的缺陷，导致美国这两种能源在美国长期发展缓慢，因此 2000 年以来美国对其重视程度及政策支持力度远不如生物能源、电动能源等。

3. 针对生物能源的政策

由于燃料乙醇、生物柴油等生物能源的生产及应用技术相对简单，而美国又拥有广阔的土地资源可以用于生产原材料，因此美国生物能源一直受到历届政府的鼓励。美国对生物能源的支持政策，主要表现在立法、财政补贴、技术支持方面，其中财政补贴和技术支持的力度最大。

在立法方面，美国做的较早，并以此作为政府进行财政补贴、技术支持的依据。1973年尼克松政府《能源独立计划》中提出的"建立100亿美元的能源研究和开发基金，联合联邦所有独立的能源研究机构开展节能和替代能源的研究"，成为美国政府大规模扶持生物能源政策的先声。1992年美国政府通过的《1992能源政策法案》中，规定把含有85%以上比例乙醇的调和燃料确定为交通运输替代燃料，要求政府公务用车要购买一定比例的代用燃料车辆，还规定购买E85车辆可以享受税收减免的优惠。小布什政府期间，2005年美国联邦议会通过《2005能源政策法案》，提出到2012年将乙醇等可再生燃料的产量提高到75亿加仑。2007年美国众议院以压倒多数通过一项新能源法案，该法案将发展生物燃料等替代能源定位美国"国策"，鼓励大幅度增加生物燃料乙醇的使用量，力求到2022年将乙醇的消费量达到360亿加仑，同时为了防止第一代生物乙醇引发耕地和粮食问题，美国规定2022年的360亿加仑生物燃料必须大部分来自于第二代纤维素乙醇。从2013年到2022年，纤维素乙醇年产量将从10亿加仑扩大到160亿加仑。

在经济政策上，美国政府力度也很大。1978年美国联邦政府为鼓励使用乙醇汽油，免除乙醇汽油4美分/加仑的消费税，此后该消费税的减免一直在4—6美分/加仑浮动。1980年前后通过的卡特政府《能源法案》规定，美国政府将通过组建合成燃料公司等方式大力发展乙醇能源。在这段时期美国对发展太阳能、可再生能源的拨款很多，其中1978年为532百万美元，1979年为671百万美元，1980年为751百万美元，1981年为714百万美元，1982年为314百万美元，1983年为82百万美元。小布什政府时期，美国政府更加注重乙醇能源的生产及应用。在2008年之前小布什政府对燃料乙醇的补贴达到每年50—70亿美元，每加仑汽油里面约有1美元，为促进乙醇的生产及消费，小布什政府还有意对高油价采取漠视态度，其目标是要在6年内将燃料乙醇变得具有可行性和竞争性。

在技术支持方面，美国政府的力度也很大。克林顿政府时期，美国继续提高政府对发展可再生能源技术项目的资助，其中1996财政年度和2000财政年度期间，美国用于能源效率和可再生能源资源的开支增长了50%，而化石和核能源的开支下降了大约20%；2001年财政年度，克林顿政府向能源部拨付22

亿美元用于"能源资源",其中12亿美元拨给了能源效率、可再生能源和替代燃料汽车项目。小布什政府期间,2007年9月美国能源部斥资2150万美元资助11个旨在提高轻型汽车发动机能效的研发项目,包括提高乙醇发动机燃料能效、研制先进润滑系统、研发高效和清洁内燃发动机3个领域;加上来自工业界的匹配研发资金,其总经费接近4300万美元。奥巴马政府也很重视乙醇等传统生物能源,奥巴马政府和美国国家环境保护署(EPA)联合宣布在2010年实施全国性可再生燃料标准计划(RFS),尝试加快美国生物燃料的开发,同时奥巴马政府成立的生物燃料跨机构工作小组提出的行动纲领将确保实现国会设定的2022年美国生物燃料年产量达到360亿加仑(其中210亿加仑为先进生物燃料)的目标。2011年8月,奥巴马政府又宣布推出一项总额为5.1亿美元的补贴计划,由农业部、能源部和海军共同投资,以促进下一代生物燃料的生产开发进程。在该计划下,各公司将被邀请参与生物燃料项目投标,中标企业将获得政府相应的投资支持。该项补贴计划针对第二代生物燃料,是以木质纤维素(农作物和林作物废料)为原料生产的生物燃料,它包括纤维素乙醇和纤维素生物汽油两种产品。2011年美国农业部(USDA)和能源部(DOE)又批准10个项目的补助资金,总计1220万美元,用以促进生物燃料和生物能源作物的研究工作。

总的来看,美国政府在发展燃料乙醇等生物燃料方面更偏重于财政补贴和技术支持方式,这两种方式都集中在生产领域,这主要是因为乙醇燃料的问题主要在于成本领域,为此美国不得不在生产及应用领域加大扶持力度。

4. 针对电池发展的政策

汽车电池能源问题,一直受到美国政府的高度重视,1973年之后各届政府都制定了相关的发展政策。可以适用于汽车的电池必须具备高能量密度、高功率密度、高循环寿命、低成本、低污染、有基础设施支持等条件,这不是企业能够在短期内能够完成的工作,也不是企业自身能解决的问题,需要政府多方面支持。美国政府支持政策主要包括立法、技术立项支持、财政补贴等多方面。由于蓄电池能源及相关电动汽车在不同时期发展情况不同,各届政府的政策特点也不同:1992年之前美国重视的是用于纯电动汽车的蓄电池,1992年之后美国开始重视混合动力汽车使用的蓄电池,2008年之后奥巴马政府强调使用可插电式的蓄电池。为此,在这里分阶段逐步分析美国政府的蓄电池能源发展政策。

(1) 尼克松政府到老布什政府期间的政策

从尼克松政府到老布什政府期间，大部分时间里电动汽车所用电池一直都是普通的铅酸电池，电池主要用于纯电动汽车，由于电池技术问题、成本问题，电池能源很难成为汽车主要能源，电动汽车的商业化发展趋势并不明显，在这种情况下美国政府的支持政策主要是侧重于通过立法、项目等形式加强对蓄电池的研发及生产制造，一小部分是直接购买电动汽车来支持蓄电池发展。

由于在此期间电动汽车正处于初步发展期，为此美国政府很注意立法的指导作用。1976年国会通过《第94-413公法》和《电动汽车和混合动力汽车的研究开发和样车试用法令》，力图通过法律使政府与各个企业合作，改进电池、电动机、控制器以及混合动力汽车的其他组件。1980年前后卡特政府通过的《能源法案》规定，美国政府将努力支持发展电动汽车，发展电动能源。1990年，加利福尼亚州议会通过了"ZEV 计划"，该计划力图通过政府立法降低汽车废气的排放、把非汽油能源汽车推向市场，该计划并非出于刺激电动汽车发展目的，但是该政策在实际中起到了刺激美国电动汽车发展的效果。老布什任总统期间，美国通过的《1992年美国能源政策法案》规定，允许10%的联邦税收用于对采购电动汽车进行补贴，每辆车最多可以补贴4000美元，具体措施是对纯电动汽车实行税收抵免，抵免额不高于车价的10%，而对代用燃料汽车实行的是税前扣除。

在财政支持和刺激需求方面，美国做了小规模尝试。1974年之后，美国的电动汽车开始小批量制造，为支持电动汽车及电动能源的发展，1975年美国邮政服务公司（属于美国政府代理机构）订购了350辆电动吉普车用于试验运营，这在一定程度上带有政府直接支持的色彩。《1992年能源政策法案》中关于对纯电动汽车实行税收抵免的规定，带有鲜明的财政支持色彩。

在技术支持方面，美国做了很多工作。1990年，三大汽车公司、美国电力研究院在成立美国先进电池联盟（USABC）时，共投入4.5亿美元，其中美国政府拨款2亿美元，共同开发高性能蓄电池。1991年，在美国能源部资助下，美国先进电池联盟签订一项协议，把镍氢动力电池作为DOC-USABC计划中期发展目标，投资262亿美元用于研发。

经过美国历届政府的努力，汽车蓄电池能源在美国逐步发展起来。在1990年前后，美国推出了电动概念车，铅酸电池和镍氢电池也在电动汽车中得到了使用。

（2）克林顿政府期间的政策

在克林顿政府时期，电池能源开始通过混合动力汽车方式进入应用，在这种情况下美国政府关于电池的发展方向开始转向应用问题。克林顿政府期间，政策的重点在于研发支持。

美国联邦政府根据《1990年清洁空气法》和《1992年能源政策法案》，在1993—1998年期间投入6.25亿美元，支持各州政府发展电动汽车，其中电动汽车设备占0.4亿美元，支持各州政府发展电动汽车占0.5亿美元。1993年，美国先进项目局订立电动汽车和混合电动汽车项目，出资2500万美元研究电动汽车技术，并与各州、地方和私人投资以不低于1∶1的出资比例研究电动汽车技术，1994年项目投资已达到4600万美元。1993年，联邦政府专门实施了发展电动汽车及电动能源的重点项目，即联邦政府与汽车产业界合作开发能够提高汽车燃料效率的商业技术，即"PNGV计划"，该计划主要是美国政府与美国三大汽车公司（福特、通用和克莱斯勒）合作，研究开发在十年内将车辆的燃油效率提高三倍，制造出每加仑汽油至少能跑80英里的汽车，实际上就是集中研究电池驱动的纯电动汽车，研究电池能否成为有效的汽车能源。1996年美国能源部分别与通用、福特和克莱斯勒签订了总额达3.61亿美元的混合动力电动汽车系统开发合同。

由于此时电池能源处于研发阶段，因此克林顿政府没有在立法上有太大动作，而地方政府的动作较大。1998年加州政府制定了"零排放"计划，试图采用规章制度管制汽车废气排放，该制度规定汽车制造商制造的所有车辆中必须有2%的车辆为零排放汽车，到2003年这一数字将上升到10%，在这种情况下其他各州纷纷效仿加州。但是，由于汽车制造商的抵制，加州政府最终取消了"零排放"，代之以比较宽松的排放计划。

（3）小布什政府期间的政策

小布什政府时期，包括混合动力车在内的电动汽车已经开始进入市场，此时联邦政府和地方政府都非常重视电池能源发展问题。其中，联邦政府是汽车能源政策的主角，它主要通过制定大型研究项目、在购买环节对消费者实施税收补贴、制定国家级法规等措施去发展汽车新能源，地方州政府主要通过对新能源汽车的使用提供诸多便利财政补贴等措施去扶助其发展。

在立法上,美国政策力度较大。2001年8月,美国参议院批准了《2001年美国未来能源保证法案》,其中对混合动力车的优惠政策规定如下:车全重低于8500磅,利用再充电能源储存系统提供最大可用功率的混合动力电动汽车,免250—2000美元所得税;符合机动车行驶英里数执行标准规定的轻型混合动力电动汽车免1000—3500美元附加税;使用期内至少节约1500加仑汽油的客车或轻型卡车,免250美元附加税;在使用期内至少节约2500加仑汽油的客车或轻型卡车,免500美元附加税;利用再充电能源储存系统提供最大可用功率的中型和重型混合动力电动汽车免一定的附加税;使用再充电能源储存系统提供最大可用功率的使用清洁发动机的中型和重型混合动力电动汽车免一定的附加税。美国国会又于2005年通过法案,允许对购买混合动力车的消费者提供最高3600美元的税收减免,但每家汽车生产商只能有6万辆混合动力车享受这一税收优惠,这项政策目的是为了抑制日本丰田、本田等外资品牌,鼓励美国刚刚起步的国内自主品牌。美国对新能源汽车的补贴,比如同一类型的混合动力汽车比装配传统发动机的车贵3000多美元,但是由于政府的税收优惠政策,这就使得有些混合动力汽车的售价比普通轿车还便宜。在实践中美国政府规定,在2005年12月31日之后使用符合条件的轻型混合动力汽车,可以享受税收抵免,该类抵免优惠将在2010年底终止(相关政策细节可参见表1-15、1-16)。

对于乘用车和轻型卡车的抵免额度,主要是针对总重不超过8500磅的乘用车和轻型卡车,抵免额是以下两种形式的抵免额的加总:

表1-15 基于燃料经济性的抵免额度

车辆的燃料经济性与2002年的城市燃料经济性的百分比(%)	抵免额(美元)
125—150	400
150—175	800
175—200	1200
200—225	1600
225—250	2000
至少250	2400

表 1-16 基于车辆生命周期内燃料节约的抵免额度

车辆在生命周期内能够节约燃料（折合汽油）（加仑/英里）	抵免额度（美元）
1200—1800	250
1800—2400	500
2400—3000	750
至少 3000	1000

此外，针对乘用车和轻型卡车之外的其他车型的税收抵免，美国政府也有规定，一方面规定了抵免额度是混合动力汽车与对比车型的差价的一部分，另一方面规定了基于不同车总重的税收抵免上限（具体参见表 1-17、1-18）。

表 1-17 抵免额度的情况

车辆的城市燃料经济性比对比车型提高（%）	差价的百分比（%）
30—40	20
40—50	30
至少 50	40

表 1-18 基于不同车总重的税收抵免上限

车总重（磅）	抵免上限（美元）
不超过 14000	7500
14000—26000	15000
26000 以上	30000

对于重型卡车，美国规定购买超过 8500 磅的符合条件的重型混合动力汽车，最高可以享受 18000 美元的税收抵免额度，该类汽车的税收抵免将于 2009 年 12 月底终止。2007 年 5 月，美国国内收入局 (IRS) 调整针对环保车辆的税收优惠措施，规定消费者购买通用汽车、福特、丰田、日产等公司生产的符合条件的混合动力车，可享受到 250—2600 美元不等的税款抵免优惠。

2007 年 11 月美国能源部再斥资 2000 万美元，对插电式混合电动汽车进行研发，其中与美国先进电池联盟对 5 个 PHEV 电池研发项目合作投资 1720 万美元，并为密歇根大学提供近 200 万美元 PHEV 研究经费；加上 USABC 的匹配资金，项目总投入达到 3800 万美元。2008 年 9 月 25 日，美国能源部宣布将提供 1720 万美元进一步发展先进电池，另提供 200 万美元以供插电式混合动力车的研究；在此带动下，美国先进电池联盟也拿出 300 万美元用于电池的研发。2008 年 10 月，白宫通过了 H.R.6323 法案，该法案将为美国能源部提供可观的补贴，用于混合动力重型卡车的研发、生产及销售，该法案在 2010 年正式启动，届时美国政府每年拨款 1600 万美元。

在小布什政府期间，美国各地方政府也积极制定发展和应用汽车电池能源的政策，这主要表现在刺激电动汽车发展方面。美国各州不仅在新能源汽车的购买环节有各种补贴及退税政策，而且在新能源汽车的行驶、停车等使用环节也纷纷设计了优先权利，这无疑能打动那些受累于拥堵与停车难的消费者。其中，在购买环节主要表现在种种免税政策方面。例如，科罗拉多州是美国补贴最优惠的州之一，购买电动汽车和插电式混合动力汽车能获得多至 6000 美元的税收抵扣，其中插电混合最高可达 7500 美元，同时电动汽车充电站建设能得到地方政府的补贴，在阿斯彭市（Aspen）混合动力车驾照注册费有 100 美元的优惠，在马尼图斯普林斯市（Manitou Springs）混合动力车在市内两处停车场可以免费停车，该州同样允许混合动力车使用多人乘驾专线。俄克拉荷马州规定，2015 年以前该州换购新能源车型的消费者能享受多至购车款 50% 的税收抵扣，如果抵扣不足以抵消购买新能源车带来的价格上涨，政府还将再提供 10%，上限 1500 美元的购车折扣。哥伦比亚特区规定，2005 年 4 月 15 日以后购买混合动力车和其他替代燃料的消费者可以免交消费税，同时车辆注册费也相应降低。宾夕法尼亚州规定，宾州环境保护局为换购新能源车辆、混合动力车辆的消费者提供 500 美元的补贴，购车 6 个月内都可申请，2005 年至 2006 年一年内 130 万美元被用作该补贴计划。伊利诺伊州规定，该州拿出 200 万美元对混合动力车进行示范性补贴，每位购车者可以获得 1000 美元的补贴，参加该项目的银行和信用机构，可以从州政府获得为期一年的存贷款利率优惠。加利福尼亚州规定，个人或企业购买轻型零排放或插电车辆将获得多至 5000 美元的折扣，插电式混合动力车型可获得 3000 美元，电动摩托车也可获得 1500 美元，特定的零排放商用车可获得最多 2 万美元的折扣。华盛顿特区规定，2009—2011 年该特区所有经过认证的混合动力车型和高节能车型免除消费税，免除的范围包括乘用车、轻型卡车和中巴车，天然气（CNG）、液化石油气（LPG）车型和电动汽车免除排放检测；2002 年开始每加仑行驶里程超过 50 英里的混合动力车型也可免除该项检测，电动汽车可以免除 6.5% 消费税，充电站所需设备同样可以免税。佐治亚州规定，购买替代能源和电动汽车能获得车款 20% 的税收抵扣，同时企业设立电动汽车充电装置也能获得项目投资 10% 税收抵扣，混合动力汽车同样允许使用多人驾乘专线，在使用环节方面主要体现在电动汽车行驶可上快速专用道。亚利桑那州规定，2007 年起本田 Insight、Civic 和丰田普锐斯被州交通局许可使用高速公路上那个为多人承载车辆设立的专线，这意味着即使只有司机一个人时以上三种车型也可以进入该快速专线，当时亚利桑那州上述三种车型总量已有 9000 多辆，同时该州对个人在房屋内建设电动汽车充电插口给予 75 美元的税收抵扣。佛罗里达州规定，低排放和混合动力车辆同样可在任何时间驶入多人乘驾专线，该州政府相关部门每年对这些车辆进行资格验证并颁发许可，2004 年至 2009 年该州政府拿出 50 万美元对部分消费者购买插电式混合动力进行补贴，电动汽车可以免除大部分的保险附加费。纽约州规定，2006 年纽约启动"Clean Pass"计划，允许低排放车型使用 40 英里长的长岛多人乘驾专线，同时通过了购买混合动力及替代能源汽车的抵扣和消费税免除的议案，并且纽约市的威切斯特镇（Westchester County）允许混合动力车型在两个停车场免费停车。新泽西州规定，2006 年起新泽西州的多人乘驾专线允许混合动力和其他替代能源汽车驶入，零排放车型的销售、出租都可以免除消费和使用税，对于零排放车型的界定该州采用了加州的标准。弗吉尼亚州规定，2007 年开始每年对清洁能源车型进行认证，并允许这些车辆进入多人乘驾专线。在停车免费方面，各州都有规定。得克萨斯州规定，该州奥斯汀市所有混合动力车的车主可以获得空气污染"8"的积分凭证或者 100 美元的停车卡，凭借积分和停车卡可在该州众多停车场免费停车，该州圣安东尼奥市同样允许混合动力车免费在路边停车位停放，该州允许类似免费停放的城市还有不少。加利福尼亚州规定，在加州萨克拉门托市（Sacramento）个人和经过认定的中小企业的电动汽车可获免费停车证，在特定的城区停车场这些电动汽车不仅可免费停放，停车场还提供充电接口，充电价格在非高峰时间还有折扣。康涅狄格州规定，2005 年纽黑文市（New

Haven)通过法案,允许混合动力车在市内多个停车场免费停车。在该州购买每加仑燃料行驶里程超过 40 英里的混合动力车辆、生物能源车辆、电动汽车辆可以免除消费税。犹他州规定,在该州盐湖城经过认证的替代能源汽车和混合动力汽车能够在多个停车场免费停车,该州为插电式混合动力汽车提供 750 美元的税收抵扣,同样该州的多人驾乘专线允许混合动力等清洁动力车辆使用。

(4)奥巴马第一任期政府期间的政策

奥巴马第一任期政府执政之初,电动汽车发展模式及电能利用模式已经明朗,即插电式电动汽车将成为未来电动汽车的发展主流,插电式电池有望成为未来汽车的主要能源模式,因此奥巴马政府强调发展适用于可插电式电动汽车下的电池能源,并努力促使其推广应用。

首先是政府直接促进电池的研发、生产及推广。奥巴马政府说到做到,2009 年 4 月道氏化学、韩国 LG 等四家电池制造商宣布了在密歇根州的投资计划,总额达 17 亿美元,它们相应得到总额 5.4 亿美元的税收优惠。2011 年 1 月,奥巴马为进一步鼓励电动汽车的发展,在制定预算时在绿色能源的开发和利用方面又提出要增加约 80 亿美元的政府预算,其中包括新一代电动汽车和蓄电池的开发利用,这个数字比之前的预算多出了 20 亿美元;此外,奥巴马政府还将提出为 30 个社区建造电动汽车充电站提供拨款,奥巴马政府的预算案还将包括向电力驱动、电池与电力储蓄技术的研发提供新的资金支持。同时,美国能源部汽车局(DOE-OVT)继续通过汽车技术项目,来支持以 HEV/EV 和电池为代表的新一代技术开发,其中有关电池的技术项目主要包括 USABC 支持项目下的电池系统技术开发、应用技术开发项目和应用电池研究项目下的电池芯层面的研究开发、先进运输技术用电池项目下的材料层面的基础研究。

其次是刺激电动汽车生产和消费。为扩大市场对电动汽车电池的供需,奥巴马政府沿用往届政府政策,制定了一系列刺激电动汽车生产和消费的政策。2009 年 2 月 16 日奥巴马签署通过的《2009 年复兴与再投资法案》规定,购买最高时速不超过 25 英里的邻里电动汽车(neighborhood electric vehicles)、电动摩托车、电动三轮车和插电式混合动力汽车可获得所得税抵免,插电式混合动力汽车至少要 2 年后才能入市,同时该项优惠政策不涉及传统汽车和传统混合动力汽车,更注重未来的电动汽车和插电式混合动力汽车,因此该项法案也被认为是一项对未来的投资。传统混合动力汽车税收优惠是根据《2005年能源政策法案》建立的，丰田和本田由于早已达到6万辆限额，2009年春天福特也将达到限额，日产和通用也将在某个时候达到，因此新法案没有延续针对传统混合动力汽车的税收优惠。美国小布什政府时期《2008年紧急经济稳定法案》中已经规定对插电式混合动力汽车的税收优惠，而奥巴马政府的《2009年复兴与再投资法案》则拓展了该项优惠，即由授权机构改装的插电式混合动力汽车也可获得税收优惠，优惠额为改装费用的10%，例如将传统普锐斯改成插电式普锐斯的成本大约为10000美元，那么优惠额为1000美元。这里的插电式电动汽车包括纯电动汽车、增程式电动汽车、插电式混合动力汽车和插电式燃料电池电动汽车，至此美国形成了对插电式电动汽车的经济激励新框架。在此框架中，对插电式电动汽车的税收抵免办法是：如果牵引电池组容量达到4千瓦时，则优惠2500美元，在此基础上每增加1千瓦时优惠增加417美元，最高补贴到7500美元（车辆总重低于14000磅）；若厂商已累计销售20万辆，则随后的两个季度优惠幅度变为50%，在随后的第三、四季度中优惠幅度将改为25%，在第四季度之后优惠取消。同时，这些车需要满足以下标准：若车辆总重小于6000磅，则需满足Bin 5 Tier Ⅱ排放标准；若车辆总重在6000磅至8500磅之间，则需满足Bin 8 Tier Ⅱ排放标准。为进一步刺激电动汽车的消费，奥巴马政府又开始实施更宽松的消费退税政策，即将7500美元的税收抵免直接转变成价格优惠，消费者购买电动汽车时，可以直接享受7500美元的优惠。2009年6月，美国能源部给予美国主要汽车公司发放80亿美元的贷款，其中福特、日产福特获得的贷款金额为59亿美元，日产获得16亿美元，而特斯拉获得的贷款金额为4.65亿美元，获得贷款后福特和日产都可以将资金立即投入到其现有能源型车以及电动项目的研发。截至2011年底，美国政府已经投入50亿美元用于支持电动汽车工业，这些资金被电动汽车生产企业、配件供应商及电动汽车消费者分享。2011年4月，奥巴马宣称从2015年开始，美国联邦政府将尽数采购纯电动、混合动力或其他新能源汽车作为政府用车，其所占购车比例为100%。2011年5月，奥巴马政府开始购买第一批纯电动汽车，为联邦政府公用车队购置116辆新能源汽车，其中包括101辆雪佛兰沃蓝达，10辆日产聆风，5辆THINK City。

最后是 CAFE 激励政策。由于插电式混合动力汽车也使用汽油这一传统能源,因此也存在尾气排放问题。为此,2009 年奥巴马政府将《汽车代用燃料法案》中的 CAFE 激励政策延长到 2019 年,并对汽车制造商生产插电式混合动力汽车,在 CAFE 考核中予以相应激励。

最后是地方政府的刺激和优惠。2008 年以后美国地方政府对发展电动汽车及电动能源依然有很高的热情,并进一步采取了新的政策,其中加利福尼亚州政府的政策力度最大,这主要表现在三方面:一是修改《零排放法案》,并根据该法直接制定了电动汽车发展路线,对各阶段各类型的电动汽车发展数量情况进行预测,这在分析美国汽车能源战略时已有论述,在此不再赘述。二是加大电动汽车的充电站建设。加州在 2010 年前后至 2015 年每年斥资 2 亿美元,用于其低排放车辆的发展,其中作为计划的一部分该州目前正在努力补贴资助超过 5000 个充电站,这些充电站预计能够于 2012 年投入运行,这一数量预计比其他州的数量都要多很多。此外这些是"Level II"(二级水平)的充电站,能够提供 220 伏特至 240 伏特的电力,在 2 小时至 4 小时完成汽车的充电,而这个速度大约相当于目前美国家用标准 110 伏特电力所需时间的一半左右。三是通过激励措施,鼓励消费者购买电动汽车,其中包括大量的折扣支持。

5. 针对燃料电池汽车的支持政策

对于燃料电池的发展问题,美国政府的政策也分两类,一类是通过政府直接资助、财政税收优惠、政府与企业联合开发项目、立法等多种方式直接发展燃料电池,另一类就是通过刺激燃料电池汽车的发展促进燃料电池的发展。

美国政府在支持发展燃料电池方面做了很多工作。1993 年克林顿政府制定的 PNGV 计划中,为实现相关目标,燃料电池也被认为是一种很具潜力的动力装置而予以考虑,这也是在支持其发展。美国能源部 1996 年建立了"先进汽车技术办公室"(Office of Advanced Automotive Technologies—OAAT),该办公室制定了 1997 年开始实施的一个为期五年的燃料电池系统研究和开发计划,此计划带动和影响了美国一批企业与公共研究机构对燃料电池和燃料电池车辆的研究开发,20 世纪 90 年代中期以后,美国涉及燃料电池和燃料电池车辆的专利申请数量有所上升。小布什政府执政初期,鉴于混合动力汽车等电动汽车依然离不开对石油资源的依赖,为此把主要精力放在了发展氢能源上。2002

年9月，小布什政府提出自由汽车（自由燃料）"Freedom CAR 计划"，它属于国家级项目，由美国能源部和美国汽车研究理事会合作开发经济上可以承受的氢气燃料电池汽车技术及相关氢气供应基础设施技术的合作研发项目，该项目计划5年内投资17亿美元，该计划研究的主要目标是：不受燃油的限制；没有排放污染；不受限制、随时随地驾驶；燃料便宜，添加方便。该计划的战略步骤为：发展可负担得起的氢燃料电池汽车技术及相应的氢基础设施；继续支持可降低燃油消耗率和减少环境污染技术的发展；发展可用于多种车辆的燃料电池技术，而不是只限于一种汽车。在该计划中，氢燃料汽车一跃成为美国政府支持的主角。2004年，在美国政府资助下，世界近30家企业和相关政府机构在美国加州联合启动"CaFCP计划"，在实际运行工况下操纵和测试燃料电池轿车和公交车，起到对这项新汽车技术和相关基础设施技术的示范作用，其轿车和公交车分别包括美国及世界各国生产的燃料电池汽车。2004年2月小布什呼吁国会拨款12亿美元用于加快制造以氢为动力的汽车，以降低汽车的油耗；美国能源部还与 Millennium Cell 科技研发公司签订合同，在2004—2006年间拿出350万美元资助氢能研究计划，希望在安全高效地提取、储存和转换氢能上有所突破，降低过高的成本。《2005年美国能源政策法案》中，美国政府根据车辆燃料经济性和车总重，对燃料电池汽车实施了所得税抵免。从2001年到2005年，美国政府总共花费100亿美元发展清洁、便宜和可靠的可替代能源。小布什政府期间，美国政府还批准了在2002—2006财政年度，总费用为1.5亿美元的燃料电池公共汽车示范项目，以从事氢生产、储存和在运营的公共汽车中的使用。随后，美国政府将燃料电池汽车推广到校车，建立了一个3亿美元的鼓励学校使用纯电动汽车、燃料电池汽车和超低硫黄柴油机校车的示范项目。但是到了2006年，小布什政府承认燃料电池电动汽车"不是近期的解决方法，也不是中期的解决方法，而确实是远期的方法"，在小布什政府第二任期的后三年里，燃料电池的研究重点已经转向了基础性研究。

尽管燃料电池并不是奥巴马政府的发展重点，但奥巴马政府还是高度重视该类能源的开发。2009年美国能源部宣布在美国复兴计划中，拨款4190万美元支持燃料电池特种车辆的研发和示范，此外还制定了关于燃料电池汽车的税收减免政策。针对燃料电池汽车的税收减免额有两种情况：一种是基于车总重的税收减免，适用所有的燃料电池汽车，包括轻型、中型和重型燃料电池汽车；另一种是基于燃料经济性标准的税收减免额，只适用车总重 8500 磅以下的乘用车和轻型卡车燃料电池汽车。燃料电池汽车税收减免购买符合条件的轻型燃料电池汽车可获得最高为 8000 美元的税收减免，2009 年 12 月 31 日之后，这一数额将降为 4000 美元。税收减免同样适用于中型和重型燃料电池汽车；税收减免额度以车重为准。车辆制造商必须按照一定的程序，向国内收入局（IRS）证明其车辆满足申请税收抵免的条件。该项税收抵免于 2014 年 12 月 31 日终止（政策细节参见表 1-19）。

表 1-19 基于车总重的税收抵免额

车总重（GVW 磅）	税收抵免额（美元）
不超过 8500	8000（2009.12.31 之前）
	4000（2009.12.31 之后）
8500—14000	10000
14000—26000	20000
超过 26000	40000

在新的符合条件的燃料电池汽车中，对于车总重不超过 8500 磅的乘用车和轻型卡车来说，如果燃料效率得到改善，则减免额度将在基于车总重的税收抵免的基础上继续增加（增加额度参见表 1-20）。

表 1-20 基于燃料效率的税收抵免额的提高

燃料经济性是 2002 车型年城市燃料经济性的百分比（%）	增加额（美元）
150—175	1000
175—200	1500
200—225	2000
225—250	2500
250—275	3000
275—300	3500
至少 300	4000

为利于比较，特将 2002 年车型的情况及基于车总重的税收抵免上限情况列出（具体细节参见表 1-21、1-22）。

表 1-21 2002 车型年城市燃料经济性标准

惯性重量等级（磅）	燃料经济性标准（英里/加仑）	
	乘用车	轻型卡车
1500 或 1750	45.2	39.4
2000	39.6	35.2
2250	35.2	31.8
2500	31.7	29
2750	28.8	26.8
3000	26.4	24.9
3500	22.6	21.8
4000	19.8	19.4
4500	17.6	17.6
5000	15.9	16.1
5500	14.4	14.8
6000	13.2	13.7
6500	12.2	12.8
7000—8500	11.3	12.1

注：对于同一车型，每千克氢行驶英里数与每加仑汽油行驶的英里的比率是 0.98。因此，对于车重 7000 至 8500 磅的氢燃料汽车来说，其等效的 2002 车型年的燃料经济性标准为 11.1（11.3×0.98）。

表 1-22 基于车总重的税收抵免上限

车总重（GVW 磅）	税收抵免额（美元）
不超过 8500	5000
8500—14000	10000
14000—26000	25000
超过 26000	40000

（三）美国汽车能源政策实施效果

美国政府汽车能源政策的实施效果既有积极影响，也有消极影响。考虑到当前奥巴马政府汽车能源政策的现实意义，在这里先分析奥巴马政府的政策效果，后分析美国历届政府的总体政策效果。

1. 奥巴马政府汽车能源政策的效果分析

总的来看，奥巴马政府的能源政策比较全面，涵盖了汽油能源、纯电动汽车能源、燃料电池能源、生物能源等多方面领域，同时又能结合当前汽车能源发展主潮流侧重于可充电电池能源，另外其发展可充电电池的政策涉及能源研发、生产、能源需求、基础设施建设等多方面领域，着眼点在于通过政策让美国大规模实际发展和使用电动汽车能源，这与以往美国汽车能源安全政策更限于加强研发不同。因此，奥巴马政府的政策既能做到全面兼顾各种能源发展，又能做到结合当前汽车能源发展方向实现电动能源的产业化，因此其政策基本上是合理的。从效果上看，美国部分汽车能源的生产在四年间得到了发展。其中2011年和2008年比，美国原油产量从6734千桶/日上升到7841千桶/日，天然气产量从5708亿立方米上升到6513亿立方米，用于生产生物柴油和燃料乙醇的生物燃料产量从1387万亿热单位上升到2047万亿热单位。

但是，奥巴马政府的政策也有缺点。首先，奥巴马政府的发展电动汽车及电池能源的政策有好大喜功嫌疑。目前电池能源还存在技术、价格等方面的问题，而这些问题非政府能够短期解决，因此电动汽车很难在短期内迅速普及，奥巴马政府提出2015年电动汽车使用量达到100万辆的目标就很难实现。针对奥巴马政府的100万辆电动汽车目标，密歇根州特洛伊的JD Power and Associates公司全球动力系统预测部主管Michael Omotos就表示，这是一个太过宏伟的目标……我们并不认为美国在2015年可以达成这个目标。其次，奥巴马政府的政策过于强调政府的支持作用，出资领域很多，出资额很大，例如在2010年10月之前，奥巴马政府已经拨款250亿美元用于支持插入式电动汽车的发展，后续再拨款24亿美元用于支持车用电池的发展，并为电动汽车购买者提供多达7500美元的减税优惠。即使不考虑政策对错问题，最起码这不符合美国财政陷入困境的实际情况：从2009年开始，美国政府财政赤字迅速飙升，从2008年的6135亿美元迅速上升到2011年9月份的11724亿美元，汽车新能源的发展过程是一个长期过程，在这种赤字一再高涨情况下美国政府财政支持的可持续性令人怀疑。在2011年，美国康涅狄格州、华盛顿州、南卡罗来纳州和新墨西哥州等多个州就都已经取消对混合动力汽车的免税及贷款优惠政策。最后，奥巴马政府过于强调发展电动汽车，有忽视其他汽车能源发展的嫌疑。不少汽车产业人士认为，仅支持电动汽车的发展将会阻碍电动汽车外其他新能源车技术的发展。

奥巴马政府大力发展可插电式电池能源的政策，经过四年检验已经暴露出一系列问题。早在2011年，"新能源"一词在美国的热度已明显降温，新能源话题不再风光，其原因在于新能源产业创造的就业不值一提，美国国民对奥巴马政府的豪言大失所望。例如从事太阳能电池生产的A123系统公司，得到了3.8亿美元的政府扶持资金，2011年共有雇员690人，这与奥巴马预期该公司将创造3000个就业岗位相去甚远。更严重的是，从2011年开始包括电动汽车电池能源生产公司在内的许多电动汽车整车及配件生产企业皆面临市场需求严重不足、资金筹措难的困境，其中2011年下半年以来美国已经有三家拿着大量纳税人补贴的太阳能板生产企业宣告破产；A123系统公司2011年底宣布由于订单减少而裁员，2012年10月甚至提出破产保护申请并开始出售部分资产；而曾得到1.18亿美元联邦政府资金资助的电池生产企业EnerDel，在其主要用户——电动汽车制造商THINK2011年宣布破产后也受到极大打击；一批政府曾经重金资助的新能源公司如Evergreen、Spectrawatt和Solyndra等也相继倒闭，美国新能源行业哀鸿遍野，奥巴马政府推行的新能源振兴计划面临全面崩盘局面。总的来看，美国新能源企业的失败不仅是产能不足、成本过高所导致，也是美国能源行业大规模变革的后果——奥巴马大力发展新能源产业是建立在假设传统能源尤其是天然气价格持续上涨的基础上做出的，但是页岩气开采技术的提高改变了这一切。

对奥巴马政府为支持新能源推出的系列政策措施的评价，美国国内有反对和支持两种意见。其中，持反对意见的主要是石油利益集团和共和党人。其中，美国第二大石油公司雪佛龙公司董事长兼首席执行官约翰·沃森（John S.Watson）认为，美国的能源政策应当以"可负担得起的能源"为核心和优先出发点，而奥巴马政府能源政策在准入、监管和税收等方面，都与这一原则背道而驰，它打击了现有美国能源公司的国际竞争力；他认为，对于绝大多数可再生能源来说，达到商业规模仍然是一项根本的障碍，由于产能和其他因素的影响，大多数可再生能源在价格上仍远不能与化石能源相比；他还批评奥巴马政府对新能源产业大量补贴的政策，认为在市场经济中新兴产业仅靠政府补贴来度日终究不可持续。在2012年美国大选中，竞争对手罗姆尼也嘲讽奥巴马的能源计划，他认为，奥巴马政府一年就给新能源行业提供了900亿美元的补贴，相当于给这些企业50年免税；但传统能源行业仅获得40亿美元补贴……不去选择明摆的赢家却喜欢扶持失败者。奥巴马政策的支持者则认为，政府对电动汽车项目的支持产生了许多产业发展的亮点，这些新兴公司需要更长时间才能取得成效。其中电动汽车问题专家贝尔认为，在电动汽车销售方面没能实现总统的目标，但联邦政府的投资则是实现这一目标不可或缺的；约翰逊控制公司副总裁毛尼纳荣利认为，政府资金使电动汽车生产企业具备了能够满足市场需要的生产能力，并且使它们成为这一产业的参与者……我们需要很长时间才能判断这些投资是否物有所值。

总体上，目前电动汽车能源的技术发展方向已经基本上清晰，奥巴马政府大力发展电池能源的做法符合潮流，具有合理性；奥巴马提出的100万辆电动汽车计划听起来很宏大，考虑到2009年100万辆电动汽车所占美国汽车总量的比重也不过1%，因此奥巴马政府政策的规模、对社会的影响并不算很大，其实质不过是努力扩大电动汽车的应用罢了。当前美国社会各界只是对其政策力度、规模等方面存在争议，对美国努力发展可插电式汽车并没有反对意见。另外，由于可插电式电池能源的发展是不以人的意志为转移的，受技术、市场需求等因素的影响很大，任何政府促进电池能源发展的政策都是一个试错过程，奥巴马政府政策即使失败也是必要的尝试，因此不能过分苛求奥巴马政府的政策。

2. 美国政府政策的总体效果

美国历届政府坚持的汽车能源政策确实取得了很多成效。从第一次石油危机爆发到现在，美国的汽车能源战略已经推行了40多年，尽管期间经历了尼克松政府、福特政府、卡特政府、里根政府、老布什政府、克林顿政府、小布什政府和奥巴马政府等多届政府，但是政策保存了高度的稳定性与继承性，即一方面坚持做好提高传统能源的使用效率工作，不急于求成；另一方面强调全面和均衡发展各种汽车新能源，同时又根据实际情况有所侧重地发展某些汽车新能源。在这种情况下，美国各种汽车能源都获得了一定发展，取得了良好的效果。

首先是传统汽车能源的使用效率得到了提高。虽然美国民众以喜欢高耗油汽车著称，但是在政府政策的努力下，美国传统汽车能源的使用效率还是得到了一定的提高。1970年，美国载人小汽车的燃油经济性能是13.5英里/加仑，1992年是21.0英里/加仑，2008年是22.6英里/加仑；1970年，皮卡等耗油型汽车的燃油经济性能是10.0英里/加仑，1992年是17.3英里/加仑，2008年是18.1英里/加仑；1970年，重型卡车的燃油经济性能是5.5英里/加仑，1992年是6.0英里/加仑，2008年是6.2英里/加仑。显然，美国石油能源使用效率提高的幅度不大，但毕竟是在缓步提高。

其次是生物燃料的产量及使用得到了迅速发展。由于美国政府的资助及相关鼓励措施，燃料乙醇、生物柴油等生物燃料的产量及使用得到了迅速发展。1980年，美国用于生产燃料乙醇及生物柴油的生物燃料产量是13百万亿热单位，1992年上升到145百万亿热单位，2010年则进一步上升到1870百万亿热单位，而这些产量几乎100%被美国国内使用。在1981年，美国燃料乙醇、生物柴油等生物燃料在交通领域的使用比率几乎为0，在1992年上升到0.36%，2010年上升到4.0%。一旦美国下一代生物燃料的开发获得成功和世界油价进一步高涨，美国生物燃料的产量将进一步提高，并将在美国汽车燃料中占据更多的份额。

最后是电动汽车电池、燃料电池的研发及应用在美国得到了发展。纯电动汽车电池、燃料电池是未来汽车新能源的主要发展方向，但其发展是一个长期和不断试错的过程，直到现在世界各国都没有取得太多突破性进展，美国在这方面还是不断地取得了各种阶段性成果，为当前美国电池能源的发展打下了基础。总的来看，美国分别取得了如下的阶段性成就：1990年，美国通用公司推出了世界上第一部电动概念车Impact，该电动汽车使用了铅酸电池，并在随后使用了镍氢电池，尽管最后实践证明这两种电池并不适合美国实际情况，但这是世界能源史上一次划时代的尝试，它意味着蓄电池能够被应用到长距离行驶的汽车上，为日后美国企业进一步研发电动汽车电池打下了基础；1990年USABC在"ZEV"法案的刺激下成立，它提出了电动汽车电池的主要性能指标和先进型电池的中期、过渡期、远期开发目标，其指标还成为日后车载动力蓄电池开发的主要目标；"PNGV计划"等计划的推行，证明1997年前后电动汽车电池无法作为独立的汽车能源，美国不能完全依赖这种混合动力汽车实现石油安全，从而促进了美国小布什政府向燃料电池开发的转变，同时这些研究为后来混合动力能源的发展打下了基础；1997年美国GM-Ovonic公司已经开始批量生产镍氢动力电池并在1998年扩大了产量,美国能源转换公司也开始批量化生产可以用于摩托车、纯电动轿车及混合动力汽车的镍氢电池;在小布什政府期间,美国混合动力汽车在2004年前后进入了商业化推广阶段,这也为奥巴马政府随后推广发展电动汽车产业及电池产业提供了良好的基础;在氢燃料电池领域,美国三大汽车公司推出了相关的概念车,2005年1月在华盛顿首次建立了加氢站,在校车等领域推广使用燃料电池能源,燃料电池技术研发在世界处于先进水平,这些都为美国以后进一步研究和发展氢动力提供了基础;等等。

尽管美国政府汽车能源政策有成功之处,但是也有失败之处。其中败笔主要体现在两方面。一方面是美国没有推行更严厉的节油减排政策,导致其在汽油能源方面的使用效率方面与日本和西欧相比有差距,同时造成国内石油安全问题日益严重,从而进一步对汽车能源战略产生了消极影响,这也是美国最主要的失误。由于美国政府一味地迎合美国国民偏好低油价、喜欢耗油型豪华汽车的心理,不敢通过实行高石油税、提高石油价格、实施更严格的节能减排措施等政策来促使汽车公司在汽车能源领域大力创新,这就助长了美国国民对传统能源汽车的偏好,导致本土汽车公司持续依赖传统汽车能源,对提高汽油能源的使用效率方面不热心,也不利于在美国汽车公司及能源公司发展汽车新能源。以油价为例,根据国际公路协会所做的《世界公路统计2009》,2000年美国高级汽油价格是47美分/升,2008年是56美分/升;2000年美国柴油价格是48美分/升,2008年是78美分/升,在8年中汽油、柴油价格上升幅度很小,正是这种低油价导致美国国民对市场上高耗能的汽车可以接受,这进一步促使美国汽车公司去迎合这种偏好。美国三大汽车公司在混合动力汽车领域曾经领先于日本,但是由于2004年前后美国国民更钟情高耗油的SUV等汽车,导致美国汽车公司将精力投入到高耗能的豪华型传统汽车,不热心发展混合动力汽车,从而导致美国汽车公司在混合动力开发、发展混合动力汽车领域发力缓慢,最终拱手将这一市场交给了日本丰田和本田公司。也正是因为美国国民长期偏好高耗能的传统能源汽车,造成石油安全问题日益严重,迫使美国政府病急乱投医,一旦石油安全问题严重就急切地、不切实际地追求非耗石油的新能源,造成战略误判。小布什政府之所以放弃发展混合动力能源,将发展重心放在氢能源领域,一个原因就在于混合动力能源无法让美国迅速摆脱对石油的依赖;而美国三大汽车公司轻易地放弃自身在混合动力领域的现有成果、追随政府发展氢动力，也有迎合美国政府的味道。另一方面的问题是美国政府对本土电池能源制造方面有所忽视。虽然美国在刺激电动汽车及电动能源发展等方面的政策力度很大，但是政策力度主要集中在研发及电动汽车购买方面，对于直接刺激美国本土电池生产方面很少，在这种情况下美国尽管技术研发取得了优势，但是这种优势往往不能转化为商业化生产，本国公司往往通过产业转移将生产转移到外国；尽管电动能源在美国得到了广泛的应用，但是国内产量却很低，美国政策的得利者基本上都是日本、韩国等外国电池生产商。考虑到纯电动汽车中技术含量最高、利益最多的就是电池生产商，而未来电池生产商是有可能直接从事电动汽车生产，这使得美国未来在电池能源提供及电动汽车生产方面存在很大的隐患。

二、欧盟的支持政策

欧洲历来重视节能减排，注重可再生能源的开发与利用。欧盟于2007年公布了"新欧洲能源政策"，目标在2020年将温室效应气体排放量降低20%，并将可再生能源的比例提高到20%；同时将今后五年欧盟能源领域的研究开发预算提高50%。在汽车能源领域，欧盟重视新的汽车能源的开辟，强调汽车替代燃料的开发应用。生物燃料汽车和氢燃料汽车是欧盟未来的发展重点。其中，生物燃料汽车拥有相对成熟的技术和基础设施，是欧盟短期内发展的重点，而氢燃料汽车特别是氢燃料电池汽车作为真正清洁高效的新能源汽车，则是欧盟在中长期发展的重点。

（一）欧盟汽车能源发展的指导意见

欧盟作为欧洲国家的联合体，不能制定欧盟统一的法律以强制推行其产业政策，也不可以直接为各成员国制定具体的产业政策。因此，其对汽车能源的发展要求，主要是通过对成员国提出共同目标、指导意见和发展方向，同时在产业领域对成员国进行支持来体现。欧盟对促进新的汽车能源开发的指导性意见，主要集中于欧盟关于可再生能源、新能源汽车发展的相关政策之中。

1. 关于可再生能源的指导意见

欧盟自1991年开始调整能源政策，强调节约能源和使用可再生能源，先后于1993年和1998年出台能源计划,1995年发表了《欧盟能源政策绿皮书》。1997年公布的《欧盟未来能源:可再生能源白皮书》,确定了欧盟在能源结构中增加可再生能源比例的行动纲领。2001年,欧盟出台"发展可再生能源指令",提出了到2010年将可再生能源在欧盟内部总能耗中的份额从1998年的6%提高到12%的目标。特别是对于生物能源份额,提出2010年提升到8.5%,比1998年增加2.5倍,将生物燃料中汽车燃料使用率提高到5.75%的目标。欧盟委员会于2007年1月公布了"新欧洲能源政策",目标是到2020年,将温室效应气体排放量降低到至少低于1990年的20%,将能源消耗中可再生能源(生物资源、风力、水力、太阳能)的比例提高到20%。该政策的三个核心是"加快向低碳能源转换"、"能源效率化"、"能源市场自由化",为此欧盟将今后7年能源领域的研究开发预算从每年5.47亿欧元增加到8.86亿欧元。

2. 关于新能源汽车发展的意见

欧盟委员会2007年10月通过了发展氢燃料汽车的立法建议,欧盟和私有企业将各出资4.7亿欧元在之后6年的时间里发展氢燃料汽车。欧盟认为发展氢燃料汽车有两个原因:一方面,部分氢燃料汽车技术目前已经成熟,可以在市场进行推广;另一方面,通过政策鼓励可以加快氢燃料技术的发展,从而使新能源汽车产业在2010年到2020年间达到商业起飞阶段。欧盟希望尽快将氢燃料汽车列入欧盟的批准车型,以便于生产和销售,同时由于氢的高度易燃性,将氢燃料汽车列入欧盟批准车型,其关键还是需要制定汽车氢燃料储存设备的安全标准。2008年9月,欧盟通过了《关于发展新能源汽车的立法建议案》。欧洲议会以立法形式,支持欧盟委员会进一步发展洁净能源产业,减少温室气体和其他有害气体排放。2008年10月,欧洲议会通过一项有关鼓励清洁节能汽车发展的立法议案,该议案要求公共部门、公营企业及从事公共客运服务的企业今后采购车辆时必须符合清洁节能指标。根据该立法议案,欧盟第一次把汽车的能耗、二氧化碳和其他污染物的排放指标列入了公共采购的要求,即采购车辆时不仅要考虑价格,还要考虑车辆对环境可能产生的影响,涉及的部门包括公共部门、公营企业及从事公共客运服务的企业。欧盟各成员国在2010年正式实施有关法规。2009年6月26日,欧盟委员会在布鲁塞尔举行电动汽车专家工作小组会议,与会人员包括来自欧委会、成员国政府部门的资深专家和部门负责人;来自多个欧盟技术平台的产业界人士。这些技术平台包括：欧盟道路交通研究咨询委员会（ERTRAC）、欧盟智能系统一体化联盟（EPOSS）和欧盟智能电网（Smart Grids）等。会议主要议题是：欧盟成员国政府和欧委会之间在电动汽车开发方面的信息交流问题。会议共同讨论了由 ERTRAC、EPOSS 和 Smart Grids 联合草编的"欧盟道路交通电动化路线图"，研究在欧洲发展电动汽车。

（二）欧盟汽车能源具体支持政策

1. 针对电动汽车的支持政策

为支持电动汽车的发展，欧盟于 2009 年 10 月 30 日正式公告"欧盟交通道路电动化路线图（3.5 版）"（以下简称"路线图"）。"路线图"首先规定欧盟电动汽车发展三大"里程碑（时点）"，即第一里程碑，预定在 2012 年前为引入阶段，对现有汽车进行调整和改装；第二里程碑，2012—2016 年为过渡阶段，第二代电动汽车问世；第三里程碑，预定在 2016—2020 年，为大规模生产阶段。到 2020 年，全欧范围混合动力汽车和电动汽车将得到全面使用。作为最关键部件，电池使用寿命和电量密度（待机时间）将是现在的 3 倍，而制造成本将是现在的 30%。电动汽车形成市场竞争力，不需政府补贴就能赢得消费者。电网和充电设施能为消费者提供自动、便捷、高效的充电服务。经 10 年左右的发展，整个欧盟将实现总计有 500 万辆左右电动和混合动力车上路的发展目标。其次，规定六大技术领域的分阶段细化目标；即据欧盟工作小组辨识，电能储存系统、车辆驱动技术、系统一体化、电网一体化、交通系统、安全为电动汽车发展六大关键技术领域。最后，按照技术领域分类，设定各具体事项完成时间表。即六大技术领域，又可进一步细分为具体工作事项。欧盟"路线图"为每一工作事项的启动和完成都厘定时间表。如在"电能储存系统"下第 7 工作事项为"研究后锂电池技术"，路线图规定该项工作 2012 年启动，2018 年完成研发，2020 年实现生产和销售。

除发布"路线图"开展指导之外，在欧盟层面，还开展以下重要工作。一是在 2008 年 11 月启动的欧盟经济复苏计划框架下，欧委会发起公私伙伴绿色轿车行动，预计欧委会、各成员国政府、产业界将为这一行动拨付资金总额 10 亿欧元。2010—2013 年，欧委会将继续使用已建成的框架工具，面向绿色轿车行动，执行欧盟第 7 期研发框架项目。2010 年，欧委会通过相关指令，开展"欧盟绿色轿车行动——2010 年机会"活动，欧委会和欧洲投资银行共同推进相关工作项目。

二是欧盟成员国通过欧盟研究区域联络网（ERA-NET）框架，可开展电动汽车的联合研发和信息沟通；法国、意大利、比利时、丹麦、荷兰、瑞典等国，还可在国际能源组织"混动和电动汽车"协议框架下，开展电动汽车研发信息交流。

2010年5月1日，欧盟委员会公布"发展世界领先的电动汽车技术远景规划"，计划在欧盟范围内生产、使用统一标准的电动汽车电池充电设施，宣布在2011年底前出台电池充电设施设备标准，确保充电站和电动汽车间的匹配。该委员会表示，很快就将推出电动汽车安全标准，并将于2012年修改现行碰撞安全标准，确保电动汽车的安全性能至少不低于传统汽车。

此外，为推广电动汽车在欧洲的广泛应用，减少二氧化碳的排放，欧盟2011年决定投资2420万欧元支持相关研发项目。该项目将惠及电动汽车领域内的车辆生产企业、能源企业、大学、研究机构及指定的城市。通过积极推动电动汽车领域的发展，欧盟希望到2050年城市传统燃料汽车将全部被电动汽车所替代。

2. 针对生物燃料的支持政策

为推动生物燃料在交通运输领域的应用，欧盟于2003年颁发了"生物燃料促进指令"。要求2005年底欧盟境内生物燃油的使用应达到燃油市场的2%，2010年底达到5.75%。而在2004年底之前，各成员国必须在各自国内法案中导入该指令并实施。欧盟委员会于2005年12月公布了"生物能源与生物燃料行动计划"，提议鼓励在交通、发电、取暖等20多个领域使用生物能源。根据上述行动计划，欧盟委员会于2006年1月通过"生物燃料战略"。该战略确立了三个主要目标：一是推广生物燃料未来在欧洲与发展中国家的使用，确保使用方式正确，合乎环境保护要求。二是提出可再生能源成本控制计划，包括原材料、燃料再生、增加垂直市场普及率，以及技术性障碍的排除。三是援助发展中国家生物燃料技术的使用，以及思考欧盟如何参与生物燃料的持续生产。具体来说，其生物燃料政策内容有以下特点：

一是刺激扩大生物燃料需求。2003年，欧盟《生物燃料条例》规定以参考价格计算生物燃料市场占有率，要求2005年和2010年生物燃料应分别达到2%和5.75%。为此，许多欧盟国家对发展生物燃料给予税收减免优惠政策，也有一些国家提出生物燃料义务策略，要求在燃料供应时必须有一定比例的生物燃料。但这些着眼于供给角度的措施效果并不显著，2005年生物燃料市场占有率仅有 1.4%，远没有达到规定的目标。为此，欧盟计划采取市场导向的、从需求入手的政策框架，主要措施包括鼓励大众选择交通工具时考虑使用生物燃料、生态标识，并通过尾气收费和车辆税收实行价格差别、在贷款程序中考察环保绩效和进行环境风险评估。2006 年的《欧盟生物燃料战略》的内容包括在进行 2006 年的生物燃料指令评价、改进时研讨生物燃料比例的义务化，支援第二代生物燃料（纤维素生物乙醇以及气化合成液体燃料），推动公共绿色采购（购买支持高密度生物燃料车辆）等。

二是重视环保。目前欧盟政策缺乏对不同生物燃料实际减排温室气体的贡献比较。为了实现最大的环境效益，《欧盟生物燃料战略》要求，增加相应的研究投入，量化车辆使用生物燃料对于温室气体的抑制效果；向有关生产部门传递清晰的信息，引导其正确的发展方向；必须比较生物燃料的外在成本收益，避免造成环境破坏和变相导致土地贫瘠。分析削减二氧化碳可能性，验证汽油和轻油的生物燃料添加上限。2006 年，欧盟在《燃料质量条例》中，将对乙醇、乙醚与生物柴油的总量限制做出重新评估，以避免能源作物的大量种植造成环境负担加重。

三是扩大生物燃料生产。作为欧盟凝聚政策的体现，2005 年，欧盟给予生产能源作物比较有优势的中欧、东欧地区的农民一系列支持政策，包括相关设备和投资的财政补贴；与产业部门合作，突破技术转移的障碍；与有关利益集团达成妥协，确保生物燃料不受歧视待遇等，并充分考虑生物能源作物对传统农业生产、食物供求和石油市场的影响。

四是确保生物燃料原料供给。从 1992 年开始，欧洲共同农业政策改变了生产补贴方式，开始强调农产品品质、环境保护和食品安全，这对确保能源作物的生产大有帮助；提出休耕补助政策，允许休耕农地种植非粮食作物，这些都对发展生物燃料原料具有保障作用。2003 年欧洲共同农业政策改革，提出对能源作物进行资金补助。提出目前以不超过 150 万公顷为上限，对每公顷的能源作物提供 45 欧元的补助。为防止发展生物燃料会导致粮食和能源作物价格上涨，以及对工业原料需求产生影响，除了加强价格监管外，欧盟考虑采纳《林业行动计划》，加强林产品在生物原料中的地位，并且把造纸、动植物副产品和生活垃圾等有机废物也纳入生物原料的范围。此外，《欧盟生物燃料战略》要求扩展生物燃料的原料供给范围，实施包括对生物乙醇用砂糖生产适用欧盟共同农业政策补助计划，探讨粮食储备向生物燃料原料转化的可能性。

五是促进生物燃料国际贸易。欧盟目前还没有关于生物燃料国际贸易的专门文件，生物燃料的国际贸易仅受到"科托努协定"、关税优惠等欧盟与有关国家、地区的优惠性贸易协议的约束。为了体现生物燃料在未来国际贸易谈判中的重要作用，欧盟提出尽快讨论有关生物燃料的关税协定，并且在多哈回合世贸谈判，欧盟与以阿根廷、巴西为主的拉美南部共同市场自由贸易协定等谈判中，强调自身在生物燃料国际贸易中的立场。在《欧盟生物燃料战略》中，也强调通过设定生物燃料的关税代码等方式推动贸易往来，并重新研究由于植物油原料的多样化导致的生物柴油质量规格问题。

六是鼓励生物燃料技术研发。欧盟高度重视生物燃料技术的研究与开发。其开展的一些研究项目对生物燃料的发展做出了重要贡献。如1992年的《生物柴油计划》，证明了在不进行大量技术改造的前提下，现有交通工具中使用生物柴油在技术和经济上是可行的，这为生物燃料的发展开辟了道路。而欧盟建立了工业导向生物燃料技术平台，也致力于提供生产和使用生物能源的欧洲共同愿景和策略。《欧盟生物燃料战略》也支持生物燃料的研究发展，具体措施包括欧盟"第七研发框架计划（2007—2013年）"，继续支持强化生物燃料和生物燃料产业的竞争力；关于生物燃料生产厂构想，优先开发第二代生物燃料技术，支持建立产业界主导的生物燃料技术平台。欧盟计划于2030年实现交通运输燃料的四分之一来自生物燃料，该计划分三个阶段来实现这一目标。

3. 针对氢燃料的支持政策

欧盟将氢能使用和为此开发的燃料电池定位为汽车能源长期战略的核心。2001年，欧盟委员会制定"智能能源欧洲发展项目"，计划在2001年至2013年预算投资1.8亿欧元，用于节能技术的推广和可再生能源开发。2007年，又将这一预算提高到7.8亿欧元。同时，针对新的节能技术市场规模有限、生产成本过高不利于研发等问题，欧盟决定开放公共采购，使用本地16%的公共采购资金购买新能源车辆，以提高市场对新能源汽车的信心。此外，欧盟委员会全面推广绿色公共采购，要求政府采购合同中必须包含与环境保护相关的规定。根据欧盟"21世纪汽车标准"，在2003—2009年间，欧盟每年出售的新汽车的燃油消耗标准与1998年相比减少25%。欧盟还投资360万欧元，用于开展"欧盟可持续能源2005—2008"宣传活动,加强公众的环保意识,并用于节能技术的培训交流。同时欧盟近年来还通过欧洲投资银行、欧盟结构基金等金融手段,加强对清洁高效的城市交通和公共交通能源的研发等进行支持。2004年欧盟发表报告,将作为战略性研究主题的氢能与燃料电池技术划分为氢能生产、氢能储藏和配给、定置型用、交通输送用、便携终端用等五大领域,在总结向氢能社会转化中必不可少的研发需求以及预算分配的同时,还报告了2020年的预测,勾画了2050年的发展蓝图。具体做法包括推动探讨有关氢能与燃料电池汽车和加氢站标准的准备、氢能使用方面广泛的安全技术标准等。2007年10月,欧盟委员会通过了有关发展氢燃料汽车的立法建议,欧盟和私有企业将各出资4.7亿欧元在今后6年的时间内发展氢燃料汽车。并希望尽快将氢燃料汽车列入欧盟的批准车型,以便于生产和销售,同时考虑制定汽车氢燃料储存设备的安全标准。

欧盟大力推进燃料电池的研发与应用。欧盟对氢能和燃料电池研发与推广的支持主要通过框架计划(FP)进行。在"第六框架计划(2002—2006)"(FP6)的175亿欧元资助资金中,有1亿欧元用于涉及氢能制造、氢能贮藏、氢能安全及其标准制定、氢能运输、氢能的最终应用、高温燃料电池、固体氧化物燃料电池、便携式燃料电池以及其他通用技术研发等30个项目。正在实施的"第七框架计划(2007—2013)"(FP7),目的是突破燃料电池和氢能发展的一些关键性技术难点,已开展了灯塔公开实验项目,包括氢气车队项目、轿车零区项目和小型车辆氢气链项目的公开实验,并对这些活动进行管理、分析,其目的是对于已经完成或新开始的与燃料电池汽车相关的公开实验项目进行评价。欧盟、欧洲工业委员会和欧洲研究社团于2008年11月联合制定了"2020年氢能与燃料电池发展计划",将在燃料电池和氢能研究、技术开发及验证方面投资近10亿欧元,并希望在2020年前实现这些技术的重大突破。这个技术行动计划(Joint Technology Initiative,简称JTI)旨在使燃料电池和氢能成为欧洲未来领先的战略能源技术之一。JTI行动参与者包括超过60家私营公司(从跨国公司到中小规模公司)以及约60所大学和研究院,主要目标是使氢能与燃料电池技术在欧洲于2010—2020年实现商业化应用。该实施方案的第一步已获得2810万欧元资金资助,涉足领域包括氢气的运输、充装基础设施,氢气的生产、贮存和分配。

欧洲氢能源及燃料电池技术平台战略研究议程（Strategic Research Agenda 简称"SRA"）于 2008 年经欧洲氢能源及燃料电池技术平台的顾问委员会认可，由欧洲委员会发起并由高级别小组推荐，欧洲利益关系小组汇编而成，该议程目的是为欧洲委员会制定出相关的战略建议以尽力发掘出氢能源及燃料电池技术的环保和经济潜能，并促进其投入市场化运营。欧洲拥有技术、资源和潜力成为提供和部署氢开发技术的主要市场，这将为欧洲从单一依赖化石燃料转向获得充足的动力能源、电力和氢能源。由于该方案比较复杂，开发氢能源及燃料电池技术的战略框架尚待确定，因此，整个开发过程，需要逐步执行以下三个过渡阶段：第一阶段，短期（到 2010 年）阶段。此阶段包括：增强对再生能源的利用，通过电解水或蓄电池生产氢；提高化石燃料技术的使用效率和改进化石液体燃料的质量；增加由天然气和生物中提取的合成液体燃料的效用（其可在常规燃烧系统和燃料电池系统中使用）；在适宜的市场中介绍氢能和燃料电池的早期应用，通过示范和利用现有的氢管道系统，以刺激市场需求，争取公众认可；在不增加总体二氧化碳排放量前提下，为固定设施和运输设施开发以氢能为燃料的集成电路（IC）引擎，推动氢基础设施的早期部署。考虑到关键技术的瓶颈问题，有必要在此阶段加强基础性研究，内容包括氢的生产、存贮和安全、燃料电池研发费用和耐久性等。第二阶段，中期（2010—2020 年）阶段。此阶段包括：持续增加从生物中提取的液体燃料的效用；持续在燃料电池上使用化石液体燃料/气体燃料，改良化石燃料（包括煤炭）以从中提取氢；从可再生的电力和生物中为氢生产开发和实施系统；继续研究和开发其他无碳资源，譬如太阳能和先进的核能；氢能在经过合理改进的常规燃烧系统、氢涡轮和燃料电池系统中使用。这将减少温室气体和污染物排放量，从而过渡到没有二氧化碳排放的氢经济时代；第三阶段，中长期（2020 年以后）阶段。此阶段包括：对电的需求持续增长将由氢能来补充满足需要，依靠可再生能源的引进和改进核能，使利用电和氢能的能量载体替换基于碳的能量载体。拓展氢能分布网络，维护环境良性发展等。

SRA 的实施主要围绕以下六个关键领域展开。一是制氢。制氢对于整个部门的发展相当重要，然而受高成本能源的限制，必须进行相关的应用研究，尤其是对催化剂和接触反应器的研究。为了保证能够长期提供氢能，对利用可再生能源和核能制备"零二氧化碳排放"的新方法变得日益重要。二是氢的储存和分配。与现有存储技术相比，氢气的能量密度相当低，只有汽油或柴油的10%—20%，这也就限制了它在运输过程中的适用范围，尤其是汽车。因此，在充分开发氢能源应用研究的同时，需要加强对氢保存的新方法的基础研究，以促进开发更高能量密度的新型材料种类。三是固定应用。天然气的分散改造是燃料电池技术用于分散发电的重要组成部分。而聚合物电解质燃料电池技术为民用提供了解决方法。近期和中期的主要应用是在100千瓦范围内的民用和区域联合。对长兆瓦能量范围的装置也需要被列入研究。四是交通运输应用。交通运输应用可以从实质上实现减排二氧化碳的目标，减轻对原油的依赖和提高燃料效益，而应用领域的重点是推进氢气聚合物电解质燃料电池技术的发展。五是便携式应用。便携式应用被列为未来欧盟研究项目的不可或缺的一部分，它将会通过进入早期市场促进燃料电池增值，而且形成一个可能包括大部分中小企业的早期产业。

4. 其他政策

欧盟鼓励各方投资者加大对汽车能源的投资力度。欧盟积极鼓励企业进行技术研发，促进新的汽车能源发展。同时，还鼓励银行业、金融业加大投资力度。欧盟下属的融资机构欧洲投资银行已经连续多年对新能源汽车产业给予优惠贷款。德国、英国、法国、意大利、捷克等国家汽车制造集团都接受过此类贷款。如2008年年中，欧洲投资银行曾建议欧盟委员会和各成员国政府出资40亿欧元，为陷入困境的欧盟汽车企业提供更多贷款，其主要条件就是相关资金必须用于研制开发洁净、节约和有利于经济可持续发展的新能源汽车产品。2009年上半年，该银行又向欧盟汽车业发放了70亿欧元的贷款，用于环保汽车的研发、推广。资金的投入不仅明显加快了欧盟电动汽车的研发速度，而且极大地刺激了汽车企业和相关产业的参与热情。不仅德、法、英、意等汽车生产大型集团拥有先进的新能源汽车,一些中型汽车公司或者汽车业界的联合体，也大量涉足新能源汽车的研制与生产。意大利运动品牌宾尼法瑞纳公司与法国包罗雷集团各出一半的资金，成立了一家合资公司生产电动汽车。该公司将装备一款由包罗雷集团已经研发10余年时间定型的具有创新性的高分子锂金属电池汽车，作为使用新能源的环保汽车，这款车行驶速度不会很快，但将具有十分环保、安全、方便和稳定的驾驶性能。此外，荷兰伊诺斯公司、埃森特公司和默蒙图姆联合集团,利用欧洲投资银行的资金组成企业研发与生产联合体,创立了一个新的欧洲电动汽车公司,业务范围包括研制和改装新能源汽车、进口电动汽车并发展充电系统。欧洲埃森特公司已经开发出一套"移动智能电网"的输送系统,在电动汽车开始投入大规模生产之时,该电力输送系统将准备就绪,为电力汽车的大规模市场化铺平道路。2008年,为在欧盟国家落实开发新能源汽车的战略,欧盟和相关企业不仅将在未来3年内,将超过10亿欧元投入新能源汽车的研制,而且相关部门已经开始研究制定一套涉及新能源汽车的各种技术参数和车型标准,以便规范企业对新能源汽车的开发与生产,健全市场经销和售后服务等领域的配套系统,从而布局整个新能源汽车的发展道路。欧盟要求降低汽车尾气排放,鼓励生产商、消费者采用新的汽车能源。欧盟于1992年、1996年和2000年推行了"欧Ⅰ"、"欧Ⅱ"、"欧Ⅲ"汽车尾气排放标准,逐步加大了限制二氧化碳气体排放量的力度。2005年1月,欧盟又启用了"欧Ⅳ"汽车尾气排放标准,而且要求各成员国修改有关立法,以税收政策惩罚尾气超标的汽车。2007年,欧洲各国政府和汽车工业界代表举行欧洲公路交通理事会,发表了汽车工业《战略研究计划》,提出要让欧洲公路交通"更加安全、更少污染和更具竞争力",计划2007年年底前出台更加严格的"欧Ⅴ"排放标准,并于2008年实施。目前使用的"欧Ⅴ"排放标准是于2009年9月生效的,而且更加严格的"欧Ⅵ"标准将于2014年9月实施。

由于欧盟成员国经济和社会发展水平的差异,各国对汽车能源的战略和政策具有很大不同,以下将具体介绍欧盟主要成员国的汽车能源战略与政策。

(三)欧盟汽车能源政策实施效果

欧盟对于汽车能源发展的大力支持,有力推动了欧盟范围内新汽车能源的发挥,总体来看,取得了显著的效果,但也存在一些不足。

显著成效主要包括以下四个方面。

一是节能减排效果明显。在2003—2009年间,欧盟每年出售的新汽车的燃油消耗标准与1998年相比减少25%。目前欧洲新车平均二氧化碳排放量为145.9克/公里,与2003年相比减少了20克/公里。在欧洲地区21个国家销售的新车中,有近半数的二氧化碳排放量低于140克/公里,而2003年的这一比例仅为23%。这表明欧洲汽车在降低碳排放方面有了相当大的提高。

二是汽车能源研发取得进展。2006年5月,欧盟宣布,始于2003年在欧盟9个城市进行的作为能源并用于城市交通的氢燃料电池首期实验成功。2011年,德国巴斯夫集团公司在美国新泽西州的萨摩赛特正式建立燃料电池生产设备,这套现代化设备采用先进的生产与自动化技术,制造燃料电池的核心——即用高温膜电极组件(MEA)。2011年10月26日,德国卡尔斯鲁厄理工学院的工程师们利用一种物理化学效应改进电极,大大降低了技术开支和所需生产时间,使锂离子电池充满电解质,提高了电池生产总量,降低了投资成本。它可用于电动汽车,从而使电动汽车具有更长的行程,而且充电快。2011年,英国技术人员成功开发出世界上第一辆燃料电池摩托车(ENV),它是第一辆以氢为燃料的混合动力电动摩托车。

三是新的汽车能源得到广泛应用。2009年,欧盟27国生物能源消费总量达1.05亿吨石油当量,约占欧盟所有可再生能源消费总量(1.53亿吨石油当量)的68.6%,占欧盟当年所有能源消费总量(17.03亿吨石油当量)的6%,稳居各类可再生能源之首。在交通领域,2009年欧盟27国共消费液体生物燃料1210万吨石油当量,占道路交通燃料的4%。2010年欧盟市场交易的生物燃料为1.02亿桶石油当量,贸易总额达到282亿美元,同比增长13.6%。

四是新能源汽车产业逐渐起步。多年来,欧委会积极支持电动汽车的技术研发和标准化工作,但都因电动汽车技术的快速演变和相对传统汽车的不成熟,以及充电设施的特殊需求而难以达成共识。但随着燃料电池技术的不断进步和相对成熟,2011年,欧洲汽车工业协会向欧委会正式递交了一份电动汽车充电接口标准化建议书,标志着欧盟电动汽车终于迈出了统一标准化的第一步,也是关键一步。电动汽车充电接口在欧盟及成员国范围内的统一标准化,意味着电动汽车产业的规模化生产及加速融入消费市场。新能源汽车产业发展开始起步。

不足之处主要包括以下四个方面。

一是新能源汽车政策方向不清晰。新能源汽车类型很多,如电动汽车、混合动力汽车、液化石油气汽车、压缩天然气汽车和氢能汽车等。针对如此种类繁多的新能源汽车,欧盟目前采取的是"技术中立"原则,即同时鼓励这些清洁能源技术的发展,最终由市场,或者说消费者做出选择,以决定哪种或哪些类型的新能源汽车是最佳选择。欧盟此举旨在鼓励企业大胆创新,不轻易扼杀某一种技术。但目前欧盟的政策存在重点支持电动汽车的倾向，这是因为电动汽车短期来看最容易推广，对现有电网进行适当改造就可以满足所需的基础设施条件，但从欧盟发展新能源汽车的最终目标来看，独推电动汽车未必是好事。欧盟发展新能源汽车的着眼点是减少温室气体排放，在减排的同时节能，而电动汽车存在生产电能的能耗和温室气体排放问题。从欧盟内部来看，风能或水能等可再生能源比较丰富的国家，如西班牙和葡萄牙等国，都大力支持发展电动汽车，因为它们可以利用可再生能源发电，但对波兰等煤炭资源丰富的成员国就未必合适，如果波兰用煤发电，然后支持电动汽车发展，其能耗和温室气体排放算起来会比简单地提高汽油或柴油发动机能效还要高，结果得不偿失。具体发展何种新能源汽车还是要因地制宜，欧盟不必强求统一为一种类型。但是，"技术中立"也带来一个问题，那就是政策方向不清晰，这成为欧盟新能源汽车发展的突出障碍。由于不清楚哪种新能源汽车最终会受到青睐，汽车厂商在耗费巨资从事科研开发时势必要三思而后行，导致其无所适从。因此，是否应该给出一个明确的政策信号，让汽车厂商看到市场前景，大胆投资，积极创新，是摆在欧盟面前的一道难题。

二是遭遇技术和基础设施瓶颈。就电动汽车而言，目前亟待解决的是电池的续航能力问题和充电设施建设。按照目前的技术能力，电动汽车最大续航能力仅为二三百公里，与传统汽车相比还有很大差距，如果再缺少便利、快速的充电站，势必会影响到电动汽车的推广。虽然欧洲人的环保意识普遍较强，对于新能源汽车也容易接受，但欧洲人不像美国人可将家庭中的一辆车更换为电动汽车用于短途使用或城区使用，欧洲人均汽车保有量更低，因此考虑到不同的使用需要，欧洲人不会轻易换成续航能力较差的电动汽车。

三是市场推广有待进一步增强。如何让消费者接受新能源汽车是新能源汽车产业化的一个重要环节。这涉及新能源汽车的售价、使用习惯的改变和基础设施需完善等一系列问题。虽然新能源汽车的使用成本低于传统汽油和柴油车，但其购车成本一直高于后者。在英国，电动汽车的驾驶成本为 0.03 英镑/英里，而同等档次的汽油车驾驶成本为 0.14 英镑/英里；然而，购买一辆新电动汽车比购买同等档次的传统燃料车要贵 9000 英镑左右。同时，充电也不方便，消费者不愿使用。为一辆纯电动汽车的电池充满电至少需要半小时，但加满一箱油顶多只需五分钟。

四是生物燃料行业标准过于严苛。欧盟委员会 2010 年提出了可持续生物燃料认证标准，要求欧盟境内使用的所有生物燃料及其生产过程都要符合可持续发展原则，禁止生物燃料破坏生物多样性和森林碳汇，生物燃料作物的种植地不能是森林、保护区、湿地等。此外，生物燃料从生产到消费的整个生命周期内的温室气体排放要比化石能源至少低 35%。严苛的行业标准使生物燃料增长放缓。2011 年 8 月 1 日，欧洲可再生能源推广协会发布报告称，当前欧洲地区的生物燃料行业发展速度正在放缓，过去三年的增速持续下降。报告指出，2010 年欧盟市场交易的生物燃料为 1.02 亿桶油当量，贸易总额达到 282 亿美元，同比增加 13.6%，但与前两年相比，增速下降明显。2009 年和 2008 年欧盟生物燃料分别同比增长 28.9% 和 42.8%。欧洲可再生能源推广协会认为，欧盟的生物燃料增速放缓的趋势仍将持续。

（四）典型国家的支持政策

1. 德国的支持政策

德国政府高度重视新能源汽车产业发展，先后制定、出台了一系列政策，并采取了多项措施，大力发展和推广电动汽车。2007 年 12 月，《能源气候一体化纲要》将促进电动汽车发展列为联邦政府的工作目标。随后，德国经济技术部、交通部、环保部和教研部联合成立了电动汽车工作小组。2008 年 6 月，支持电动汽车首次进行实验性运营。2008 年 11 月，"电动汽车国家战略会议"召开。2009 年 1 月，德国出台《一揽子经济刺激计划 II》，提出 2009 年到 2011 年，联邦政府为研发和推广电动汽车提供 5 亿欧元资金支持。2009 年 9 月，德国发布《国家电动汽车发展计划》，该计划是德国发展电动汽车的纲领性文件，具有重要的战略意义。计划将发展纯电动汽车和插电式混合动力汽车作为主要技术路线，提出了德国发展电动汽车的目标。

一是形成了面向电动汽车研发的主要政府资助框架。德联邦政府第 5 期"能源创新和新能源技术研究项目"是由联邦经济部领导的"能源和气候项目"的组成部分。从侧面支持了电动汽车运输研发行动。联邦政府第 3 期"汽车和运输技术交通研究项目"，政府高技术战略与民间研究活动一道，集聚了研究力量，带来了协同效应。联邦交通部组织实施的"国家氢燃料电池技术创新项目"致力于以氢燃料电池为支撑，开发替代性机车驱动方式。2007 年德国政府制定的"高科技战略"，将电动汽车的关键技术之一的锂离子电池作为攻坚项目。为了尽快取得突破，2009 年德国产业界五大巨头（博世、大众、巴斯夫、赢创、琳得科）出资 3.6 亿欧元与科研应用界的 60 家单位合作，组建了锂离子电池"创新联盟"，联邦科研部也将在 3 年内投入 6000 万欧元作为科研经费。

二是在各技术领域有政府提供研发资助，并配套产业界行动。主要包括：电能储存领域，产业界承诺要在此领域投入多于政府资助的资金。德国联邦政府于 1990 年启动"燃料电池研究发展示范计划"（R&D）项目，以推动燃料电池技术实现市场化，目前已经接近了实用化阶段。而在政府高技术战略下，联邦教研部发起锂电池联盟。该联盟开展的研发始于 2008 年末。联邦政府曾为该联盟行动拨付 6000 万欧元预算资金，而产业界则再投入 3.6 亿欧元。LIB 2015 联盟主要行动目标是持续推进锂电池研发。在能源储存元器件开发方面，德国经济部组织的专家工作小组于 2007 年 10 月形成工作成果，并在 2008 年发布汽车和普通蓄电池概念。2009—2012 年，联邦政府为由德国经济部负责实施的"蓄电池项目计划"提供 3500 万美元，促进电池创新开发。在车辆驱动技术方面，由联邦经济部领导实施第 3 期"关于汽车和运输技术的交通研究项目"，其设定目标包括对驱车技术研究开展资助，特别重视形成能降低能耗、减少道路交通污染的新机车概念和技术。随着 2005 年《关于替代动力/混合动力概念的意见书》发布，联邦经济部对驱动技术的资助集中于开发混动车。当前研究的目标是提升混动车关键部件，新工作模块的应用开发和一体化。开发目标是整个系统的标准化和模式化。为此，德国经济部提供 3000 万欧元资金，资助研究机构和工业企业开展研究，包括 35 个合作方正联合开展 10 个研究项目，其中所做工作还包括要寻求解决方案，实现燃油消耗减少 30% 的目标。在联邦教研部"ICT 2020 I 创新研究项目"框架下，政府还对"汽车电子创新联盟"开展支持。该联盟关键行动之一也包括汽车能源管理。联邦教研部总计将在未来若干年间为 EENOVA 提供 1 亿欧元资金；而产业界则承诺在这一研究领域投入 5 亿欧元的资金。在系统和电网一体化方面，德国经济部和环境部 2008 年末联合发起"E-Energy 项目"，推进采用信息通信技术控制和优化供电系统。其目标是在 6 个试点地区，形成数字化网路和技术系统、供电市场关系的新调度方案，并开展广泛试验，进而形成解决方案，使所有电力生产、电网、储存和消费更加智能化，并推进可再生能源一体化。经济部和环境部已为"E-Energy 项目"提供总计6000万欧元资金，以支持直至2012年的研究，加上企业界资金，E-Energy 总计可筹集资金总额1.4亿欧元。而先进电网一体化不仅能做到电网向汽车供电，而且也能实现汽车向电网回充电量。2006年，德国政府交通部、经济技术部、环保部和教研部联合制定了氢气燃料电池的专门实施计划氢气燃料电池技术国家技术革新项目，这是德国首个联邦政府层面上的联合计划，在制定过程中，很大程度上参考了日本的氢气燃料电池政策。为了管理运营，德国于2008年2月成立了氢气燃料电池技术国家组织，联邦政府将提供总计10亿欧元的资金以推动氢能和燃料电池技术的发展，并开展示范运行项目。

三是大力推进市场开发。德国政府通过具体多个行动启动市场准备。在环境部气候保护行动框架下，由政府提供1500万欧元资金，开展持续4年的现场测试工作，用于解决各种实际问题。其中，可再生电能的中间储存和使用是重点问题之一。《国家电动汽车发展计划》中1.7亿欧元用于支持车用电池研发，并保证德国专家在这一研发领域获得相关培训，而另外将有1.15亿欧元用于在德国8个地区试验推广电动汽车。政府还计划对前10万辆电动汽车的购买者提供一定补贴。还有，在巴伐利亚州政府的支持和本地企业的共同推动下，1999年启动了"H:Argemuc 示范项目"，以慕尼黑机场为中心建立了首家加氢站，能够同时供应液态氢和压缩氢气，该项目已经在2006年末结束，不过试验的作用仍然很大。

四是实行政府补贴。德国政府对替代燃料生产和基础设施进行补贴，以促进新能源汽车及替代燃料的发展。如在生物燃料方面，德国政府对私有的生物乙醇生产企业实施了资金扶持政策。德国最大制糖企业 Suedzucker 公司属下的生物乙醇制造公司发展生物乙醇生产技术需要1.825亿欧元资金，其中4300万欧元来自德国政府的资金援助。该企业得到资金援助之后，在德国东部萨克森—安哈特州蔡茨市的工厂，除饲料以外还从剩余农产物（粮食及甜菜）中生产生物乙醇。

五是通过税收政策，鼓励使用新的汽车能源。在德国的石油税收法中对汽车替代燃料实施了一些税收优惠政策，例如生物燃料、天然气和液化气的减税政策,以及用于试验目的的石油可能会享受到的税收优惠政策。截至2009年底,生物成分符合要求的生物燃料免征石油税。

除此之外,德国政府和产业界提出了一系列在未来几年开展的项目和措施,主要包括:建立电动汽车系统研究的人才网络,目的是把弗朗霍夫学会所有电动汽车专业人士联系起来,充分发挥作用;在大学和非学术研究机构,重点关注解决电动电池技术问题,确定电化学领域研究重点,形成培养年轻科学家的课程体系;在能源研究方面,启动新资助行动,资助电动汽车配套电力行业关键技术,重点是电力储存单元、未来供电网,电网一体化和燃料电池概念;开发锂电池和电池系统,形成富有竞争力的自动流水线技术和锂电池生产线;交通领域研究,实施正提出的项目建议,如元件和系统,电力机车优化,发电增程、使用废弃物加热发电,各方面标准化等,场地测试的科学技术准备和监控;扩充"E-Energy项目",主要着眼于在电动和电网中渗透ICT技术;电动轿车场地试验,研究领域包括替代充电方式,可再生能源电网一体化的进一步发展,升级版推动系统的测试与接受;电动商用车场地试验,包括面向可再生能源在商用交通领域应用开发电网一体化方式、日常机车测试、保证能源要求和客户接受;公共交通领域电动汽车工作计划,在所选试点地区开展重点事项;建立电池测试中心,锂电池回收试验厂的研究开发;通过复兴信贷银行支持,实现开展地方生态客运的混合动力公共汽车;建立25个试点氢燃料电池充电站;开展生物柴油车试点项目;建立生产高质量合成燃油的试点制造厂。

2. 英国的支持政策

英国政府重视电动汽车、混合动力汽车、燃料汽车等新能源汽车的研发和推广,努力促进汽车能源的多元化。

一是支持发展可再生汽车能源。根据英国政府的计划,英国希望到2020年石油的需求量减少10%左右,天然气进口量减少20%—30%。届时,12%的交通用能源也将来自可再生能源。《可再生交通燃料法规》是英国新能源汽车相关法律法规中最重要的文件。该法规的母法是2004年制定的能源法案。按照该法律的要求,从2008年4月起,所有的燃料供应商有义务在其销售的燃料中添加规定比例的生物燃料,这意味着2010年英国境内销售的所有交通燃料中有5%是可再生燃料。《可再生交通燃料法规》的目标是,到2010年,削减交通运输领域 70—80 万吨的碳排放,即减少 260—300 万吨的二氧化碳排放。相关管理机构负责人根据已纳税可再生燃料的数量,颁发可再生交通燃料证书,这些证书可以在公司间进行交易。如果某公司在法规期限内未能获得足够的可再生交通燃料证书,则要交纳豁免罚金,该罚金进入专门设立的基金。

二是加大对汽车能源的研发力度。英国政府在 2002—2004 年的 3 年时间里,累计投入 2.5 亿英镑就燃料电池等新能源的利用进行研发和示范。2003 年,英国设立包括政府、企业以及研究机构在内的共同体制,制定发展与强化燃料电池技术的战略,并于 2004 年在氢能领域采取了同样措施。英国贸工部与工程物理研究中心成为赞助计划的核心。目前该计划已实施了伦敦的燃料电池巴士(自 2004 年 1 月)、剑桥的氢能巴士(2005 年)等氢能燃料公交汽车示范运行项目。此外,在英国交通部和英国节能基金会还联合推出了交通动力转换计划。目的在于通过对购买清洁代替燃料车所需要的负担增加额发放补助,促进清洁燃料车市场的发育,计划预算为 3000 万英镑,补助对象主要是天然气汽车、液化石油气汽车、电动汽车(含混合动力车),对于由计划选定的车型,补助金额依燃料而异。2009 年 7 月,英国政府成立低碳排放汽车办公室,负责协调和简化政府各部门在该领域的政策。2009 年 9 月 9 日,英国技术战略委员会与英国交通部共同提出 10 个创新研究项目,支持开发用于纯电动和混合动力汽车的先进高效电气系统,资助金额 1000 万英镑。同日,英国能源技术研究所宣布启动名为"联合城市计划",以协助各大城市部署具有成本效益和兼容性的充电站网络,投资总额 1100 万英镑。此外,英国政府对氢能燃料汽车、氢能基础设施、氢生产、燃料电池的研究开发进行了直接投入。2010 年,英国政府推出推动低碳汽车发展的六项创新项目:混合集成城市商用汽车项目、汽车动力总成能量回收项目、增程式电动汽车技术发展项目、轻型电动货车项目、排气后处理系统项目和铝基复合材料研发项目。计划投资 2400 万英镑,六项技术创新项目包括研发适用于日产、莲花、捷豹、路虎插电式混合动力汽车的全新发动机;研发轻型电动货车、研发汽车用新材料以降低汽车自重、开展热能利用新技术研究以提高汽车性能等。

三是支持采用新的汽车能源。为降低汽车的碳排放量,英国伦敦市从 2003 年起实行了交通拥挤区域(市中心 21 平方公里区域)入区收费制度。对工作日白天（早上 7 点到下午 6 点 30 分）进入市中心的车辆（出租车以及两轮车、摩托车除外），主要是进入伦敦环形路段内侧的政府机关区以及金融城、观光景点较多的中央伦敦地区，一律征收 5 英镑，区域内居民享受 9 成优惠。另外规定，替代燃料车辆（混合动力车、天然气汽车、燃料电池汽车等）和符合征收条件的紧急车辆进入市中心可以免除收费，但要事先交纳登记费。从 2007 年 2 月起，又将该制度的适用区域扩大了约 2 倍。此举不仅改善了伦敦的交通状况，也在一定程度上促进了替代燃料车的使用。此外，英国政府实行汽车保有税，即按单位行驶距离的二氧化碳排放量进行有区别地征税。2007 年，英国对汽车保有税的税制又实行了新的预算方案，从 2007 年 3 月 22 日开始实施。按照该税制，低公害车辆优惠税率为零，高公害车辆税率到可达 30%（300 英镑为上限）。除汽车保有税以外，英国还根据使用燃料不同实行差别化的燃油税。2007 年，英国将燃油税的税制变更加进了 2007 年预算方案，其中生物燃料的优惠税率（平均 20 便士/升）持续到 2010 年。2010 年，英国政府公布了"充电汽车消费鼓励方案"，对购买符合条件的电动汽车、插电式混合动力汽车及氢燃料电池汽车的私人及团体消费者给予财政补贴，每辆车的补贴金额为售价的 25%，最高为每辆车 5000 英镑。该项补贴于 2011 年 1 月至 2014 年期间，总共安排 2.3 亿英镑。并规定新能源汽车要享受国家财政补贴必须达到相应安全标准，且必须通过安全碰撞测试。

四是制定电动汽车的规范标准。英国政府规定纯电动汽车续驶里程必须达到一次充电行驶 70 英里以上，增程式电动汽车的性能必须至少达到插电式混合动力车的水平。通常这种车型仅以蓄电池为动力行驶的里程应达到 40 英里，通过车内其他动力，总续驶里程可增到 100 英里以上。英国人均驾车的日行驶里程为 25 英里，电动汽车能满足日常出行的需要。为检验电动汽车安全性，目前有多款车型在英国进行路测。在保护行人安全方面，电动汽车的超低噪声得到英国有关部门认可。但对视觉和听觉障碍人员，低速行驶的电动汽车对他们的安全构成威胁。只有电动汽车时速不超过 15 英里时，行人才能及时躲避让行。此外，英国政府目前正致力于统一欧洲的电动汽车充电插口和插座标准。2011 年末或 2012 年初，该标准或将出台。届时在欧洲范围内任何地方都有相同的充电插口和插座。

五是完善新能源汽车的辅助设施与服务。主要内容包括完善充电设施，加强电动汽车充电收费管理，规定电动汽车蓄电池寿命，使用年限、后处理及电动汽车保养，大力发展新能源汽车服务业等内容。其一是充电设施。英国电动汽车大部分充电需求由社区充电装置来满足。英国政府计划至2013年3月，在伦敦大区、伦敦东北部、苏格兰和北爱尔兰、曼彻斯特及英格兰中部地区建成的充电站达9000个。此外，也将在一些新建筑和更多的商业中心及公共活动场所安装充电装置，而英国交通部将协同有关方面保证电力供应。同时，升级硬件设备，提高电能储备能力等也纳入政府工作日程。如安装自动设定充电时间计算税额的智能测量仪，实施《插电装备安置计划》，收集英国几大地区的充电设施数据，通过跟踪调研，使英国消费者能较快找到充电站。英国政府还计划提供3000万英镑"种子基金"建设充电设施。其二是电动汽车充电收费管理。英国大多数公共基础设施由地方政府管理，如伦敦"资源伦敦"项目，使用该项目充电站只需缴纳一定的会费，并提供一张会员卡，就可在其下属充电站充电，该项目还有免费充电站，但在某些繁华地段停车场充电仍需收费。其三是规定电动汽车蓄电池寿命、使用年限、后处理及电动汽车保养。通常，电量减至标定电量80%以下即达到蓄电池寿命终点。即使蓄电池电量此时满充电量仍可存储及输出电能，也要报废。欧洲ELV2000/53/EC规定，85%的轿车及其他轻型车需要回收再制造，而到2015年这一比例将达到95%。其四是大力发展新能源汽车服务业。鉴于未来新能源汽车将沿着电动汽车和插入式混合动力汽车的路径来发展，目前英国在大规模推广新能源汽车之前，对与之相关的服务、维修以及援助等方面的工作进行了充分的培训。通过专业培训将形成适用于全行业的标准指南，有利于未来新能源汽车在市场上大量推广时占据优势地位。

三、日本的支持政策

（一）日本汽车能源具体支持政策

1. 政府高度重视能源战略的立法与规划

日本是最早规划和实施汽车能源发展战略的国家之一。早在1965年开始，日本启动电动汽车的研制,并正式把电动汽车列入其国家项目。1971年开始,日本政府多次投入巨额资金用于支持新能源汽车研发,仅燃料电池方面的开发投入就达200多亿日元。1974年日本提出"新能源技术开发计划",此后又分别于1978年和1989年提出了"节能技术开发计划"和"环境保护技术开发计划"。1980年,日本推出了《替代石油能源法》,设立了"新能源综合开发机构"(New Energy Development Organization,简称 NEDO),开始大规模推进石油替代能源的综合技术开发,主要包括核能、太阳能、水力、废弃物发电、海洋热能、生物发电、绿色能源汽车、燃料电池等。1993年起,日本开始实施"世界能源网络计划",深入研究氢及其基础设施技术,希望到2020年逐步推广氢能。1997年,日本颁布了《关于促进新能源利用的特别措施法》,该法定义的新能源包括供给方新能源:太阳能发电与热利用、风力发电、废弃物发电与热利用、生物质能发电与热利用、温度差能;需求方新能源:新能源汽车、天然气热电联产、燃料电池。2006年颁布了新国家能源战略,更是提出通过改进燃料消耗率,保证生物质燃料、GTL 等的供应并为新燃料的引进创造环境条件,促进电动汽车和燃料电池汽车等的开发与普及。

2. 大力度使用财税政策

对汽车能源发展的税收优惠及财政补助集中体现在对节能和新能源汽车的推广使用上。这方面的举措包括实施"环保车减税制度"及"环保车新购及以旧换新补助制度",以支持节能环保车的国内普及。两项制度可并用,如以本田的 Insight 为例,减税及购买补助合计可达38.77万日元,三菱 iMiEV 标价为459.9万日元,利用减税和补助金政策后实际只需320.9万日元即可。

一是环保车减税制度。首先为推进新能源汽车以及环保汽车,日本从2009年4月1日起实施"绿色税制",对于低能耗车、低公害车等(新车),引入临时减免机动车重量税及购置税的措施。它的适用对象包括纯电动汽车、混合动力车、清洁柴油车、天然气车以及获得认定的低排放且燃油消耗量低的车辆。前3类车被日本政府定义为"新一代汽车"。2009年6月日本政府启动"新一代汽车计划",该计划力争在2050年使环保型汽车占据汽车市场总量的一半左右,"新一代"汽车将包括混合动力车、纯电动汽车、燃料电池车等环保车型。购买"新一代"汽车可享受免除多种税赋优惠。例如，混合动力普锐斯（Prius）可以享受到的最高优惠为：免除新车100%的重量税和取得税；个别车辆还有50%自动车税的减免；其次就是补助金的优惠。丰田在日本本土销售的车型中，目前已经有5款混合动力的新能源汽车可以享受这样的优惠。同时，对排放比2005年标准值减少75%且燃油效率比2010年燃费标准值提高25%的，减税75%。对排放比2005年标准值低75%且燃油效率比2010年燃费标准值提高15%的，减税50%。对符合2009年排放标准，且达到2015年能效标准的重型车减税75%。对排放比2005年标准值低10%，且达到2015年能效标准的重型车减税50%。

二是环保车新购及以旧换新补助制度。日本政府为推动节能和新能源汽车的推广，推出"环保车新购及以旧换新补助制度"。在2009年4月10日—2010年3月31日期间对购买达到政府规定排放标准的节能车给予补助（参见表1-23）。日本政府希望借此新政带动100万辆新车的销售。

表1-23 日本以旧换新补助制度概要（不包括重型车）

	报废使用年限超过13年的车辆并置换新车	购买新车
对象	达到2010年燃效标准值的车辆	排放比2005年标准值减少75%，且燃效比2010年燃效标准值提高15%的车辆
补助金额	25万日元（轻型车12.5万日元）	10万日元（轻型车5万日元）
条件	申请者使用旧车年限超过1年 在3个月之内完成从报废车辆到购买新车的办理手续 购买的新车使用1年以上	购买的新车使用1年以上

资料来源：李茜：《日本节能及新能源汽车产业发展动向》，《综合运输》，2009（11）。

至于重型车（卡车和大客车）的补助，在以旧换新的情况下，对小型重型车（3吨）给予40万日元补助，对中型重型车（8吨）给予80万日元补助，对大型重型车（12吨）给予180万日元补助。购买新车的情况下，对达到2015年燃效标准值且一氧化氮及颗粒物排放减少10%的小型重型车（3吨）给予20万日元补助，对中型重型车（8吨）给予40万日元补助，对大型重型车（12吨）给予90万日元补助。

3. 完善节能汽车的标准及论证制度

日本政府通过"低排放车认证制度"和"超低 PM 柴油车认证制度",对那些在最新限值的基础上进一步降低 NOx 或 PM 的汽车实施认证,此外还对那些满足《机动车 NOx、PM 法》排放标准的货车、客车张贴标志。高、中档轿车和经济型轿车都可以向国土交通省申请接受低排放车认定。消费者可根据所购车辆的排放水平享受不同的减税待遇,购置以天然气为燃料或混合动力车等低公害车辆的地方公共团体,还可得到政府的补助金。为促进民众对油耗性能的理解,对优先达到油耗标准的汽车也张贴相关标志。

4. 建立官民一体的技术研发机制

为了实施汽车能源战略,在激烈的国际竞争中确保日本汽车产业的领先优势,日本政府采取"官民一体"协作研发机制,推进关键技术和核心技术的研发。日本政府自 20 世纪 60 年代开始即注重官产学合作,对于如何支持和引导产业技术创新联盟也有丰富的经验。在"官民一体"的协作机制中,发挥组织与支撑作用的重要政府公共研发机构是日本新能源与产业技术综合开发机构(NEDO),NEDO 隶属于经济产业省,以开发新能源并积极规划实施新能源实用化为宗旨,是日本政府在新能源和环境技术领域研发活动的主要管理和推进机构。它代表政府,将日本经济产业省、文部科学省和其他部门向其提供的资金支持,以科研经费的形式拨款给大学,以补助金的形式分发给私营公司和公共研发实验室,并对工业部门进行科研管理,所以,它实际上是日本政府中的一个重要的统筹全国科研活动的机构。通过公共基金的运用,促进大学、公共研究机构、产业部门之间形成紧密协作、合力攻关的科研机制。日本政府依托这一科研机制,在汽车能源的开发和利用方面,相继实施了"低公害汽车开发普及行动计划"、"氢能与燃料电池实证规划"、"革新型蓄电池尖端科学基础研究专项"等多项面向新能源汽车的政府计划。

5. 建立共性技术的产学研战略联盟

1993 年,日本政府将"新能源技术开发计划"("阳光计划")、"节能技术开发计划"("月光计划")和"环境保护技术开发计划"合并成规模庞大的"新阳光计划"。"新阳光计划"的主要目的是为了在政府领导下,采取政府、企业和大学三者联合的方式，共同攻关，克服在能源开发方面遇到的各种难题。日本为攻克电池方面的关键性技术，已建立了开发高性能电动汽车动力蓄电池的最大新能源汽车产业联盟，共同实施 2009 年度"革新型蓄电池尖端科学基础研究专项"新项目。该联盟包括丰田、日产等汽车企业，三洋电机等电机、电池生产企业以及京都大学等著名学府及研究机构，共 22 家成员单位。该联盟单位每家出 50 名以上专业人员从事合作研究，开发企业需要的共性基础技术。日本政府计划七年内对此项目投入 210 亿日元，通过开发高性能电动汽车动力蓄电池，在 2020 年前，将日本电动汽车一次充电的续驶里程增加三倍以上。

6. 系统规划汽车能源设施的规格和标准

汽车能源设施涉及蓄电池、充电设施、充电插头系统、智能电网等多个领域和环节，需要统筹规划，系统设计。针对各厂商在锂电池规格和安全标准方面各行其是的局面，日本将以日本经济产业省的外围团体为中心制定方案，汽车、摩托车生产企业、电机、电池生产商、电力公司、研究所、经济产业省、国土交通省等单位共同制定统一的锂电池规格和安全标准，并实现充电方式的标准化，对产业发展进行有效的规范和引导。日本企业还力争在安全标准和充电方式等方面获得国际标准化机构（ISO）的认证，以期在该领域抢夺先机，加强国际竞争力。

7. 开展汽车新能源设施的示范项目建设

2009 年日本开始在全国 8 个地方进行充电基础设施建设试点，国家给予补助，建成的充电设备作为公共充电设备为大众提供服务。同时制定鼓励夜间充电政策，设置快速充电器及快速充电救援车。截至 2010 年 3 月末，日本共设置快速充电站 150 多座。中央政府、地方政府、汽车生产企业、电力公司、地区性企业（如购物中心、民营停车场、加油站、高速公路公司等）统一规划，建设充电设备，以便利用风力发电、太阳能发电作为电力汽车的电源。推广总结基础设施建设试点经验，交流信息，推进快速充电器及其充电系统的国际标准化，统一全国充电设备收费系统。

（二）日本汽车能源政策实施效果

汽车能源战略的持续和有效实施，在日本取得了巨大成就，使日本在以下几方面处于世界领先水平。

第一,日本汽油车燃油效率为世界先进水平。由于日本设定了世界上最严格的排放限制指标,促使日本在消减汽车尾气、尾气净化及降低油耗等方面不断改进技术,目前已成为排气净化技术领先世界的国家。据一项统计表明,2000 年日本平均单车年油耗量为 1.069 吨,而同期美国平均单车年油耗量为 1.9 吨。汽车燃油消耗,目前中国平均为百公里 9.1 升,日本为 6.11 升。

第二,日本节能和新能源汽车的研发和普及成效卓著。汽车能源战略实施的重要方面就是节能和新能源汽车的研发和推广。日本能源和新能源汽车包括纯电动汽车、混合动力车、清洁柴油车、天然气车以及获得认定的低排放且燃油消耗量低的车辆。日本节能和新能源汽车在技术上达世界先进水平。应用和普及使用非石油能源的汽车包括混合动力车以及以天然气(CNG)、替代柴油的 LPG 和电力能源等,在日本已取得显著成效(参见表 1-24)。

表 1-24 日本清洁能源汽车的普及情况(单位:辆)

时间 能源类型	2002 年	2003 年	2004 年	2005 年	2006 年
电动汽车	5600	7700	8500	9900	9400
混合动力汽车	91000	132500	196800	256600	356300
天然气汽车	16561	20638	24263	27605	31462
甲醇汽车	114	62	60	60	60
替代柴油型 LPG 汽车	17054	19483	20670	21868	23007

第三,日本在车辆轻量化方面领先世界。车辆轻量化对燃油消耗及排放有着重要影响。车体质量如能降低 20%,燃油消耗可减少 15% 左右。对于一定车种,特别是搭载电池的混合动力车和电力汽车,车体轻量化十分必要。在确保强度的前提下能否实现车辆轻量化的关键取决于钢材。日本制钢在高强力钢及超高强度钢材方面的开发和实用化方面已领先世界。

第四,依托技术优势面向海外开发生物质能源车。利用生物质能源的车辆技术制约不强,是以资源量取胜的。日本国内受资源所限,难以推广,为此日本把眼光瞄向国外。日本汽车制造商面向美国、巴西等正在开发能使用高浓度生物乙醇的车辆,当前目标是普及汽油中混入 10% 左右的生物乙醇车。

但是，在基础设施建设尤其是氢燃料基础设施建设方面，目前日本仍存在一些不足之处。

四、小结

在支持汽车能源发展方面，美国、欧盟、日本等主要经济体普遍采用多种相关政策。一是建立法律法规，将汽车能源、新能源汽车等的发展上升到国家法律高度，规范企业和公民行为，做到有法可依。二是强调研发政策，积极发挥政府作用，依靠组建产业联盟、财政支持等多种方式推动共性技术研发，并且创造各种有利条件激发企业研发活力。三是普遍采用需求侧创新政策，例如对可再生能源发电的补贴回购政策，政府绿色采购和最低限额采购、税收返还等，有力地推动了市场的启动。四是积极开展基础设施建设。例如美国对建设乙醇燃料基础设施和代用燃料基础设施提供税收减免优惠。五是充分发挥标准的强激励性，以标准倒逼发展。如欧盟制定逐步严格甚至非常激进的尾气排放标准等。六是强调开展国际合作。

通过多项政策的共同作用，美国、欧盟、日本等主要经济体在汽车能源、新能源汽车发展方面都取得了很多积极成效，对我国发展汽车能源有很多借鉴意义。

第二章
我国汽车能源技术发展现状及能力

第一节 总论

21世纪以来,我国进入重要战略机遇期,经济社会发展加速,发生了许多新的重要变化和挑战。我国经济实现连续多年的平稳快速增长,工业化和城镇化快速发展,人均GDP超过6000美元,经济结构、城市化水平、居民消费结构发生了明显的变化。反映到能源领域,表现为能源消费增长较快,石油需求比例快速上升,石油对外依存度越来越高,节能减排和环境保护已经成为我国发展的重要目标。当前,我国已经将汽车能源发展上升到国家战略,大力发展新型动力技术和替代燃料已经成为全社会的共识。

然而,我国汽车动力技术、汽车能源技术积累和创新进展并不快,近年来和世界先进水平的差距还在拉大。麦肯锡《振兴中国电动汽车产业》报告显示:从排名看,2010年7月,中国电动汽车发展仅仅落后于美国和法国,位居世界第三,但2012年1月,中国电动汽车发展已经落后于日本、美国、法国和德国,位居世界第五;从发展速度看,中国远远落后于日本,显著落后于德国、美国、法国、英国等诸多国家。我国汽车动力技术、汽车能源技术落后的一个关键原因是创新能力薄弱,特别是基础研究能力不强,例如要在动力电池中有所突破就必须取得材料等诸多关键领域的重大突破,而这些都非常依赖于基础研究。

一、我国汽车能源发展的紧迫性

(一)汽车能源发展是我国应对能源安全问题的必然选择

我国机动车保有量呈现快速增长趋势,从2000年的1607万辆增长到

2010 年的 8500 万辆，10 年增长了 5.3 倍。2011 年底，我国汽车保有量更是突破了亿辆大关，达到了 1.04 亿辆。尽管我国汽车保有量增速较快，但截至 2010 年每千人汽车保有量仅为 60 辆，与每千人 139 辆的世界平均保有量水平相比存在较大差距，仅相当于美国 1918 年和日本 1965 年的汽车保有量水平，增长潜力巨大（参见图 2-1）。未来 30 年我国汽车保有量还将处于快速增长期，综合各种预测，预计 2020 年我国汽车保有量将达到 2.2—2.5 亿辆，2030 年将达到 3.6—3.9 亿辆。

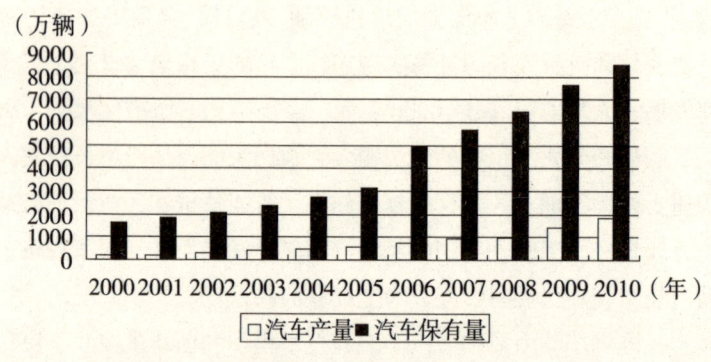

图 2-1　我国 2000—2010 年汽车产量和保有量

随着我国汽车保有量的快速增长，车用燃料正成为石油消耗增长最快的领域。我国汽油和柴油的合计消费量从 2005 年的 8197 万吨，增长到 2010 年的 14899 万吨，占当年石油表观消费量的比重约为 33%，占当年终端能源总消耗量的比重约为 6.5%。其中汽车消耗的汽油占汽油消耗总量的 85% 以上，汽车消耗的柴油占柴油消耗总量的 40% 以上（参见图 2-2）。如果按当前的燃油经济性计算，并假定汽车保有结构和年平均行驶里程较为稳定，那么我国 2020 年的汽车燃油消费（含汽油与柴油）将达到 3.85—4.4 亿吨，2030 年将达到 6.3—6.8 亿吨。

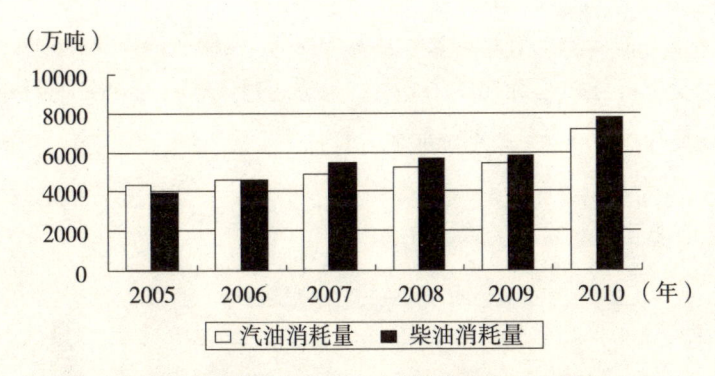

图 2-2 我国 2005—2010 年汽车汽柴油消耗量

我国能源结构的典型特征是富煤、缺油、少气。从能源消费结构看，2010年我国煤炭占一次能源消费的比重仍很高，达 70.9%，石油和天然气分别为 16.5% 和 4.3%，水电、核电和风电等可再生能源的比重合计为 8.3%（参见图 2-3）。从我国能源供给趋势来看，石油最高产量应低于 2.3 亿吨，2010 年原油产量为 2.03 亿吨，基本达到高位区间。而同年我国原油表观消费量达到 4.39 亿吨，石油净进口量 2.55 亿吨，原油对外依存度达到 55.7%（参见图 2-4）。

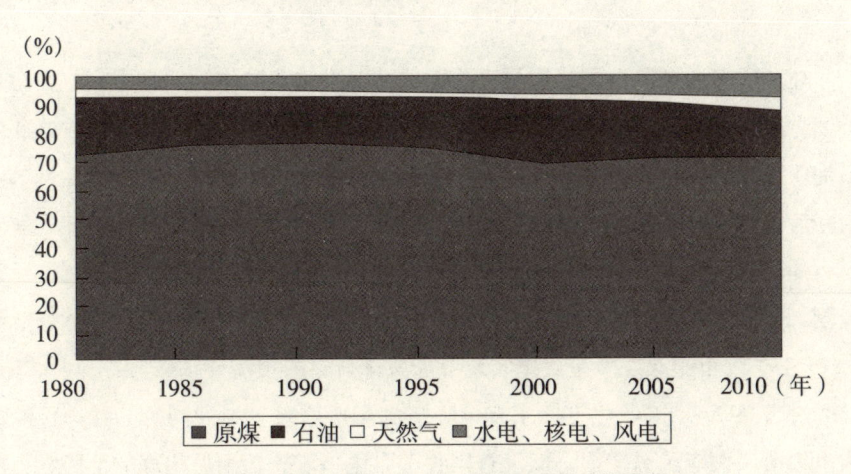

图 2-3 我国 1980—2010 年能源品种结构变化

如果我国 2020 年的汽车燃油消费（含汽油与柴油）达到 4 亿吨，2030 年将达到 6.5 亿吨，意味着我国石油表观消费量将达到 6.7 亿吨和 10.8 亿吨（假设汽柴油占石油表观消费量的比重达到 60%），即使石油产量保持在 2 亿吨，进口依存度也将分别达到 70% 和 81%，远远超过美国石油 65% 的对外依存度峰值，这是我国能源安全根本不能承受的。

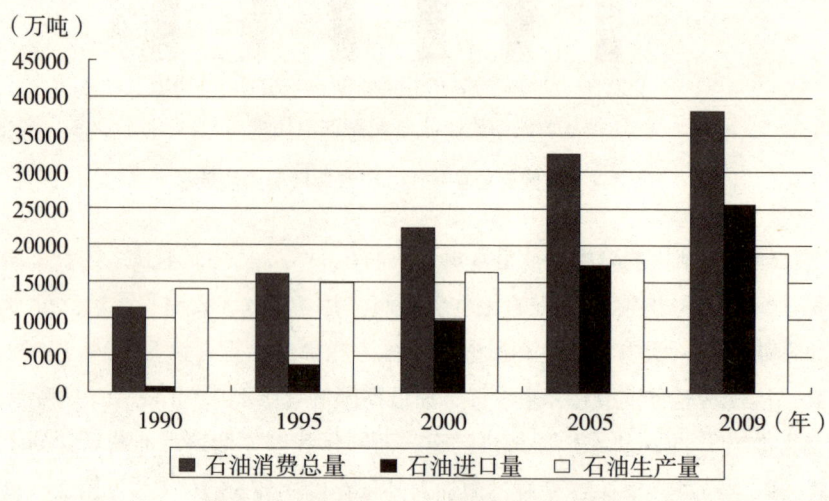

图 2-4　1990—2009 年我国石油平衡表

在全球石油资源分配格局早已稳固的情况下，我国作为后起国家，在自身石油生产无法满足国内需求的情况下，通过石油贸易和海外份额油的方式获取石油资源的压力越来越大。在汽车总保有量持续增长的背景下，大力发展节能与新能源汽车，在降低单车油耗的同时，加大天然气、生物燃料、电能、氢气对石油的替代力度，减缓石油消耗的增长势头，把石油对外依存度控制在一定范围，既是我国能源安全战略的重要举措，也是我国车用能源战略的必然选择。

（二）汽车能源发展是我国实现节能减排目标的现实要求

过去 30 年，工业化支撑了我国经济的高速增长。与此同时，我国已经成为世界第一大能源消费国，但没有摆脱工业化国家先污染后治理的老路，目前已经是世界第一大二氧化碳和二氧化硫排放国。由于我国的经济增长方式仍属粗放型，面对能源与环境方面的严峻形势和巨大压力，我国的节能减排显得更加重要和紧迫。作为《联合国气候变化框架公约》和《京都议定书》的缔约方，中国政府制定了《中国应对气候变化国家方案》，并在2009年12月召开的哥本哈根会议上承诺，到2020年非化石能源占一次能源消费的比重达到15%左右，单位GDP二氧化碳排放量比2005年下降40%到45%。"十一五"以来，节能减排已经成为我国国民经济和社会发展的约束性指标，展望"十二五"乃至更长时期，我国将把大幅度降低能源消耗强度、二氧化碳排放强度和主要污染物排放总量作为重要约束性指标。

汽车作为我国第二大碳排放源，必将成为节能减排的重中之重。2009年，我国汽车燃料生命周期温室气体排放近4.8亿吨二氧化碳当量，比2000年增加80%（参见图2-5）。随着汽车燃料消耗量的成倍增长，鼓励发展生命周期内低碳强度燃料，是满足汽车能源供应，同时完成温室气体减排目标的主要途径之一。我国如果在新能源汽车领域率先实现突破，将会减少中国温室气体排放，并为全球解决日益严重的环境问题做出贡献。因此，为有效实现《中国应对气候变化国家方案》提出的目标和任务，中央政府要在推动《乘用车燃料消耗量限值》国家标准的实施，从源头控制高油耗汽车发展的同时，研究鼓励混合动力汽车、纯电动汽车等新能源汽车的生产和消费政策。

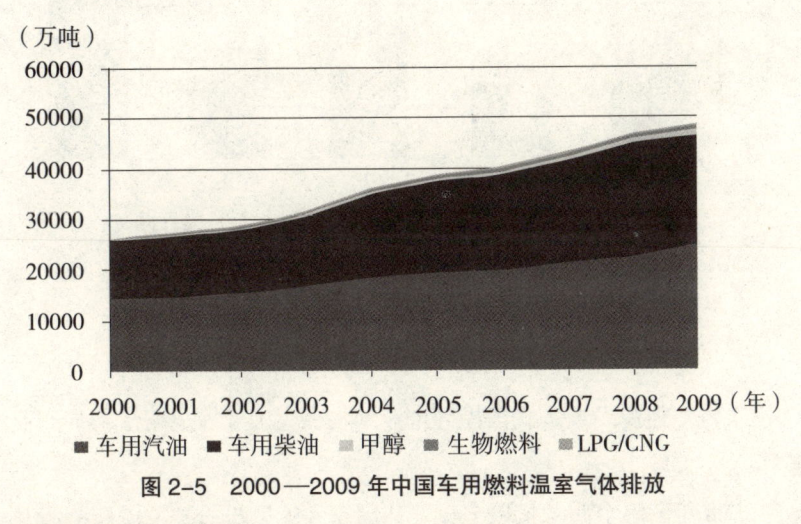

图2-5　2000—2009年中国车用燃料温室气体排放

数据来源：能源与交通创新中心。

电动汽车与传统柴/汽油车从生命周期能源消耗和温室气体排放比较，是不是具有绝对优势呢？根据全生命周期评价方法对比得出，纯电动汽车单位行驶里程所消耗的一次能源（折成热值）以及排放的二氧化碳，大体上与传统的汽/柴油车相当，能源消耗略好，但生命周期温室二氧化碳排放略差（参见图2-6）。我国煤电发电量占总发电量的80%以上，若不改变现有电力结构或者采取先进发电技术来减少电力碳强度，从车辆生命周期温室气体排放分析，电动汽车与传统柴汽油车相比，优势并不大。若纯电动汽车驱动电力能采用先进技术（如煤气化联合循环技术）生产，减少电力碳强度，则纯电动汽车路径比汽/柴油车路径在温室气体排放上更有优势；同时，如果能进一步改善电源结构，提高水电、核电、生物质发电等可再生能源发电的比例，纯电动汽车化石能源消耗以及温室气体排放还将进一步降低。

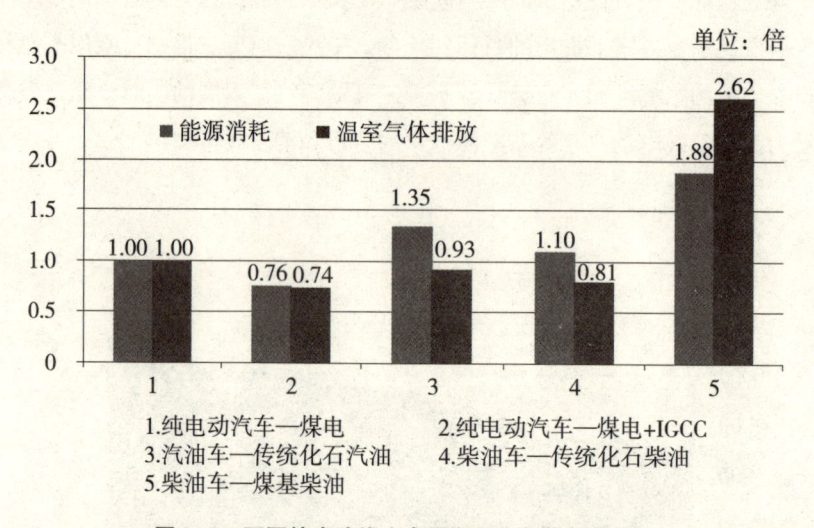

单位：倍

类别	能源消耗	温室气体排放
1.纯电动汽车—煤电	1.00	1.00
2.纯电动汽车—煤电+IGCC	0.76	0.74
3.汽油车—传统化石汽油	1.35	0.93
4.柴油车—传统化石柴油	1.10	0.81
5.柴油车—煤基柴油	1.88	2.62

图 2-6 不同技术路线生命周期温室气体排放对比

（三）汽车能源发展是我国提升产业结构、大力发展战略性新兴产业的客观需要

自 2008 年国际金融危机以来，发达国家和地区纷纷把发展新能源及相关产业，作为复苏本国经济、提升产业结构、顺应科技潮流的重大举措。同样，

我国也把开发利用新能源、推进新能源产业化,作为实施能源战略、抢占下一轮世界经济发展制高点的战略性新兴产业、促进经济社会可持续发展的重要抓手。2009年5月21日,时任中共中央政治局常委、国务院副总理李克强在出席财政支持新能源与节能环保等新兴产业发展工作座谈会时指出,综合考虑国内外情况,新能源和节能环保产业是促进消费、增加投资、稳定出口的一个重要的结合点,也是调整结构、提高国际竞争力的一个现实的切入点。美国把开发新能源、推进节能改造和发展新能源汽车作为重新建立美国的竞争优势,占领后石油时代的经济制高点的战略举措。欧盟和日本都在不断强化各自在新能源领域的发展优势。我国能源需求持续增长、石化能源资源禀赋约束和日益增加的减排压力,决定了我国能源结构调整将是一个长期的过程,我国能源结构必须向可再生、低碳化方向转变,必须大力发展新能源和新能源汽车。幸运的是,在新能源、新能源汽车及相关产业领域,我国并不比发达国家落后多少。金融危机下世界产业竞争重心的转移,反而给了我们占领下一轮世界产业竞争制高点的重大机遇。从中长期来看,大力发展低碳经济,加大新能源及新能源汽车的政策支持力度,将有效地提高未来我国能源产业的国际位势,为我国经济社会的可持续发展提供能源保障,有效降低我国的能源消耗和碳排放压力。

二、我国汽车能源发展现状

根据能源特性和替代能源技术,我国汽车能源发展大体上可以分为三大领域:一是非常规动力能源技术,主要包括混合动力汽车、纯电动汽车、燃料电池电动汽车和燃气汽车等,其特点是对汽油或者柴油实现完全的替代,汽车动力系统需要做出较大改变或者完全改变;二是部分替代常规动力能源,主要包括甲醇汽油、燃料乙醇汽油、生物柴油和其他生物质合成油等,其特点是在汽油或者柴油中添加甲醇、燃料乙醇、生物柴油和其他生物质合成油等代用燃料,汽车动力系统不需要做出大的改变;三是新型转化常规动力能源,主要包括煤液化制油(主要是柴油)、煤甲醇制汽油,以及煤制天然气(可用于燃气汽车)等新型煤化工领域,主要特点是使用洁净煤技术,将煤炭转化为高品质的汽油、柴油和天然气进行直接使用，汽车动力系统不需要做改变，这一类汽车能源非常适合煤炭资源丰富和新型煤化工技术领先的中国国情。在上述汽车能源发展三大领域中，有些已经在我国实现规模推广应用，并实现了商业化、产业化，有些尚在研发阶段。

（一）非常规动力能源技术的发展现状

1. 混合动力汽车

混合动力是指那些采用传统燃料的，同时配以电动机/发动机来改善低速动力输出和燃油消耗的车型。按照燃料种类的不同，主要又可以分为汽油混合动力和柴油混合动力两种。目前国内市场上，混合动力车辆的主流都是汽油混合动力，而国际市场上柴油混合动力车型发展也很快。

混合动力汽车的优点比较多。一是采用混合动力后可按平均需用的功率来确定内燃机的最大功率，可实现在油耗低、污染少的最优工况下工作。需要大功率内燃机功率不足时，由电池来补充；负荷少时，富余的功率可发电给电池充电，由于内燃机可持续工作，电池又可以不断得到充电，故其行程和普通汽车一样。二是因为使用电池，可以十分方便地回收制动时、下坡时、怠速时的能量。三是在繁华市区，可关停内燃机，由电池单独驱动，实现"零排放"。四是内燃机可以十分方便地解决耗能大的空调、取暖、除霜等纯电动汽车遇到的难题。五是可以利用现有的加油站加油,不必再投资。六是可让电池保持良好的工作状态，不发生过充、过放现象，延长其使用寿命，降低成本。

"十五"期间，混合动力汽车研发被列入国家"863"计划，一汽、东风、长安和奇瑞公司等企业牵头进行研究，完成了中、轻和微度混合动力乘用车、客车等样车开发。"十一五"期间，混合动力汽车动力系统技术平台和产品开发列为国家"863"计划重点课题。各大汽车企业都开始研究混合动力汽车，以混合动力汽车为主的示范运行在多个城市得以开展，混合动力汽车成为2008年北京奥运示范的主要车型。目前，我国已经形成了混合动力汽车动力系统技术平台和产学研合作研发体系，掌握了电动汽车整车开发关键技术，形成了各类电动汽车的开发能力，混合动力汽车在系统集成、可靠性、节油性能等方面进步显著，不同技术方案可实现节油10%—40%。同时，我国已掌握了关键零部件核心技术，自主开发出系列化产品，关键零部件产业化得到全面跟进，取得了一系列突破性成果，为整车开发和产业化奠定了坚实的基础。

在混合动力汽车的核心——电池技术研发方面，我国已自主研制出容量为 6Ah—100Ah 的镍氢和锂离子动力电池系列产品，能量密度和功率密度接近国际水平，同时突破了安全技术瓶颈，在世界上首次规模应用于城市公交大客车；自主开发的 200 千瓦以下永磁无刷电机、交流异步电机和开关磁阻电机，电机重量比功率超过 1300 瓦/千克，电机系统最高效率达到 93%；自主开发的燃料电池发动机技术先进，效率超过 50%，成为世界上少数几个掌握车用百千瓦级燃料电池发动机研发、制造以及测试技术的国家之一。

我国的汽车企业普遍在战略上高度重视混合动力汽车的发展，将混合动力汽车作为未来主流的竞争型产品，对混合动力汽车的研发和产业化投入显著增强，产业化步伐不断加快。国内汽车企业如一汽、东风、上汽、长安、奇瑞、比亚迪等都已投入了大量的人力、物力和财力，混合动力样车开发百花齐放，并有部分车型实现小批量上市。与此同时，混合动力汽车关键零部件的产业化全面跟进，生产配套能力显著增强。力神、比亚迪、比克、万向等动力电池企业先后投入数十亿资金加快产业化建设，上海电驱动、大郡、湘潭电机、南车时代等电机企业加强与上下游企业合作，积极完善产业链建设，未来将形成 20 亿 Ah 以上的动力电池和全系列驱动电机生产能力，实现满足 100 万辆混合动力及电动汽车的配套要求。

2. 纯电动汽车

纯电动汽车是采用单一蓄电池作为储能动力源的汽车，即以车载电源为动力，用电机驱动车轮行驶，符合道路交通、安全法规各项要求的车辆。它利用蓄电池作为储能动力源，通过电池向电机提供电能，驱动电动机运转，从而推动汽车前进。目前，电动汽车的电池种类主要包括铅酸电池、镍镉电池、镍氢电池和锂离子电池等。纯电动汽车大部分车辆直接采用电机驱动，有一部分车辆把电动机装在发动机舱内，也有一部分直接以车轮作为四台电动机的转子，其难点在于电力储存技术。与传统燃油能源汽车相比，电动汽车在经济性能和环保性能方面都具有比较独特的优势。其本身不排放污染大气的有害气体，即使按所耗电量换算为发电厂的排放，除硫和微粒外，其他污染物也显著减少。

由于电力可以从多种一次能源获得,如煤、核能、水力、风力、光、热等,大规模发展电动汽车可以排除人们对石油资源可能枯竭的担心。电动汽车较内燃机汽车结构简单,运转、传动部件少,维修保养工作量小。当采用交流感应电动机时,电机无须保养维护,更重要的是容易操纵。电动汽车还可以充分利用晚间用电低谷时富余的电力充电,使发电设备日夜都能充分利用,大大提高其经济效益。

电动汽车的研究和应用,已经成为我国乃至世界汽车工业发展的一个"热点"。

我国在"八五"和"九五"期间,开展和组织了纯电动汽车的技术攻关。"十五"和"十一五"期间,国家"863"计划中设置了纯电动汽车专项,包括纯电动公交客车、纯电动轿车和纯电动市政用车等,并应用到对环保有特殊要求的领域和场合进行使用。目前,电动汽车发展的最大障碍是基础设施建设和成本,与混合动力相比,电动汽车更需要基础设施的配套,而这不是一家企业能解决的,需要各企业联合起来与当地政府部门一起建设,才会有大规模推广的机会。

经过多年的努力,我国纯电动汽车技术开发和产业化取得了如下进展:基本掌握整车动力系统匹配与集成设计、整车控制技术,样车的动力性和能耗水平与国外相当;在小型纯电动汽车和大型公交客车方面实现了小规模生产和示范运行。

3. 燃料电池汽车

燃料电池汽车是指以氢气、甲醇等为燃料,通过化学反应产生电流,依靠电机驱动的汽车。其电池的能量是通过氢气和氧气的化学作用直接变成电能,而不是经过燃烧实现。由于燃料电池的化学反应过程不会产生有害产物,因此燃料电池车辆是无污染汽车,燃料电池的能量转换效率比内燃机要高2—3倍。从能源利用和环境保护的角度看,燃料电池汽车无疑是一种非常理想的技术。

与传统汽车相比,燃料电池汽车具有以下优点:零排放或近似零排放;减少了机油泄漏带来的水污染;降低了温室气体的排放;提高了燃油经济性;提高了发动机燃烧效率;运行平稳、无噪声。

"十五"期间,燃料电池汽车及其关键技术列入了国家"863"计划攻关项目。"十一五"期间,燃料电池汽车在整车集成技术、动力平台的成熟性、整车的可靠性等方面有了新的提高,样车的主要技术指标已经与国际先进水平相当,基本建立了燃料电池汽车的研发体系。

表2-1 混合动力、纯电动、燃料电池汽车的比较

	HEV	EV	FCEV
驱动方式	内燃机+电机驱动	电机驱动	电机驱动
能量系统	内燃机+蓄电池	燃料电池	
能源来源与补给	加油站/充电设备	电网流电设备	氢气
排放量	降低排放	零排放	近似零排放
商业化进程	商业化较为成熟	有少量产品销售,尚未形成规模	研发阶段
主要优点	续航里程较长	排放低	能源效率高/续航里程长
主要问题	电池效率	充电站不足,电池安全性仍有待提高	成本高,制氢技术尚需突破

资料来源:《新能源汽车生产准入管理规则》。

表2-1列出了混合动力、纯电动、燃料电池汽车的相关比较。比较发现,目前业内公认现阶段最适宜产业化的新能源汽车是混合动力汽车,技术最为成熟,可以实现一定的节能降耗目标,且主要采用制动能量回收不需要外部充电设备,方便普及。纯电动汽车虽可以实现零排放,但受电池技术制约,续航里程有限,电池自重较大,充电站建设匮乏,尚难实现大面积普及。随着电池技术特别是磷酸铁锂技术的不断发展,充电站等基础设施建设的不断推进,纯电动汽车未来的发展有可能加快。燃料电池车是最为理想的新能源汽车,但由于燃料电池相关技术尚未成熟,燃料电池反应的催化剂贵金属铂的价格、运输和储存氢的成本都比较高,因此燃料电池汽车仍需要长时间的发展才能进入商业化阶段。

4.燃气汽车

天然气是一种洁净的能源,主要成分是甲烷,燃烧后的主要生成物为二氧化碳和水,其产生的温室气体只有煤炭的1/2,是石油的2/3。天然气汽车则是

以天然气作为燃料的汽车，按照天然气的化学成分和形态，可分为压缩天然气（CNG）汽车、液化天然气（LNG）汽车和液化石油气（LPG）汽车3种。天然气汽车是一种理想的低污染车，与汽油汽车相比，它的尾气排放中CO下降约90%，HC下降约50%，NOx下降约30%，SO_2下降约70%，CO_2下降约23%，微粒排放可降低约40%，铅化物可降低100%，因此天然气对环境造成的污染远远小于石油和煤炭，是一种优良的汽车发动机绿色代用燃料。同时，天然气汽车的使用成本也比燃油汽车低很多。与电动汽车相比，天然气汽车的续驶里程长。有关专家认为，天然气汽车是目前最具有推广价值的低污染汽车，尤其适合于城市公共交通和出租汽车使用。目前，天然气汽车在全球发展很快，在应用与运营方面比较成功。在我国，天然气汽车在代用燃料汽车中占到90%左右。

我国早在"九五"、"十五"期间，通过实施"863"计划"新能源与汽车"重大项目专项，组织技术集成与技术创新，大大促进了中国燃气汽车技术的发展，使我国的燃气汽车技术缩短了与国外先进技术水平的差距，部分技术处于国际上同类技术的先进水平。在燃气汽车生产方面，国家确定了长春一汽、湖北二汽、上海大众、重庆长安、天津夏利五大整车厂积极生产燃气汽车。在燃气汽车推广方面，1999年，国家有关部门启动"清洁汽车行动"，确定北京、上海、天津、广州、重庆以及四川、海南省等19个城市和地区作为重点推广区域，以占城市汽车保有量10%左右、占汽车行驶里程40%—50%的公共汽车和出租车为主要使用对象，大力推广以CNG和LPG为主要燃料的燃气汽车。经过几年的努力，该行动计划取得一定成效，技术研发产生一批成果，产业化发展格局初现雏形。2007年，国家发改委颁布了《天然气利用政策》，明确规定天然气汽车属于"优先类"用气项目，将CNG列为首选的汽车替代燃料。到"十一五"期间，我国将CNG汽车等列入《国家中长期科学和技术发展规划纲要（2006—2020）》，组织实施重大科技项目。

目前，我国CNG汽车产业技术创新体系已经基本建成。广大科研院所、高等院校和大型汽车生产企业联合开展了CNG汽车关键技术的研究和开发，基本建成了包括技术标准、检测评价、产业化基地、示范考核、知识产权服务、信息数据库等在内的创新支撑平台，为CNG汽车产业化打下了良好的基础。

我国 CNG 汽车关键技术研发和产业化取得了显著成效，技术已经较为成熟。先后组织实施了"单燃料 CNG 轿车开发"、"重型 LNG 商用车产品开发"、"重型载货汽车专用 CNG 发动机产品开发"和"缸内直喷 LNG 发动机产品开发"等一批代用燃料汽车动力总成和整车自主创新项目，以及"LNG／LCNG（液化压缩天然气）汽车加注站专用设备的研究开发及产业化"、"CNG 储气井检测技术与系统的研发"、"代用燃料汽车专用装置关键技术开发"等一批代用燃料汽车配套关键附件及加注基础设施自主创新项目，掌握了各类天然气和液化石油气气瓶、发动机 ECU、喷嘴、高精度减压器等关键零部件和大排量天然气母站用压缩机等主要设备的开发与生产制造技术，产品性能接近或者达到国际先进水平。已经制定实施的 CNG/LNG 汽车相关国家标准和行业标准合计 25 项，涵盖整车、发动机、专用装置部件、车用储气瓶、燃料质量（气质）、加气站、加气机等多方面。国产高性能天然气加气站成套设备不仅完全替代进口产品，并且已经批量出口。同时，CNG 汽车关键零部件的技术水平和产业化能力显著提高，在满足国内市场需求的同时，已经批量出口到国外很多国家和地区。

CNG 汽车已经实现产业化。在政府和市场的双重驱动下，中国的天然气汽车保有量从 2000 年的不足 1 万辆发展到目前的 100 万辆（主要包括公共汽车和出租车等），已经成长为亚太第 4、世界第 6 大天然气汽车市场。截至目前，累计有 450 个燃气汽车车型及底盘进入国家机动车产品公告，天然气汽车生产企业的数量超过 60 家，整车产量超过 8 万辆；加气站设备全面实现国产化，国产设备的市场份额在 90% 以上，部分产品达到 100%。目前中国天然气汽车发展的主要瓶颈是加气站等基础设施建设相对滞后，随着中国对天然气资源开发利用的不断深入和基础设施建设的快速推进，天然气汽车在中国的市场潜力和发展前景更为广阔，行业有望进一步加快发展。

（二）部分替代常规动力能源的发展现状

主要包括甲醇汽油、生物乙醇汽油、生物柴油和其他生物质合成油等。

1. 甲醇汽油

甲醇汽油由基础汽油、甲醇和相关添加剂组成。甲醇汽油的技术关键核心是添加剂的技术水平和质量控制。甲醇汽油添加剂的技术含量，决定了调配甲醇汽油品质的优良程度。甲醇汽油在我国一般是指低比例甲醇掺烧油，即把甲醇添加在汽油里，用甲醇燃料助溶剂复配成 M 系列的混合燃料。例如：应用于各种汽油发动机的 M15 清洁甲醇汽油（在汽油里添加 15% 甲醇），可以在不改变现行发动机结构的条件下，完全替代成品汽油或与成品油混合使用的车用燃料，其热效率、动力性、启动性、经济性良好，具有降低排放、节省石油、安全方便等特点。在国际上，高比例甲醇燃料，即甲醇脱水后，再添加变性剂而生成的甲醇燃料，仍用 M 表示，如 M85、M100（M100 可以进行单纯燃烧，即仅燃烧添加变性剂而生成的甲醇燃料），目前该技术的应用已经趋于成熟。

在各种替代燃料中，甲醇汽油较早受到国内外的青睐。在我国，山西是最早开展甲醇汽油产业研究和推广的省份，煤制甲醇掺混车用燃料已经在该省运作了 20 多年，推广甲醇燃料工作已从"试验示范阶段"进入到"产业化推广阶段"。山西华顿实业有限公司研制成功的"华顿高清洁甲醇汽油及其添加剂与配制技术"和"车用甲醇柴油、助溶剂与配制技术"两项成果，有效地解决了甲醇汽柴油产业化推广应用中的多项技术难题。在陕西，长安大学自主研发的 M15、M25 甲醇汽油添加剂和 M85 甲醇汽油关键应用技术于 2007 年 3 月 24 日通过有关部门鉴定，该项技术攻克了制约甲醇汽油发展的技术障碍，解决了甲醇与汽油的融合、抗腐蚀、抗溶胀等一系列技术难题，燃料消耗费用下降，污染物排放减少。

从资源和成本的角度看，石油替代燃料需要原料来源充分和获取方便、生产成规模和产量大、生产成本低廉，才能有更大的发展空间和经济社会效益。甲醇汽油正是一种廉价而清洁的车用燃料。甲醇可由煤、天然气、焦炉气、煤层气直接制取以及从煤化工企业副产中得到，符合我国的能源资源结构。事实上，我国甲醇产能已经明显过剩。同时，中东地区有大量的廉价甲醇可以出口至我国，能够充分满足我国石油化工产业发展的需要。

目前，甲醇汽油无论是从科研水平还是产业化运营规模来看，都可被称为最为切实有效的替代能源。2009 年 11 月 1 日，我国首个《车用燃料甲醇》标准获得批准。该标准规定了车用燃料甲醇的技术要求、试验方法、检验规则，以及标志、包装、运输、贮存和安全等，适用于车用燃料甲醇的生产、检验和销售，以车用燃料甲醇为基础调配各种比例的甲醇汽油，是把甲醇从化工产品向燃料转变的合法依据。2011年，工信部首次主导开展甲醇汽油推广试点工作，指定国内3家汽车企业生产高比例甲醇汽油车。

地方政府积极推动甲醇汽油的研发和产业化。目前已有山西、陕西、黑龙江、四川、浙江等地出台地方标准，如山西的M5和M15，陕西的M25和M15，黑龙江的M15等，全面或试点推广甲醇燃料。

甲醇燃料的推广是一个庞大的系统工程。在甲醇汽油如何进入流通主渠道、甲醇储备库和加注、甲醇燃料运输管网基础设施建设等方面，还有大量的工作要做，很多行业标准也需要配套出台。此外，甲醇的腐蚀性、热值低和毒性大等问题还未有效解决，影响了甲醇汽油的产业化推广工作。

2. 燃料乙醇汽油

燃料乙醇是以谷物、薯类、甘蔗或其他植物等为原料，经发酵、蒸馏而制成乙醇，并经进一步脱水和不同方式的变性处理后成为燃料乙醇。它不是一般的酒精，而是它的深加工产品。将一定量的变性燃料乙醇加入不添加含氧化合物的液体烃中，再辅以改善使用性能的添加剂，便成为车用乙醇燃料。与甲醇燃料不同，燃料乙醇以玉米、蔗糖等农作物为原料，采用生物发酵方法生产，排放性优于汽/柴油，是一种可再生的清洁燃料。目前，乙醇在汽油机上的应用已经成熟，使用中出现的技术问题得到了妥善解决，并取得了良好的社会效益和环境效益。在"十五"期间，我国乙醇汽油的应用范围就已扩大到黑龙江、吉林、辽宁、河南、安徽5省及湖北、山东、河北和江苏4省的部分地区，乙醇汽油消费量占全国汽油消费市场的20%，我国已是仅次于巴西、美国的第三大燃料乙醇生产和使用国。根据燃料乙醇产业"十一五"规划，乙醇汽油的应用试点将从"十五"期间的9个省市试点转为除西藏、青海、宁夏、山西、甘肃外的全国地区推广。

总体来看，燃料乙醇汽油的研发推广受阻于"粮食安全"现状，使其无法成为大规模的替代能源，产业化规模目前无法再扩大。我国燃料乙醇行业问题主要有四个：一是生产原料目前主要是玉米，存在与人争粮和国家粮食安全等问题，因此国家严格控制粮食加工燃料乙醇的生产规模。2006年12月，国家发改委、财政部共同下发了《关于加强生物燃料乙醇项目建设管理，促进产业健康发展的通知》，要求立即暂停核准和备案玉米加工项目，并对在建和拟建项目进行全面清理。二是生产成本相对较高，在市场推广时受石油价格波动和石油生产成本的影响较大，经济效益很难控制。三是国家鼓励发展非粮食生物燃料，广西等地方试用高产木薯等非粮食乙醇加工项目，目前进展不是很好，主要原因是乙醇燃料与普通燃料在竞争中不具成本优势，油品销售行业没有积极性，市场销售可能进一步加大了企业的生产成本压力，从而形成恶性循环。四是燃料乙醇行业正在努力研发玉米秸秆等富含纤维素的农林废弃物制取燃料乙醇项目，一旦成功将具有革命性意义，但目前进展不快。

3. 生物柴油

生物柴油的研究与开发内容涉及原料的分布、选择；油脂作物的培育、遗传改良及生物柴油的加工工艺与设备。我国生物柴油的研究与开发虽然起步较晚，但进展很快，目前各方面的研究都取得了阶段性的成果，一部分科研成果已达到国际先进水平，这无疑将有助于我国生物柴油的进一步研究与开发。清华大学、石油化工科学研究院、辽宁省能源所、中国科技大学、辽河化工厂、东北林业大学、华东理工大学、西北农林科技大学、北京化工大学等分别进行了实验室研究开发和小型工业实验，为我国发展该产业提供了宝贵经验。

目前，已研制成功利用菜籽油、光皮树油、大豆油、麻风树油、米糠油脚料、工业猪油、牛油、棉籽油等作为原料，经过甲醇预酯化再酯化，生产生物柴油的生产工艺。国内制备生物柴油主要采用酯交换法，从对原料的要求、反应条件难易、催化剂回收重复利用等方面考虑，非均相催化剂中的固体碱催化剂应是今后发展的主要趋势。

（三）新型转化常规动力能源的发展现状

新型转化常规动力能源主要是指使用洁净煤技术，将煤炭转化为高品质的汽油、柴油和天然气，直接用于现有的汽车动力系统。在石油对外依存度过高、世界石油供应紧张和价格居高不下等多重压力下，我国针对自身"富煤缺油少气"的能源结构，"十一五"提出实施石油替代战略，重点发展洁净煤技术，探索煤炭高效清洁转化和石化原料多元化发展的新途径，鼓励以新型煤化工替代石油化工和天然气化工。我国发展新型煤化工的重点，在于生产煤基石油和天然气化工产品，其中包括煤制油、煤制天然气和煤甲醇制汽油等，实现在一定程度上减轻原油和天然气及其下游产品的进口压力，降低经济发展成本，维护国家的能源安全。由于新型煤化工技术工艺及其装置间技术关联极为复杂，项目投资金额巨大，单个项目投入往往在几十亿或者百亿以上，经济效益受项目规模及原油价格波动影响非常显著，在国际上成功运营的大规模商业化项目很少，仅有个别领域的个别项目较为成功，因此投资风险极大，稍有不慎就会造成巨大的经济损失和资源浪费。为此，国家在推动现代煤化工发展的时候，采取了非常慎重的方式，一方面鼓励发展自主知识产权的新型煤化工技术；另一方面不断出台政策规范现代煤化工的发展，安排示范项目建设，收紧了煤化工项目审批，坚决遏制煤化工盲目发展势头，明确了新型煤化工发展重点。

1. 煤制油

煤制油分为煤直接液化制油，煤间接液化制油（F-T合成油）和煤甲醇制汽油（MTG）。直接液化和F-T合成产品以柴油为主，MTG产品以汽油为主。

煤直接液化技术最先由德国于20世纪初上半叶实现产业化，目前已不再生产。我国神华集团在借鉴国外技术的基础上，自主研发了煤直接液化技术，建成百万吨级示范装置，已打通全部流程并试车成功。

F-T合成油技术最初也是由德国开发并产业化，现在南非萨索尔（Sasol）公司实行大规模商业化运行。国内的山西煤炭化学研究所、神华集团、兖矿集团均自主开发出F-T合成工艺技术，并顺利实现万吨级示范装置的运行。

MTG技术由美孚公司开发并于20世纪80年代在新西兰实现工业化，后因廉价石油的冲击被迫停止油品生产。国内山西煤化所自主研发并进行了3000吨/年的中试，晋煤集团引进美孚公司技术进行10万吨/年的工业化示范。

据资料报道，煤液化的单耗为3.5—5吨煤/吨油。根据石油和化学工业规划院对100万吨/年直接液化项目和200万吨/年间接液化项目的测算，原料煤价在400元/吨时，产品油价3900—4000元/吨之间，对应国际原油价格约65美元/桶，具有相当竞争力。

MTG技术中，产品单耗为2.4—2.5吨甲醇/吨汽油，产品可达93#汽油的标准，且工艺成熟，流程简单，具有一定的市场竞争力。

国内示范项目中，目前国家共核准一个直接液化、三个间接液化进行示范运行，总规模为 108 万吨直接液化和 50 万吨间接液化（参见表 2-2）。据相关资料统计，未来预期产业化的 F-T 合成油项目约 7 个，产能达到 3220 万吨。

表 2-2　国家核准的煤制油示范项目现状

项目	规模（万吨/年）	投资（亿元）	现状
神华	108 万吨/年直接液化，18 万吨/年 F-T 合成油	133	处于示范运行阶段，产出合格产品
伊泰	16 万吨/年 F-T 合成油	25	处于示范运行阶段，产出合格产品
潞安	16 万吨/年 F-T 合成油	40	处于示范运行阶段，产出合格产品
合计	158	198	

2. 煤制天然气

煤制天然气是指煤通过气化、合成气净化，然后在催化剂的作用下将合成气甲烷化转化为天然气，实现以煤炭为原料、生产清洁的合成天然气的过程。煤制天然气技术由美国自然资源公司、德国鲁奇公司等企业开发，于 20 世纪 80 年代建成美国大平原公司，实现煤制天然气的工业化。其核心是催化剂技术，国内西北化工研究院、大连理工大学、大连化物所等机构均对此进行研究。目前核心技术仍掌握在国外手中。

在煤制天然气中，影响产品成本的主要是煤价。据测算，在蒙东及新疆地区，以煤炭价格 170 元/吨计算，煤制气成本约为 1.059 元/立方米，西气东输二线霍尔果斯口岸到站气价为 2.1 元/立方米，煤制气相对于西气东输二线有竞争力；受国内供求关系和国际油价、气价的影响，未来国内天然气价格还将上涨，煤制天然气前景看好。

近几年我国天然气需求量持续上升，2010 年天然气消费量超过 1000 亿立方米，同比增长 10%。进口 165 亿立方米，同比增长 47%。预计 2015 年国内天然气需求量达到 2000 亿立方米，2020 年将达到 3500—4000 亿立方米（参见图 2-7）。

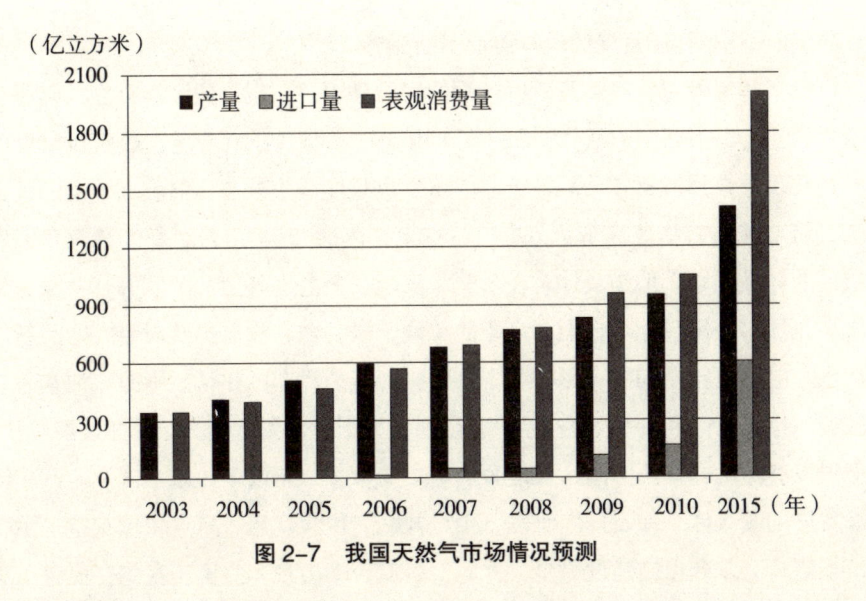

第二章 我国汽车能源技术发展现状及能力

图 2-7 我国天然气市场情况预测

截至目前，国家共核准建设 3 个煤制天然气项目，1 个进行前期工作（参见表 2-3）。

表 2-3 国家核准的煤制天然气示范项目现状

项目	规模（亿立方米/年）	投资（亿元）	现状
大唐阜新	40	245.7	在建
大唐克旗	40	257	2011.6 开始分阶段试车
汇能鄂尔多斯	16	88.7	在建
庆华伊犁	55	270	在建
合计	151	861.4	

三、我国汽车能源发展存在的问题

我国汽车能源发展过程中存在的问题主要有以下几个方面。

（一）汽车能源发展的政策需要不断完善

汽车能源发展，离不开政府政策的引导和支持。现有的政策存在的问题包括：一是重点领域不突出。新能源汽车由于技术路线没有确定，政府对研发的支持和引导自然就比较分散，企业的研发也只能两手准备。财政部下发的《关于开展节能与新能源汽车示范推广试点工作的通知》，出台了新能源汽车消费层面的补贴细则。但是只针对在公交、出租、公务、环卫和邮政等公共服务领域率先推广使用节能与新能源汽车的单位予以补贴，没有提及对个人购买新能源汽车的价格补贴问题，影响了个人购买新能源汽车的热情。甲醇汽油本来有较好的市场空间和社会效益，但没有得到大力支持。天然气汽车总体发展较快，但可以有更大的使用空间，在政策上给予支持。二是政策体系不健全。汽车能源发展的政策体系涉及技术研发、生产补贴、税收优惠、重点领域支持、消费市场培育、基础设施建设等多个方面。以混合动力汽车为例，我国在混合动力汽车的发展上，确实已经初步具备了产业化的能力，但政策的滞后性以及配套政策的缺失，再一次阻碍了商业化的进程。从中国新能源汽车政策的出台情况看，框架性的政策显得更加密集，而具有指导意义、可操作性的配套政策迟迟不到位。

（二）新能源汽车技术研发水平与国外的差距开始显现

我国新能源汽车从"组装"开始起步，在核心关键部件与技术等方面相当匮乏。虽然我国在部分产品技术上已经比较成熟，甚至接近国际水平，但从研发和产业化基础的整体来看，我国汽车行业与国际先进水平相比，仍然有较大的差距，我国新能源汽车制造的技术水平远落后于日本和美国。企业需要至少掌握新能源汽车车载能源系统、驱动系统及控制系统三者之一的核心技术，才能进行新能源汽车的生产。但我国新能源汽车在电池系统集成技术、大规模生产工艺设计、生产过程质量和成本控制等方面，与国外先进水平仍有较大差距，特别是电池、电机、电控等核心技术的缺失，致使国产关键零部件与进口产品的性能差距较大，电力驱动系统效率低，电池充电时间长，使用寿命较低。合资企业把新能源技术带到国内的态度一直不是很积极。即便有些车型已经在国内生产，但也相当于整车进口，技术保密相当严格。

中资企业虽然在某些领域掌握了一定的新能源汽车技术，但是尚未实现批量生产。在混合动力汽车技术上，同日本、美国等国家相比同样存在很大的差距。

（三）基础设施建设滞后

基础设施建设是新能源汽车未来得以大规模应用的必要前提，必须建设大量的公共基础设施才能保障新能源汽车的产业化和市场化。电动汽车在城市中大规模运行需要大量的公用基础充电设施作为保障。燃气汽车需要建设更多的加气站才能得到更好推广。燃料电池汽车需要配套建设相关的加氢站。而建设相关基础设施不但需要提前规划和投入巨额资金，而且需要在现有城市架构内征用大片土地，这对于土地资源越来越紧缺的城市来说，将面临巨大挑战。基础设施成本高，收益低成为电动汽车基础设施建设的重要制约因素。这可能会成为今后一段时期制约我国新能源汽车产业发展的瓶颈。

（四）技术标准不完善、不统一

由于各生产企业采用的技术路线不相同，无法用传统的标准来进行评价。尽管我国陆续出台了一系列节能与新能源汽车的相关国家标准及行业标准和法规，如《燃料电池电动汽车术语》《燃料电池电动汽车安全要求》《电动汽车风窗玻璃除霜除雾系统性能要求及试验方法》《电动汽车的电磁场辐射强度限值和测量方法》等，主要针对新能源汽车的测试、性能和安全方面做出了基本规定。但是，在一些关键的决定行业成本的标准没有统一，如电池尺寸标准、电池更换标准、充电桩标准、车载充电机标准等都未颁布。如果没有统一标准和具体鼓励政策，企业投入资金研发新能源会缺乏具体的指导而无所适从，降低了标准适用的有效性和针对性，提高了企业的研发和产业化成本，提高了消费者的使用成本，已经成为制约我国新能源汽车产业发展的瓶颈。

（五）消费市场培育尚未得到足够重视

新能源汽车仍然处于发展的初期，技术不太成熟，生产成本因生产批量较小无法摊销，基础设施和配套服务体系不完善，消费者难以接受高昂的价格，消费者使用新能源汽车也存在诸多不方便的地方。因此，促进新能源汽车推广的关键是加大产业补贴、价格补贴和税收减免力度，不断降低生产成本，健全配套设施和服务体系，引导和培育消费市场。

第二节　电动汽车发展现状及能力

根据《节能与新能源汽车产业发展规划（2012—2020）》，新能源汽车包括纯电动汽车、插电式混合动力汽车和燃料电池汽车。电动汽车能够实现汽车能源从石油向电能的重大转变，从而帮助我国实现汽车工业摆脱过度依赖石油的状况。大力推进汽车电动化，最终实现车用能源"以电（氢）代油"是我国应对汽车工业快速发展带来的潜在能源危机的最为理想、最为有效的发展模式。早在20世纪80年代，我国就开始对汽车新能源技术进行研究，经过多年研究，我国电动汽车技术取得了长足发展，部分车型开始产业化。

一、我国电动汽车技术发展现状

我国混合动力和纯电动汽车技术开始于21世纪初。2001年，中国启动了"863"计划电动汽车重大专项，涉及的电动汽车包括3类：纯电动、混合动力和燃料电池汽车，并以这3类电动汽车为"三纵"，以多能源动力总成控制、驱动电机、动力蓄电池为"三横"，建立"三纵三横"的开发布局（参见图2-8）。重大专项的实施使我国汽车工业基本跟上了全球的步伐，大体站到了世界同一起跑线上。这在中国汽车史上还是第一次。

我国电动汽车重大科技专项实施以来，经过200多家企业、高校和科研院所的2000多名技术骨干的努力，目前已取得了重大进展。同时在电动汽车重大科技专项的带动下，我国众多汽车整车及核心部件厂家开始独立自主地推进我国混合动力及纯电动汽车整车及核心部件的研发进程。这极大地拉动了我国混合动力汽车、纯电动汽车技术整体水平的进步，我国电动汽车核心技术及整车集成水平得到明显提高。

第二章 我国汽车能源技术发展现状及能力

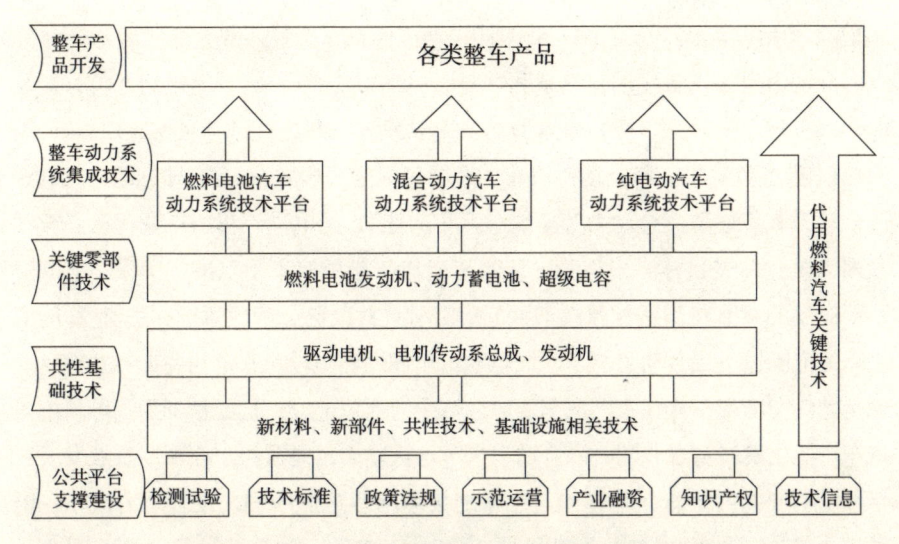

图 2-8 "十一五"节能与新能源汽车总体研发布局

资料来源:国家"863"计划"节能与新能源汽车重大项目"办公室

(一)我国电动汽车发展技术路线

电动汽车技术路线与其在我国汽车能源战略中的地位息息相关。在《节能与新能源汽车产业发展规划(2012—2020)》发布以前,我国电动汽车技术路线一直没有明确。

2001年科技部主导的国家"863"计划电动汽车重大科技专项确立了"三纵三横"的研发布局,混合动力汽车作为近期研发重点被列为三纵之一,作为我国电动汽车研发重点。

2004年颁布的《汽车产业发展政策》提出:"国家引导和鼓励发展节能环保型小排量汽车。汽车产业要结合国家能源结构调整战略和排放标准的要求,积极开展电动汽车、车用动力电池等新型动力的研究和产业化,重点发展混合动力汽车技术和轿车柴油发动机技术。国家在科技研究、技术改造、新技术产业化、政策环境等方面采取措施,促进混合动力汽车的生产和使用。"从这一条款可以看出,当时混合动力汽车是我国新能源汽车的发展重点,而电动汽车由于技术尚未成熟,当时只是作为我国新能源汽车的研究发展方向。

混合动力汽车的重点地位在《国家中长期科学和技术发展规划纲要(2006—

2020）》中得到巩固，规划的"低能耗与新能源汽车"这一条规定"重点研究开发混合动力汽车、替代燃料汽车和燃料电池汽车整车设计"，而规划并没有提及电动汽车整车的研发。2009年3月国务院颁发《汽车产业调整和振兴规划》，振兴规划提出我国2011年新能源汽车的发展目标是"形成50万辆纯电动、充电式混合动力和普通型混合动力等新能源汽车产能"，纯电动汽车的产业化已经被国家列为重点发展目标。当年我国开始节能与新能源汽车示范推广工作，根据财政部颁发的《节能与新能源汽车示范推广财政补助资金管理暂行办法》，新能源汽车的范围包括混合动力汽车、纯电动汽车和燃料电池汽车。可见，在2009年，纯电动汽车的产业化在我国汽车能源战略中的地位上升，已经被列为我国新能源汽车产业化发展重点，同时混合动力汽车也被作为新能源汽车而加以重点发展。

随着时间的推进，我国电动汽车的技术路线愈加明确，混合动力汽车在电动汽车技术路线中的地位逐渐下降。2010年5月，财政部、科技部、工业和信息化部、国家发展改革委员会联合出台《关于开展私人购买新能源汽车补贴试点的通知》，在这一通知中，新能源汽车的范围缩小，普通混合动力汽车不再被认定为新能源汽车。2012年，《节能与新能源汽车产业发展规划（2012—2020）》正式公布，我国电动汽车技术路线基本确定。根据《节能与新能源汽车产业发展规划（2012—2020）》，我国电动汽车技术路线可以总结为，以纯电驱动为我国汽车工业转型的主要战略取向，重点突破动力电池、电机、电控技术，推进纯电动汽车、插电式混合动力汽车产业化，实现我国汽车工业跨越式发展；加快以混合动力为代表的汽车节能技术的研发和应用，大力推广普及节能汽车，全面提高我国汽车燃油经济性总体水平。

（二）我国电动汽车关键环节技术能力

电池、电机和电控是电动汽车的关键部件，经过多年发展，我国在这三个领域取得较大进展。

1. 动力电池进步明显，但关键技术尚未完全突破

动力电池是电动汽车的能量来源，作用相当于传统汽车的汽油，它是整个电动汽车的核心和关键。目前适合作为车用电池的主要有铅酸电池、镍镉电池、镍氢电池、锰酸锂电池、磷酸铁锂电池、燃料电池等几种。图2-9给出了车用电池发展方向示意图。

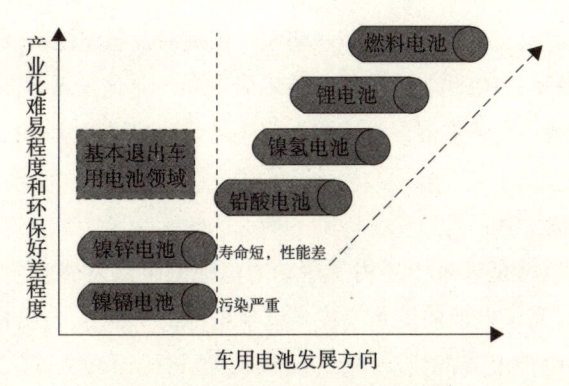

图 2-9 车用电池发展方向示意图

从已有的资料和可查的文献可知，镍锌及镍镉电池由于其自身的寿命以及环保问题，都已经逐步退出了应用领域，在可采用的车用电池产品中，铅酸电池的性能较差，燃料电池性能最佳但短期内产业化难度很大。相比较而言，镍氢电池和锂离子电池在能量密度、功率密度方面均已经证明了其作为车用动力电池的适用性，同时短期内产业化难度相对较小。

（1）镍氢电池

镍氢电池是20世纪90年代发展起来的一种新型绿色电池。目前电动汽车用镍氢电池主要在美国及日本进行开发。车用镍氢电池具有续航里程不足以及具有记忆效应（在电池充放电过程中，会在电池极板上产生许多小气泡，时间一久，这些气泡会减少电池极板的面积，也间接影响电池的容量）等天然缺陷，这就决定了它并非未来电动汽车的最佳解决方案。但是就目前各类型电池发展水平来说，镍氢电池技术成熟，是车用动力的可靠选择。

我国在镍氢电池的功率密度和能量密度上已经处于领先地位，已完全掌握了关键材料、电池研发及制造等关键技术，在系统集成方面取得较大进展和突破。国内主要镍氢电池生产厂家通过自主研发或者合资方式，研制了6-80Ah多个系列产品。我国镍氢电池的功率密度稳步提升，2010年已经达到1225瓦/千克。代表企业有湖南科霸，其已推出6/6.5/40/30安时等多个种类镍氢电池，单体能量密度达到40瓦时/千克，功率密度达到了1000瓦/千克以上，循环寿命1500次，日历工作寿命3年，工作温度-20℃—55℃。

由于国家重点支持纯电驱动技术研发，因此对镍氢电池的支持力度日益减弱，国内各镍氢动力电池生产厂家在技术研发和产业化投入方面呈现逐渐萎缩的态势，其前景主要依靠混合动力汽车市场的快速启动和集成技术成熟度和产品价格竞争力。

（2）锂电池

锂离子电池将是未来十年内车用动力电池的重点发展方向。一般条件下（相同体积），锂离子电池的能量密度是镍氢电池的1.8倍，超出铅酸电池更多，换言之，相等电池电容的情况下，锂离子电池将比铅酸、镍氢电池的体积更小和重量更轻，这对于极度讲究空间布局的纯电动汽车而言具有很大的吸引力。短期内，车用动力电池仍将呈现铅酸电池、镍氢电池、锂电池并立的格局，但铅酸和镍氢电池一定会逐步地被锂电池取代。在动力电池行业，混合动力车因成本问题，还会考虑使用镍氢电池。在插电式混合动力和纯电动汽车上，更多的是锂电池。目前国际主流车用锂电池研发的企业有三洋电机、江森自控、东芝、NEC、富士重工等；国内做得较好的有比亚迪、深圳比克、天津力神、东莞ATL等，二三线企业有咸阳威力克、中信盟固利、深圳雷天、苏州星恒等。

锂电池单体的关键原材料有正极材料、负极材料、隔膜、电解液等几部分构成。我国在锂电池隔膜方面主要依赖进口；在电解液方面，电解液高端原材料被日本厂家垄断，主要依赖进口；在负极材料（主要是石墨）方面已经实现产业化，供求关系稳定；在正极材料（包括钴酸锂、锰酸锂、磷酸铁锂等）方面介入较深，国内外各有优缺点。

我国动力电池单体性能指标与国外相比几无差异，但在模块及成组上，差异较大。图2-10列出了国内主要动力电池产品单体性能与国际水平的比较。可以看出，单体电池性能与国外先进水平基本相当，但由于单体一致性较差，且成组技术存在一定差异，成组之后的动力电池在功率密度和能量密度方面与国外差距巨大。

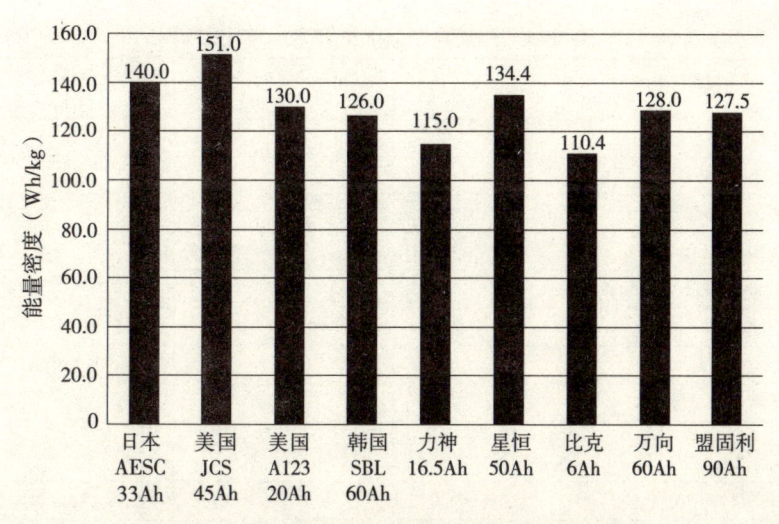

图 2-10 国内外动力电池企业单体电池技术比较

2. 驱动电机技术接近先进水平,但工程化能力尚有差距

常见的驱动电机主要有直流电机、交流感应电机、永磁同步电机和开关磁阻电机等四种,从技术性能角度,永磁同步电机比较适合于电动轿车对高功率、大密度电机的要求,未来有望成为市场主流并得到大规模应用,目前在混合动力轿车中采用的基本都是永磁同步电动机。

由于永磁无刷直流电动机相比传统直流电动机具有高效、高速和高响应速度等优势,而且我国稀土资源丰富,稀土储量占世界已探明储量的80%,因此国内主要发展方向是永磁—磁阻同步电机。近年来,国产电动汽车电机性能有了较大提高,大部分公司自主开发的车用电机重功率密度在1.3千瓦/千克左右(丰田达到1.35千瓦/千克—1.4千瓦/千克),最高效率达到95%,与国际领先水平差距不大,部分产品已应用到中国主要汽车生产企业的电动汽车当中。表2-4列出了驱动电机国内外的对比指标,由此可见,我国车用驱动电机的功率密度、转矩密度和效率等主要技术指标已达到或接近国际水平。

但在控制器层面上,我国牵引电机的集成度水平尚处于丰田第一代和第二代之间(大约在2000年前后)。与当今的丰田第三代相比较,主要存在以下几点差距。

表 2-4　驱动电机国内外技术水平比较

技术指标	国内水平	美国 Enova EDM60/90	丰田 Camry Hybrid
电机峰值功率（kW）	90	90	105
持续功率（kW）	42	30	22
最高转速（r/min）	11500	10000	14000
峰值转矩（Nm）	210	239	207
电机质量（kg）	65	65	41.7（不含结构件）
功率密度（kW/kg）	1.354	1.385	2.52（不含壳体）
控制器质量（kg）	16	35	17.9（集成 IPU）
最高系统效率（%）	94	92	93
高效区（%，系统效率 >80%）	≥ 70	≥ 50	≥ 70
电机外形（D×L）mm	264×260	270×382	302×170（含壳体）
控制器外形（L×W×H）mm	420×200×160	606×458×201	270×185×270（集成 IPU）
直流输入电压（电压范围）(V)	375（330—410）	336（250—425）	Battery:245（Boost250—650）

一是机电一体化集成度不够，丰田已经把电机与变速器有机地集成在一起，从而可以通过调整速比进一步优化电机的输出功率和尺寸。而我国则受制于变速器的工业设计、制造能力，从而造成这方面进展比较缓慢。尤其没有合适的速比可达 10∶1 的电机减速器。

二是电机和电力电子产品的制造能力和集成度不高，比如在控制器上面如何把一套高性能的散热系统集成起来就是一个难题。

三是采用不同的电力电子技术来改变传统电机控制系统的构造，比如如何引进一个大功率的 DC/DC 转换器，使电机的母线电压和蓄电池的母线电压可以分开，从而提高电机系统的输出功率，以及如何解决由于单体电池串联个数的增加而降低了蓄电池系统可靠性的问题。

四是在制造工艺方面也有很大差距。手工绕线圈、手工装配等传统落后工艺比之国外自动生产线大批量生产，其产品生产一致性差，而导致可靠性差。

3. 电控技术基本掌握，但技术积累有限

电动汽车整车电子控制器是纯电动汽车开发的重要组成内容之一。国外大部分汽车企业在电动汽车领域积累充足，控制策略成熟度高，整车节油效果良好，控制器产品通过市场检验证实了其可靠性。在国家前期项目资助下，国内主要研究机构开展了有针对性的研究工作，并取得了显著的效果，目前已初步掌握了整车控制器的软、硬件开发能力。产品功能较为完备，基本可以满足电动汽车需求，已经应用到样车及小批量产品上。部分整车企业与国外公司进行合作，如 FEV、RICARDO。通过联合开发，吸收国外相关技术和经验，增强自主开发能力。

目前各厂家基本掌握整车控制器开发技术，但技术积累有限，水平参差不齐。国内控制器硬件水平与国外存在比较大的差距，产业化能力相对不足。国内电控系统基本上被三大家控制，日系是电装（Denso）的，欧系都是博世（Bosch）的，美系的是德尔福（Delphi）的。上海的联合电子（UAES），虽然是中国的公司，但是由博世控股。大部分企业推出量产电动汽车产品时更倾向于选择国外整车控制器硬件供应商。另外，控制器基础硬件、开发工具等基本依赖进口。

总体而言，国内电动汽车整车电子控制系统研究力量分散，在产品可靠性、成本控制、应用软件开发所需要的配套支撑环境、通用化、系列化和行业认可等方面还存在不小差距。鉴于此，国内纯电动汽车领域迫切需要开发出标准化的整车电子控制系统硬件及完备的开发环境支持，保证纯电动汽车整车生产单位关注于应用软件开发，为纯电动汽车提供一个高起点的硬件开发平台，为新车型的准入创造技术条件。

（三）电动汽车整车研发情况

我国电动汽车整车研发状况正在稳步推进，自从我国开始推广节能与新能源汽车以来，截至 2011 年 8 月，国家工业和信息化部已经公布 28 批"节能与新能源汽车示范推广应用工程推荐车型目录"，进入推广目录的各种类型的混合电动汽车、纯电动汽车车型超过 330 种。鉴于我国汽车市场产品结构及我国新能源汽车推广情况，本书将着重介绍混合动力轿车、纯电动轿车及纯电动城市客车整车研发进展。

1. 混合动力汽车整车研发情况

混合动力是指那些采用传统燃料的，同时配以电动机/发动机来改善低速动力输出和燃油消耗的车型。按照燃料种类的不同，主要又可以分为汽油混合动力和柴油混合动力两种。目前国内市场上，混合动力车辆的主流都是汽油混合动力，而国际市场上柴油混合动力车型发展也很快。混合动力汽车的分类方法有很多种，根据电机输出功率在整个系统输出功率中所占的比重，混合汽车可以分为微型混合动力汽车、轻度/中度混合动力汽车以及重度混合动力汽车。

（1）微型混合动力汽车整车研发进展

微型混合动力汽车一般指在传统发动机上的启动电机加装了皮带启动电机（也就是 BSG 系统），该电机为发动机启/停一体式电动机，用来控制发动机的启动和停止，从而可以取消发动机的怠速过程，降低油耗和排放。微型混合动力汽车仅在传统汽车上稍做改进，技术门槛较低，国内不少汽车厂家纷纷推出自己的 BSG 混合动力车型，主要车型有奇瑞 A5 BSG 混合动力汽车、荣威 750 BSG 混合动力汽车、东风风神 S30 BSG 混合动力汽车等车型。奇瑞公司在 2006 年北京车展上推出奇瑞 A5 BSG 汽车，并在 2008 年北京奥运会期间成功示范运行，目前有 400 多辆 A5 BSG 在芜湖和大连作为出租车运行。2010 年，上海汽车集团和东风汽车公司分别展出荣威 750 BSG 混合动力汽车和东风风神 S30 BSG 混合动力汽车。

目前关于电动汽车未来的技术发展路线，国内还存在争议，而且，目前的 BSG 混合动力汽车技术在实际运行过程中存在节能效果不明显的问题，因此国内不少汽车企业新能源汽车战略不再以 BSG 混合动力汽车技术为重点，而是重点发展中度/重度混合动力汽车、插电式混合动力汽车以及纯电动汽车。

（2）轻度/中度混合动力汽车技术

轻度混合动力系统则主要是采用了集成启动电机（俗称的 ISG 系统），相比微型混合动力系统，轻度混合动力系统除了支持发动机启/停控制以外还可以在减速和制动的情况下对动能进行回收，而在行驶过程中发动机可以实现等速运转，发动机产生的能量可以在驱动车辆以及驱动发动机为电池充电之间进行平衡调节。一般来说，这种模式下电机所提供的功率占车辆总功率的 20% 以下。

中度混合动力车型则同轻度混合动力技术类似，不过电机总体输出功率的比重达到 30% 左右，并且电机在车辆全速加速的时候会参与辅助驱动车辆运行，目前绝大多数的混合动力车型都基于此类技术。

目前国产的轻度/中度混合动力车型有奇瑞 A5 ISG 混合动力汽车、东风风神 ISG 混合动力汽车、中华尊驰 ISG 混合动力汽车、长安杰勋混合动力汽车等。

奇瑞 A5 ISG 是并联式中度混合动力车。采用发动机和电机扭矩叠加方式进行动力混合，发动机与电机和变速箱相并联，按照不同的行驶工况要求，发动机的扭矩与电机的扭矩在变速箱前进行多种形式的复合以实现最优的驱动效率。以发动机为整车主动力源，电机系统起"平峰补谷"作用，在加速时，电机辅助驱动，弥补发动机低速扭矩低的不足，在减速和制动时候实施刹车制动能量回收，使电机发电并储存于动力电池中，在停车时发动机关闭，消除费油、高排放的怠速状态。与同排量汽车相比，城市工况可提高 25%—30%。

东风风神 ISG 混合动力轿车，在不降低原有动力性的情况下，综合节油率达 20% 以上，可实现停车停机、驱动助力、制动能量回收、滑行熄火等功能，从而达到节油环保的目的，提高整车经济性，降低排放。

中华尊驰 ISG 弱混合动力车型可以实现自动起停功能，通过取消怠速实现节油，又可以通过 ISG 电机的助力或发电来提高发动机的工作效率，同时还具备再生制动技术，减速、制动、下坡时 ISG 电机发电回收制动能量。

长安杰勋混合动力汽车的动力系统由长安自主研发的 1.5L 发动机和 13kW 永磁同步无刷电机组成，续驶里程大于 500 公里，整车动力水平和 2.0L 汽油发动机相当，整车油耗可以节约大概 20% 以上。

（3）重度混合动力汽车整车研发进展

重度混合动力的工作原理是由电动机作为驱动车辆前进的主要推动力，汽油机只是作为辅助的充电系统存在，而车辆的能量来源主要来自由充电站和行驶中制动力的回收及转化。重度混合动力系统的代表产品就是丰田的普锐斯，其采用了超高压的启动电机，其电机占据整个车型功率输出的比重甚至可以达到 50% 以上，由于很多时候电动机都会参与到正常的车型驱动过程中，因此节能效率更高。目前国产重度混合动力车型有奔腾 B70。奔腾 B70 混合动力汽车采用的电控发动机、变速箱、电动空调系统等都为自主开发。同时 B70 还具备适应混合动力特殊要求的启/停控制、扭矩控制和断油控制等电子系统。B70 混合动力汽车动力系统采用双电机方案，混合度为 40/103，在起步和小负荷工况采用纯电动驱动模式，而在中等负荷工况下则采用发动机单独驱动模式，若此时电池电量不足,则发动机还可同时给电池充电。而在急加速等大负荷工况下,B70 混合动力汽车可实现混合驱动模式,发动机和电机同时驱动整车行驶。

2. 插电式混合动力汽车整车研发情况

插电式混合动力汽车是一种新型的混合动力电动汽车。区别于传统汽油动力与电驱动结合的混合动力,插电式混合动力驱动原理、驱动单元都与电动汽车无异,之所以称其为混合动力,是这类车上装备有一台为电池充电的发动机。在日常使用过程中,它又可以当作一台纯电动汽车来使用,只要单次使用不超过电池可提供的续航里程(一般 50 公里以上问题不大),它就可以做到零排放和零油耗。插电式混合动力汽车与普通混合动力汽车的区别:普通混合动力车的电池容量很小,仅在起/停/加/减速的时候供应/回收能量,不能外部充电,不能用纯电模式较长距离行驶;插电式混合动力车的电池相对比较大,可以外部充电,可以用纯电模式行驶,电池电量耗尽后再以混合动力模式(以内燃机为主)行驶,并适时向电池充电。

目前国产插电式混合动力车型有比亚迪 F3 DM 双模混合动力汽车、一汽 B50 插电式混合动力汽车、江淮和悦插电式混合动力车、荣威 550 插电式混合动力轿车以及吉利帝豪 GPEC-EC8 插电式混合动力车等。

比亚迪 F3 DM 是目前国产唯一正式上市销售的插电式混合动力车型。在动力方面,比亚迪 F3 DM 双模电动汽车搭载了 BYD371QA 全铝发动机,功率为 50 千瓦,配合 75 千瓦的电机,比亚迪 F3 DM 双模电动汽车输出功率达到了 125 千瓦。F3 DM 双模电动汽车使用新型铁电池,在纯电动的模式下,F3 DM 双模电动汽车续航里程为 100 公里,一次加满油、充满电,续航历程可以达到 500 公里。此外,F3 DM 双模电动汽车使用的铁电池循环充电 2000 次后容量还有 80% 以上,实际可使用 4000 次。该车在比亚迪电动汽车充电站快速充电 10 分钟可充满 50%,家用电源上慢充 7 小时可充满。

一汽奔腾 B50 PHEV 是一汽集团在 B70 车型基础上开发的一款插电式混合动力车型,尚未正式上市。该车采用双电机全混合结构,具备混合动力所具有的发动机怠速停机、纯电动、发动机单独驱动、联合驱动、串联驱动、制动能量回收的功能,具备插拔式可外接充电功能。简单地说,奔腾 B50 PHEV 同时融合了类似丰田普锐斯的混联驱动方式,又实现了奇瑞 A5 轻混车型上的 BSG

怠速停机/快速启动功能，另外由于匹配了高容量锂离子电池从而实现了如同雪佛兰 Volt 那样的插拔式可外接充电功能。奔腾 B50 PHEV 在纯电动模式下，续驶里程可达到 45km，而以 40km/h 的速度匀速行驶时，纯电动模式续驶里程可达到 60km。

江淮汽车在 2009 年 11 月和 2010 年 3 月分别推出了 A 级增程型插电式混合动力样车和 B 级增程型插电式混合动力样车。该样车最高车速 100km/h，能够在纯电动状态下行驶 60 公里，纯电动状态结束后，由一个 1.0L 内燃机带动一个 ISG 电机发电，电力可以支持整车行驶 200 公里，城市工况下百公里节油率达到 30%。

3. 纯电动汽车整车研发情况

目前国产纯电动汽车整车研发取得较大进展，在工信部颁布的共 28 批"节能与新能源汽车示范推广应用工程推荐车型目录"中，各种类型的纯电动汽车车型有 254 个，占全部新能源车型的比重超过 60%，其中国产车型占了绝大部分。国内主要汽车厂家纷纷推出自己的纯电动汽车乘用车车型，代表车型有比亚迪 E6 纯电动汽车、奇瑞 QQ3 纯电动汽车、奇瑞 S18 纯电动汽车、江淮和悦纯电动汽车、长安奔奔 mini 纯电动汽车等。这些国产纯电动汽车多使用锂电池，续航里程多在 100 公里以上，其中比亚迪 E6 纯电动汽车续航里程高达 300 公里。在纯电动客车方面，国内不少厂家抓住各城市新能源汽车推广示范的机会，推出不少纯电动客车，用于城市公交运营，在工信部的"节能与新能源汽车示范推广应用工程推荐车型目录"中，纯电动城市客车的车型数量超过 120 多种，其中大多数车型已经投入公交运营。

二、我国电动汽车整车产业化现状

目前，我国电动汽车正处于从研发向产业化过渡的关键时期，在国家财政补贴政策的激励下，各类电动汽车逐步进入产业化阶段。截至 2011 年 11 月，在公告内整车企业中，拥有新能源汽车公告车型的厂家达 78 家，共有 448 款节能与新能源汽车获得国家机动车新产品公告。其中，混合动力公告车型乘用车 36 款，商用车 140 款；插电式混合动力汽车公告车型乘用车 5 款，商用车 29 款；

纯电动汽车公告车型乘用车 49 款,商用车 113 款,专用车 65 款;燃料电池汽车公告车型乘用车 7 款,商用车 4 款。总体看来,我国电动汽车车型有了明显增加。

截至 2011 年 11 月,包括混合动力汽车在内,我国共生产 25674 辆新能源汽车,具体参见图 2-11。从产品技术类型上看,混合动力汽车 2010 年产量迅速增长,2011 年发展放缓;纯电动和插电式混合动力汽车近两年产量增长迅速。

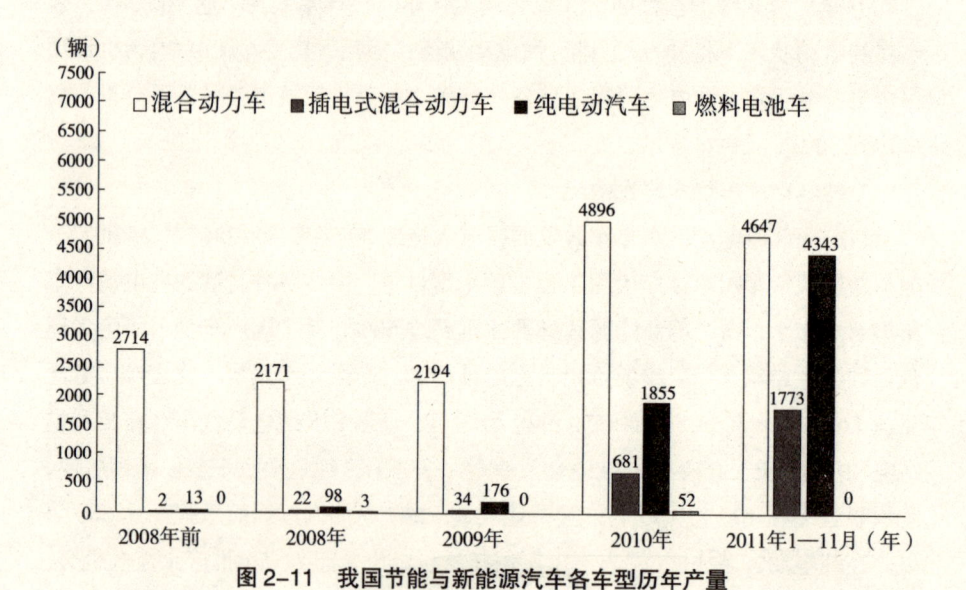

图 2-11 我国节能与新能源汽车各车型历年产量

目前,我国主要汽车集团已形成一定的电动汽车生产能力,据不完全统计,2010 年我国 83 家公告企业的电动汽车年产能超过 60 万辆。其中,比亚迪电动汽车产能达到 8 万辆/年,奇瑞电动汽车产能达到 5 万辆/年,居于领先位置。此外,一汽、上汽、长安等汽车集团也形成了万辆级的生产能力。此外,我国汽车企业在"十二五"期间计划对电动汽车产能进一步扩大投资,根据各汽车企业的规划,生产线建设投资将达 570 亿元,预期产能将接近 500 万辆/年。

总体而言,我国电动汽车已具备一定的产业化基础,市场在不断放大,新的产能在不断形成,动力电池取得重要进展,逐步开始规模化生产过程。随着电动汽车示范工程的深入推广和国家电动汽车战略的贯彻实施,预计我国电动汽车产业化进程将在"十二五"期间明显加速。

（一）混合动力汽车产业化总体进展缓慢

截至 2011 年底，混合动力汽车产量累计已达 1622 辆，其中，合资品牌乘用车占据大部分市场，自主品牌商用车具备一定优势。

1. 混合动力乘用车尚未进入规模化生产阶段，与国外差距在拉大

与国际相比，目前我国混合动力汽车总体规模不大（美国 216 万辆、日本 150 万辆、欧洲 45 万辆），自主混合动力乘用车产业化仍限于微混、轻混、中混，重度混合动力乘用车基本上还处于空白。

截至 2011 年底，我国累计生产了 9722 辆混合动力乘用车，其中一汽丰田的普瑞斯和广汽丰田的凯美瑞占据了 60%，通用占据了 19%，华晨和长安的产量均接近 900 辆，上汽、东风、吉利等企业的自主混合动力乘用车纷纷开始量产上市（参见图 2-12）。相对国外成熟混合动力乘用车车型而言，我国混合动力乘用车面临技术和成本的双重挑战。随着丰田、通用、大众等大型跨国企业在混合动力乘用车产业化方面的快速推进，我国自主混合动力乘用车产业化已比较迫切，并将承受更大的压力。

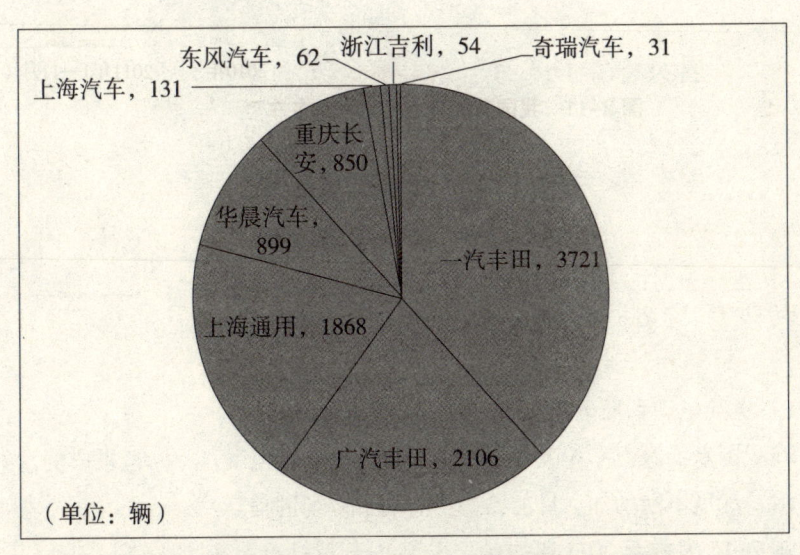

图 2-12 我国各汽车企业混合动力乘用车累计产量情况

2. 混合动力商用车产业化取得较大进展

混合动力商用车产业化取得较大进展主要表现在：车型数量丰富、产量稳步放大、商品化程度大幅提高、自主品牌占据市场主流地位。

在 2009 年启动的"十城千辆"工程带动下，我国混合动力客车产业化快速起步，在自主混合动力系统的成果表现为公交客车在稳定性、可靠性上稳步提高，在成本和示范推广等方面与国外相比具有明显优势。目前，我国混合动力客车产量逐年放大。截至 2011 年底，我国累计生产了 6700 辆混合动力客车。其中，南车时代累计产量最大，达到 1398 辆，占总产量的 21%，北汽福田、厦门金旅、郑州宇通分列第 2、3、4 位，其累计产量分别达到 1278 辆、902 辆、679 辆，如图 2-13 所示。

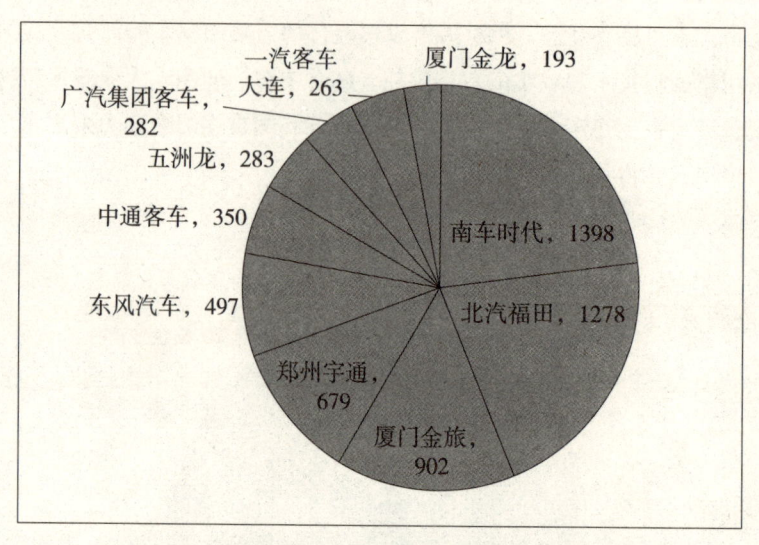

图 2-13　我国混合动力客车累计产量前 10 名企业

（二）纯电动和插电式汽车产业化步伐开始加快

在我国新能源汽车相关补贴政策的带动下，纯电动汽车示范推广的范围不断扩大，深度不断增加，目前已初步启动了市场进程。

图 2-14 为截至 2011 年底纯电动乘用车累计产量前 10 名的企业，其中，

奇瑞累计生产了2370辆，居首位，其次分别是安徽江淮、湖南江南、比亚迪，分别累计生产了592辆、495辆、355辆。在纯电动商用车累计产量中，安徽安凯、比亚迪客车、宁波神马位于前三名，分别生产了347辆、219辆、202辆。在纯电动专用车中，金华康迪、天津清源、北京华林特装位于前三名，分别生产了269辆、109辆和71辆。总体来看，在各类纯电动汽车中，纯电动乘用车累计产量最大，发展潜力也最大。

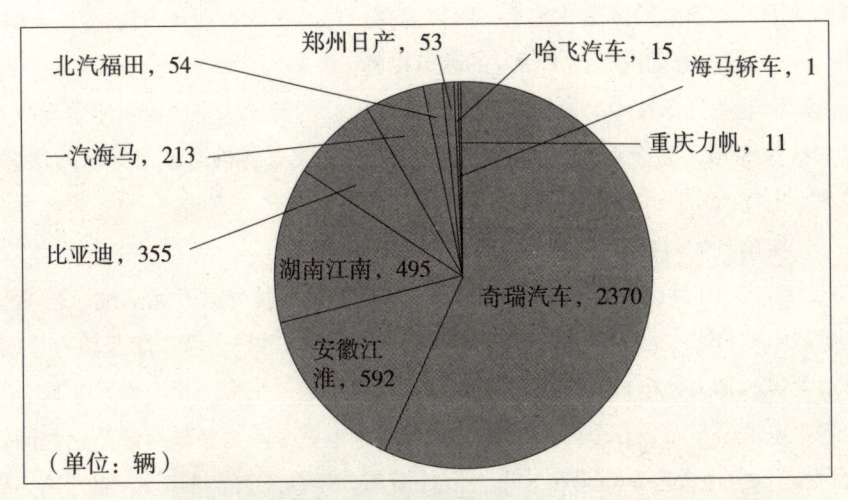

图2-14 我国纯电动乘用车累计产量前10位企业

注：数据资料截止至2011年底。

目前，插电式混合动力汽车正逐步得到我国整车企业的关注，其中，取得公告的插电式混合动力乘用企业只有比亚迪、一汽和吉利三家企业，其他企业的插电式混合动力汽车正在开发过程中或已完成开发。五洲龙、中通、安凯、东风、北汽福田等多数客车企业目前已有插电式混合动力客车上公告。

在插电式混合动力乘用车产业化方面，截至2011年，总计有2家企业生产了675辆。比亚迪公司生产的F3 DM是国内首款上市销售的插电式混合动力汽车，于2008年上市销售，累计生产670辆，占总产量的99%，处于领先地位。此外，只有吉利累计生产了5辆插电式混合动力乘用车。在插电式混合动力客车方面,五洲龙累计生产了1540辆,占总产量的84%,其次分别是宁波神马的201辆、中通客车的52辆、江西凯马的46辆,其余安徽安凯、宁波吉江、郑州宇通均生产了1辆。

三、我国促进电动汽车技术进步和产业化的政策

多年来,我国采取了一系列促进电动汽车技术进步和产业化的政策,在政策推动下,我国电动汽车技术水平明显提高,已经步入产业化阶段。

(一)鼓励电动汽车技术研发的政策措施

鼓励电动汽车技术研发的政策措施主要包括两类,一是国家实施电动汽车重大科技专项,为企业研发提供补助;二是鼓励成立各种电动汽车研发联盟,并成立电动汽车研发平台。

1. 实施重大科技专项

2001年10月,斥资8.8亿元的电动汽车重大科技专项开始启动,确立了以燃料电池汽车、混合动力汽车和纯电动汽车为"三纵",以多能源动力总成、驱动电机和动力蓄电池共性关键技术为"三横"的"三纵三横"研发布局。其中燃料电池轿车布局在上海,依托上海燃料电池汽车动力系统有限公司和同济大学;燃料电池大客车布局在北京,依托清华大学和北京客车厂等;混合动力轿车布局在武汉,主要依托东风电动汽车公司开发,后来奇瑞和长安公司也加入;混合动力大客车布局在武汉和长春,主要由一汽集团和东风电动汽车公司利用各自的底盘技术进行开发;纯电动汽车布局在北京和天津,客车由北京理工科凌电动汽车有限公司研发,轿车由天津清源动力有限公司研发,后来奇瑞汽车公司也加入。

2. 推动企业成立电动汽车产业联盟

为了推动信息共享,促进企业间的协调,各级政府纷纷推动相关企业建立产业联盟。2010年8月,在国资委的主导下,由16家中央所属企业组建了电动汽车产业联盟。电动汽车产业联盟共有16家发起单位,设立3个专业委员会。整车及电驱动专业委员会成员单位是中国第一汽车集团公司、东风汽车公司、中国兵器装备集团长安汽车公司、中国东方电气集团有限公司和中国南车集团。

电池专业委员会成员单位是中国海洋石油总公司、北京有色金属研究总院、中国航空工业集团公司、中国航天科技集团公司和中国航天科工集团公司。充电与服务专业委员会成员包括国家电网公司、中国普天信息产业集团公司、中国南方电网有限责任公司、中国石油天然气集团公司、中国石油化工集团公司和中国保利集团公司。央企电动汽车产业联盟的主要任务是规范统一电动汽车技术标准，促进产业链上下游企业的协调发展，推动知识产权共享，加强产业协调与合作交流等。在北京、重庆、吉林、安徽、江苏等省市也积极推动本地区相关企业成立电动汽车产业联盟。这些产业联盟优化了资源配置，避免了企业之间的过度竞争。

3. 构建电动汽车研发平台

为了提高我国电动汽车产业自主创新能力和核心竞争力，突破关键技术制约，国家相关部委着力构建我国电动汽车研发平台。在国家发展改革委员会的主导下，我国成立了众多电动汽车整车及零部件国家工程实验室，国家发改委批复的电动汽车国家工程实验室包括新能源汽车电驱动系统、发动机核心组件国家地方联合工程实验室、高节能电机及控制技术国家地方联合工程实验室和替代燃料汽车国家地方联合工程实验室、汽车节能环保国家工程实验室、电动汽车车辆国家工程实验室等，项目建设地分布在天津市、山西大同、安徽合肥、广东中山、山东滨州和重庆市等地。

（二）推动电动汽车产业化发展的政策

在电动汽车产业化发展初期，政府的推动政策可以对之加以有效的引导。我国推动电动汽车产业化发展的政策主要分为两种，一种是制定技术标准，一种是开展示范推广活动。下文将专门介绍我国的示范推广活动。这里主要介绍我国在电动汽车行业管理方面采取的政策措施。

为了规范新能源汽车产业的发展，工业和信息化部2009年制定公布了《新能源汽车生产企业及产品准入管理规则》，明确了新能源汽车生产企业和产品的准入管理规则；同时我国还制定了涵盖各类新能源汽车整车、关键部件等国家标准和行业标准，初步建立起了我国新能源汽车标准体系。

我国新能源汽车标准体系已经较为完善，这些标准和《新能源汽车生产企业及产品准入管理规则》共同构成了我国新能源汽车管理与认证的主要依据，基本上可以满足现阶段新能源汽车管理的需要。

但是现有的新能源汽车标准体系还有待进一步完善,从标准体系建设来讲,是一个长期的任务。一方面,我国应该不断跟踪新能源汽车新技术的发展,确保标准的技术内容先进、具有可操作性;另一方面,我国应不断研究新的标准项目,争取有一个比较全面的覆盖,尤其是涉及新能源汽车专有的技术领域。从长远观点来看,新能源汽车标准应该和传统汽车标准一样,具有比较完备的标准体系。随着新能源汽车技术的发展,将来涉及安全、环保等领域的标准应该得到强制执行,并作为产品管理的依据;其余具有普遍意义的项目在标准中需要进行规定或规范。

四、我国电动汽车示范推广情况

目前,我国开展的电动汽车示范推广活动有"十城千辆"工程和私人购买新能源汽车补贴。

(一)"十城千辆"工程和推广私人购买新能源汽车

1. "十城千辆"工程

"十城千辆"工程,全称为"十城千辆节能与新能源汽车示范推广应用工程",是由科技部、财政部、发改委、工信部联合开展的节能与新能源汽车示范推广试点工作,于2009年元月启动。主要内容是,通过提供财政补贴,计划用3年左右的时间,每年发展10个城市,每个城市推出1000辆新能源汽车开展示范运行,涉及这些大中城市的公交、出租、公务、市政、邮政等领域,力争使全国新能源汽车的运营规模到2012年占到汽车市场份额的10%。首批确定参加"十城千辆"工程的城市有13个,分别是北京、上海、重庆、长春、大连、杭州、济南、武汉、深圳、合肥、长沙、昆明、南昌(截至2010年11月,已经发展到25个城市)开展节能与新能源汽车示范推广试点工作,以财政政策鼓励在公交、出租、公务、环卫和邮政等公共服务领域率先推广使用节能与新能源汽车,对推广使用节能环保汽车予以资金补助,中央财政重点对购置节能与新能源汽车给予补助,地方财政重点对相关配套设施建设及维护保养给予补助。

根据《节能与新能源汽车示范推广财政补助资金管理暂行办法》，列入补贴范围的节能与新能源汽车主要指混合动力汽车、纯电动汽车和燃料电池汽车，混合动力乘用车和轻型商务车与同类传统车型相比节油率必须达到 5% 以上，混合动力客车节油率必须达到 10% 以上。同时工信部不定期制定"节能与新能源汽车示范推广应用工程推荐车型目录"，截至 2011 年 8 月，已经发布 25 期目录，对于列入目录中的车型将按以下标准享受财政补贴，对乘用车和轻型商用车，混合动力汽车根据混合程度和燃油经济性分为 5 档，最高每辆补贴 5 万元；纯电动汽车每辆补贴 6 万元；燃料电池汽车每辆补贴 25 万元；长度 10 米以上的城市公交客车、混合动力客车每辆补贴 5—42 万元，纯电动和燃料电池客车每辆分别补贴 50 万元和 60 万元。

2. 鼓励私人购买新能源汽车

在私人汽车领域，2010 年 6 月，财政部、科技部、工信部和发改委联合出台了《关于开展私人购买新能源汽车补贴试点的通知》，确定在上海、长春、深圳、杭州和合肥 5 个城市启动私人购买新能源汽车补贴的试点工作。补贴资金发给汽车生产企业，按其扣除补贴后的价格将新能源汽车销售给私人。具体补贴金额为：插电式混合动力车 5 万元，纯电动汽车 6 万元。此次补贴涉及的新能源汽车主要指插电式混合动力乘用车和纯电动乘用车。且申请补助的汽车生产企业及其新能源汽车产品须纳入"节能与新能源汽车示范推广应用工程推荐车型目录"，纯电动乘用车动力电池组能量不低于 15 千瓦时，插电式混合动力乘用车动力电池组能量不低于 10 千瓦时（纯电动模式下续驶里程不低于 50 公里），动力电池不包括铅酸电池。具体补贴办法是中央财政对试点城市私人购买、登记注册和使用的插电式混合动力乘用车和纯电动乘用车给予一次性补贴。补贴标准根据动力电池组能量确定，对满足支持条件的新能源汽车，按 3000 元/千瓦时给予补贴。插电式混合动力乘用车每辆最高补贴 5 万元，纯电动乘用车每辆最高补贴 6 万元。补贴资金拨付给汽车生产企业，按其扣除补贴后的价格将新能源汽车销售给私人用户或租赁企业。试点期内，每家企业销售的插电式混合动力和纯电动乘用车分别达到 5 万辆的规模后，中央财政将适当降低补贴标准。

2011 年 11 月，为了进一步推动私人购买新能源汽车，国家四部委下发

《关于进一步做好节能与新能源汽车示范推广试点工作的通知》，免除新能源汽车车牌拍卖、摇号、限行等限制，并出台停车费、电价、道路通行费等扶持政策。

（二）政策实施效果分析

1. 示范推广政策实施情况

截至2011年，我国共有25个城市开展了新能源汽车示范推广活动。在这25个城市中，到2011年底，只有7个城市新能源汽车达到了千辆，这7个城市分别是北京、上海、深圳、合肥、杭州、重庆和唐山，其中深圳累计投放新能源车辆2800余辆，排名首位，合肥累计投放2018辆新能源汽车，排名第二，且全部为纯电动汽车（具体参见表2-5）。根据各示范城市的计划，预计到2012年底，累计投放新能源汽车超千辆的城市总数将达到20个。从车型来看，目前推广的车型大部分为各种类型的电动汽车，另有少量的燃料电池汽车。

表2-5 各示范城市新能源汽车示范推广情况

城市	示范情况
北京	投入车辆1160辆，其中有1090辆环卫电动汽车、50辆纯电动公交车。建成8家充（换）电站
上海	投入车辆超过1300辆，其中，包括261辆纯电动大巴、150辆混合动力大巴、6辆燃料电池客车、90辆燃料电池轿车、100辆燃料电池观光车、61辆超级电容客车、150辆纯电动特种车、350辆混合动力轿车。2011年年底，嘉定区开建770个充电桩、2座充电站，全市范围内共建成9座充电站
大连	投入400余辆新能源汽车，含10辆电动豪华旅游客车、100辆混合动力出租车、262辆混合动力公交车、50辆君越混合动力轿车 由国家电网辽宁省电力有限公司首批建设的数百个充电桩，已在辽宁沈阳、大连、锦州等地相继投入使用
深圳	投入2800余辆，包括纯电动公交车253辆，1750辆混合动力客车，300辆纯电动出租车。已建成新能源公交充电站57个，建立新能源公交线路128条
合肥	投入车辆2018辆，全部是纯电动汽车，包括纯电动客车和纯电动轿车。已建成3座大型换电站和一批充电桩
杭州	投入车辆1700余辆，其中，864辆混合动力公交车、200辆纯电动出租车，电力部门采购的40多辆电动汽车以及近200辆私人购买和租赁的电动汽车，环卫电瓶车、垃圾转运车424辆。已建有20个电动汽车换电站，在建的还有16座，充电桩建有215个。3个投入使用的电动出租车充电站，能保证现有车辆在市区的正常营运

第二章　我国汽车能源技术发展现状及能力

续表

城市	示范情况
重庆	上路运营超过1000辆，主要有电动汽车、中度混合公务车、弱混出租车及电混动力公交车。有5台充放电设备，能为大、中、小型乘用车、商用车充电
济南	运营200余辆新能源汽车，混合动力占主流。按照政府计划，在2011年底再增加投入800辆电动汽车。全市范围内共有5座充电站，1座充换电站。首批9个电动汽车充电桩在西站安装完成，并设立了11个充电车位。同时济南市还有电池配送业务，配送区停放2辆电动汽车应急服务车、2辆电池配送车和2辆电池箱转运叉车
长沙	投入车辆共975辆，包括混合动力客车873辆、纯电动大巴102辆。纯电动公交车辆分别投放到13条公交线路示范运营。从实际运营效果来看，已上路的混合动力公交车出勤率在98%以上。建成32个充电桩
长春	总计投入200辆混合动力公交车，均为气电混合。已建成2座充（换）电站
武汉	投入车辆500余辆，其中400余辆混合动力大巴，10辆纯电动公交车（原计划购买100辆）。建成投运3座大型充电站和110个充电桩
昆明	投入车辆共250辆，包括196辆混合动力大巴，4辆纯电动公交大巴，50辆油电混合动力出租车
南昌	总计投入330余辆新能源汽车，其中130辆为公交车，200多辆为出租车，包含混合动力和纯电动汽车型。建成1座充电站
天津	投入车辆超过650辆，其中包括450余辆混合动力公交车和约200辆纯电动公务车。新建充电桩227个，1座充电站
苏州	总计投入近400辆新能源汽车，包括89辆混合动力客车、4辆纯电动客车、10辆液化天然气客车，以及300余辆混合动力出租车。邓尉路充（换）电站是全国首座可同时服务多种车型的多功能充（换）电站，此外，还有4座电动汽车充电站，其中市区3座，昆山市1座
广州	总计投入476辆新能源汽车，其中26辆纯电动公交车、450辆混合动力公交车
唐山	总计投入新能源汽车1680辆，包括20辆纯电动大巴。建设大型标准模块化充（换）电站6座、中型整车快速补给站6座，充电桩500个（套），同时将建立新能源汽车示范运行管理信息化平台，实现配套设施便利化、网络化
海口	总计投入227辆新能源汽车，包括30辆纯电动公交车，170辆混合动力公交车，27辆纯电动出租车
郑州	投入运行约400辆，包括混合动力公交车、纯电动公交车、纯电动工程车、纯电动汽车等。建成40个电动汽车充电桩
厦门	投入车辆360余辆，包括混合动力公交车189辆，纯电动汽车36辆，及供租赁的纯电动车36辆。纯电动汽车采用换电模式。已建成76个充电桩
沈阳	总计投入250辆新能源汽车，包括100辆油电混合动力新能源车、150辆天然气清洁能源车等多种车型。建成3座充电站

续表

城市	示范情况
南通	目前投入50辆新能源客车,其中3辆纯电动客车,由安凯提供;混合动力客车分别由金旅提供30辆,申沃提供17辆。另外还有11辆电动轿车已上牌
襄阳	实际完成示范推广车辆260辆,其中,纯电动90辆、混合动力20辆、市政环卫车150辆。建成2座充电站
呼和浩特	总计上路运营200辆新能源汽车,均为气电混合动力公交车。2012年新增400辆,其中200辆投入公交,200辆投放到公务、学校、环卫等领域
成都	目前投入上路运营30辆纯电动大巴。预计到2012年底,将总计投入1030辆新能源汽车,包括客车、专用车、乘用车等类型,150余辆电动公交车将在今年内投放。已经建成石羊场、龙潭寺和簇桥3座充电站,3座新的充电站正在建设中。充电桩方面,除了目前分布于成都中心城区和相关区市县的300个充电桩之外,另有250个充电桩在建设中

注:数据资料截至2011年年底。
数据来源:科技部。

从上表可以看出,在政府的强力推动下,"十城千辆"示范工程进展基本顺利,到2013年基本可以完成千辆目标。但私人新能源汽车推广活动进展缓慢。根据各地的推广方案,到2012年年底,上海、长春、深圳、杭州、合肥、北京分别计划示范推广私人新能源汽车20000辆、16000辆、15000辆、20000辆、21100辆和30000辆。但是目前私人购买新能源汽车数量极少,据新闻媒体调查,截至2011年上半年,上海已上牌照电动汽车仅为10辆,其中可能只有2辆属私人购买,在杭州,只有25人购买了纯电动汽车。

2. 私人新能源汽车推广活动实施效果

总体上,私人部门新能源汽车推广的效果极其有限。造成这种状况的原因主要有如下三点。

一是新能源汽车售价过高。据中投顾问发布的《2010—2015年中国新能源汽车产业分析及投资咨询报告》显示,目前国内混合动力汽车的售价平均要比相同排量的内燃机驱动的轿车至少要高出30%。由于相关技术尚未成熟,零部件生产暂时还无法形成规模化,所以电动汽车的价格也居高不下。以比亚迪F3 DM为例,其售价(低碳版双模电动汽车16.98万元,混合动力型14.98万元)已经超过了普通F3车型的售价(5.28—6.68万元)一倍有余,即使除去国家补贴(纯电动汽车5—6万元,混合动力车型3000元),新能源型的价格仍高于普通车型。如果新能源汽车的成本不能降到消费者可接受的范围之内,那无论是纯电动汽车,还是混合动力汽车,抑或是其他形式的新能源汽车都很难得到市场的认可。

二是充换电配套设施不完善。电动汽车充换电不方便也是影响其推广应用的一大问题。对于充电方式来说,目前比较主流的方式是充电站配合充电桩,但存在的问题是,与加油站相比,充电站(桩)的效率太低,通常充满需要数个小时,即便是快充方式最快也需要 10 分钟左右,且只有少数充电站能够达到如此的速度;如果采用更换电池的方式,换电时间的问题可以得到解决,但是动力电池昂贵,如果建设换电站,需要投资比较大。另外,建设充换电网络目前面临的一个最大的难题是,目前各厂的电池规格和充电接口均不统一,而且至今还没有一个统一的国家标准出台,这严重阻碍了配套设施的建设进程。

三是新能源汽车技术水平尚不够成熟。我国新能源汽车的整体研发水平还不高,电控、电机、电池三大核心技术的缺失对产业发展构成很大制约,部分零部件国产化率低,严重依赖进口。与国际先进水平相比,国内一些产品在稳定性、可靠性及耐久性等方面还存在一定差距。新能源客车被认为有望率先实现产业化生产,但国内很多已投入使用的混合动力客车均选择的是国外的混合动力系统(变速箱、电机、高压电池组及系统控制单元等),客车企业则更多扮演的是组装工厂的角色。我国把纯电动汽车定为国家战略,然而要想推进其产业化,就必须靠技术的提升来实现。以电池技术为例,不仅要通过技术的革新不断提高电池的寿命、提高续航里程的同时降低成本,还要考虑电池的管理和报废回收问题。目前混合动力汽车是国际知名车企竞相研究的对象,相对纯电动汽车来说技术比较成熟,但现阶段政策对混合动力汽车的补贴只有 3000元,在国内推广会变得十分困难。

(三)典型城市发展情况介绍

我国电动汽车产业的发展应该积极遵循市场经济的基本规律,但是目前我国电动汽车产业尚处于发展初期,市场经济发挥作用的领域十分狭窄,这需要政府发挥自己的作用,引导电动汽车产业的健康发展。改革开放以来,中央政府逐步向地方政府下放财权和经济管理权,特别是实施了分税制等一系列较为充分地考虑地方政府利益的制度和做法,大大激发和增强了地方政府经济活力和地方政府管理的自觉性。地方政府也可以在电动汽车技术发展过程中发挥重要作用,在发展电动汽车方面,地方政府可以制定地方新能源汽车发展规划、出台与中央政策相配套的地方支持政策、促进组建地方电动汽车产业联盟等。以上海市的情况为例予以分析说明。

1. 上海市新能源汽车发展概况

(1) 推广情况

上海是国家节能与新能源汽车示范推广应用工程首批示范城市,同时也是首批新能源汽车私人购买补贴试点城市。2010年上海利用世博会契机大力推广新能源汽车。世博会期间,上海总计有1147辆电动新能源汽车提供交通服务,总行程达到2921.64万公里,完成1.256亿多人次的客流输送,从中积累了一批很有价值的运行数据和服务维修保障经验。上海在基础设施上,也采用了多元化的建设方式,世博园区建充电站1座,园区周边建固定加氢站1座。上海电力公司已建成漕溪、沪西、古羊路等4个充电站、36个充电桩,上海雷博已建成锦勤班车、哈密路等10个站点、近70个充电桩。

(2) 研发和产业发展情况

一是关键技术研发实力进展明显,但产品商业化程度有待提高。上海在电机、电控方面优势一直较为显著,在电池方面基础稍弱,近年来也在奋起直追。

就最核心的电池技术而言,中国是仅次于日本的全球第二大锂电池生产国,但锰酸锂动力电池正极材料技术基本控制在日本手里。我国天津力神、深圳比克等承担了国家"863"磷酸铁锂电池项目,苏州星恒、深圳比亚迪已小批量生产出磷酸铁锂电池,上海航天811所、上海德朗能等单位也正在积极开发。2009年,811所经配合上汽集团提供了纯电动、插电式混合动力等车型用磷酸铁锂电池组系统并完成跑车试验。在锂电池的关键材料,如正极材料、隔膜等方面,上海目前没有大型企业介入,还处于研发和小批量试制阶段。

最近,上汽集团与美国A123公司(上海捷新)、811所与杉杉股份(航天电源)、苏州星恒与上燃动力(上海恒动)等分别在上海注册成立合资企业,拟实现锂电池核心关键技术的突破,推动上海车用锂电池的产业化。但总体而言,上海锂电池制造商的实力仍然有待提高,电池材料在上海也不具有优势,国内锂电池制造商三强(比亚迪、天津力神电池和比克电池)并没有出现在上海企业或研发单位。

在电机方面，目前上海企业的车用驱动电机的技术水平和产品样机水平在国内处于领先地位，上海电驱动公司已成为国内车用永磁电机行业的龙头企业，一些关键技术指标如功率密度、转矩密度等方面与国外电机系统基本相当。

在电控方面，国际主要汽车电控专业厂商几乎垄断了核心技术领域。华东电脑自2007年起与上海汽车开展合作，开发汽车电子嵌入式基础软件，同时参与国家"核高基"专项汽车电子基础软件项目，积累了相当的技术力量，其基础软件产品已在上海汽车自主品牌车型得到应用。上燃动力、同济大学、上海电驱动公司等开发的燃料电池汽车动力系统控制、动力蓄电池及管理系统、电机及驱动控制系统、总线网络技术等新能源汽车电控系统的相关产品已形成规模，经过几轮样车的试验和优化改进，形成了具有自主知识产权的电动汽车动力控制系统产品，但在产品的可靠性、耐久性和成本方面同样离商业化要求还有一定的距离。

从2001年开始，上燃动力和同济大学汽车学院先后联合承担了国家"863"计划"多能源动力总成控制系统研究"、"燃料电池轿车项目"、"电动汽车网络总线通讯协议的前期研究"，以及后续的"燃料电池轿车项目"、上海市教委重点学科项目"混合动力汽车核心技术研究"等相关研究开发工作，累计投入科研经费6000多万元。

配合上述研发工作，自主知识产权的整车控制器工程样机已经先后成功用于四代燃料电池轿车和三种车型的混合动力轿车车型，累计装车20余辆，当量运行里程超过30万公里。并基本通过了权威机构的包括电磁兼容、防水盐雾、振动、高低温等项目在内的全面产品认证。各项指标均达到或接近国际先进水平。目前，围绕新能源动力总成控制技术和控制器申请发明专利7项，其中2项已授权，实用新型专利8项，软件著作权10项。基本形成了完备的自主知识产权特征。

此外，配合整车控制器开发，上燃动力和同济大学新能源汽车工程中心积累了较完善的控制器开发经验和动力总成测试和匹配标定经验，完全能够满足项目开发工作的需要。在生产准备方面，上燃动力目前已经着手实施生产基地的建设工作，并在前期租用的厂房内开展了必要的生产准备和前期试制工作。

二是公共技术研发平台初具规模，但服务效能尚未完全发挥。上海已建成"国家燃料电池汽车及动力系统工程技术研究中心"、"上海电动汽车工程技术研究中心"、"上海超级电容工程技术研究中心"、"上海汽车电驱动工程技术研究中心"、"上海新能源汽车检测工程技术研究中心"、"新能源汽车及动力系统工程实验室"等平台，初步形成了节能和新能源汽车及关键零部件的测试与开发能力。此外，随着"通用汽车中国前瞻技术科研中心"落户浦东，以及 PSA 标致雪铁龙集团在上海建立汽车研发中心，一部分外商独资的汽车研发中心也将在一定程度上促进上海汽车技术的进步。但据专家反映，上海这些平台资源的服务面有待进一步拓宽，需要更好地整合与开放，为更多的企业和研发单位提供服务。

三是企业实力与产业链基础较强，但发展后劲不容过分乐观。上海市整车龙头企业实力较强。2009 年，乘用车销量排名前十位的企业中，上汽通用五菱、上海大众、上海通用分列前三位，分别销售 97.7 万辆、72.8 万辆、70.8 万辆，同比增长 67%、49% 和 64%。上汽"十二五"规划中提出，"十二五"期间新能源汽车全国市场占有率与传统能源汽车达到同步，为 20% 左右，将投资 140 亿元发展电动汽车（参见表 2-6、图 2-15）。

表 2-6　上汽集团新能源车型上市计划

车型	新能源类型	上市时间（年）	价格（万元）	续航能力	节油情况（%）
君越	轻度混合动力	2008	27	125km	15
荣威 750	BSG 中混混合动力	2010	18—30	500km	20
荣威 550	插电式混合动力	2012	14—17	电池约 100km	50 以上
荣威 350	纯电动	2012	未定	200km	100
上海牌纯电动汽车	纯电动	2012	未定	200km	100
领驭燃料电池车	燃料电池轿车	无上市时间	150	300km	100
上海牌燃料电池车	燃料电池轿车	工程样车		319km	100

资料来源：上汽集团、国金证券研究所。

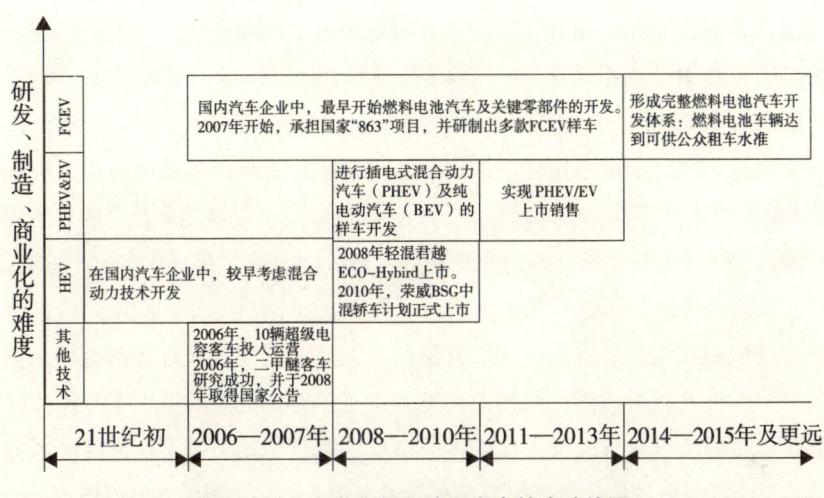

第二章 我国汽车能源技术发展现状及能力

研发、制造、商业化的难度		21世纪初	2006—2007年	2008—2010年	2011—2013年	2014—2015年及更远
	FCEV		国内汽车企业中,最早开始燃料电池汽车及关键零部件的开发。2007年开始,承担国家"863"项目,并研制出多款FCEV样车			形成完整燃料电池汽车开发体系:燃料电池车辆达到可供公众租车水准
	PHEV&EV			进行插电式混合动力汽车(PHEV)及纯电动汽车(BEV)的样车开发	实现PHEV/EV上市销售	
	HEV		在国内汽车企业中,较早考虑混合动力技术开发	2008年轻混君越ECO-Hybird上市。2010年,荣威BSG中混轿车计划正式上市		
	其他技术		2006年,10辆超级电容客车投入运营 2006年,二甲醚客车研究成功,并于2008年取得国家公告			

图 2-15 上汽集团新能源汽车技术路线图

此外,上海市零部件产业链较完整。从"十五"期间上海就开始承担国家"863"计划"燃料电池轿车项目",初步建立起电动汽车关键零部件产业链。如生产燃料电池动力系统的上燃动力,生产动力蓄电池的万宏动力,生产燃料电池发动机的上海神力、上海新源,生产车用电机的上海电驱动、上海大郡,生产车用DC/DC变换器的上海同沪电器等。这些零部件企业不仅为上海本地整车企业配套,而且也为外地整车企业配套,如上燃动力开发燃料电池动力系统为奇瑞汽车、沈阳华晨等整车企业配套,也为奇瑞S18开发了纯电动轿车动力系统;上海电驱动、上海大郡生产的电机为一汽集团、东风汽车、奇瑞汽车、重庆长安等整车企业提供配套,上海神力、上海新源为北汽福田燃料电池大巴提供配套等。此外,上海也在嘉定设立了关键零部件产业化基地,吸引更多的零部件企业落户上海。

然而,上海汽车企业不容过于乐观。一是本地汽车零部件企业普遍规模小、实力弱、研发能力不足。2008年在中国汽车工业协会公布的"中国汽车零部件百强企业"名单中,上海企业合资(参股)或总部设在上海的企业有13家,只有1家企业主营业务收入超过100亿元,其余均在10—60亿元之间,民营企业占的比重更低一些。相对于国外零部件生产企业而言,规模差距相当大。据相关统计表明，国际企业著名零部件公司是国内生产同类产品的大型代表企业的 167 倍，其中转向系统是 79—154 倍，制动系统（ABS）是 171 倍，电子系统（EMS）是 70 倍。二是外国品牌占据了乘用车市场大部分市场份额，市场占有率接近 70%。在上海这样一个国际化大都市，青睐外资品牌的现象更加严重，上海的汽车制造商和供应商能否仍是一个问题。三是新能源汽车的技术发展是对传统汽车技术的颠覆，新能源汽车的发展同时意味着传统汽车技术的衰落，这对于目前在传统汽车技术领域拥有巨大资产的上海汽车龙头企业来讲，将是一种分娩似的阵痛。最令人担忧的就是国有大企业沉溺于现有成熟市场，在新能源汽车上投入轰轰烈烈，但技术研发上走走停停，更多的是出于应付。前车之鉴就是美国的汽车三巨头，在巨大的市场消费理念的引诱下，在传统动力汽车技术上走得越来越远，而新能源汽车技术则投入巨大，但是基本停滞不动。

2. 上海市在新能源汽车发展中所起的作用

一是加强组织领导。新能源汽车产业属于新兴产业，新能源汽车的技术发展路径还存在不确定性，消费者对新能源汽车的认知还存在一个过程，在这种情况下，为了有效地推进新能源汽车产业的发展，在产业发展初期，政府应该积极介入。在上海，为推进新能源汽车产业发展和示范推广，上海市在 2006 年以前成立了新能源汽车推进领导小组，上海市政府主要领导担任小组组长，小组办公室常设在上海市经济和信息化委员会。新能源汽车推进领导小组办公室负责组织协调上海市新能源汽车技术的研发和推广活动。

二是积极出台各种发展规划和支持政策。新能源汽车产业在发展初期需要政府加以积极引导和支持，在这方面，上海一方面出台文件加强对新能源汽车发展路径的引导，另一方面积极出台政策措施支持新能源汽车产业的发展和推广。在引导新能源汽车技术发展方面，上海市新能源汽车推进领导小组颁布了"上海市新能源汽车推进项目"，通过项目推介的方式对新能源汽车的技术发展路径加以指引，根据上海市新能源汽车项目推进情况，上海市在 2008 年以前主要着力进行混合动力轿车动力系统关键技术研发，形成具有自主知识产权的核心技术，并形成混合动力汽车量产能力。2009 年至今，上海市着重进行纯电动汽车研发，力争在纯电动汽车技术领域掌握一批具有自主知识产权的核心技术，并委托上海市科学研究所进行了"上海纯电动汽车关键技术路径选择及产业发展策略"专项研究。在支持政策方面,上海市经济和信息化委员会在 2009 年 5 月出台了《上海推进新能源高新技术产业化行动方案（2009—2012）》,该方案规定了上海市新能源汽车的发展方向、发展重点以及产业布局,同时还给出了政策支持措施。紧接着,在 2009 年 10 月,上海市发改委和上海市经信委联合出台了《关于促进上海新能源汽车产业发展的若干政策规定》,该规定进一步细化了上海市新能源汽车技术研发、推广方面的支持政策。

三是积极推动新能源汽车示范推广。新能源汽车的示范推广有助于引导新能源汽车的技术发展,有助于增强消费者对新能源汽车的认识,有助于扶持新能源汽车产业的发展壮大。上海市较早开始着手推进新能源汽车示范推广工作。2006 年上海市发布《新能源汽车推进项目指南》时,就开始推动混合动力客车、燃料电池客车以及代用燃料客车推广。2009 年 6 月,代用燃料二甲醚客车已经在上海投入公交示范运营。2010 年上海市利用世博契机,大力推动新能源汽车示范推广,车型除超级电容、电容 + 电池等新能源公交车外,还有纯电动、混合动力、燃料电池等各类新能源汽车,共计 1000 余辆。同时上海还积极参加国家新能源汽车示范推广,2009 年上海成为全国首批节能与新能源汽车示范推广试点城市,2010 年 6 月上海成为全国 5 个私人购买新能源汽车补贴城市之一,并为此制定了详细的"私人购买新能源汽车试点实施方案"。

第三节 燃料电池发展现状及能力

一、我国燃料电池发展现状

（一）氢能和燃料电池在我国汽车能源技术中的地位及发展现状

1. 氢能在车用能源中的战略地位

氢能在以下几个方面对中国能源特别是车用能源利用具有重要意义。

一是氢能作为车用替代燃料,改善能源安全。氢能汽车（包括燃料电池汽车、氢内燃机和掺氢内燃机汽车等）改善能耗,降低排放甚至达到零排放,关键能将可再生能源的能量应用于交通运输中，从而摆脱对化石能源的依赖，促进我国能源安全，解决目前我国能源压力大、汽车尾气污染严重等问题。

二是氢能可有效缓解环境压力。温室气体引发的全球变暖已经成为世界各国的共识，随着美国可能重新签署《京都议定书》，作为成员之一的中国，必然面临未来控制温室气体排放的压力，氢能应用过程中的温室气体排放可控制在合成气中，进行集中埋存处理，将解决目前车用发动机无法集中处理温室气体排放的问题。

三是氢能在 WTW 全生命周期内具有更高的能效。氢能的一大优势在于高效的转化效率，能够节省能源、缓解能源需求，同时氢能制取的多样性引入了可再生能源的利用，拓宽了我国能源利用范围。目前燃料电池的转化效率能达到 60%—80%，而燃料电池汽车的总能量效率可达到 40%，高于传统的内燃机（25%）。

2. 燃料电池在车用能源技术中的地位

氢燃料电池汽车是汽车业发展的最终方向。发展氢燃料电池汽车有利于解决能源、环保两大世界难题，更有利于我国目前落后的汽车工业实现跨越式发展。我国传统的汽车工业落后于世界发达国家已经是不争的事实，而汽车工业的强弱程度又关系到整个国家工业的强大与否。面临残酷的市场竞争，处于劣势的中国传统汽车工业已经毫无胜机可言，认清形势开辟新的战场刻不容缓，而这个新的战场就是燃料电池汽车。它既符合"能源节约型，环境友好型"的可持续发展要求，又可以实现我国汽车工业跨越式发展。

氢燃料电池发动机作为新能源汽车燃料电池轿车、燃料电池城市客车最核心的零部件，其产业化速度最终决定了燃料电池车的产业化进程。质子交换膜燃料电池技术在整个燃料电池行业中起着带头兵的作用，是整个行业的支柱，直接关系着一个民族乃至整个国家的未来能源计划和发展，对我国燃料电池行业及技术进步起着举足轻重的作用。因此，开发具有自主知识产权且符合产业化要求的车用燃料电池发动机，是我国实现汽车工业跨越式发展的紧迫任务。

目前，通用、丰田、本田、奥迪和戴姆勒等国际汽车制造商以及上汽、一汽、长安、奇瑞等国内制造商均相继推出了自己设计制造的氢燃料汽车。氢燃料电池的好处主要有：电池用氢氧发生化学反应，仅产生水和热量，不会产生有害的废弃物；风能、核能、煤炭等能源一般不能直接用到汽车上，但可以转化为氢能源供汽车使用;没有传统机动车的燃烧过程,释放废热少,能减弱温室效应,保护环境。因此,氢燃料电池技术有广阔的发展前景,是我国汽车工业发展未来的战略制高点之一。

(二)我国燃料电池发展历程

燃料电池在我国的研究起步比较晚,在20世纪60年代末,我国科学家就已经开展了对燃料电池的研究。然而,由于种种原因,在70年代后期许多研究相继停止。这导致我国的燃料电池技术与世界先进水平差距较大。进入90年代初期,由于国外民用燃料电池的迅速发展,我国又兴起了对燃料电池的研究热。我国的质子交换膜燃料电池(PEMFC)技术研究在"九五"期间被列为国家"九五"计划中重大科技攻关项目之一,在国家自然科学基金委员会、"十五"、"十一五"两个连续"863"计划的大力支持下,目前有一大批高等院校如清华大学、北京科技大学、上海交通大学、武汉大学、华南理工大学等都加入到了燃料电池的基础理论研究中来,大连化学物理研究所、天津电源研究所、北京福源公司、上海神力科技有限公司等在PEM燃料电池技术的研究方面都取得了重要成果,在"十一五"期间,我国的燃料电池技术可望得到突破性进展。通过十几年的不懈努力,在燃料电池技术方面的研究我国已经取得了很大的进展,特别是在PEM燃料电池方面,但由于我国起步比较晚,很多技术仍然处于科研阶段。国家科技部和中国科学院在"十五"、"十一五"中安排了"燃料电池技术"攻关项目,以大连化物所为牵头单位,在全中国开展了PEM燃料电池的电池材料与电池系统的研究。旨在开发具有自主知识产权的燃料电池技术,主攻PEM燃料电池。

(三)我国车用燃料电池发展现状

我国车用燃料电池技术经过"九五"、"十五"的持续发展,特别是"十一五"期间在科技部"863"计划"节能与新能源汽车重大项目"的资助下,车用燃料电池技术得到了显著的提升,在燃料电池关键材料、关键部件、燃料电池电堆与系统等方面取得了长足的进步,奠定了"十二五"燃料电池发展的基础。

经过近几年的发展,我国已成为世界上少数几个掌握车用百千瓦级燃料电池发动机研发、制造以及测试技术的国家之一,自主品牌的燃料电池在额定功率下发动机的氢能效率≥50%,重量比功率≥160瓦/千克。在我国,大连化学物理研究所研制了净输出功率为50千瓦的客车用燃料电池发动机1台,净输出功率60千瓦客车用燃料电池发动机2台。其中,50千瓦燃料电池发动机已经装车进行了737公里的运行实验;净输出60千瓦燃料电池发动机已通过专家组的考评。上海神力科技公司研制的净输出40千瓦轿车用燃料电池发动机、净输出功率60千瓦客车用燃料电池发动机也分别在同济大学、清华大学燃料电池发动机测试基地通过了严格的测试,并分别被装车运行。整机能量密度、转换效率、过载能力以及自动运行程度等方面有明显的技术进步。表2-7给出了清华大学联合北汽福田等单位开发的燃料电池城市客车的主要性能指标。

表2-7 清华大学联合北汽福田等单位开发的燃料电池城市客车性能

序号	试验项目		技术要求	试验结果	备注
1	初速50km/h的滑行距离(m)		—	668.1	—
2	动力性	最高车速(km/h)	≥75	80	
		0km/h—50km/h加速时间(s)	≤25	21.7	
		最大爬坡度(%)	≥20	20	
3	续驶里程(km)		≥200	243.5	
4	经济性	氢燃料消耗率(kg/100km)	≤9	7.75	依据中国典型城市公交循环工况

注:续驶里程是在试验开始前10个气瓶初始压力为20MPa,环境温度为20℃,试验结束时10个气瓶压力为1.5MPa,环境温度为20℃条件下,所能行驶中国典型城市公交循环工况的距离。

燃料电池关键材料技术取得较大突破。车用燃料电池的材料问题是决定总体技术水平与发展的根本,在"十一五"重大项目中及时设立了以关键材料为核心的共性基础课题,使关键国产燃料电池材料如电催化剂、增强型复合质子交换膜、燃料电池用炭纸、金属双极板等的制备技术取得了较大的突破,部分已经达到或接近国际同类商业化产品水平,为下一步燃料电池技术的研发奠定了有利的基础。

车用燃料电池系统性能取得进步。由国内研发的燃料电池系统提供了北京奥运会的装车任务,20辆燃料电池轿车系统、3辆燃料电池客车系统全部通过测试。燃料电池轿车成为2008年北京奥运"绿色车队"中的重要成员,经受了酷热多雨天气和频繁启停城市工况等的考验,20辆燃料电池轿车运行总里程 7.6 万多公里，车辆执行任务 970 车次，单车出勤率超过 90%。作为"中国燃料电池公共汽车商业化示范项目"的一部分，燃料电池城市客车自 2008 年 7 月以来在北京进行为期 1 年的示范运行，为燃料电池商业化进一步积累经验、收集数据。其后，我国自主研制的 16 辆帕萨特领驭氢燃料电池轿车于 2009 年在美国加州进行为期半年的道路测试与示范运行服务。此外，Plug-in 燃料电池系统技术也取得了一定的进展，30 千瓦可在轿车中前舱布置燃料电池加压系统，与现有内燃机系统实现了兼容，并已经装车运行。低底板燃料电池城市客车，将后置式发动机改为顶置式，节省了空间，加强了安全性。目前国内常压和加压两种技术路线燃料电池系统均有产品供应，系统性能取得了较大的进步，其中常压电堆比功率密度已经达到 726 瓦/千克、1105 瓦/升。

燃料电池耐久性与环境适用性取得进展。燃料电池堆的耐久性是困扰其商业化的技术障碍之一，耐久性研究已经开始得到重视。国内研发单位初步开展了试验室动态寿命试验研究，通过模拟车用燃料电池动态载荷操作条件的快速评价方法，对燃料电池衰减机理进行剖析，提出了一些切实可行的解决对策，在耐久性方面取得了较大的进步。在北京市 801 公交线作为公交车示范运营的燃料电池客车，单车运行寿命已超过 1500 小时，累计运行 2 万多公里。环境温度与环境质量对车用燃料电池系统运行有重要的影响。通过研究零摄氏度以下质子交换膜燃料电池中水结冰对材料与部件的影响，研究人员提出了零摄氏度以下保存和启动策略，实现了燃料电池系统低温（-10℃）储存与启动，在车上实施还需要进一步工程化工作。在环境杂质对燃料电池影响与解决对策研究方面，对空气中的 NO_x、SO_x 以及氢气中的 H_2S 等杂质的毒化行为与机理进行了较为细致的研究工作，为下一步解决对策的探索提供了试验数据与理论基础。目前，低压燃料电池电堆动态寿命提升，单堆动态循环工况累计运行超过 1500 小时，性能下降 6.7%，预测寿命可超过 2000 小时；燃料电池发动机输出功率大幅提升，轿车发动机净输出功率提升到 55 千瓦，客车发动机输出额定功率 80 千瓦、过载功率 110 千瓦，系统最高效率超过 61%，最大功率密度超过 700 瓦/千克，最大体积比功率达 1000 瓦/升。目前，我国已成为世界上少数几个掌握车用百千瓦级燃料电池发动机研发、制造和测试技术的国家之一，并实现了一定的出口。

建立了燃料电池测试中心。为促进燃料电池的研发，给研究机构提供了公平、公正、统一标准的测试评价结果，分别由清华大学、同济大学组建的客车燃料电池发动机测试中心和轿车燃料电池发动机测试中心，自"十五"以来执行了多次测试任务，经过不断改进与完善，正逐渐趋于成熟；此外，2008年以中科院大连化学物理研究所为依托，筹建的燃料电池关键材料与部件测试中心，经过几轮测试，形成了主要材料的测试方法与体系，部件的测试还有待于进一步完善。

开展了小范围示范考核。我国燃料电池汽车开发，采用独具特色的能量混合型和功率混合型两种燃料电池混合动力系统，具有电—电混合、平台结构、模块集成的技术特征，燃料经济性优良。清华大学和同济大学牵头研制的20余辆燃料电池客车和轿车在北京、上海等地开展了示范考核运行。上海世博会、深圳大运会期间，也对相应规模的燃料电池汽车投入示范运行。

目前，国内专门从事燃料电池研究开发的企业主要有两家，除上海神力科技有限公司外，另一家是大连新源动力公司（中科院大连化学物理研究所）。另外，近几年从事燃料电池研发的研究院校和企业也在快速增加。

神力科技在世界范围内首创能在常压空气、低压氢气状态下安全、高性能运行的氢燃料电池，其性价比已超过了采用加压运行的加拿大巴拉德公司和美国通用汽车公司的氢燃料电池。这一技术路线，由于实现了氢燃料电池能在常压空气、低压氢气状态下运行，既简化了运行系统，降低了系统成本，又大大提高了运行的安全性、可靠性，延长了工作寿命，非常有利于产业化。这一自主创新的成果，使得神力科技在氢燃料电池技术领域的国际竞争中后来居上，实现了这项技术的跨越式发展。目前，神力科技的燃料电池技术已达到了国内领先、国际先进的水平。神力科技承担国家"十一五""863"项目的同时，为北京奥运会示范用20辆帕萨特领驭轿车中的其中17辆配套生产了18台燃料电池轿车发动机（1台备用），并装车示范运行。2008年7月13日，时任科技部部长万钢驾驶燃料电池轿车驶入中南海，受到胡锦涛主席、温家宝总理接见。这些燃料电池轿车于2008年8月8日起正式投入奥运运行服务，分别用于奥运保障，男、女、残奥马拉松赛事用车、公务用车、展示用车等。20辆燃料电池轿车参加奥运会服务，历时66天，出勤970多次，共运行7.3万多公里，载客2190人，是世界排名第四、国内第一、持续时间、服务里程最长的燃料电池车示范运行。2008年10月31日，上海市新能源汽车推进办公室组织召开了2008北京奥运会燃料电池轿车研发和示范运行的专家验收会。评审专家认为这次为奥运会研制的燃料电池轿车在工程设计和安全性、可靠性等方面有明显进步，对该成果给予很高评价并授予神力科技"科技奥运团队合作奖"。

新源动力股份有限公司是目前国内规模最大的集燃料电池科研开发、成果转化、系统集成、标准制定、人才培养、产业化实践等于一体的行业龙头企业。该公司成立于2001年，由上海汽车工业（集团）总公司、中国科学院大连化学物理研究所等大型企业及科研院校投资构成，是中国第一家致力于燃料电池产业化的股份制公司。公司注册资本为11700万元人民币，员工总数300余人，占地面积36655.2平方米，建筑面积29007平方米，厂房、设备总额及现金合计达16300万元人民币。申请发明和实用新型专利累计202项，其中发明专利达到158项，已获授权101项，专利、专有技术等无形资产逾亿元。同时，新源动力是国家燃料电池技术标准制定的主任委员单位。

新源动力于2006年被国家发改委认定为"燃料电池及氢源技术国家工程研究中心"（以下简称"工程中心"）。工程中心经过两年的建设已于2008年7月正式投入使用。在工程中心燃料电池产业化战略目标的指引下，通过发挥项目法人本身所拥有的科研、生产和市场营销方面的优势，工程中心正在开发满足产业政策及市场需求的节能环保新产品，构建工程化、集成化的系统技术平台及生产线，并通过链接基础科研与实际应用领域上下游机构，培育开发燃料电池产业链。

目前，新源动力已初步完成产业化布局和3000千瓦/年的产能建设工作，形成了以新源动力股份有限公司为技术创新源头、以江苏新源动力有限公司（全资子公司）为成果转化的产业化生产基地，以上海新源动力有限公司（全资子公司）为系统集成制造及商务中心的三位一体的战略格局。

新源动力自成立以来，即承担国家科技部"863"计划重大专项——车用燃料电池发动机研制课题，已累计向科技部提交燃料电池轿车及客车发动机超过1000千瓦，完成的各项技术指标国内领先，部分关键技术已达到国际一流水平，并以此为基础取得了多项研发成果。

科技部"863"项目持续支持燃料电池汽车的技术研发工作，"十二五"期间为保持我国电动汽车技术制高点，继续保持了对燃料电池汽车的支持力度。从产业界来看，即使在"十五"、"十一五"燃料电池汽车全球产业化热潮期间，我国汽车工业界并没有在燃料电池汽车方面有过多投入，进入"十二五"后，在燃料电池汽车产业化趋于理性化的大背景下，上汽集团制定了燃料电池汽车发展的五年规划，以新源动力为燃料电池技术产品供应商，开始投入大量资金研发燃料电池汽车，这也势必大大推动我国燃料电池汽车技术、产品的快速发展，向产业化目标坚实推进。

二、技术基础及能力

（一）技术路线

目前，对于燃料电池我国并未上升为国家战略，也未形成国家主导的燃料电池技术路线。根据国家相关部门组织的相关课题研究可以看出，我国产业界、科研界普遍认为燃料电池应是未来战略制高点，应作为一种储备技术。其中，纯电动汽车由于在使用阶段零排放，综合能源利用效率高，能够彻底摆脱对石油的依赖，是解决我国汽车能源和环境问题的根本途径，是我国道路交通能源动力系统转型的战略重点和主要方向。混合动力汽车结合电池和内燃机优点，能够实现显著的节能减排效果，是传统汽车技术升级的重要方案，是近中期市场竞争的重点产品。

燃料电池汽车具有能量转化效率高、零排放、不污染环境等优点，由于目前技术开发难度大，商业化预期有所降低，但仍是面向未来的战略制高点，应作为战略储备技术。在我国电动汽车研发技术路线中，燃料电池汽车是"三纵三横"路线中的重要组成部分。

国内外的示范运行，证明了燃料电池电动汽车应用的可行性，但是从现在的技术状态与存在的问题来看，寿命与成本仍然是困扰其商业化的瓶颈。鉴于目前燃料电池的成本与寿命的现状,在车用系统方面的应用已由纯燃料电池驱动转向燃料电池与二次电池的混合动力驱动。车用燃料电池的发展一方面体现在各国的示范项目,另一方面体现在关键材料与部件的应用基础研究上,两者并重发展,相互促进。

(二)关键环节和部件

1. 氢能的供应环节

(1)氢能的可获得性

氢作为燃料来源广泛,资源丰富,可充分利用可再生能源资源。氢能车是达成汽车使用阶段零排放目标的重要途径。近期,氢能在车辆上的应用还有很多技术问题需要解决,中远期随着燃料、车辆、加注设施技术的突破,以及相关成本的降低,将有较好的推广应用前景。

氢可由多种一次能源(化石能源、生物质、太阳能、风能等)转化,来源广泛,不仅可以通过煤、天然气等化石能源规模制备获得,还可以通过核能、可再生能源等多种能源转化获取,在相关技术成熟后,可以实现足够和廉价的氢能供应,并且与其他能源有很好的互换性。

近年来,我国氢的产量在稳步增长,已经进入世界产氢大国的行列,但是大部分氢被用作化工原料、工业氢气等。目前国内最大的用氢量是在合成氨生产上,占总量的85%左右,而作为直接产品和燃料的数量很少,没有跨入主流能源的行业。

氢在未来汽车上的应用前景取决于制氢及储带技术有无突破性的进展及车辆氢动力系统技术的发展,因此,氢大规模的应用于汽车还需要经过较长的阶段。

(2)氢能的生产现状

氢能作为最有发展前景的汽车燃料,既具有突出的优点,也存在许多尚未解决的问题。目前储氢、供氢及车用燃料电池技术均处于研究阶段。氢在未来汽车上的应用前景取决于制氢及储带技术有无突破性的进展,因此,氢大规模的应用于汽车还需要经过较长的阶段。

我国的氢气利用主要是用作化工合成的中间产品或原料,我国大部分的氢气生产集中在大型的炼油、合成氨、精甲醇和氯碱化工的生产企业,此外钢铁厂对氢气的需求也很大。一般多数企业都是自己购置设备通过煤焦化制氢、天然气重整制氢和重油部分氧化制氢等，来满足主业生产的需要，通常大需求量的规模氢气都没有专门的企业能够提供。目前小量的氢气需求，例如：电子半导体、光伏产业、肥皂、浮法玻璃等生产企业需要高纯度氢气作为还原气或者生产保护气，会购买部分公司提供的商用氢气，这类型氢气通常通过水电解或者小规模天然气重整制氢得到。

2010年4月，为配合世博会燃料电池汽车示范运行，由上海市科委世博专项资助，同济大学、上海焦化有限公司和上海舜华新能源系统有限公司联合研制的工业副产氢气提纯装置（参见图2-16），办妥相关生产法定手续，正式投入生产，担负为上海世博会燃料电池汽车提供氢气的任务。该装置所生产的氢气纯度达到99.99%，产能为400标方每小时（Nm^3/h），完全满足世博园区内各类燃料电池汽车每天约600公斤的供氢需求，为世博会期间燃料电池汽车的正常运行提供了有力保障。

图2-16　工业副产氢气提纯装置

2010年6月，全球领先的炼油厂氢气供应商——空气化工产品公司宣布与位于中国四川的合资公司签署了一份长期协议，为中国石油天然气股份有限公司建立一个氢气生产设备，中石油是世界上最大的石油气体公司之一。这是中国国有炼油厂首次将氢气需求外包给境外企业。空气化工产品公司利用甲烷蒸汽重整器（SMR）制出氢气供应给中石油在四川的炼油厂和石油化工设备。

该重整器预计每天将制造 9000 万标准立方英尺的氢气，并希望在 2012 年早期投入运营。该制氢装置突出的技术进步是它将使设备的能量效率和减排实现最大化。SMR 旨在使向环境扩散的热损失降至最低，这反过来减少了重整氢气需要的天然气用量。这些努力和其他提高生产率的措施将支持空气化工产品公司节能减排的可持续全局目标。

近期国内单套产能最大的制氢装置在中国石化茂名石化动工建设。该装置采用目前世界上最成熟的煤气化技术，将煤炭或焦炭原料转化为氢气，与传统制氢工艺相比，可节约成本 20% 到 25%。20 万标立方米/小时煤制氢装置是中国石化茂名石化 2000 万吨炼油改扩建工程的重要配套项目之一。据悉，该套煤制氢装置采用美国通用电气能源集团的气化工艺，将煤炭或焦炭原料转化为粗合成气，再生产氢气。该技术目前已在中国石化所属金陵石化、齐鲁石化、南化公司应用。

中国的煤炭资源较为丰富，煤制氢是现阶段中国主要的制氢形式。煤制氢技术主要包括煤的焦化制氢和煤气化制氢两种，并以气化制氢为主。业内人士认为，与传统石油路线相比，以煤制氢来生产燃料电池的燃料能效最高。考虑到未来氢燃料电池技术的发展，煤制氢技术将是一个重要的发展和应用方向。据统计，目前我国氢气年产量已逾千万吨规模，位居世界第一；金属储氢材料产销量已超过日本，成为世界第一。同时，我国氢能应用已有产业化的领域。

2. 燃料电池的关键部件

目前应用于汽车上的燃料电池主要是质子交换膜燃料电池，即 PEMFC。一个燃料电池装置中有三大核心组件（参见图 2-17）。

一是膜电极总成。电极、催化剂和聚合物电介质膜构成了膜电极总成。阳极作用主要是，将电子从氢分子分离出来，形成电流，同时可在阳极表面的通道使氢气均匀地与催化剂接触并反应。阴极的作用是通过刻录其上的通道使外部氧气与催化剂接触，将电子传送到催化剂并使氢离子和氧结合生成水。聚合物电介质膜能使正离子通过，同时阻止电离子通过，它是燃料电池的最关键部分。

二是催化剂。在阳极上发生氧化反应，阴极上发生还原反应，通常情况下需要催化剂来加速化学反应的速度,因此在两个电极上都覆盖有催化剂涂层。目前催化剂涂层主要是利用铂金来生产。将非常稀薄的铂金涂在碳纸或碳布上形成催化剂涂层。催化剂涂层做成粗糙和多孔的结构,以便为氧化还原反应提供有效的最大表面积。涂有铂金的催化剂一侧贴近聚合物电解质膜。

三是硬件。硬件包括支撑面、流场和集电器。支撑面紧贴两个电极,一般由碳纸做成,表面多孔,可以使电子快速通过,也可以使即将发生化学反应的氢和氧的分子通过。同时支撑面还要控制水分子通过的量,过多或过少的水都会导致燃料电池工作异常。为了控制水分子,一般支撑面上都涂有聚四氟乙烯。在支撑面外侧就是双极板,它既作为流场也作为集电器,通常情况下,也是一个单体燃料电池的最外层部分。双极板通常由轻质、坚固、气密性好和易导电的材料构成,一般使用石墨或其他复合材料。双极板的首要作用是为参加化学反应的气体提供一个"流场",这个作用主要依赖刻录在双极板内侧的沟槽来实现,沟槽的宽度、深度以及设计模式对于气体在燃料电池内部的充分扩散具有重要作用。

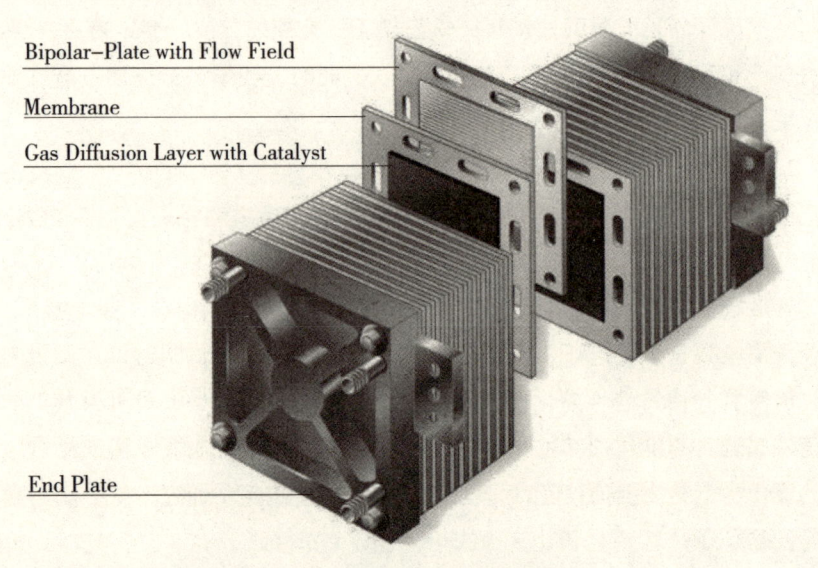

图 2-17 燃料电池零部件示意图

（三）跨国比较

1. 燃料电池系统

在燃料电池系统方面，目前国内研发的燃料电池实际运行寿命在1500小时左右，与美国能源部2009年公布的1900小时寿命相比差距不大（参见表2-8），但与巴拉德公司公布的燃料电池寿命相比差距较大。目前本田、通用、戴姆勒、丰田等提供的燃料电池模块功率密度2千瓦/升，发动机功率密度为0.6—0.8千瓦/升，我国电堆功率密度在1.5千瓦/升，发动机功率密度小于300瓦/升，都低于国际先进水平。另外，燃料电池发动机在工程集成技术方面也有较大差距，戴姆勒的燃料电池发动机已实现与整车一体化设计，通用公司的燃料电池发动机已制作完成，其外观与传统内燃机极其相似，集成度高，结构可靠性高，抗振动能力强。而我国燃料电池发动机体积偏大，管件多，集成度低，抗振动能力弱。在燃料电池发动机关键部件方面，质子交换膜、空压机等关键材料和部件还需进口。

表2-8 国内外燃料电池系统技术状态对比

项目	DOE目标 2010（年）	国内技术状况与目标 2009（年）
寿命	2000 h	2000 h
驱动类型	FC	FC+Battery
压力等级	~0.2Mpa(g)	常压
低温启动	−30℃	−10℃
电堆功率密度	1500W/kg	600W/kg 1100W/L
系统功率密度	650W/kg	260W/kg

2. 燃料电池汽车

我国燃料电池汽车动力系统技术平台的研发与国外几乎同步开展，总体技术接近国际先进水平，具有小批量示范考核的产能条件和进入国际市场的竞争力。燃料电池城市客车系统优化，制动能量回馈等混合动力功能得到加强，氢燃料消耗量由≤9.3千克/百公里降低到≤8.5千克/百公里，在车辆性能和配置基本相当的情况下，生产成本只有国际公司的30%。但我国技术示范考核运行规模相对较小，且需进一步解决储氢、氢源基础设施等问题。

3. 燃料电池专利持有

从世界来看，日本和美国等发达国家对燃料电池技术研发和知识产权比较重视。中国燃料电池技术的发展和国外同行业相比，还有较大差距，从研发经费和研发能力以及专利数量上都相对落后（专利区域分布参见图2-18）。

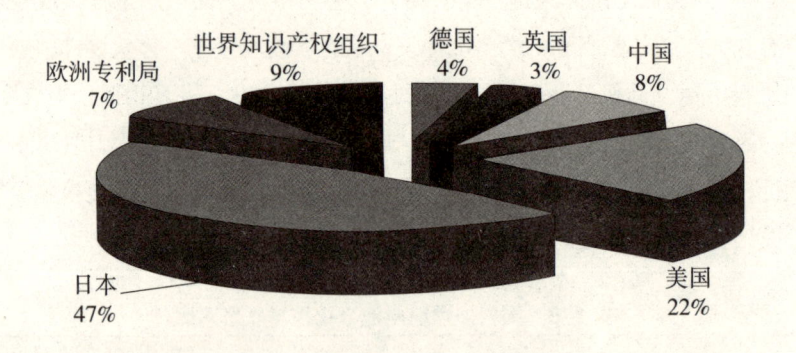

图2-18　燃料电池技术专利区域分布

欧洲专利局 7%
世界知识产权组织 9%
德国 4%
英国 3%
中国 8%
美国 22%
日本 47%

目前世界上有超过1000辆燃料电池轿车和城市客车在世界不同地区进行各种示范运行。美、日、德、法等经济发达国家的大型汽车企业都在全力进行燃料电池汽车的研究。美国通用、福特，德国戴姆勒-克莱斯勒，日本丰田、本田、日产、铃木、马自达，法国雷诺等公司，纷纷投巨资进行研发。

在全球燃料电池技术专利申请数量方面，日本企业位居前列，日产、丰田、本田公司位于前三位，而加拿大巴拉德、中国神力科技和美国UTC三家专业燃料电池研发企业紧随其后。

除了汽车行业的跨国企业外，目前世界上专业从事燃料电池技术研究，位居前列的主要是加拿大巴拉德公司、上海神力科技有限公司和美国UTC三家。

三、国家支持政策及效果

（一）国家支持方向及政策

根据目前国内外燃料电池及燃料电池汽车领域的研发现状，以及国家相关政府部门在"十二五"规划中的科技规划，燃料电池汽车及其关键零部件技术的发展及产业化，将作为我国交通领域能源转型战略性选择的重要技术路线之一。由于目前车辆成本、燃料电池电堆寿命、制氢、储氢、加氢基础设施成本昂贵，在近中期尚不能明确该技术路线与混合动力、纯电动汽车以及传统汽车等三条技术路线的竞争性，因此，燃料电池目前仍被作为一项面向未来的战略储备技术，近中期的重点仍是加强研发和示范运行。

1. 国家中长期科学和技术发展计划纲要

中华人民共和国在国务院 2006 年 2 月 9 日发布的《国家中长期科学和技术发展计划纲要（2006—2020）》中，结合氢能及其应用技术的发展程度，分别在 62 个优先发展主题、22 个前沿技术、10 项面向国家重大战略需求的基础研究等规划中进行了部署。将"低能耗与新能源汽车"列为交通运输业的 6 个优先发展主题之一，将"氢能及燃料电池技术"列为先进能源技术的 4 项前沿技术之一，将"高效能源材料技术"列为新材料技术的 3 个前沿技术之一，将"能源可持续发展中的关键科学问题"列为面向国家重大战略需求的基础研究的 10 个方向之一，详情如下所示。

62 个优先发展主题之 36：低能耗与新能源汽车。重点研究开发混合动力汽车、替代燃料汽车和燃料电池汽车整车设计、集成和制造技术，动力系统集成与控制技术，汽车计算平台技术，高效低排放内燃机、燃料电池发动机、动力蓄电池、驱动电机等关键部件技术，新能源汽车实验测试及基础设施技术等。

22 个前沿技术之 15：氢能及燃料电池技术。重点研究高效低成本的化石能源和可再生能源制氢技术、经济高效氢储存和输配技术、燃料电池基础关键部件制备和电堆集成技术、燃料电池发电及车用动力系统集成技术，形成氢能和燃料电池技术规范与标准。

22 个前沿技术之 11：高效能源材料技术。重点研究太阳能电池相关材料及其关键技术、燃料电池关键材料技术、高容量储氢材料技术、高效二次电池材料及关键技术、超级电容器关键材料及制备技术，发展高效能量转换与储能材料体系。

10项面向国家重大战略需求的基础研究之6：能源可持续发展中的关键科学问题。重点研究化石能源高效洁净利用与转化的物理化学基础，高性能热功转换及高效节能储能中的关键科学问题，可再生能源规模化利用原理和新途径，电网安全稳定和经济运行理论，大规模核能基本技术和氢能技术的科学基础等。

2. 中国节能技术政策大纲

国家发展和改革委员会、科学技术部2006年12月制定的《中国节能技术政策大纲》中，在工业节能和交通节能中提到氢能及其应用技术，分别在"石油化工生产节能技术"、"研发特殊高性能金属和金属基复合材料"、"推广汽车替代燃料技术"、"发展海上运输新技术"中进行了阐述。将"用氢装置发展氢能优化技术"列为"石油化工生产节能技术"之一，将"推进燃料电池、推广稀土贮氢材料"列为"研发特殊高性能金属和金属基复合材料"之一，将"开发研究电动汽车、氢气汽车等新型动力"列为"推广汽车替代燃料技术"之一，将"适度在船舶上推广应用燃料电池等清洁能源"列为"发展海上运输新技术"之一。

石油化工生产节能技术。炼油常减压蒸馏装置，采用夹点技术优化换热和预闪蒸等节能型流程；催化裂化装置，推广降低焦炭产率和减少装置结焦技术；芳烃抽提工艺过程，推广高效溶剂（四乙二醇醚、环丁砜等）技术；用氢装置发展氢能优化技术；研究开发低能耗的过滤—吸附再生法；推广应用抽提蒸馏工艺。研究开发加氢装置热高分流程的优化技术；采用液力透平回收压力能；开发、应用新型加氢催化剂、先进的反应器内构件和循环氢脱硫措施；推广延迟焦化装置大型化、双面辐射加热炉技术；推广装置间热联合技术。研发特殊高性能金属和金属基复合材料。研发新型高效能量转换与贮能装置及材料，推进燃料电池、太阳能电池、金属空气电池，超级电容器及相关材料的应用和发展。研发、推广钕铁硼磁性材料、高性能稀土发光显示材料、稀土贮氢材料。

推广汽车替代燃料技术。因地制宜推广汽车利用天然气、醇类燃料、合成燃料和生物柴油等替代燃料技术，开发研究电动汽车、氢气汽车等新型动力。发展海上运输新技术研究、推广液化天然气和压缩天然气海上运输技术。研发、推广船舶新型替代燃料，适度在船舶上推广应用燃料电池等清洁能源。

3. 中国应对气候变化国家方案

在国家发展和改革委员会2007年6月制定的《中国应对气候变化国家方

案》中，将"燃料电池和氢能技术"作为"减缓温室气体排放技术"之一。

主要技术需求包括：先进的能源技术和制造技术，环保与资源综合利用技术，高效交通运输技术，新材料技术，新型建筑材料技术等方面，其中高效低污染燃煤发电技术，大型水力发电机组技术，新型核能技术，可再生能源技术，建筑节能技术，洁净燃气汽车、混合动力汽车技术，城市轨道交通技术，燃料电池和氢能技术，高炉富氧喷煤炼铁及长寿命技术，中小型氮肥生产装置的改扩建综合技术，路用新材料技术，新型墙体材料技术等在中国的应用与推广，将对减缓温室气体排放产生重大影响。

4. 科学研究与技术开发项目

一是国家重点基础研究发展计划（"973"计划），该项目侧重于氢能技术及氢能利用技术（燃料电池、燃料电池汽车及原材料、零部件）的基础研究。

二是国家高技术研究发展计划（"863"计划），该项目侧重于氢能和燃料电池汽车技术的开发和产业化。

5. 节能和新能源汽车示范运行（"十城千辆"）

启动国家节能和新能源汽车示范工程，由中央财政安排资金给予补贴，支持大中城市示范推广混合动力汽车、纯电动汽车、燃料电池汽车等节能和新能源汽车。县级以上城市人民政府要制定规划，优先在城市公交、出租、公务、环卫、邮政、机场等领域推广使用新能源汽车；建立电动汽车快速充电网络，加快停车场等公共场所公用充电设施建设。《节能与新能源汽车财政支持办法》规定乘用车和轻型商用车中，混合动力汽车按照节油率分为五档补贴标准，最高每辆车补贴5万元；纯电动汽车每辆可补贴6万元；燃料电池汽车每辆补贴25万元。十米以上城市公交客车另有标准，其中混合动力汽车分为使用铅酸电池和使用镍氢电池、锂离子电池两类，最高补贴额分别为8万元/辆和42万元/辆；纯电动汽车补贴标准为50万元/辆；燃料电池汽车的补贴标准最高为60万元/辆。"十城千辆"推广计划中，科技部计划连续3年在国内10个以上有条件的大中城市开展千辆混合动力汽车、纯电动汽车和燃料电池汽车，以及能源供应基础设施的大规模示范。

6. 中国燃料电池公共汽车商业化示范项目

中国燃料电池商业化示范项目是中国政府、全球环境基金（GEF）和联合国开发计划署（UNDP）共同支持的项目，由科技部、北京市、上海市共同组织实施。实施这个投入 3200 万美元的项目的目的是为了降低燃料电池公共汽车的成本，借助在北京和上海两市同时进行的燃料电池公共汽车和供氢设施的示范，加快其技术转化。

科技部牵头成立由国家发展和改革委员会、财政部、公安部、商务部、国家环保总局等部门、北京市和上海市以及 UNDP 参加的国家指导委员会，总体指导项目的实施。同时，建立国家项目管理办公室，具体组织整个项目的实施和协调工作。在北京市和上海市建立项目指导委员会，由副市长领导，市政府有关部门和机构参加，总体指导该项目在当地的实施工作。同时，建立项目管理办公室。北京市、上海市将各采购 6 辆燃料电池公共汽车，进行示范运行，目标是这 12 辆车总共运行 160 万公里。通过项目的实施，以进一步降低燃料电池公共汽车的成本，提高其商业化的科技和产业化能力；帮助城市公交系统掌握有价值的经验，建立与燃料电池汽车相关的公共交通政策和规划能力；增加政府、投资、媒体和其他部门对燃料电池车的了解。在项目实施的后期，将研究制定在中国实现大规模推广应用和生产燃料电池汽车的战略以及相关法规和标准。

本项目执行期限为五年，分两期执行。项目总经费 3236 万美元，其中，GEF 投入 1158 万美元，UNDP 投入 40 万美元，科技部投入 620 万美元，北京市投入 400 万美元，上海投入 438 万美元，其他投入 580 万美元。第一期时间约一年半，主要工作为收集最新的燃料电池汽车技术、供氢系统和设备供应商的信息，并对相关技术和供应商进行考察；研究制定北京市、上海市所要采购的燃料电池公共汽车及供氢基础设施的系统技术参数和标书文件，并选择供应商；安装供氢设施，购买和交付第一批燃料电池公共汽车并准备运行。第二期将在项目的后 4 年执行，主要工作为示范运行第一批采购的 6 辆燃料电池公共汽车及其供氢设施，做好系统数据的采集、记录和分析；购买和交付第二批燃料电池公共汽车并示范运行，做好系统数据的采集、记录和分析。

7. 建立氢能和燃料电池技术标准情况

我国与 ISO/TC197 氢能标准化技术委员会的对口工作主要由中国标准化研究院资源与环境标准化研究所负责；IEC/TC105 燃料电池技术委员会的对口工作由大连新源动力股份有限公司负责。自 1985 年《GB4962 氢气使用安全技术规程》发布以来，我国已有 20 年有关氢能标准化的历史，已发布的标准包括产品、安全使用、氢氧站设计、制氢储氢等方面的测试方法和技术条件等国标和行标,我国已初步建立氢能标准体系。目前正在研制的国标主要为纳入国家重大科技专项的燃料电池标准,包括质子交换燃料电池术语、质子交换膜燃料电池标准体系、质子交换膜燃料电池堆、便携式质子交换膜燃料电池、固定式质子交换膜燃料电池发电系统、电动汽车用电机及其控制器技术规范、电动汽车用电机及其控制器测试规范、氢能——水电解制氢技术要求、变压吸附提纯氢的技术要求等。表2-9列出了我国氢能和燃料电池相关标准。

表2-9 我国氢能和燃料电池标准

标准号	标准名称
GB/T 3634-1995	氢气
GB 4962-1985	氢气使用安全技术规程
GB/T 7445-1995	纯氢、高纯氢和超纯氢
GB/T 16942-1997	电子工业用气体氢
GB/T 19773-2005	变压吸附提纯氢系统技术要求
GB/T 19774-2005	水电解制氢系统技术要求
GB/T 20042.1-2005	质子交换燃料电池术语
GB 50177-2005	氢气站设计规范
GJB 2645-1996	液氢贮存运输要求
GJB 5064-2004	水电解制氢安全要求
GJB 5405-2005	液氢安全应用准则
JB/T 5903-1996	水电解制氢设备
JB/T 9082-1999	水电解制氢设备术语
QJ 2298-1992	用氢安全技术规范
QJ 3028-1998	液氢加注车通用规范
SJ/T 31458-1994	氢气纯化设备完好要求和检查评定方法

(二)政策效果分析

目前,燃料电池仍处于技术研发和验证阶段,在车辆上仍限于小批量应用。但是,可以看到,在国家"863"、"973"等科技攻关计划的支持下,我国初步形成了燃料电池研发体系,小批量燃料电池开始装车应用,并在北京奥运会、上海世博会、深圳大运会上进行了高强度的示范运行。同时应该看到,我国目前仍未形成国家战略层面的氢能和燃料电池战略,这种战略的缺失在一定程度上将决定着氢能和燃料电池发展的快慢。

四、各地发展情况

目前,车用燃料电池仍处于技术研发和示范考核阶段,由于其性能、成本、加氢站基础设施等方面的限制,距离产业化还有较大距离。鉴于目前燃料电池技术的发展阶段,建议我国暂不要大面积推广燃料电池汽车。目前,重点参与燃料电池汽车示范的城市主要是北京和上海,其在燃料电池汽车示范运行以及加氢站等方面发挥了比较重要的作用。

(一)北京燃料电池汽车示范

中国燃料电池公共客车商业化示范项目第一期于2003年启动。2006年3辆戴姆勒生产的燃料电池客车在北京正式开始投入载客示范运行,示范线路从颐和园北宫门起,至中国人民大学,运行时间是每周一至周五8:30—15:30(参见图2-19)。到2007年10月项目一期示范运行结束,车辆安全运行8.5万公里,车辆完好率92%,百公里气耗18.25公斤,在氢气安全使用、车辆认证方法、车辆维护以及人员培训等方面积累了有益经验。图2-20是北京永丰加氢站示意图。

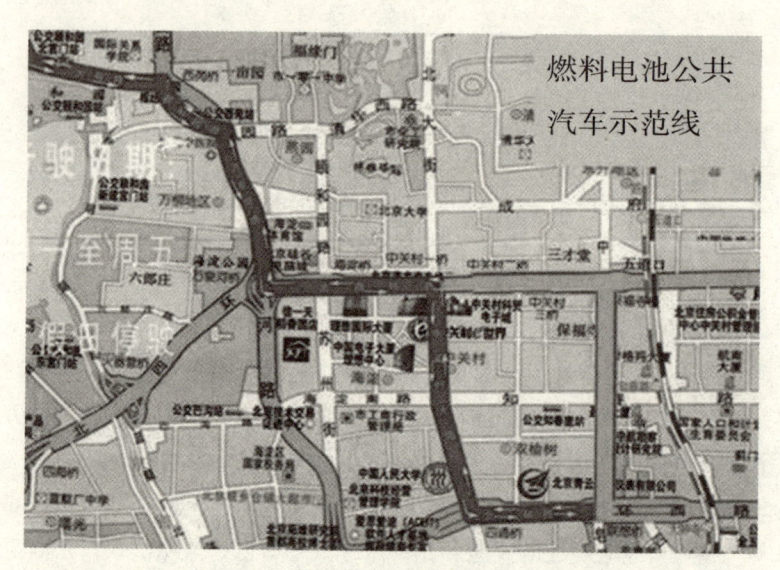

图2-19 北京燃料电池客车部分示范线路

图 2-20　北京永丰加氢站

（二）上海燃料电池汽车示范

早在 2003 年上海启动第一期燃料电池公共汽车示范项目时，便成立了项目指导委员会，总体指导项目在上海的实施工作，同时由市科委、市建委等联合各相关职能部门共同成立上海项目办公室，负责项目的具体实施。项目一期上海完成了各项基础研究，并在上海安亭建成了车用加氢站等基础设施。中国燃料电池公共汽车商业化示范运行二期，上汽成为中标商，提供了 6 辆燃料电池公共汽车，在上海的公交线路进行为期两年的示范运行。此外，上海世博会也实施了千辆级的新能源汽车示范运行，其中燃料电池汽车 200 辆。

总体而言，北京和上海在燃料电池汽车的购置、线路运营、加氢站基础设施等方面发挥了重要作用。

五、存在的主要问题

（一）燃料电池关键材料仍以进口为主

目前燃料电池中关键材料包括膜、催化剂、炭纸、双极板等。我国示范用燃料电池汽车中的膜、催化剂、炭纸等材料主要以进口为主，由于技术含量较高和垄断的原因，价格都比较高。为了改变上述情况，国家"863"项目在"十一五"支持了国产燃料电池关键材料攻关项目，目前已取得较大的进展。比如国产的膜、炭纸、催化剂在技术指标上已与进口材料相当，并可以在燃料电池发动机整机上的应用，这些成果为燃料电池关键材料的国产化打下了很好的基础。

（二）国产燃料电池关键材料可靠性和一致性亟须提高

我国燃料电池关键材料研发成果还是小批量样品，要想真正形成我国燃料电池材料自主供应链，还需要进一步进行批量放大，而放大过程中如何保证产品的一致性和稳定性是关键问题。开展这项工作则需要注意两个问题：一是知识产权问题，尽管目前在"863"项目支持下，国产膜、炭纸、催化剂等材料的技术、工艺都具有自主知识产权，但放大的过程需要进一步的研发工作，而这一环节同样需要注意自主创新和知识产权的保护工作，否则产品无法真正面向客户应用；二是批量放大的开发模式问题，由于目前燃料电池市场还未开启，没有市场收益保证的情况下，谁来提供资源进行耗时耗力耗钱的批量工作是个难题，因此需要利用燃料电池的未来市场预期，技术、资金方以及未来的产业应用方共同构建形成共赢的合作模式，推动国产材料的放大应用过程。

（三）燃料电池寿命和成本仍面临较大障碍

一般估计2万元/千瓦（国外成本约3000美元/千瓦），与传统内燃机仅200—350元/千瓦相比，差距巨大。由于其中如质子交换膜、炭纸、铂金属催化剂、高纯度石墨粉、氢回收泵、增压空气泵等关键部件均依靠进口。燃料电池的寿命和成本仍不能满足商业化要求。目前，参加联合国开发计划署全球示范运行的戴姆勒—克莱斯勒公司燃料电池客车价格为300万加元，约合人民币1800万元，代表国际领先水平的本田公司燃料电池轿车约为82万美元水平，约合人民币550万元，燃料电池汽车距离商品化还有相当长的路要走。

（四）燃料电池发动机对工作环境的适应性尚不能满足要求

国产燃料电池可在0—40℃气温下工作，低于0℃有结冰问题，高于40℃

过热不能正常工作；此外对空气中的粉尘、一氧化碳、硫化物等十分敏感，铂催化剂极易污染中毒失效。

（五）加氢站基础设施建设仍处于早期探索阶段

燃料电池汽车所需要的基础设施建设，包括了氢气的制取、配送以及车用加氢站网络的建设。如果大规模发展燃料电池汽车，必须建设大规模的、高效的氢气制备、储运体系，以及遍布全国的加氢站网络。氢气加工、运输和存储的技术难度较大、能耗较高，加氢站的投入巨大（一般在100万美元以上），国家需要投入巨额资金构建这一体系。目前，我国在这方面仍处于起步和早期探索阶段。

第四节　天然气替代能源发展现状及能力

一、我国天然气替代能源发展现状

（一）天然气技术在我国汽车能源技术中的地位及其发展现状

天然气汽车用燃料包括压缩天然气和液化天然气。与汽油、柴油相比，天然气化学性质稳定，燃烧更充分，排放降低显著，天然气汽车能源效率高，生命周期内能源效率达到15%，高于汽油车。天然气属于低碳燃料，具有明显的环保效益和温室气体减排效果。与同功率的传统燃油汽车相比，天然气汽车尾气中HC可下降90%，CO下降约80%，NO_x下降约40%，CO_2可降低20%以上。

目前，我国正处于工业化发展阶段，能源结构仍以煤为主，控制温室气体排放任务艰巨。而天然气是一种洁净能源，天然气燃烧后对环境造成的污染远远小于石油和煤炭。因此加快发展和合理利用天然气，可有效改善大气环境，促进减排目标的实现。在建设"资源节约型"和"环境友好型"社会的大政方针下，以气代油符合我国能源和环保战略。

发展天然气汽车可以有效缓解石油资源匮乏压力。截至2011年8月，我国的汽车保有量已经超过1亿辆，年均增长率约45%，这使得我国对汽车燃料油品的需求和消费量相应急剧增长，但我国石油资源相对短缺。与石油相比，我国天然气资源勘探开发取得了较大进展，目前已探明，天然气远景资源量56万亿立方米，地质资源量35万亿立方米，可采资源量22万亿立方米，勘探处于早期。将部分天然气用于发展天然气汽车是完全可能的，这将对缓解我国的石油短缺起着重要的作用。

发展天然气汽车是我国未来能源结构调整的要求。国际能源署署长田中伸男在2011年第二届全球智库峰会上表示，到2030年天然气在中国可能会成为仅次于石油的能源，这预示着天然气在我国将具有广阔的应用前景。"十二五"期间，随着调结构、转方式政策的进一步推行和节能减排任务的日益严峻，我国燃煤为主的能源结构将会产生重大的影响，天然气将在能源消耗结构中的比重由4%提高到8%。在能源结构改变的情况下，汽车燃用高效、清洁的天然气燃料已成为一种趋势。

（二）我国车用天然气技术发展历程

从汽车发展历史上看，天然气汽车很早就出现了，但由于气体燃料与石油燃料相比具有能量密度低的弱点，且不便于储运和分配，使得天然气在长时期内未能成为车辆的主要燃料。

直到20世纪60年代，天然气汽车才开始取得实质意义上的发展。当时，人们对世界石油资源会不会枯竭开始担忧，世界各大汽车厂商开始斥巨资投入代用燃料汽车的研究开发。20世纪70年代的世界石油危机更是有力地推进了天然气汽车等燃气汽车的发展。从20世纪80年代末期开始，随着人们环保意识的增强，以及各国汽车排放法规的更加严格，天然气汽车再次获得发展的动力，促使其从研究开发快速走上实用推广的道路。进入21世纪后，天然气汽车在温室气体减排上的突出表现，使得世界各国更加重视并加快了其开发和应用。

天然气汽车在我国的发展也很迅速。自1999年12月由国家科技部、原环保总局联合13个部委启动实施"空气净化工程——清洁汽车行动"以来，我国作为亚太地区新兴的天然气汽车市场，在政府和市场的双重驱动下，天然气汽车保有量从2000年的不足1万辆发展到2010年的60万辆，成长为亚太第四、世界第六大天然气汽车市场（参见图2-21）。

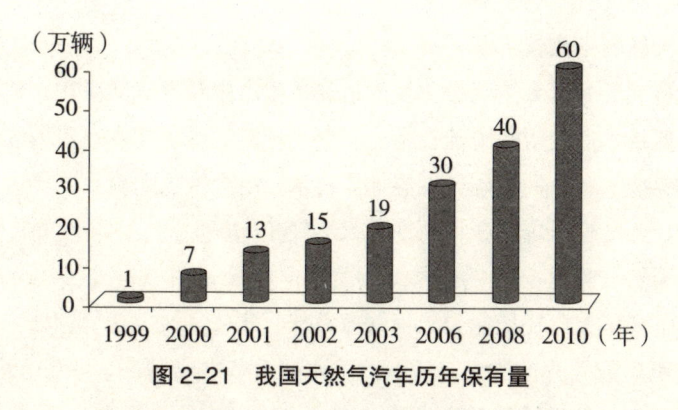

图 2-21　我国天然气汽车历年保有量

资料来源：《中国天然气汽车现状与发展趋势》，陈万应，2011.8

目前，国内厂商已掌握了增压中冷、缸内直喷等天然气汽车关键技术，加气站净化装置、储气装置、压缩机和加气机等加气站设备全部实现国产化，国产设备的市场份额在 90% 以上，部分产品达到 100%。国内有 58 家企业生产天然气汽车，有 450 个天然气汽车车型（包括底盘）进入到国家机动车新产品公告，整车年产量超过 6 万辆，产品覆盖客车、轿车、货车、市政专用车等多个细分市场。国内有 18 家企业生产天然气发动机，共有 98 款天然气发动机产品在市场中销售，发动机功率范围覆盖 64—250 千瓦。我国形成了全系列天然气气瓶的设计与生产制造技术，产业化能力超过 80 万只/年。自主开发的减压器、电控单元 ECU、燃气喷嘴等燃气汽车专用装置，开始批量投放市场。重点推广城市天然气汽车行业年产值已超过 150 亿元，直接参与企业 800 余家，从业人数超过 20 万人。

（三）我国车用天然气技术发展现状

1. 天然气技术的发展现状

（1）天然气勘探开采技术

在天然气勘探开采的理论技术方面开展了攻关，包括隐藏油气藏成藏理论及配套技术、致密气藏开发技术、煤层气勘探技术、碳酸盐岩油气藏勘探技术、天然气深海勘探技术等，高温高压天然气勘探研究取得了一系列重大进展，海上勘探开发和工程作业重大装备技术研究及其产业化获得重大进展，开发形成了礁滩相储层评价与预测技术。

（2）天然气净化技术

初步形成了一套天然气净化技术，并在生产中获得成功应用。包括高酸性天然气脱硫技术、位阻胺脱硫技术、新型物理溶剂脱硫技术、硫回收尾气选择性氧化制硫技术、硫回收尾气低温加氢技术、络合铁法脱硫技术等在技术上已取得突破，并已广泛应用于川渝地区天然气净化。

（3）天然气储运技术

掌握了高压大口径长输天然气管道设计、建造、数字化管理技术和海底国产软管长距离输气管道技术，地下储气库技术基本成熟，掌握15万立方米以上储罐、2000立方米低温乙烯球罐、300万立方米以下地下储库设计施工技术。

2. 天然气汽车技术现状

国内现状已经形成较完整的天然气汽车技术研发体系和产业链条，整车、零部件和配套设备的研制开发能力得到了普遍提高，形成了一批以天然气汽车整车和发动机骨干企业为核心、研究院所和大学积极配合的研发团队，具备了较强的产品开发能力。主要表现在：

（1）天然气汽车技术日趋成熟

通过多年的技术攻关，国内主要企业在天然气发动机和整车关键技术方面取得了较大突破。国内主要发动机生产企业均在进行第三代天然气发动机研发，替换技术水平较低的机械式发动机。目前已实现了第三代电喷CNG发动机批量生产和应用。在满足客户动力性要求的前提下，还可以根据天然气气质不同、使用车辆不同、城市路况不同，进行适应性开发，开发更大马力和更高排放标准的产品，并且能够与国内公交车辆实现全面匹配。中、重型天然气发动机和天然气轿车的排放技术水平由欧Ⅰ、欧Ⅱ向欧Ⅲ升级，部分企业业已启动了欧Ⅳ产品项目的开发。

截至目前，国内主要企业完成了电控单燃料大型公交车用CNG发动机的研究开发与产业化。例如，上海柴油机股份有限公司开发出了SC8DT250Q3、SC8DT230Q3天然气发动机，该款发动机采用稀薄混合OTTO循环燃烧方式，增加了尾气后处理装置，动力性与同排量柴油机相当，排放满足国Ⅲ标准。一汽集团公司技术中心开发出了排放满足国Ⅲ标准的CA6SE1天然气发动机，实现了与五种公交车和两种运煤卡车的匹配，已具备批量生产能力。通过成本控制，

SC8DT250Q3、SC8DT230Q3 和 CA6SE1 天然气发动机的价格仅为进口产品的一半左右。此外，东风汽车公司开发出满足国Ⅲ/Ⅳ标准的 EQDN 系列 CNG/LNG 发动机，已装在 8 种不同用途卡车和十数种客车上批量生产，行销国内外。

（2）形成了天然气汽车系列产品和批量生产能力

汽车生产企业积极开展天然气汽车、发动机的研发生产，构成了型谱完整、系列齐全的天然气汽车产品体系。

截至 2009 年 12 月，累计有 179 个燃气汽车车型和 617 个燃气汽车底盘进入国家机动车新产品公告。其中，上公告的燃气汽车整车方面，乘用车 100 个，客车 27 个，货车和运输车 19 个，牵引车 32 个。天然气发动机形成系列化产品，功率从 60 千瓦到 250 千瓦不等。燃气汽车生产企业（含底盘生产企业）数量有 116 家，燃气汽车产品覆盖客车、轿车、货车、牵引车、自卸车、市政专用车等多个细分市场。国内主流的轿车、客车、发动机、零部件企业均积极地进行天然气汽车及其关键零部件的研发与生产。

（3）建立了关键零部件产业体系

目前，我国已经自主开发出减压器、电控单元、燃气喷嘴等燃气汽车专用装置，并开始批量投放市场，产品性能接近国际先进水平。

在气瓶的研发和生产方面，我国形成了 NGV1、NGV2、NGV3、NGV4 及 LNG 气瓶全系列气瓶的设计与生产制造技术，产业化能力超过 80 万只/年。气瓶的容重比不断提高，安全性和使用寿命得到了保障。

加气站净化装置、储气装置、压缩机和加气机等加气站设备已全部实现国产化，国产设备的市场份额在 90% 以上，部分产品达到 100%。

天然气母子站和 LCNG 站的建设模式逐步被市场接受，天然气加气站建设的步伐正在加快。随着加气站设备、供气转换装置等关键零部件的自主开发生产，国内的加气站建设、天然气汽车的生产成本和运行成本大幅度降低，为我国天然气汽车的规模化发展提供了重要支撑。

二、技术基础及能力

（一）技术路线

天然气发动机技术随着汽车燃油发动机技术的发展而发展。从化油器式到电喷发动机，天然气发动机技术已经历了三个发展阶段。即第一代的机械控制燃气系统，主要是应用到化油器汽车的改装上，因排放性能相对较差而被技术升级替换；第二代的单点电控燃气系统，因对排放有较好的控制（可达欧 II 水平），目前在市场上得到大量应用；第三代的多点顺序喷射（MPI）或电控调压器系统，以及重型发动机采用的增压中冷稀燃技术。第三代技术因对燃料供给控制更为精确，可达欧 III 以上排放水平，是当前本行业研发的重点并在市场上得到大力推广应用。另外，随着发动机直喷技术的发展，国际上加快天然气缸内直喷技术的研发，如加拿大西港公司开发的高压直喷天然气发动机和日本本田、德国奔驰公司开发的直喷天然气发动机性能不仅能够达到超低排放水平，且动力性和燃料经济性得到了大幅度提高，产品现已开始商业应用。图 2-22 给出了天然气发动机控制技术发展路线图。

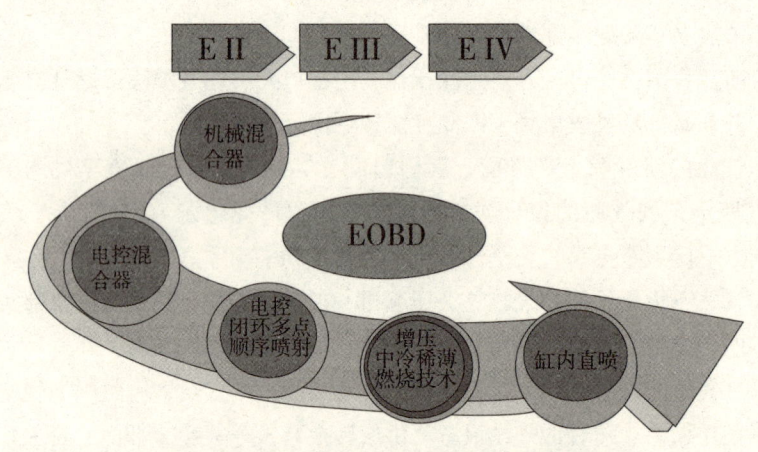

图 2-22 天然气发动机控制技术发展路线图

总体上，由于采用了闭环电子控制、单点与多点电喷、增压中冷稀燃、高压直喷等先进技术，使车用天然气发动机效率、经济性、排放性和动力性都有极大的提高，天然气发动机技术发生了质的飞跃。

（二）关键环节

天然气汽车的核心技术大致可分 3 类：发动机控制技术、燃料存储技术和燃料加注技术。

1. 天然气发动机控制技术

当前，天然气发动机技术发展的主流趋势是：电控喷气技术、可变配气相位技术、稀薄燃烧技术、新型催化剂和催化技术。另外，专用天然气发动机的开发技术、进气增压中冷技术、新材料技术、高能量点火技术、车用天然气发动机热管理技术、可靠性技术、专用润滑油技术等也是车用天然气发动机技术的发展热点。

2. 燃料存储技术

天然气车用瓶是天然气汽车的一个重要部件，按储气形式分为 CNG 气瓶和 LNG 气瓶，总体来说技术已相对成熟。

当前，CNG 气瓶技术研发重点为改进材料和加工工艺，以提高气瓶的容重比。CNG 气瓶从最初的钢质气瓶（NGV1 型）发展至今，出现了钢内衬环缠绕 CNG 气瓶（NGV2 型）、铝合金内衬全缠绕 CNG 气瓶（NGV3 型）以及塑料内衬全缠绕复合材料 CNG 气瓶（NGV4 型），其容重比与钢质气瓶相比有了很大的提高。

LNG 气瓶一般为双层金属真空加多层缠绕超低温绝热结构，目前可保证 LNG 日蒸发率在 2% 以内（7—14 天之内不产生蒸发损失），单位体积燃料的储存能力达到 CNG 气瓶的三倍以上。

吸附式储存天然气技术是目前尚处研究阶段的一种天然气储存方式，它用多孔吸附剂填充在储存容器中，在中高压（3.5 兆帕左右）条件下，利用吸附性能对天然气高的吸附容量来增加天然气的储存密度，目前因吸附材料成本较高，且储存密度相对较低而没有广泛推广。

3. 燃料加注技术

天然气加气站设备技术成熟，目前已经大量应用。

CNG 加气站主要设备有：天然气增压压缩机、脱水装置、储气罐、自动控制系统。目前，压缩机设备无故障运行时间已达到 8000 小时，设备的可靠性大大提高。脱水装置加热温度提高，可达到 280℃，脱水效果好。自动化程度高，可实现远程控制，如自动启动压缩机、自动启动脱水装置、自动加气、自动收费等。

LNG 加气站设备主要包括 LNG 槽车、LNG 储罐、调压气化器、LNG 低温泵、加气机。LNG 槽车目前单台最大容积为 37 立方米，槽车设计压力 0.8 兆帕，运行压力 0.3 兆帕。LNG 储罐由内、外壳组成，采用真空粉末绝热技术，目前最大可做到 200 立方米，大多为 100 立方米以下。

（三）跨国比较

由于在燃油汽车整车及零部件制造技术方面的差距，天然气汽车的整车与零部件的制造方面同样与国外相比有较大差距，在整车控制、性能匹配方面差距都比较大。天然气汽车发动机在设计能力方面接近国外先进水平，但是在可靠性及性能上差别较大，今后应在如何进行保障充分燃烧，即提高热值又减少排放方面提升技术研发水平。燃料加注设施的设计能力与国外差别不大，但同样是由于制造工艺和质量管理方面的落后，使得在加气站设备的可靠性、耐久性和性能方面差距较大，比如储气瓶、安全阀等，需要进一步提高制造工艺水平。

（四）天然气资源供应能力

一是我国天然气资源较为丰富。根据我国最新油气资源评价结果表明，天然气远景资源量为 56 万亿立方米，可采资源量为 22 万亿立方米，约占全球最终可采天然气资源量的 1/23—1/33。我国天然气资源主要分布在塔里木、四川、鄂尔多斯及柴达木等 9 个含油气盆地，可采资源量占全国总量的 84%。

二是我国天然气勘探和开发尚处于初期阶段。我国已探明可采储量为 3.9 万亿立方米，仅占可采资源量的 17%。目前勘探尚处于早期阶段，开发也正处于快速发展阶段，2008 年产量还不到 900 亿立方米，有很大的增产空间。自 2000 年以来，每年天然气新增探明可采储量已连续几年高于 3000 亿立方米。我国近年来加大了国内天然气勘探力度，随着勘探技术的提高，每年新增可采储量在一个较长的时期仍能保持在一个较高的水平上，预计到 2030 年能保持在 3000 亿立方米以上，到 2050 年仍能保持在 2000 亿立方米左右。

三是进口天然气增强国内市场供应能力。近年来，我国积极开展天然气国际贸易，进口天然气的步伐不断加快。一方面增加海上进口，启动了多项

LNG 项目，有 11 个沿海省、市、自治区计划建设大型 LNG 进口项目。另一方面增加陆地天然气进口量，2009 年与土库曼斯坦签署了天然气管道协议，每年从土库曼斯坦进口 300 亿立方米天然气；此外，从 2011 年开始，每年从俄罗斯进口 600 亿—800 亿立方米天然气。

此外，以页岩气、煤层气为代表的非常规天然气有望在全球范围内迎来较大发展，而我国非常规天然气预计储量巨大，未来发展潜力很大。

（五）天然气汽车市场的支撑能力

1. 通气城市数量大幅增长

在"西气东输"等特大型天然气工程的支持下，我国已通天然气的城市数量已经由 2003 年的 60 个，发展到 2010 年的 270 个，为天然气汽车的增长提供了有力的支撑。

2. 车型结构不断丰富

最初几年，公交车与出租车是天然气汽车的主力军。随着加气站网络的不断完善，部分地区的市政、物流、区域客运车辆开始使用天然气，甚至私家车使用天然气热情也在逐步提高。当前，公交车、出租车在天然气汽车中的比例已经从最初的 90% 以上，下降到 40% 以下，车型结构的不断丰富为扩大应用规模提供了可能。

3. 天然气汽车示范将在全国展开

天然气汽车示范运行规模和地区将继续扩大，在示范运行的带动下，NGV 产品种类和应用领域将得到扩展，产业链将更加完整，而基础设施建设的速度也将加快。越来越多的城市将加入到推广和应用天然气汽车的行列。据统计，除西藏、广西、台湾外，全国其余 30 个省、自治区、直辖市，80 多个城市正在推广天然气汽车。可以预见，未来 5—10 年内，在天然气资源丰富的新疆、四川、重庆以及天然气管网布及的河南、安徽、浙江、江苏、上海等省、市和地区，天然气汽车还将会在目前基础上得到稳定发展。

4. LNG 技术发展拓展了应用范围

随着乌鲁木齐、长沙、贵阳、湛江、海口等一批 LNG 汽车国家示范项目的组织实施，带动了 LNG 汽车整车、燃料存储和加注技术的发展，并已形成系列产品，为城际间推广天然气汽车奠定了基础。

三、支持方向及政策

（一）形成了较为完整的政策体系

我国的天然气作为车用燃料的发展政策，相对于其他替代燃料而言，无论在政策方向还是政策体系、措施方面都较为具体、明确。近些年来，我国各级政府高度重视天然气汽车的发展，相继出台了一系列专项规划与政策文件，初步形成了由中央宏观政策指导和地方具体政策扶持的天然气汽车政策法规体系，这对促进天然气汽车健康、有序发展起到了重要作用。

国务院相继颁布了《国务院关于做好建设节约型社会重点工作的通知》、《国务院关于加强节能工作的决定》和《国务院关于进一步加强节油节电工作的通知》等文件，都明确提出：要"开发和推广清洁燃料汽车"，"推广利用天然气等替代燃料技术"。2006年2月，国务院发布的《国家中长期科学和技术发展规划纲要（2006—2020）》将"低能耗与新能源汽车"列入优先主题和前沿技术。

国家发改委《汽车产业发展政策2004》提出：国家支持研究开发醇燃料、天然气、混合燃料、氢燃料等新型车用燃料，鼓励汽车生产企业开发生产新型燃料汽车；积极开展轻型材料、可回收材料、环保材料等车用新材料的研究；国家适时制定最低再生材料利用率要求。国家发改委《产业结构调整指导目录（2007年本）》中，将压缩天然气等新能源汽车整车及关键零部件开发和制造等项目列入鼓励类。2006年底，在科技部组织启动的"863"计划"节能与新能源汽车重大项目"中，天然气汽车关键技术开发和示范推广等工作得到了进一步立项支持。2007年4月，国家发改委发布《能源发展"十一五"规划》，提出实施清洁汽车行动计划，发展混合动力汽车，在城市公交车、出租车等行业推广天然气汽车。国家发改委于2007年8月制定《天然气利用政策》。我国明确了天然气消费的行政监管政策，车用天然气的消费得到优先保障。国家发改委《节能中长期专项规划（2006—2020）》提出："十一五"期间电力、石油石化、冶金、建材、化工和交通运输行业通过实施以洁净煤、石油焦、天然气替代燃料油（轻油），加快西电东送，替代燃油小机组；实施清洁汽车行动计划，发展混合动力汽车，在城市公交客车、出租车等推广天然气汽车，加快醇类燃料推广和煤炭液化工程实施进度，发展替代燃料，节约和替代石油 3800 万吨。

（二）明确了管理体制

从汽车产业管理角度看，天然气汽车已纳入我国机动车新产品公告管理，天然气汽车的产业化和商业化逐步规范。同时，我国对于包括天然气汽车在内的燃气汽车行业也制定了比较完善管理体系，明确了天然气汽车的主要管理环节、制度和负责部门，如表 2-10 所示。

表 2-10 我国燃气汽车运行管理体系

	主要管理制度	主要负责部门
燃气汽车		
生产/改装	改装企业资质管理	行业主管部门
	燃气专用装置市场准入管理	质量技术监督部门
	改装企业经营规范	质量技术监督部门
落户	车辆燃料类型变更及登记注册	车辆管理部门
	燃气汽车专用标志管理	行业主管部门、车辆管理部门
运行	驾驶员安全操作管理	改装企业配合行业主管部门
	车辆定期检验制度	车辆管理部门
	维修企业资质管理及维修操作规定	行业主管部门
报废	机动车强制报废有关标准和规定《报废汽车回收管理办法》、气瓶随燃气汽车报废制度	车辆管理部门、特种设备检测机构
其他管理对象		
加气站	加气站建设项目审批制	行业主管部门
	加气站经营资质管理	行业主管部门
	加气站安全经营规范	行业主管部门
	加气站专用设备定期检验制度	质量技术监督部门
燃气	气源供应保障制度	相关行业主管及政府部门
	燃气价格管控制度	物价管理部门
	气质监测、公示制度	质量技术监督部门

续表

主要管理制度		主要负责部门
其他管理对象		
气瓶	气瓶使用登记管理	质量技术监督部门
	气瓶检验、年审制度	质量技术监督部门
	气瓶随车强制报废制度	特种设备检验机构

注：行业主管部门因各城市（地区）的行业管理职能划分方式不同而不同。

（三）建立了天然气汽车标准体系

目前，我国已初步建立起天然气汽车标准体系，主要包括管理标准和技术标准两大类。其中天然气汽车技术标准体系包括下列 8 个领域：基础标准、整车标准、发动机标准、专用装置标准、储气瓶及附件标准、气质标准、加气机标准、加气站标准，如表 2-11A、2-11B 所示。

表 2-11A 我国目前已有的天然气汽车管理标准

管理标准
在用车改装为天然气和液化石油气汽车管理办法
天然气汽车和液化气汽车认证办法
天然气和液化石油气年审办法
液化石油气和压缩天然气汽车专用装置生产企业条件
压缩天然气和液化石油气汽车改装企业条件
天然气和液化石油气汽车从业人员技术培训和资格审查
汽车用压缩天然气加气站管理办法

表 2-11B 我国目前已有的天然气汽车技术标准

技术标准		
类别	标准代号	标准称号
基础标准	GB/T 17895-1999	天然气汽车和液化石油气汽车词汇
	GB/T 17676-1999	天然气汽车和液化石油气汽车标志
	GB/T 18363-2001	压缩天然气汽车加气口
发动机标准	QC/T 691-2002	车用天然气单燃料发动机技术条件
	QC/T 692-2002	汽油/压缩天然气两用燃料发动机技术条件
	QC/T 694-2002	柴油/压缩天然气双燃料发动机技术条件
	GB 18047-2000	车用压缩天然气

续表

技术标准		
类别	标准代号	标准称号
气体标准	GB/T 19204-2003	液化天然气的一般特性
整车标准	GB/T 19240-2003	压缩天然气汽车专用装置的安装要求
	GB/T 20734-2006	液化天然气汽车专用装置的安装要求
	QC/T 257-1998	压缩天然气汽车定型试验规程
	QC/T 754-2006	液化天然气汽车定型试验规程
	QC/T 690-2002	压缩天然气客车技术条件
	QC/T245-2002	压缩天然气汽车专用装置技术要求
	JT/ 511-2004	液化天然气汽车维护、检测技术规范
	JT/ 512-2004	压缩天然气汽车维护、监测技术规范
	QC/T755-2006	液化天然气汽车专用装置技术要求
	GB/T17895-1999	天然气汽车和液化石油气汽车词汇
	GB/T17896-1999	天然气汽车和液化石油气汽车标志
	GB/T18437.1-2001	燃气汽车改装技术要求压缩石油气汽车
	GB/T19344-2003	在用燃气汽车燃气供给系统泄漏安全技术要求检验方法
专用装置部件	QC/T 671-2000	汽车用压缩石油气蒸发调压器
	GB/T 17926-1999	车用压缩天然气瓶阀
	QC/T 674-2006	汽车用压缩天然气电磁阀
	GB 17258-1998	汽车用压缩天然气钢瓶
车用储气瓶	GB 19158-2003	站用压缩天然气钢瓶
	GB 19533-2004	汽车用压缩天然气钢瓶定期检验与评定
	SY 0092-1998	汽车用压缩天然气加气站设计规范
	GB 19533-2004	汽车用压缩天然气钢瓶定期检验与评定
	AQ 3001-2005	汽车加油（气）站、轻质燃油和液化石油气汽车罐车用阻隔防爆储罐技术要求
	SY 5853-1993	石油工业车用压缩天然气气瓶安全管理规定
	NB/T 1001-2011	液化天然气（LNG）汽车加气站技术规范
加气机标准	GB/T19237-2003	汽车用压缩天然气加气机
	GB/T19236-2003	压缩天然气汽车加气机加气枪
	JB/T10298-2001	车用压缩天然气加气站用压缩机
	CJJ84-2000	汽车用燃气加气站技术规范

续表

技术标准		
类别	标准代号	标准称号
加气机标准	GB/T 20735-2006207	汽车用压缩天然气减压调节器
	QC/T 675-2000	汽车用汽油电磁阀
其他部件	QC/T 746-2006	压缩天然气汽车高压管路
	GB 17926-1999	车用压缩天然气瓶阀

（四）形成了地方配套措施

从地方政策看，在天然气汽车推广应用的实践中，各示范城市结合各地的发展实际，逐步研究探索并建立了适合本地区天然气汽车发展的政策法规体系和管理体系。总体上可以归纳为以下几个方面：

一是制定发展规划，对天然气汽车、加气站制定具体发展目标。

二是针对天然气汽车出台激励政策。包括：对燃气汽车的各种费用（包括税费、购置费、城市增容费、客运管理费、燃油车辆排污费等）给予减免；对购买或改装燃气汽车给予财政补贴；优先办理燃气汽车的相关手续等。

三是制定价格政策，保证油气合理差价。

四是针对天然气汽车加气站出台鼓励政策。包括：加气站用地给予优先和优惠政策；加气站用电给予优惠电价并充分保证；加气站设备用电各种费用给予减免；加气站用气优惠供应；新建加气站的配套费用和所得税给予减免。

五是针对天然气汽车相关企业出台鼓励政策。包括：对国家或地方定点生产燃气装置的企业，享受地方企业优惠待遇；对外商或外地燃气汽车改造或燃气装置生产企业给予招商引资待遇；对使用燃气汽车的出租车公司或公交公司、行政事业单位给予适当行政补贴。

六是为保障燃气汽车安全运营，各地也已建立起较为规范的管理制度，包括燃气安全、车辆改装安全、加气站安全，以及培训等制度。

四、各地发展情况

（一）天然气汽车示范推广总体情况

天然气作为车用燃料的研究、示范和应用在我国有较长历史，通过国家"清洁汽车行动"等专项计划的支持，天然气汽车整车、发动机、关键零部件技术得到长足发展，加气站设备已实现国产化。目前天然气汽车在我国已进入产业化快速发展阶段。

从全国的天然气汽车构成看，天然气轿车/轻型车占总体天然气汽车的比例约为63%，而中重型客车占约31%，中重型卡车占6%。目前，天然气汽车的车型正由公交车、出租车向货车、公务车、都市物流车和私家车扩展。按细分车型，在CNG出租车中，OEM车占54%，超过了改装车45%的比例。CNG公交车中，OEM车与改装车的数量几乎相当。在CNG其他车型中，改装车的比例为76%，仍高于OEM车22%的比例。

从区域市场看，四川、重庆、乌鲁木齐、西安、兰州、银川等富气地区的天然气汽车保有量均超过了10000辆，位居全国前列，且这些地区的公交和出租车中，天然气汽车的比例超过90%，正在形成由中心城市辐射周边地区的天然气汽车区域化推广的新局面（各城市情况参见表2-12）。

在示范推广带动下，逐步形成了一批天然气汽车产业化基地。如四川省已形成全方位产业体系，全省天然气汽车产业累计创产值90多亿元，实现利税13亿元。再如，重庆已成为全国主要的天然气汽车产业基地之一。该市有30余家天然气汽车及相关产品生产企业，产品覆盖轿车、客车、加气站成套设备、气瓶、供气转换装置关键部件等产品。

随着天然气汽车产品的不断丰富，技术的不断成熟，加上基础设施建设的不断完善，为天然气汽车从重点城市示范向大规模区域化推广创造了条件，城际间的天然气汽车运输和加气站建设成为国家进一步鼓励天然气汽车扩大应用的重点，也是未来市场发展的方向。

表2-12 2010年主要示范城市各类汽车的保有量

车型 城市	CNG 出租车（辆）	LPG 出租车（辆）	CNG 公交车（辆）	LPG 公交车（辆）	CNG其他 （辆）	LPG其他 （辆）
济南	8100	0	1085	0	0	0
青岛	5948	0	734	0	524	524
廊坊	3650	0	400	0	200	200

续表

车型 城市	CNG 出租车（辆）	LPG 出租车（辆）	CNG 公交车（辆）	LPG 公交车（辆）	CNG 其他 （辆）	LPG 其他 （辆）
哈尔滨	0	0	1344	1841	0	0
长春	6700	3100	800	800	0	0
沈阳	0	13500	200	2250	0	0
丹东	0	2772	0	0	0	0
重庆	17098	0	13780	0	35000	35000
成都	33000	0	20000	0	199000	300
海口	2400	0	802	0	3070	3070
广州	0	18000	0	7497	0	0
贵阳	0	0	1200	0	0	0
西安	10650	0	7200	0	2000	2000
银川	5141	0	1297	0	25024	25024
兰州	6738	0	2129	0	825	0
西宁	5516	0	2248	0	57	57
乌鲁木齐	7950	10	3980	0	34127	33910

数据来源:清华大学环境学院。

2010 年，燃气汽车示范区域内，天然气汽车在车辆运行阶段节省燃油约 211.8 万吨，燃料生命周期内节省燃油约 233.0 万吨（参见图 2-23）。

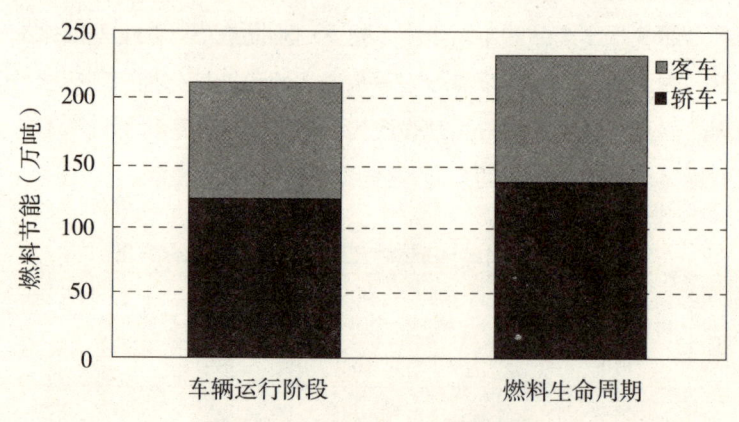

图 2-23 天然气汽车的节能效果

数据来源:清华大学环境学院。

2010 年，燃气汽车示范区域内，天然气汽车在车辆运行阶段减少 CO_2 排放 96.9 万吨，在燃料生命周期内减少 CO_2 排放 120.3 万吨（参见图 2-24）。

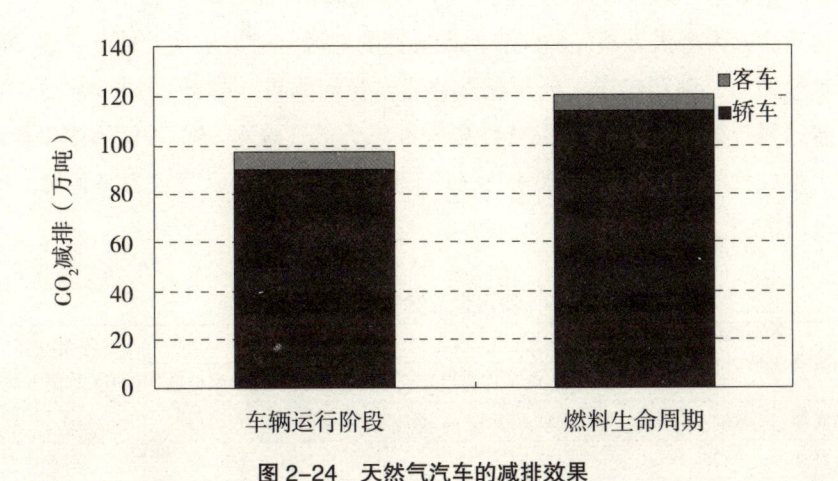

图 2-24 天然气汽车的减排效果

数据来源：清华大学环境学院。

（二）各地方政府推进措施

1. 四川

经过多年发展，四川省已形成加气站、天然气汽车、加气站装置和汽车装置研发、生产、检测培训的全方位产业体系，天然气汽车装置生产已形成产业化、系列化，其技术和产品远销国内外市场。

四川省研究制定了多个天然气汽车发展规划，先后制定了《四川省天然气汽车 1998—2010 年发展专项规划》、《四川省"十五"清洁汽车产业发展调整规划》、《四川省"十一五"清洁汽车产业发展规划》和《四川省天然气综合利用产业发展规划》。

四川省政府下发了专门文件，对建站、改车、配套设备等项目在用地、税收、水电气增容及贴费、天然气供销价格等方面制定了一系列优惠政策。四川省先后出台有关天然气汽车的管理类文件 110 个，其中产业扶持政策类文件 40 个、技术标准类文件 4 个（企业标准未列入）、产业管理类文件 66 个，及时补充、修订了天然气汽车配套文件、技术标准、管理规定、管理制度，规范了省内清洁汽车产业健康发展。

四川省大力推进天然气管网及装备研发基地建设，包括成都市 NGV 产业装备研发基地，南充市天然气汽车生产基地和自贡市 CNG 装备研发基地。四川盆地已成为全国天然气输气管网最发达的地区，已形成南北输气干线和环型输气网络，高压输送、低压配送的完整管网体系。截至 2010 年年底，四川省已累计建成 CNG 加气站 247 座，推广天然气汽车 25.2 万辆（四川各城市天然气汽车保有量统计如表 2-13 所示），各城市形成了较为完善的 CNG 加气网络。

表 2-13　四川省天然气汽车保有量统计

城市	天然气汽车保有量（千辆）			非公共交通 NGV 比例（%）
	NGV	公共交通 NGV 保有量	非公共交通 NGV 保有量	
成都	67.7	23.3	44.4	65.6
自贡	12.7	2.1	10.6	83.5
庐州	4.3	2.1	2.2	50.8
遂宁	12.8	2.7	10.1	79.1
乐山	11.3	1.8	9.5	84.3
绵阳	37.4	3.5	33.9	90.7
南充	14.3	2.3	12	83.8

数据来源：《四川省天然气汽车发展概况》，黄海波，2011。

2. 重庆

20 世纪 90 年代初，重庆市依靠重工业基础、科研实力及天然气资源优势，开始从事天然气汽车及加气站相关设备的开发，并开始小范围应用。国家科技部、交通部、原环保总局等十三部委实施"清洁汽车行动"及"清洁能源"行动，重庆市被列为首批 9 个示范城市之一。同时，重庆市政府开展"蓝天行动"，启动天然气汽车推广应用工程。2003 年，中国燃气汽车工程技术研究中心（我国燃气汽车及相关技术研发与推广应用基地）落户重庆，重庆成为全国燃气汽车研发与成果转化的领跑者。

重庆市成立市天然气汽车推广应用领导小组，分管副市长担任领导小组组长。领导小组成员单位包括：市科委、经委、交委、公安交管、环保等 17 个市级机关。领导小组办公室设在重庆市科委，重庆市天然气汽车推广应用专家委员会是领导小组办公室下设的专家咨询机构。

政策法规方面，先后颁布《重庆市天然气汽车推广应用管理办法》《压缩天然气加气站建设手续申请程序及办法》《压缩天然气汽车加气站综合验收管理办法》《压缩天然气汽车上户及年审办法》《重庆市压缩天然气汽车安全管理办法》等。其中，《重庆市压缩天然气汽车安全管理办法》是全国首部天然气汽车行业管理方面的法规，对加强重庆市天然气汽车行业管理，促进和带动全国天然气汽车行业的安全、规范管理具有里程碑意义。重庆市积极引导和鼓励全市已到报废年限的出租汽车更新为单燃料或双燃料天然气汽车；引导和鼓励中短途柴油公交车改装为单燃料柴油天然气汽车；引导和鼓励环卫车辆、市政车辆改装为天然气汽车。进一步采取措施加快加气站建设，形成主城区内和主城区与区市县及周边省市合理的加气站网络布局。

鼓励政策方面，出台了《重庆市人民政府关于推广应用天然气汽车有关优惠政策的通知》（渝府发〔1998〕40号）和《重庆市人民政府关于推广应用天然气汽车补充优惠政策的通知》（渝府发〔2001〕50号）。

标准方面，先后颁布重庆市地方标准《压缩天然气—汽油两用燃料汽车维护工艺规范》（DB50/T22-1999）《压缩天然气单燃料发动机技术条件》（QC/T 691-2002）《天然气汽车气体喷嘴技术条件》《车用过流关闭型天然气瓶阀的技术条件》《天然气汽车年检技术标准》《汽车用CNG钢质内衬环向缠绕气瓶定期检验规程》。

截至目前，重庆市天然气汽车保有量49268辆，主城区34351辆，区县14917辆。主城区天然气公交车6414辆，占主城区公交车总量的92%，主城区天然气出租车7000辆，占主城区出租车总量的99%。

重庆市天然气汽车分为原装天然气汽车和改装天然气汽车两种。原装天然气汽车生产企业有5家，上国家汽车公告的天然气汽车车型达51种，主要有长安羚羊轿车、重庆宇通客车等。改装天然气汽车企业有34家，改装主要车型有长安羚羊、长安之星、桑塔纳等。

重庆市已初步形成由主城区和近远郊区县共同组成的天然气汽车点线面结合的较合理的加气站网络。已建成并投入使用天然气汽车加气站65座，其中主城区43座，区县22座。目前全市加气站的日加气能力超过100万立方米，加气站建设及供气系统达到全国领先水平。

3. 西安

作为全国清洁燃气汽车重点推广应用城市之一，西安自1998年开始发展天然气汽车，并在当年建成了第一座为燃气汽车服务的天然气加气站。经过几年的发展，西安在以城市公交、出租车为主的天然气汽车推广方面取得显著成效，已形成一定规模。截至2008年底，全市已有天然气汽车14200辆（约占市区机动车保有量的2.65%），其中，CNG出租车10400辆，CNG公交车3800辆。建成各类天然气加气站71座，日供气能力达65万立方米以上。计划到2010年，西安市发展天然气汽车2.4万辆，建设压缩天然气加气站85座。

4. 乌鲁木齐

乌鲁木齐市是国内较早推广应用燃气汽车的城市之一，是国内燃气汽车加气站门类最齐全的城市。截至2008年底，乌鲁木齐市燃气汽车总量为22198辆，其中公交车4700辆，出租车7765辆，社会其他车辆9730辆。加气站总数为84座。在各种燃气汽车中，乌鲁木齐共有21961辆CNG汽车，包括7548辆CNG出租车，4680辆CNG公交车和9733辆其他社会车型。此外，还有20辆LNG公交车。在乌鲁木齐，CNG加气母子站、标准站、LNG站多种形式加气站并存，52座CNG加气站和1座LNG加气站。加气站网络的发达有效地解决了汽车加气排队等候时间长的问题。

表2-14对国内主要地区相关清洁燃气汽车推进政策做了简要总结。

表2-14 国内主要地区清洁燃气汽车推进政策一览表

地区	政策法规	标准	规划
四川	先后出台有关天然气汽车的管理类文件110个，其中产业扶持政策类文件40个、技术标准类文件4个（企业标准未列入）、产业管理类文件66个	《四川省液化天然气(LNG)加气站设计规范》	《四川省天然气汽车1998—2010年发展专项规划》、《四川省"十五"清洁汽车产业发展调整规划》、《四川省"十一五"清洁汽车产业发展规划》、《四川省天然气综合利用产业发展规划》

续表

地区	政策法规	标准	规划
重庆	《重庆市天然气汽车推广应用管理办法》、《压缩天然气加气站建设手续申请程序及办法》、《压缩天然气汽车加气站综合收验管理办法》、《压缩天然气汽车上户及年审办法》、《重庆市压缩天然气汽车安全管理办法》等	《压缩天然气—汽油两用燃料汽车维护工艺规范》（DB50/T22-1999）、《压缩天然气单燃料发动机技术条件》（QC/T 691-2002）、《天然气汽车气体喷嘴技术条件》、《车用过流关闭型天然气瓶阀的技术条件》、《天然气汽车年检技术标准》、《汽车用CNG钢质内衬环向缠绕气瓶定期检验规程》	重庆市推广应用天然气汽车"九五"及2010年规划
乌鲁木齐	《新疆维吾尔自治区车用燃气气瓶安全管理规则》、《新疆维吾尔自治区车用气瓶安装许可实施细则》、《乌鲁木齐市燃气管理条例》、《乌鲁木齐市清洁能源规划》、《双燃料汽车专用装置制造和双燃料汽车改装单位资格认定管理规则》等	《车用压缩天然气缠绕气瓶（金属内胆）定期检验与评定》	《乌鲁木齐市代用燃料汽车发展规划（2008—2015）》
西安	《西安市人民政府关于加快发展天然气汽车产业的通知》、《西安市人民政府批转市交通局关于加快出租汽车整合提高车型档次的实施意见和通知》、《西安市发展和改革委员会关于进一步加强和规范压缩天然气加气站建设的通知》		发展天然气汽车2010年规划、"十二五"规划
长春	《长春市车用液化石油气加气站统一配送供气制度实施办法》、《两用燃料汽车改装企业标准》		发展天然气汽车2010年规划、"十二五"规划

续表

地区	政策法规	标准	规划
广州	《广州市燃气公共交通车辆安全管理规范（试行）》、《广州市交通委员会燃气公共交通安全事故应急处理预案（试行）》、《汽车维修企业从事LPG车辆维修的基本要求》	《广州市出租汽车LPG改装厂条件》和《出租车LPG改装厂质量工作手册》《安全工作指引》	
兰州	《甘肃省发展和改革委员会关于规范管理全省新建加油（气）站的通知》《兰州市人民政府关于转发兰州市加油（气）站2005—2010年规划的通知》《关于天然气汽车改装和车用天然气销售价格的通知》等		《兰州市加油（气）站2005—2010年发展规划》
哈尔滨	《哈尔滨市汽车使用清洁燃料管理办法》	《低温地区车用液化石油气地方标准》	《天然气汽车发展规划（2010—2020）》

五、存在的主要问题

近年来，各地天然气汽车都得到了不同程度的发展，但在发展过程中也存在一些问题，归纳起来主要有以下方面：

（一）整车及发动机产品的缺乏影响了天然气汽车整体技术水平

在全国汽车产品处于热销的形势下，多数整车厂与发动机厂对目前批量相对较小的天然气汽车与发动机的生产、销售不够重视，产品价格相对偏高，质量也存在一定问题，产品型式和数量不能满足市场需求，销售服务不够完善。尤其是大功率单一燃料CNG发动机产品的缺乏，导致各地发展CNG公交车在很大程度上仍然依赖进口，严重制约了CNG汽车的推广，一些地区不得不仍然以改装作为主要途径，影响了天然气汽车整体的技术水平。

（二）安全隐患影响天然气汽车的正常使用

安全运营和安全管理是天然气汽车应用中的重要内容，随着车辆使用年限的增加，车辆及关键部件的安全隐患日益突出，影响了天然气汽车的使用与发展。

（三）维修和保养体系不健全影响天然气汽车的应用与发展

维修、保养服务体系的建立是天然气汽车发展的重要环节，根据天然气汽车燃料的燃烧特点及安全需要，车辆需要严格的保养和维护。部分城市维修、保养服务体系尚不完善，有待进一步完善服务体系建设，提高服务水平。

（四）加气站建设滞后影响天然气汽车用户使用积极性

部分城市天然气汽车和加气站发展不均衡，加气站发展相对滞后，加气站数量少，分布不合理，给车辆加气带来不便，造成了车辆排队加气的现象，降低了用户购置、使用的积极性和天然气汽车的天然气使用率。

（五）政策措施不到位阻碍天然气汽车的发展

某些城市促进天然气汽车发展的激励性政策和措施不能持续，没有营造促进天然气汽车发展的良好环境，造成了初期天然气汽车在规模与技术上快速发展，近期天然气汽车、加气站及天然气化率逐渐下降的局面。

（六）标准需要进一步制定和修订

标准化建设对于天然气汽车行业的发展至关重要，标准的缺失和滞后是制约行业发展的瓶颈。随着天然气汽车产业的发展，多年前颁布实施的一些标准的技术指标已经老化，需要修改；部分借鉴国外标准所制定的标准项目，通过实验验证，发现与中国实际产品并不完全匹配，其可操作性有待改进提高。此外，国内的标准体系缺乏对燃气汽车零部件的系统性技术规范。天然气汽车标准需要进一步制定或者修订。

第五节　生物柴油发展现状及能力

在石油资源日趋枯竭和需求量日益扩大的双重压力下，大力发展生物柴油对经济可持续发展，推进能源替代，减轻环境压力，控制城市大气污染具有特别重要的战略意义。由于具有不含硫、排烟浓度小、原装发动机不用改装、闪点高（但不属于危险性物品）、可与柴油掺和使用等优点，使得生物柴油可以作为汽车的一种替代燃料。作为生物质能中一种高品位的新型能源，被国际汽车界认同的生物柴油，是汽车中长期发展中可以大规模利用的清洁能源。

然而，具体到我国车用生物柴油产业发展的实际，还存在着综合交通和能源协调发展战略缺位、政府扶持力度不够、综合利用技术落后、技术研发体系缺失、生产原料短缺、企业生产效率不高、销售渠道不畅等现实问题。如不及时解决这些问题，将直接影响到我国生物柴油产业化的进程。因而，国家应该尽快制定综合交通和能源协调发展战略，进一步增强产业扶持力度，鼓励加快生物柴油生产的技术研发，完善技术研发体系，建立和完善生物柴油生产的各类标准，进一步巩固和增强稳定可靠的原料基地，强化生产企业之间的协作，疏通生物柴油的销售渠道，提升生产企业的核心竞争能力，通过政策创新与机制创新，为生物柴油产业发展创造良好的政策与市场环境。

一、我国生物柴油产业发展现状

生物柴油是植物柴油和动物柴油的总称。植物柴油可以由植物的米糠、大豆、油菜籽、玉米、棉籽、树林、藻类中提炼；动物柴油可以由工农业生产中有机废物、动物油脂、废弃食物中提取，这些东西容易获得，又便于处理，生物柴油可以"变废为宝"，对这些植物和生产生活废弃物进行综合加工、利用，既提高了利用效率，产生大量能源，又避免了污染环境。当前，国际生物柴油发展迅速，已经进入了工业化生产和社会化运行阶段，尤以欧盟、美国产量最大，生产企业最多。我国生物柴油产业处于开发初期与小批量试产、小规模运行阶段，发展非常迅速，但也存在原材料获取困难和销售渠道匮乏的瓶颈问题。

通过20多年的探索，中国生物柴油产业在生产能力、关键技术和原料研发上都有了很大的进步。在生产能力上，我国近年来相继建成了众多年产量超过1万吨的生物柴油厂，从2002年到2005年，我国生物柴油产量增加了6万吨，2005年产量达到了20万吨。若加上拟建装置生产能力，到2007年年生产能力将不小于100万吨，2010年生物柴油年产量达到200万吨，预计2020年达到1200万吨。生物柴油的原料已经由发展初期单一的植物油下脚料和潲水油发展到以废弃油脂和野生树木种子两大类原料为主的原料适应性较强的工艺路线。截至 2007 年，中国有 45—50 家生物柴油企业，年产量超过 10 万吨的生物柴油生产企业有数十家，年生产能力 10 万吨以上的有四川古杉集团、江苏太仓的荣利新能源有限公司等；5 万以上的有安徽国风生物能源有限公司、江苏南京清江生物能源科技有限公司等。由于对生物燃料行业的发展前景比较乐观，许多大型石化和粮油公司也纷纷涉足生物柴油领域，进行生物柴油的研发和生产，已初步形成了民营企业、大型国企、外资企业共同参与的格局。2007 年 4 月，中国石油天然气集团公司与国家林业局签署了发展林业生物质能源的框架协议，投资 20 亿元，在四川攀枝花建设 12 万公顷麻疯树生物柴油原料基地，预计在 2015 年建成相应加工能力的生物柴油加工厂。此外，中粮集团也与国家林业局签署了类似的林业生物质能源发展协议。在关键技术开发上，目前，对生物柴油的相关技术工艺进行研究的主要以大专院校及科研单位为主，也有少数企业在积极从事研究，主要的研究单位有：中国林业科学院、中国农业科学院、中科院植物所、中科院水生植物所、中国科技大学、四川大学、中国石油大学、北京化工大学和中石化石油化工科学研究院等，它们在多项关键技术上取得了突破。如清华大学在 1996—2006 年国际生物柴油技术专利量前 14 位的专利权人中排在第 1 位。清华大学在生物柴油领域申请的专利主要涉及：离子液体催化废油脂生产生物柴油技术，短链脂肪醇和油脂在热管式预热器和管式反应器中反应、冷却和分离制备生物柴油，用酶解淀粉培养异养藻制备生物柴油，利用短链脂肪酯作为溶剂从含油原料中提取油脂，固定化脂肪酶催化制备生物柴油，多种脂肪酶混合催化技术等。东南大学采用创新工艺"负载型固体碱催化剂"技术制备生物柴油，在实验室环境下整个反应时间在 3 个小时左右，转化率高达 95%。经检测，这一技术完全达到石油柴油的使用效果，达到国际先进水平。此外，国家林业局在利用林木果实制备生物柴油、生物质燃料的压缩致密成型以及木材液化转化燃料油的设备与工艺方面转化技术取得了一批成果。在原料研发上，对原料资源的研究主要包括食用植物油，如菜籽油、大豆油、棉籽油等；能源树种，如黄连木、乌桕籽和绿玉树等；水生油料作物，如工程微藻。我国在油菜作物的研发方面优势最为明显，已开发并推广了多种油菜优良品种，如秦油 2 号，蓉油 3 号，华杂 2、3、4 号等。浙江农科院研究开发成功的"超油2号"油菜籽，含油量高达52.82%，而一般菜籽含油量在37%左右。中国农科院油料作物所根据可再生能源市场需求，"量身定做"的"中油-0361"油菜新品系种籽含油量高达54.72%，比国际上有报道的甘蓝型油菜含油量的最高纪录还提高了近2个百分点。其种籽的含油量较普通油菜品种提高25%以上，产油量可达1470千克/公顷，具有"双低"、质优、早熟、抗病等优良性状。若在青海等高海拔地区种植，含油量至少还可提高2—3个百分点。中国林科院在对全国木本油料植物普查和研究的基础上，选出了7个早实、丰产、抗病虫害优良类型与196个优良单株，在其集中分布区建立了示范基地7360公顷与良种繁育基地125公顷。2011年10月23日，中科院广州能源研究所宣布，由该所承担的粤港关键领域重点突破招标项目——"年产1万生物柴油关键技术及示范项目"，近日通过了专家组验收和成果鉴定，这一技术成果也有望成为我国生物柴油进入产业化大规模发展的重要推动力。

然而，遭受原材料获取成本提高和生物柴油销售渠道不足的双重夹击，生物柴油产业的发展也面临着一些瓶颈问题。主要表现在以下两个方面。首先，生物柴油生产的原料来源主要为油料作物种子得到的植物油以及动物油脂、废弃油脂、餐饮业的地沟油等。在我国，生物柴油原料的90%都是废弃油脂和地沟油，这些废弃油脂和地沟油主要来自餐饮行业。而与不法商贩大规模回收地沟油形成鲜明对比的是，生物柴油企业作为废弃油脂和地沟油的下游产业链条却不得不面临原料供应短缺的尴尬困境。其次，在销售终端，生物柴油的销售渠道也同样存在瓶颈。目前国内尚在坚持生产的企业几乎都没有自己的加油站，也很难进入中石油、中石化的成品油零售市场，销售渠道匮乏单一。在生物柴油发展的黄金期，国内涉足企业数量一度达到了300多家，而截至目前，仅存100余家，形成了每年150万吨生物柴油的产能，却实际上只有30—40万吨的产量，大部分装置处于闲置状态。包括山东、湖北、天津等地在内的多个生物柴油企业相对集中的地区目前都难逃此窘迫境地。以河南为例，曾先后上马生物柴油的近30家企业如今都不得不面临停产的命运。在当地经营新能源业务多年的山东三融集团原计划于2010年年底投产的20万吨生物柴油项目目前仍未完成，受原材料制约，该企业生产线目前只能勉强维持5万吨，这仅仅相当于设计产能的四分之一。

二、技术模式和能力

生物柴油技术作为一种新型的能源转化技术，其能源转化的技术模式不同于传统能源，具有特殊性。而我国发展生物柴油产业需要一定的原料资源、生产与销售能力作为支撑。

（一）生物柴油产业发展的技术模式

从技术上看，生物柴油的生产目前主要有两种模式，即能源+化工模式和原料组合模式。

1. 能源+化工模式

动植物油脂是多种脂肪酸的混合体，不同植物的脂肪酸组成有所差别，经过酯化反应后按碳链长度可分为 C8、C10、C12、C14、C16、C18、C20 和 C22 等，一般 C12—C18 所占比例较大，经过蒸馏后随工艺和设备的精细程度不同可以产出不同的产品组合，或不能细分使不同碳链的脂肪酸甲酯混合在一起，或细分到相邻的 2 种长度碳链的脂肪酸甲酯，即双链甲酯，或细分到一种长度碳链的脂肪酸甲酯，即单链甲酯。细分程度不同，产品价值差异较大，C8、C10 作为化工产品价格几乎是 C16、C18 价格的 1 倍，C20、C22 虽然不适合做生物柴油，但作为化工产品价格比 C16、C18 价格高许多。因此，一个成熟的生物柴油企业可以同时出产化工产品和生物柴油，将价格偏低的 C16、C18 脂肪酸甲酯作为生物柴油销售，其他以生物化工产品销售。这样，即使原料成本偏高也能提高效益。不同品种植物油脂转化的 C16、C18 脂肪酸甲酯在 40%—60% 之间，也就是说生物柴油企业的产品结构能源和化工各占一半左右，根据市场行情，产品结构可以调整，能源产品价格高，可以把低碳链产品也纳入到能源产品中来，或者调配成不同标号的能源产品。照此方式进行，可扩大生物柴油企业的原料来源的范围，不仅可以用废弃油脂，而且用棉籽油、棕榈油、椰子油等也能获得盈利。上述的产品模式要求生物柴油企业在工艺和设备方面真正做到精细化工水平，但是由于国内许多生产企业在投资过程中缺乏长远规划，导致无法实现上述生物化工+生物能源的产品模式。

2. 原料组合模式

原料供给能力不足是中国生物柴油产业发展的主要瓶颈，因此发展生物柴油产业首先必须解决原料布局和原料准备问题。

一是有效利用城市废弃油脂。据报道，中国每年有超过 500×10^4 吨以上的餐饮业废弃油脂。在目前条件下，实际回收率不足 40%。餐饮行业泔水缺乏监督管理、回收现状混乱和地沟油的任意排放，已造成严重的食品安全问题和环境污染。从环保角度考虑，需要国家制定法规，对餐饮行业的泔水处理和污水排放制定相应的措施。餐饮垃圾的回收可纳入到城市垃圾回收体系，建立相应的处理站，泔水经过处理成为饲料原料和生物柴油原料。餐饮业下水道系统可建立油脂分离装置，分离出的油脂用作生物柴油原料，餐饮企业经过处理排放达标后可不再交纳超标排污费，由于不增加餐饮企业的负担，从而可以调动餐饮企业参与环保的积极性。

二是充分利用林业木本油料。我国现有木本油料树种的种植面积 400×10^4 公顷，种子含油量 40% 以上的有 154 种，年产量能够达到 500×1404 吨。我国还有 5700×10^4 公顷的宜林荒山荒地，可以种植生物质能源树种。一些盐碱地、沙化土地还有矿区的复垦地，都可以用来发展生物质能源。从理论上讲，如果我国要达到全部使用 B10 生物柴油的目标，把十分之一的宜林荒山开发为木本油料林地即可，同时还可以提高森林覆盖率，改善环境，增加农民收入。目前我国林地的经济产出平均每亩 20 多元，仅为耕地的 1/30，能源林每亩收入则可提高到 300—500 元，同时由于能源的稀缺性和它巨大的消耗量，能源林不可能出现难卖的问题。因此大力发展能源林业，建设木本油料植物原料基地，是中国生物柴油产业发展的根本途径。

三是积极利用新兴原料。美国国家可再生能源实验室（NREL）通过现代生物技术建成工程微藻，在实验室条件下可使脂质含量增加到 60% 以上（一般自然状态下微藻的脂质含量为 5%—20%）。发展富含油质的微藻或工程微藻是获取生物燃料的一大趋势，同时可充分发挥以下几方面的优势：微藻生产能力高，且不与农业争地；海水和淡水作为天然培养基，以二氧化碳和少量氮等为营养源大量进行微藻养殖，可以和减排二氧化碳工作相结合；微藻生产油脂比陆生植物单产高出 30 倍，有报道每英亩工程微藻每年可生产 40—100 桶柴油；生物柴油不含硫，燃烧时不排放有害有毒气体，有利于生态环境；生物柴油即便是排入环境中也可被微生物降解，不会污染环境。

四是合理统筹各种原料。一般说来，能处理酸化油、废弃油脂等高酸值原料的企业必然可以使用林业等大宗油脂原料，但是生物柴油企业往往需要把大部分精力花在原料基地建设方面，同时原料基地的建设工作完全可以作为一个单独的经济体系。因此，生物柴油企业应该主攻一种原料方向，把其他原料作为补充。鉴于原料资源有限，应用不同原料的生物柴油企业要有适当的生产规模，利用废弃油脂转化生物柴油的企业生产规模一般应该控制在 2×104 吨的年产规模以内。以能源林为原料来源的企业要采取渐进的方式逐步把年产能力扩大到 6×104—10×104 吨。

（二）生物柴油发展能力

1. 资源能力

目前，发展生物柴油产业的主要障碍是生产成本高，其成本大约为石化柴油的 1.5 倍，在价格上，与石化柴油相比，生物柴油没有优势。比如，以油菜为原料的生物柴油成本构成中 70%—95% 是原料费用，因此，是否拥有充足、低值和高质量的原料来源是发展生物柴油事业的前提，是整个生物柴油产业中最重要的因素之一。

以食用油料作物油（如菜籽油、大豆油、花生油、棉油、米糠油等）生产出来的生物柴油品质好，质量稳定，原料来源充足。我国最有可能利用食用油料做原料发展生物柴油的优势作物为油菜。油菜可以是冬季种植的作物，可以利用我国北部大量的冬闲田、河滩地和幼林果园间套种来增加油菜产量。

木本油料来源。每公顷木本油料树木可产出 750 千克生物柴油。我国目前有造林面积 0.6 亿公顷，可在绿化山区及退耕还林过程中，因地制宜，种植合适的油料树木。如 2% 造林面积用来种植，则可生产 1000 万吨生物柴油，占我国目前柴油消耗量（8500 万吨）的 1/8，是相当可观的。

废弃油脂来源。使用价格低廉的餐饮废油是降低生物柴油生产成本的一个方法。目前我国油脂消耗量高达 1700 万吨，在食品加工、油脂生产、餐饮业每年产生 15% 即 250 多万吨废弃食用油脂。废弃油脂市场价格约为 2100 元，转化成生物柴油售价在 4000 元以上，扣除其他原材料消耗和人工成本，可实现 1600 元增值。利用废弃油脂来源制备生物柴油其困难在于来源不同的废弃油脂品质难以控制，给生物柴油的生产带来很大的麻烦，需特别注意油品及质量稳定性的控制，同时收购困难，原料难以满足需要。因此，目前迫切需要解决两个问题：一是研究出从潲水油中收集、处理并避免回收过程中二次污染的废弃油脂生产技术和设备；二是依据不同来源的废弃油脂原料性质，开发出废弃油脂的特殊处理工艺和成套技术设备，以利于降低生产成本和保证生物柴油质量。

工程微藻来源。工程微藻是极为重要的生物柴油潜在能源资源，只要加以引导，就会有充足的原料来源，是值得大力推广的项目。提高微藻中脂质含量关键技术主要是乙酰辅酶A羧化酶(ACC)基因在微藻细胞中的高效表达。构建富油微藻工程藻株将是未来的核心研究方向，这一关键技术的研发与推广将极大地提高生物柴油的生产能力和制备能力。

2. 生产能力

近几年，我国生物柴油生产能力发展较快，根据中国石油和化学工业协会的调查，2007年底，我国生物柴油的生产企业达到了50多家，装置能力达到了300多万吨（以2007年底投产项目统计），由于我国生物柴油大多是在2007年建成并形成能力，因此，目前，我国生物柴油的实际产量不够，不到30万吨。

目前，我国已有和拟建生物柴油的生产企业主要有：江苏清江生物能源科技有限公司、广西柳州市明惠生物燃料有限公司、中信粮油公司、山东华骜集团、安徽国风集团、天宏（通辽）生物能源科技公司和兰州华城生物燃料有限公司等。其中，清江生物能源科技有限公司已建规模20万吨/年，规划建设规模55万吨/年，总能力可达75万吨/年。安徽国风集团现有年生产生物柴油5万吨/年的装置，规划建设规模为60万吨/年。中信粮油公司拟利用废植物油规划建设年生产规模达到60万吨/年的装置，广西柳州市明惠生物燃料有限公司以麻疯树果为原料建成了10万吨/年的生产柴油生产装置，规划规模为30万吨/年。根据统计，今后几年，我国拟建的生物柴油项目还有很多。

预计到2015年我国的柴油生产加工能力将达到700万吨。此外，中石油、中石化和中海油等企业也在积极参与我国生物柴油的生产与开发，并在不同地区建成了不同生产规模的生产加工装置，国外尤其是欧盟国家也在以不同方式合资、独资建设生物柴油生产厂，在我国疯狂争抢原料和市场资源，而且大多优质产品返销到欧洲。从总体来看,虽然近些年我国生物柴油产业有了快速发展,但由于原料来源的限制,我国生物柴油生产加工企业的装置规模一般都在 10 万吨以下,规划最大规模也都在 60 万吨/年以下,企业的装置规模普遍偏小。此外,我国生物柴油的生产加工过程中的技术开发能力较低,很多企业的加工流程和加工工艺还不成熟,企业技术和产品标准还未建立,比如,在加工过程中,对不同地域、不同气候以及不同中间处理过程的各种可能的原料油进行评价,用来指导制定加工方案,生产相适应的产品的能力不足,开发固体酸和固体碱催化剂的能力不强,生物柴油配方的研制与评定技术不成熟等。

3. 销售能力

我国成品油的销售网络主要由中石油、中石化两家国有企业,销售网络布局非常完善,中国石油炼油和销售公司分别有华北、华中、华南、华东、东北和西北等 18 个专业销售公司和 1 个专业油品海运公司,拥有加油站 17215 座,平均 190 公里 1 座,万站 1063 座,5000 站 2453 座,3000 站以上加油站比例由 32.4% 上升到 42.1%,千站比例由 20% 降低到 12.6%,平均每天为 500 万客户提供各类油品 20 万。中国石化销售有限公司现有华北、华东、中南、西南、东北、西北、川渝等 39 个分公司,拥有加油站 30063 座,2008 年,境内实现成品油总经销量 6500 万,同比增长 10%;实现经营收入 6550 亿元,同比增长 32.9%。从销售能力上看,中国石油和中国石化销售布局能力强大,基本垄断了国内成品油的终端销售市场,这也预示着,如果生物柴油的生产与销售能够与中石油和中石化两家大型企业联姻,将会大规模放大石油、柴油的销售能力,拓宽生物柴油的销售渠道,这也意味着生物柴油的销售能力整合有着巨大潜力。然而,就目前来看,生物柴油的销售渠道是匮乏的,具体表现为民营企业的生物柴油无法进入国有加油站。虽然《可再生能源法》确定了生物柴油的合法地位,生物柴油国家标准的出台也解决了生物柴油进入国有加油站的障碍,但由于各种原因,民营企业的生物柴油始终无法通过合法渠道顺利进入中石油、中石化的销售网络中,这就使得大部分生物柴油只能以土炼油的价格出售,由此导致生物柴油售价比普通柴油低 600 元左右,严重侵蚀了生物柴油企业的利润空间。同时,国家对成品油批发零售资格的管理均有较高的资格要求。尽管制定了 B100 生物柴油标准，并即将出台 B10、B5 生物柴油标准，但在正式渠道中，到目前为止尚无生物柴油上市。一个重要的原因是市场上没有足够数量的生物柴油可以保证一定混配比例持续地供应，而企业所生产的生物柴油多以化工产品名义供应给机动船舶或农业机械使用，甚至作为非内燃机的燃油使用。

三、国家支持政策及效果

为促进新型能源产业的发展，国家也出台了一些相关的财税优惠政策，实施了相应的项目与研究计划，一定程度上促进了新型能源产业的快速发展。然而，具体到生物柴油产业，在生物柴油产业发展规划、相关产业配套、技术标准完善等方面存在政策缺失问题。

（一）国家支持政策

随着生物柴油产业的发展，政府也相继出台了一系列政策、措施。从政策措施出台的过程来看，相关政策措施的出台经历了"给项目——出政策——立法律——定标准"四个阶段。

我国政府从 2000 年开始重视生物柴油的研究和开发。2001 年由中国工程院、国家经济贸易委员会牵头，组织各相关部门和单位就有关生物柴油在中国的开发利用以及标准制定等问题进行了多次论证研究。2003 年 5 月，生物柴油项目被列为"国家科技产业化项目计划"，2004 年科技部高新技术和产业化司启动了"十五"国家科技攻关计划"生物燃料油技术开发"项目，2005 年，国家专项农林生物质工程开始启动，规划到 2010 年我国生物柴油产量达到 200 万吨，2020 年达到 1200 万吨；2005 年 2 月 28 日，第十届全国人大通过了《可再生能源法》，明确指出要大力发展生物柴油，2006 年 1 月 1 日，《可再生能源法》生效。国家发改委也把"工业规模生物柴油生产及过程控制关键技术"列入"节约和替代石油关键技术"中。

2006 年 9 月 30 日，财政部、国家发展改革委员会、农业部、国家税务总局和国家林业局联合下发了《关于发展生物能源和生物化工财税扶持政策的实施意见》，其中也包括生物柴油，明确规定对生物能源与生物化工行业实施建立风险基金制度、实施弹性亏损补贴，原料基地补助，对具有重大意义的技术产业化企业的示范补助以及税收扶持四大财税优惠政策。2007年9月《生物能源和生物化工农业原料基地补助资金管理暂行办法》正式出台，规定对林业原料基地给予3000元/公顷补助。2007年5月1日，中国制定的首个柴油机燃料调和用生物柴油的国家标准BD100开始正式实施，等等。这些政策和措施为生物柴油替代石化柴油进入市场提供了政策法规支持，为金融机构提供有财政贴息的贷款、税收优惠提供了法律保障。

2010年11月，国家质检总局、国家标准化委员会发布了备受业界关注的《生物柴油调和燃料(B5)标准》。2010年12月，财政部、国家税务总局联合下发《关于对利用废弃的动植物油生产纯生物柴油免征消费税的通知》，明确对利用废弃动植物油脂生产的BD100生物柴油免征消费税。对生物柴油免征消费税后，每吨生物柴油的生产成本将降低约900元，到2020年，生物柴油年利用量预计可达1000万吨。

（二）政策效果分析

一系列项目、政策和措施的出台使得我国生物柴油产业迅猛发展，生物柴油生产企业数量快速增长，目前，我国已有万吨以上大型生物柴油生产企业50余家，小型生产企业则星罗棋布，到处可见，生产能力快速增长，政策扶持和激励效果凸显。然而，由于我国生物柴油产业起步较晚，与发达国家差距明显，只有制定相关的政策和得到政府各部门的强力支持，才能保证生物柴油产业在中国有序、正常、健康发展。

当前的政府政策问题主要表现为我国在成品油价格管制的前提下，缺乏对生物柴油产业以及生产企业的具体的扶持政策。一方面，成品油价格管制使得生物柴油生产企业无法通过提价转移成本压力；另一方面，相较于美国、欧盟等国家和地区对生物柴油企业的高额补贴和减免税收等措施而言，我国目前尚无具体、可操作的产业扶持政策和措施出台，使我国生物柴油在炼制成本上远远高于石化柴油，从而制约了生物柴油业的发展。

这主要体现在以下四个方面。一是生物柴油的具体规划还没有制定。虽然，国务院已经颁布了《国家中长期科学和技术发展规划纲要2006—2020》、《国民经济和社会发展第十二个五年计划纲要》等规划，强调"要大力发展可再生能源"，"实行优惠的财税、投资政策和强制性市场份额政策，鼓励生产和消费再生能源，提高在一次能源消费中的比重"。但是，具体到生物柴油产业，并没有明确的产业发展规划。因此，具体到生物柴油的新规划必须尽早制定，以利于生物柴油的研发在全国顺利开展。二是具体到生物柴油的相关政策还未见出台。与燃料乙醇企业相比，国家对生物柴油企业还没有财政补贴，导致许多生物柴油企业入不敷出。因此，要尽快制定我国的生物柴油优惠的财税政策、投资政策、质量标准和生物柴油标准体系，如生物柴油抗氧化添加剂、原料储存、运输、处理、安全生产等一系列完备的标准体系，用政策来扶持和保障生产企业的顺利发展，并为各级质量技术监督部门提供执法依据。三是配套产业还未发展。发展生物柴油作为国家的一项战略性举措，政策性强，难度大，需要通过调配站、加油站等系统进入汽车燃料市场，需要国家有关部门积极协调和制定原料供应、生产、混配、储运和流通及相关配套等政策和措施。通过政府引导、政策支持、市场推动和优惠的价格政策，必能促进我国生物柴油的开发利用和产业发展。四是质量标准还不完善。虽然 B5 标准已经建立，但是，生物柴油质量标准还不完善，还缺乏生物柴油其他型号的质量标准。因此，应尽快推出 B10、B5 质量标准，制定生物柴油抗氧化添加剂、原料储存、隔油池垃圾的收集、运输、处理等一系列完整的标准体系，建立相关的质量、生产流程、工艺设计以及安全生产方面的国家标准。

四、各地发展情况

作为新型的能源产业，生物柴油产业的发展不仅可以取得显著的经济效益和社会效益，而且对于国家的能源安全也具有重要的战略意义。国家有必要凝聚政策、齐心聚力进行产业推动。从发展的实践看，除了国家各部委制定了促进和指导生物柴油产业发展的一系列政策法规之外，地方政府在推动生物柴油产业发展方面做出了一定的努力，当然很多政策刚刚启动，具体实施效果有待观察。早在 2005 年，为促进餐厨废弃油脂合理回收，北京市市政市容管委出台了《北京市餐厨垃圾收集运输处理管理办法》。该办法规定，餐厨垃圾不得随意排入污水排水管道，不得交给无垃圾处理能力的单位与个人，应设置收集、存放和处理餐厨垃圾的专用设施设备。北京市在朝阳、大兴、丰台、东城、西城、海淀、石景山等区地设有回收站，并最早引进和在餐饮业推广安装油水分离器。

具体到生物柴油产业，从2010年1月1日起，海南省在全省各加油网点全部推广使用含5%生物柴油的调和燃料（B5标准），禁止普通石化柴油出售；云南省政府从2010年起每年拿出5000万元资金，专项用于推动生物柴油产业的发展；江苏、浙江等地在生物柴油的推广应用方面出台了相应的政策措施，明确提出以环卫和公交车辆为对象进行试点；重庆、西宁、常州等地都先后出台了餐厨垃圾处理补贴政策，规范了餐厨垃圾处理，保障了生物柴油的原料供应；2011年8月2日，国家发改委、财政部、住建部宣布安排循环经济发展专项资金6.3亿元，支持全国33个试点市（区）开展餐厨废弃物资源化利用和无害化处理。据悉，各市（区）第一批500万元经费正在下拨。

五、存在的主要问题

当前，生物能源在世界范围内蓬勃发展，各国的发展思路却差异很大，对生物柴油产业的发展规划和发展定位也不尽相同，但都存在着一系列的发展瓶颈问题。具体到中国而言，虽然最近几年我国生物柴油生产能力逐年上升，国家和地方政府也出台一系列的扶持生物柴油产业发展的政策，但依然还存在不少问题，如果不及时解决这些问题，将直接影响着我国生物柴油产业化的进程。

（一）综合交通和能源协调发展战略缺位

无论是从国家层面还是地方政府层面，关于综合交通规划与能源如何协调发展的思考与论证还不是很深入，造成了综合交通规划与能源发展战略的分割与背离。而生物柴油作为一种新型能源，有关生物柴油产业的发展定位及其与传统能源和其他新型能源之间关系也还没有完全理顺，生物柴油能源与综合交通规划的协调发展战略严重缺位。生物柴油产业发展缺乏顶层的战略设计，导致了国家和各级地方政府在生物柴油产业发展过程中缺乏指导思想。

（二）政策扶持力度不够

纵观整个生物柴油产业，阻碍生物柴油产业发展的一个重要因素是国家尚未制定促进生物柴油生产、销售、使用等的相关政策，更没有正规的生物柴油销售渠道，总体上缺乏一个良好的产业环境。首先，对于原料收集处理的相关政策，我国尚未形成一个完整的体系，这就严重制约了生物柴油产业的发展。其次，在我国成品油价格管制的前提下，生物柴油不能像其他新类型的商品一样，通过产业初期制定较高的价格来弥补技术开发和生产的成本。同时，国家也没有出台具体的、可操作的产业扶持政策和措施，如对生物柴油企业的高额补贴和减免税收等。

（三）生物柴油生产原料短缺

作为生物柴油产业链的上游，原材料供应商面临的最大问题就是选择合适的原材料。从世界范围看，菜籽油、豆油、棕榈油等作为生物柴油的主要原料被广泛采用，但从中国的实际出发，这些原料却并不适合，主要有以下两方面原因。第一，我国是食用油消费大国，而国内油料资源又十分有限，发展生物柴油产业必然出现与食用油生产争夺原材料的局面。第二，我国属于能源需求大国，如果大量进口生产生物柴油所需的豆油和棕榈油等，将会加剧国际原料价格上涨。进口时的高运输成本也将增加生物柴油的生产成本，削弱其竞争力。所以在未来一段时间，我国生物柴油原料仍将以地沟油、植物油脚料等废弃油脂为主。然而，尽管我国每年约有500万吨的废弃油脂，但其分布在全国各地，又缺乏有效的收集系统，搜集和运输成本变得比较高昂，导致了很多企业出现了严重的原料短缺现象，据统计，每年可供生物柴油企业利用的废弃油脂不足50万吨。原料的短缺，使得很多生物柴油企业面临亏损和停产。

（四）生物柴油的研发技术相对落后、技术研发体系缺失

在现有生物柴油生产技术方面，目前还需要使用不能回收的酸碱催化剂，这降低了动植物油脂进行生物柴油转化的效率，还会在生产过程中产生大量的含酸、碱的废水排放。随着生物柴油的大量生产，生物柴油生产的副产品会大量产生，而目前我国缺乏开发高附加值的副产品的相应技术工艺与方法，导致大量的可以再次资源化利用与产业化发展的潜在能源被排出和浪费，不仅污染了自然环境，还增加了企业的生产成本，因此，极需要考虑并研究创新生物柴油的开发和综合利用技术。但是，从生物柴油技术的研发体系来看，生物柴油的技术研发体系是相对缺失的，目前，生物柴油的研发还只存在于一些原料比较丰盈的部分地区的科研院所，而且，存在着研发机构综合利用与创新技术的

开发能力不强、技术转化效率不高、技术服务体系不健全、各生产企业零打碎敲缺少协调与配合等问题,导致基础能力薄弱和应用转化能力薄弱,难以形成高性能、高效率的研发链条。

(五)生物柴油生产企业生产效率不高

生物柴油生产企业在整个生物产业发展过程中居于关键位置。我国的生物柴油制造技术先进,发展了多种多样的方法和技术,有的甚至达到世界领先水平,但由于生产工艺的特定性和复杂性,与之相配套的国内设备制造业相对落后,导致生产企业不是选择了国外设备昂贵的设备成本,就是选择了国内落后的设备,使得生产效率不高;同时生产过程中无法形成统一的生产设计和完整的技术规范,行业内也没有形成完善的技术标准、产品检测和认证等体系,使得市场认可度不高,致使大多数企业未能按其经济性产量进行生产。

(六)生物柴油销售渠道不畅

生物柴油销售渠道不畅主要体现在两方面。首先,生物柴油进入正规加油站的阻力较大。我国的加油站基本上归属两大石油公司所有,生物柴油如果要进入零售,则必须有加油站这个环节予以支持。由于生物柴油的质量参差不齐,质量无法保证,国家对成品油的监管严格以及产量规模的有限性使其不能规模性地进入正规加油站。其次,民营企业的生物柴油无法进入国有加油站。尽管《可再生能源法》确定了生物柴油的合法地位,生物柴油国家标准的出台也扫清了生物柴油进入国有加油站的障碍,但由于各种原因,民营企业的生物柴油始终无法通过合法渠道顺利进入中石油、中石化的销售网络中,使得大部分生物柴油只能以较低的价格出售,严重侵蚀了生物柴油企业的利润空间。

第六节 我国传统能源改进发展现状及能力

一、我国节能汽车产业发展现状

(一)产业发展步伐加快

2010年6月1日,财政部、发改委、工信部三部委报经国务院同意,实施"节能产品惠民工程"（节能汽车 1.6L 及以下乘用车）补贴政策（每辆一次性 3000 元定额补助），在政策实施期间共发布了一批"节能产品惠民工程"节能汽车推广目录，在推广节能汽车、促进节能技术进步方面发挥了积极作用。在财政补贴政策推动下，排量≤1.6L 乘用车市场结构发生积极转变，向节能型汽车方向发展的步伐不断加快。排量≤1.6L 节能乘用车型号由推广前的 101 个增加到 427 个。纳入节能汽推广目录车型从 2010 年 6 月到 2011 年 8 月共生产 433 万辆，占排量≤1.6L 乘用车产量的比例为 53%。2011 年 8 月，节能汽车单月生产量达到 65.8 万辆，占排量 1.6L 及以下乘用车产量的 67%。

自主品牌汽车技术不断进步，企业核心竞争力不断增强。现阶段，列入推广目录的自主品牌车型有 252 个，占节能车型的比例达到 59%；自主品牌节能汽车总推广量达到 130 万辆，占节能汽车总推广量的 36.5%。

（二）小排量汽车需求旺盛

油价的节节攀升，给汽车行业提出了新的挑战。传统大部分汽车耗油量多，排量大。与我国节能、降耗、减排的政策相违背。因此，小排量汽车的需求逐渐增多。在国外，小排量汽车市场已趋近完善，性能指标也可与大排量车相提并论，有些汽车的升功率峰值甚至超过大排量汽车，因此保证了充足的动力并实现经济的油耗。例如奔驰 Smart，升功率峰值达到 85.7 千瓦，就连很多大排量车都望尘莫及。国内市场，上汽通用五菱已经研制出的小排量大功率 B 系列发动机，打破了国内小排量车升功率普遍低于 50 千瓦的局面，在油耗与动力上实现了平衡分配；大众一汽发动机工厂生产的 1.4L 排量发动机也是高升功率发动机的杰作。

尽管如此，国产小排量车发动机能达到升功率 50 千瓦以上的依然很少，这使不少小排量车的实际油耗远远高于说明书上的理论油耗，难以达到省油目的，动力不足也在所难免。

（三）节能汽车的零部件崭露头角

减少汽车尾气污染，除了提高油品外，还可以在汽车零部件的设计、加工等方面下功夫。提高汽车发动机部件加工精度，提升其运转效率，也能收到很好的节能减排效果。目前，在中国汽车产业进入"节能汽车"的大背景下，许多外资汽车零部件企业看到了新的商机，在国内扩建生产基地，加大资金投入，生产节能汽车所需的零部件。欣特-卡斯特、霍尼韦尔、吉孚和博格华纳等跨国零部件巨头都加快了开拓中国市场的步伐。一方面迅速扩建生产基地，另一方面通过设立在本地的研发中心，逐步实现优势技术本地化，以符合像一汽、上汽、长安和奇瑞等中国"客户"的需求。

开发出新的汽车发动机技术或应用轻质新材料来降低车体质量为汽车节能降耗的主要实现手段。而塑料配件是减轻车身质量的最有效手段。塑料及其复合材料是当前最重要的汽车轻质材料。目前国外发达地区车用塑料已占塑料总消耗量的7%—11%，但我国的车用塑料在塑料总消费量中所占比例不足1%，可见我国塑料配件的市场空间十分巨大。

但我国现有的塑料配件的生产技术水平有待提高。由于汽车用材料的特殊性，车用塑料配件对原料的要求很高，但目前我国汽车用塑料原料主要依靠进口，国产汽车专用塑料牌号少，产品性能不能满足要求，大多需进口或采用改性塑料替代。而且我国汽车塑料配件的模具水平较低，现有车用塑料产品基本全部使用进口模具，使车用塑料制品的生产成本进一步提高，制约了行业的发展。因此加快国产车用塑料原料和模具的生产开发对降低我国车用塑料配件业总成本、提高市场竞争力具有重要的意义。另外国内现有的汽车塑料部件生产企业规模小且分散，技术水平不高，研发能力不足，且对新产品开发重视不够，使汽车塑料制品质量难以保证。

二、基础技术分析

目前，汽车实现节能减排主要从降低汽车的燃油消耗量和使用清洁燃料来实现。影响汽车燃油消耗量的主要因素有：车身本身的质量、车辆的风阻系数、发动机的技术水平等。能源清洁技术同样推进能源计划的发展。以下主要从汽车轻量化技术、发动机节能降耗技术、内燃机技术发展、高速柴油机技术、燃料清洁生产技术、降低风阻技术及传动系统设计等方面剖析我国汽车节能减排的现有技术。

（一）汽车轻量化技术

汽车轻量化技术是指采用现代设计方法和有效手段对汽车产品进行优化设计，或使用新材料在确保汽车综合性能指标的前提下，尽可能降低汽车产品自身重量，以达到减重、降耗、环保、安全的综合指标。

车身轻量化的研究是现代车身设计的一大主流，而这一导向最充足的理由就是节油。有关研究数据表明，若汽车整车质量降低10%，燃油效率可提高6%—8%；若滚动阻力减10%，燃油效率可提高3%；若车桥、变速器等装置的传动效率提高10%，燃油效率可提高7%。由此可见，伴随轻量化而来的突出优点就是油耗显著降低。汽车车身约占汽车总质量的30%，空载情况下，约70%的油耗用在车身质量上，因此车身的轻量化对减轻汽车自重，提高整车燃料经济性至关重要。同时，轻量化还将在一定程度上带来车辆操控稳定性和一定意义上碰撞安全性的提升。车辆行驶时颠簸会因底盘重量减轻而减轻，整个车身会更加稳定；轻量化材料对冲撞能量的吸收，又可以有效提高碰撞安全性。因此汽车轻量化已成为汽车产业发展中的一项关键性研究课题。

1. 汽车轻量化途径

汽车轻量化绝非是简单地将其小型化。首先应保持汽车原有的性能不受影响，既要有目标地减轻汽车自身的重量，又要保证汽车行驶的安全性、耐撞性、抗震性及舒适性，同时汽车本身的造价不被提高，以免给客户造成经济上的压力。目前车身轻量化发展主要有两个方向，一个是优化汽车框架和结构；一个是在车身制造上采用轻质材料。第一种方法的主要途径是利用有限元法和优化设计方法进行结构分析和结构优化设计，以减少车身骨架、发动机和车身钢板的重量。第二种方法在目前看来应该是车身轻量化的主流，而且针对规模化生产的需要，已经有很多种轻质材料已应用于车身制造工业，比如高强度钢、铝、铝合金和碳纤维等。

与汽车自身重量下降相对应，汽车轻量化技术不断发展，主要表现在：轻质材料的使用量不断攀升，铝合金、合金、钛合金、高强度钢、塑料、粉末冶金、生态复合材料及陶瓷等的应用越来越多；结构优化和零部件的模块化设计水平不断提高，如采用前轮驱动、高刚性结构和超轻悬架结构等来达到轻量化的目的，计算机辅助集成技术和结构分析等技术也有所发展；汽车轻量化促使汽车制造业在成形方法和连接技术上不断创新。

2. 我国汽车轻量化技术发展状况

一是新材料在汽车轻量化技术的应用。目前，国内汽车轻量化材料正在加速发展，新型智能材料逐渐在汽车制造中得到应用。车用高性能钢板、镁合金已在汽车上有所应用。如上海大众桑塔纳轿车变速器壳体采用镁合金。随着镁合金材料的技术进步及其抗蠕变性能的进一步改善，自动变速器壳体以及发动机曲轴箱亦适合改用镁材料制造。若曲轴箱由铝改为镁，则可减轻 30% 左右。玻璃钢复合材料的应用也非常广泛，尤其在欧美车系中。其中尤以 SMC 和 GMT 材料的应用最为广泛。在国内，SMC 材料在汽车领域也得到了广泛的应用，尤其是商用汽车领域。中国重汽、陕西重汽、福田欧曼、重庆红岩等主要重型卡车制造商，其驾驶室的制造都不同程度地采用了 SMC 材料。精细陶瓷以其优良的力学性能（高强度、高硬度、耐腐蚀、耐磨损等）和化学性能（耐热冲击、耐氧化、蠕变等），是作为轻量化材料用于汽车零件的良好材料，虽然目前应用在汽车上的实例还不多，但应用研究在不断前进，将来会较多地得到运用。

传统的轿车车身结构是钢车身，现今也越来越多地采用高强度钢、精炼钢、铝合金和夹层钢车身结构，其制造工艺有柔性化板材辊轧、剪拼焊接工艺技术、薄壁制造技术等。不锈钢与强度较高的碳钢相比，表现出不少优点，例如延展性更好、强度更高、更适合形状复杂的覆盖件成形。20 世纪 80 年代，重庆汽车研究所就开展了双相钢研究；一汽轿车、奇瑞汽车公司也在轿车车身上进行了高强度钢板的初步应用试验。

二是优化结构设计。在现代汽车工业中，CAD／CAE／CAM 一体化技术起着非常重要的作用，涵盖了汽车设计和制造的各个环节。运用这些技术可以实现汽车的轻量化设计、制造。轻量化的手段之一就是对汽车总体结构进行分析和优化，实现对汽车零部件的精简、整体化和轻质化。利用 CAD／CAE／CAM 一体化技术，可以准确实现车身实体结构设计和布局设计，对各构件的开头配置、板材厚度的变化进行分析，并可从数据库中提取由系统直接生成的有关该车的相关数据进行工程分析和刚度、强度计算。对于采用轻质材料的零部件，还可以进行布局分析和运动干涉分析等，使轻量化材料能够满足车身设计的各项要求。此外利用 CAD／CAE／CAM 技术可以用仿真模拟代替实车进行试验，对轻量化设计的车身进行振动、疲劳和碰撞分析。通过开发汽车车身、底盘、动力传动系统等大型零部件整体加工技术和相关的模块化设计和制造技术，使节能型汽车从制造到使用各个环节都真正实现节能、环保。通过结合参数反演技术、多目标全局优化等现代车身设计方法，研究汽车轻量化结构优化设计技术，包括多种轻量化材料的匹配、零部件的优化分块等。从结构上减少零部件数量，确保在汽车整车性能不变的前提下达到减轻自重的目的。

国内已从主要依靠经验设计逐渐发展到应用有限元法等现代设计方法进行静强度计算和分析阶段。目前出现了一批拥有自主知识产权的汽车车身模具开发技术，如湖南大学与上汽通用五菱在薄板冲压工艺与模具设计理论方面开展了较深入的研究；北京航空航天大学开发了 CAD 系统 CAXA，并已经开展了客车轻量化技术的研究，利用有限元法和优化设计方法进行结构分析和结构优化设计，以减少车身骨架、发动机和车身蒙皮的重量等。

（二）发动机节能降耗技术

目前，车用发动机，尤其是乘用车，多为汽油发动机，但由于压缩比方面的问题，汽油机的燃烧效率远不如柴油机。因此，出于节能方面的巨大压力，柴油机在乘用车上的应用也将是今后节油技术研究的一个重要内容和趋势。

1. 柴油发动机节能降耗技术

除去增压引擎、混合动力，如今主流汽车厂商大致分为三派：一是以日韩车为主导的 VVT-i、VTEC、VVT 等技术，基本原理都是通过改变进气量以及气门的升程来优化燃料的消耗与动力的输出；二是以大众汽车为代表的德系车则一直在推广 FSI 技术，研制者将燃料按所需的浓度直接喷入汽缸，再经过分层燃烧，以达到引擎最佳的工作效率；曾经以大排量、高油耗为荣的美国汽车在能源日益紧张的今天也不得不做了些妥协，于是关闭部分汽缸成了制造商独门秘籍。以克莱斯勒的 8 缸引擎为例，平稳运转时电脑可以自动关闭 4 个汽缸以节省能耗，而急速超车时 8 个汽缸则共同工作提供更大动力。

一是连续可变的气门正时系统。CVVT 正是在 VVT-i 和 i-VTEC 的基础上研发而来。以现代汽车的 CVVT 引擎为例，它能根据发动机的实际工况随时控制气门的开闭，使燃料燃烧更充分，从而达到提升动力、降低油耗的目的。但 CVVT 不会控制气门的升程，也就是说这种引擎只是改变了吸、排气的时间。

二是智能可变配气正时系统。VVT-i 是丰田独有的发动机技术，已十分成熟，近年国产的丰田轿车，包括新款威驰等大都装配了 VVT-i 系统。与本田汽车的 VTEC 原理相似，该系统的最大特点是可根据发动机的状态控制进气凸轮轴，通过调整凸轮轴转角对配气时机进行优化，以获得最佳的配气正时，从而在所有速度范围内提高扭矩，并能改善燃油经济性，从而有效提高了汽车性能。

三是可变气门配气相位和气门升程电子控制系统。由本田汽车开发的 VTEC 是世界上第一款能同时控制气门开闭时间及升程两种不同情况的气门控制系统，现在已演变成 i-VTEC。i-VTEC 发动机与普通发动机最大的不同是，中低速和高速会用两组不同的气门驱动凸轮，并可通过电子系统自动转换。此外，发动机还可以根据行驶工况自动改变气门的开启时间和提升程度，即改变进气量和排气量，从而达到增大功率、降低油耗的目的。

四是缸内直喷分层燃烧引擎。FSI 是汽油发动机领域的一项全新技术，有些类似于柴油发动机的高压供油技术。它配备了按需控制的燃油供给系统，然后通过一个活塞泵提供所需的压力，最后喷油嘴将燃料在最恰当的时间直接注入燃烧室。通过对燃烧室内部形状的设计，使火花塞周围会有较浓的混合气，而其他区域则是较稀的混合气，保证了在顺利点火的情况下尽可能地实现稀薄燃烧，这也是分层燃烧的精髓所在。FSI 比同级引擎动力性显著提高，油耗却可降低 15% 左右。

五是可变排量发动机。克莱斯勒研发的 HEMI 发动机配备了 MDS 系统，这套系统可在 4 缸和 8 缸模式间自动转换。这种技术最适合多汽缸的发动机使用，在不影响驾驶者追求大排量车型的加速刺激时，又有效降低了堵车时的燃油消耗。例如一台常规的 8 缸发动机在采用了这种技术后，就等于装了两个独立的 4 缸发动机，可以根据驾驶的需要让一台发动机运行，而让另一台休息。

我国柴油机产业自 20 世纪 80 年代后有了较快发展，最新投产的柴油机产品排放水平已经达到了欧洲 I 号法规的要求，有的甚至达到了欧洲 II 号排放标准。如 2009 年，玉柴与天津大学合作研发 YC6J350—40 和 YC4FA185—40 两款已实现两级增压的低碳节能高效发动机。这两款机型升功率分别达到 40 千瓦/升和 45.3 千瓦/升，意味着 YC6J 的 6.5 升排量达到了普通 8.4 升柴油机的动力水平，而 YC4FA 的 3 升排量达到了普通 4.5 升柴油机的动力水平。在节能方面，这两款机型包含有两级顺序增压中冷技术、进排气系统空气动力学优化技术、轻量高强化机体结构设计技术、燃烧优化控制技术等先进技术,实现了更低的燃油消耗,油耗与装备大排量发动机同型号的车相比降低5%;排放水平达到国Ⅳ、国Ⅴ的排放标准要求;增压比达到3,使发动机中、低速扭矩增加了30%,提高了整车动力性。

然而,我国柴油机发展还面临诸多问题,如8吨以上集装箱式重型载货车以及各类专用车、轻型车用柴油机,轿车柴油机仍处于空白;6—8升的中型柴油机市场已呈现供大于求,3升轻型柴油机市场也趋向饱和;柴油机行业投入不足,柴油机生产工艺水平较低、规模较小、自主开发能力较弱等。

2. 汽油发动机节能降耗技术

提高燃油发动机效率降低油耗是汽车节能最直接、最现实、最成熟、最不可忽视的手段。对汽油机来说,"先进充气技术"和"缸内直喷技术"是目前国内外业界公认的最可行的两大高效技术。此外,近年由奔驰首创研发的"DiesOtto"汽柴联姻技术也受到业界的极大关注。

一是先进充气技术。一般情况下,汽油机需要能充分进气和充分排气,并根据需要灵活调节。先进的充气技术通常一般主要指多气门技术、气门可变技术,而增压技术本质上也可以归纳为先进的充气技术。

二是缸内直喷技术。在过去近二十年里,汽油机燃烧技术有了突破性的进展,例如缸内直喷技术,能够大幅度提高部分负荷热效率。应用缸内直喷技术汽油机的汽车其平均油耗比常规电喷汽油车提高可达10%—20%。

在国家"863"和"973"项目的资助下,近年来,国内已有高校和企业在直接喷射汽油机方面做了一定的研究工作,但至今没有成熟产品推向市场。上海大众、神龙汽车等少数合资公司在最近推出的个别车型上装配了均匀混合缸内直接喷射汽油发动机。

目前,我国发展汽油机缸内直喷技术主要存在两大难题:一是油品质量不能满足要求,需要提高国家燃油标准,并对炼油工业投入资金进行升级改造。二是采用缸内直喷技术所需要的一些关键零部件配套跟不上,如油泵、喷油器等受外方控制。但是,随着汽车国Ⅲ、国Ⅳ排放标准的强制实施,以上两大难题正在逐步破解,因此,未来加快发展汽油机缸内直喷技术是可行的。不过,由于成本较高的原因,即使欧美等发达国家一般也是将汽油直接喷射技术应用在高档轿车上。

（三）内燃机技术

燃烧是将燃料的化学能转化成热能的过程，是发动机运行的核心过程，是决定发动机效率及污染物排放的最重要环节。内燃机技术与燃烧技术发展密切。燃烧室结构是影响燃烧过程的主要因素，其关系到活塞顶和缸盖的形状，火花塞的位置，进、排气门的尺寸和数量及进气口的设计等。所以对燃烧室形状、布置及喷射系统进行优化设计即能提高燃油利用率。

1. 先进燃烧模式

为了解决柴油机排放问题应运而生的先进的燃烧模式有：均质充量压缩点燃模式（HCCI）和低温燃烧模式（LTC）等。对这种新燃烧模式的研究表明，它们与传统的燃烧模式相比有很多自身的优势，有足够的提高效率和降低排放的潜力，但还需要进一步地深入讨论和完善。

一是 HCCI 燃烧模式。HCCI 燃烧即在燃烧开始之前尽可能在气缸内形成均匀的油气混合气，以改善由于燃油在燃烧室空间内分布不均而带来的排放问题。这通常需要很长油气混合时间，所以 HCCI 通常采用进气道喷射和缸内早喷的方式实现。HCCI 与其他燃烧方式的主要区别是：其他燃烧方式的燃烧特性（例如燃烧始点、燃烧持续期、放热率重心等）主要是由喷油时刻和气缸内的状态（温度、压力等）决定，而 HCCI 燃烧方式的燃烧过程则主要由燃烧反应的化学动力学决定。这使得 HCCI 燃烧的可控程度较小。HCCI 燃烧的另一弊端是：当经过初期的冷焰反应并储存了足够多活性基团之后，反应迅速达到最大速度。由于缸内各处的状态相同，所以几乎是所有的燃油同时反应放热，这样剧烈的能量倾泻使缸内气体的压力波的传导速度超过了当地声速，从而导致爆震。HCCI 燃烧在大负荷时爆震极其严重，限制了 HCCI 燃烧的负荷拓展。

二是 LTC 燃烧模式。LTC 一般是在小负荷实现的，其同 HCCI 一样面临负荷拓展和 CO 与 UHC 排放过高的问题，其实这两种新型燃烧模式使燃料的燃烧过程避开了 Soot 和 NOx 的生成区域，但是却不可避免地进入了大量生成 CO 和 UHC 的区域。近年来有关 LTC 的 CO 和 UHC 排放问题一直是业界的研究重点。LTC 的缸内温度要比传统燃烧低，在近燃烧室壁区域的温度不能使燃烧快速进行并燃烧完全。使用直径较小的燃烧室可以减小这部分 UHC 的排放。

2. 先进燃烧模式研究现状

当前,各种燃烧模式的界定已经越来越模糊,新型燃烧模式只不过是充分放大了传统燃烧模式中的某一边界条件,例如滞燃期和 EGR 率。新型燃烧模式的优势十分诱人,但其还需要进一步的技术突破。关键是要更好地了解燃烧的化学动力学和燃烧边界条件对燃烧的影响。HCCI 应着重发展时间上的分区燃烧来缩减瞬时放热率,拓展负荷。而 LTC 应在确保 EGR 量的前提下尽量多的提高新鲜冲量的质量,以此来减少形成低温燃烧所需的 EGR 率,拓展 LTC 的负荷。

我国 2002—2006 年执行的"973"项目"新一代内燃机燃烧理论和石油燃料替代途径的研究"使我国第一次在国家组织下参加了世界新一轮燃油发动机技术的竞赛,并取得显著效果,在内燃机常用工况微粒和 NOx 排放减少 100 倍,节油效果达 5% 以上。天津大学、中国科学院工程热物理研究所、中国科学院力学研究所、上海交通大学、清华大学等科研机构已开始深入研究:如进行新一代内燃机燃烧原理向实用技术发展过程中的瓶颈问题的研究,涉及拓宽"着火和稳定燃烧极限"和瞬变条件下控制方法的研究。"极限"和"瞬态"条件下物理化学现象的研究主要包括超高压、超快条件下非定常燃料射流的雾化机理研究,湍流强度和尺度的诱发及燃烧全历程高混合率方法的研究,超强湍流下非定常传热传质问题研究,燃料自燃和稳定燃烧极限的拓宽和控制的研究;开展浓度和温度分层以及化学动力学与湍流耦合作用对着火和燃烧速率的影响及控制的研究,瞬变工况内燃机均质压燃低温燃烧过程中,充量的流态、热状态,组分的浓度和温度分布的滞后效应及协同控制的研究等。

(四)高速柴油机技术

高速大功率柴油机的技术创新、科研成果主要体现在一体化系统集成技术、高压燃油喷射和高效快速燃烧技术、发动机电控和管理系统技术、高效可调增压技术、排放控制技术等方面。此外现代设计和新材料、新工艺的发展也为大功率高速柴油机产品技术水平的提升提供了有力的支撑。

其重点技术主要表现在以下五个方面。

一是系统集成技术。现代设计和优化技术有力推动了系统集成和匹配研究的深入开展,动力装置一体化设计有效降低了无效空间,大幅度提高了动力装置的功率密度和系统总成之间的优化匹配。国外车用发动机行业十分重视发动机的系统集成技术，德国马勒公司提出了缩小排量和减小体积的系统集成优化设计概念，发动机不断向小型化方向发展，体积较少50%，发动机的比功率进一步提高；CO_2 降低30%，燃油经济性进一步改善。福特公司欧洲动力系统研发部利用 downsizing 概念，将排气管集成到缸盖上，有效缩小了体积和减轻了重量，提高了柴油机的性能和可靠性。BWM 集团采用 downsizing 概念开发的 3.0L 六缸柴油机，在工程上实现了 60 千瓦/升的功率密度。

二是供油燃烧技术。喷油压力大于160兆帕的高压共轨燃油系统已经进入工程应用。德国 MTU 公司军用890系列柴油机采用了喷油压力180兆帕的共轨喷油技术已经实现工程应用，重车柴油机升功率已经达到30—35千瓦/升的水平。目前，德国博世公司已开发出喷射压力高达300兆帕的共轨喷油系统。在高效燃烧方面，美国威斯康星大学、芬兰赫尔辛基工业大学、奥地利 AVL 公司均积极开展活塞式发动机热—功转换极限的探索研究。芬兰赫尔辛基工业大学内燃机实验室正在开展指示平均有效压力5兆帕、活塞平均速度15米/秒、最大燃烧压力40兆帕的"极高指标发动机"（EVE）的研究工作，并取得了初步成果。瑞典斯堪尼亚公司采用创新的模块化燃烧概念（SMCC），实现了快速高效燃烧：珀金斯公司的 Ouadram 燃烧系统、日野公司的 HMMS 燃烧系统、小松公司的 MTEC 燃烧系统、五十铃公司的四角型燃烧室等创新燃烧系统均具有快速充分燃烧的特点。

三是发动机电控和管理系统技术。电控技术对今后动力技术的发展至关重要，是实现优化匹配、功率提升、节能减排和智能化控制的有效途径。MTU 公司开发了目前最先进的发动机电子管理系统技术（ADEC），除控制供油外，管理的内容涵盖了发动机的热管理、空气管理和能量管理等各方面，具有智能监控和远程诊断功能。瑞典斯堪尼亚公司创新的 CAN 总线混合动力电控和管理。此外，可变气门正时（VVT）、增压中冷、发动机热管理、EGR 等发动机各个部位的控制均取得了较大进展，为确保柴油机高效清洁燃烧提供了可靠的保证。

四是增压技术。目前压比大于4.5的可调增压系统已经进入工程应用，VGT、单涡轮双压气机、二级增压、顺序（相继）增压等可调增压方案在不同应用领域都取得了成功应用，显著提高了柴油机的热效率。瑞典斯堪尼亚公司在其 D12 柴油机上采用动力涡轮复合增压，燃油消耗率提高 5%。美国福特、底特律柴油机、康明斯、卡特彼勒等公司通过采用电辅助涡轮增压等方案，有效地实现了废气能量的梯级利用。美国底特律柴油机公司通过与美国能源部合作的重型卡车项目，在满足美国 2007 年排放法规的同时实现了 45% 的有效热效率。该公司下一步目标是在满足 2010 年排放法规的同时，有效热效率达到 50%。

五是现代设计技术。柴油机的设计研发模式正在发生根本性的变化，数字化设计与制造技术得到了较为广泛的应用。以网络化协同设计平台和产品数据管理以及基础参数与产品数据库为基础，利用三维建模、模拟装配、工程分析、仿真试验、虚拟制造等现代化数字技术建立逼真的柴油机研发环境和产品模型，设计的主体由物理样机转变为数字样机，可以在计算机上直观地进行产品的预测设计。目前国际知名的柴油机企业和研发机构或多或少地采用了数字化样机设计技术，国内柴油机企业和研发机构也正在开展数字化设计。

近年来高速柴油机技术有很大发展，改变了柴油机转速低、体积大、噪声大的缺点，现在柴油发动机已从仅载货汽车使用发展到在小吨位汽车和小客车上也使用。近年来，我国在高速大功率柴油机技术领域取得了长足发展，使得高速大功率柴油机的技术水平和产品结构发生了根本性的变化。通过合资、合作、引进生产及自主开发，形成了一批性能优良、技术先进的车用柴油机产品。最新开发投入批量生产的柴油机其排放已经达到国际排放限值要求，并具有满足欧Ⅳ和欧Ⅴ排放标准的潜力；涡轮增压器、供油系统和电控系统等关键系统部件的自主研发和生产能力也有较大提升。

在重型车辆领域，通过技术引进、生产许可证、合资合作等方式陆续引进了一批较为先进的高速柴油机产品，提高了发展的起点，为今后技术水平的快速提高奠定了一定基础，在很大程度上满足了国民经济建设对高速柴油机动力的迫切需求。主要引进了日本五十铃公司、意大利依维柯公司、德国曼海姆公司、道依茨公司、曼恩公司和 MTU 公司、美国康明斯公司等的技术和产品。目前，这些引进产品大多数已实现了国产化，并形成了批量规模生产能力。后续引进的道依茨 1015/2015 系列水冷柴油机、沃尔沃 D12 柴油机、雷诺 DCi11 柴油机、日野 JC09 柴油机，补充了国内 12L 左右柴油机的不足。

除此之外，国内一些发动机厂通过与国外技术咨询、联合开发等方式开发出 12L 和 13L 重车柴油机。例如，潍柴与 AVL 公司合作，开发出蓝擎系列 12L 排量国Ⅲ标准柴油机，功率覆盖 176—353 千瓦，最低燃油消耗率 190 克/千瓦时，大修期 120 万公里；一汽锡柴采用博世公司 160 兆帕电控高压共轨技术，研发出 13L 国Ⅲ标准 CA6DN 柴油机，最大功率 338 千瓦，最低燃油消耗率 200 克/千瓦时；东风康明斯推出了新一代 13L 欧Ⅲ标准 ISZ 系列电控柴油机，功率覆盖 298—407 千瓦。与此同时，国内加紧开展对国Ⅳ、国Ⅴ技术的预研，着力规划全系列国Ⅳ产品平台，目前，采用 SCR 技术的 6DLIS—32E4 系列柴油机已通过了国际权威机构的国Ⅴ排放认证，首批配金龙的 EGR 国Ⅴ样机，已配试成功。

但是，我们应该清楚地看到，我国高速轻型柴油机还存在很多问题，面临着巨大的挑战，特别是与国际先进水平相比存在着很大差距。第一，我国高速轻型柴油机主要面向中低端客户或市场用途，市场竞争很激烈，价格定位比较低，利润不高，所以企业的研发和技改投入往往不足，发展缺乏后劲。第二，柴油机结构设计普遍落后，大多为从过去的农用柴油机发展而来，加上工艺制造技术水平不高，产品的技术水平普遍较低，还不能真正满足欧Ⅱ甚至欧Ⅰ排放标准。第三，企业对产品及其市场的研究、调查不够重视，自主设计、开发和改进的能力比较薄弱，技术储备不足，特别是面对即将实施的国Ⅲ排放标准尚未做好技术准备。第四，由于不重视基础研究，缺乏对新技术、新产品的研发投入，企业的技术创新能力不高，对柴油机高新技术的掌握不够，关键技术主要依靠国外，企业发展受制于人。第五，虽然一部分经济效益较好的企业采取引进技术或与国外合作开发等多种途径来提高企业的自主开发能力，提升产品的技术水平，实现产品的更新换代，满足有关标准、法规的要求，但是，企业需要付出代价昂贵的技术引进费或开发费，国际合作的成本很高（这对于一般性的企业是承受不起的），必将大幅度增加产品的成本，市场的接受程度有限，加上国外机构不一定了解中国的国情，开发的产品不一定适合中国市场，产品在市场的表现难以预料。第六，面对国Ⅲ排放标准，究竟采用何种技术手段尚无充分的认识。

（五）燃料清洁生产技术

目前我国燃料产品与国外发达国家有较大差距，最突出的问题是烯烃和硫的含量高。从我国的现状出发，可选择的车用清洁燃料生产技术有：脱硫技术、降低烯烃技术、高辛烷值调合组分生产技术、汽油清净添加剂及含醇汽油技术、生物柴油生产技术等。

1. 清洁汽油生产技术

一是汽油脱硫技术。汽油脱硫的方法很多，大致可分为两类：苛性碱工艺，主要包括抽提氧化法、固定床法及微碱法；无苛性碱工艺。加氢预处理依据原料不同，分为减压馏分油加氢处理、加氢精制、常压渣油加氢脱硫（ARDS）以及减压渣油加氢脱硫（VRDS）。上述技术不仅可以有效降低催化原料中的硫含量，而且可以降低其他杂质含量，同时可以生产一部分轻油。汽油加氢脱硫直接对 FCC 汽油进行加氢处理是降低汽油中硫含量的又一途径。该方法可使汽油中的硫含量降到 $50\mu g/g$，可使产品满足环保要求。非加氢脱硫包括溶剂萃取、吸附脱硫、水蒸气催化脱硫和生物催化脱硫等。上述各种脱硫技术中，加氢脱硫技术工艺最为成熟，脱硫效果也十分有效，同时也是普遍采用的方法。但要根据我国汽油的生产实际情况，选择既能有效脱硫，又投资少，费用较低的脱硫工艺是很有必要的。

二是降低燃料烯烃技术。FCC 汽油中的烯烃主要集中在 C5—C7 馏分中。通过使用特制催化剂或助剂，加强催化反应选择性氢转移反应概率，同时抑制深度氢转移反应的发生，并适当调节催化剂表面的酸性中心性质，可以达到降低催化反应中烯烃的生成率。醚化工艺也可降低燃料的烯烃含量，该工艺将催化裂化轻汽油中的轻叔碳烯烃转化为叔烷基醚，不仅降低了汽油中烯烃含量，还提高汽油的辛烷值和含氧量，并可相应降低汽油的蒸汽压。该技术针对我国实情，无论在设备投资还是操作费用等方面都具有优势，是我国生产清洁汽油的理想技术之一。

三是高辛烷值组分生产技术。汽油芳构化技术可使汽油中的烯烃分子转化为芳烃，其工艺基本原理 3K 是在一定的温度和催化剂的作用下，将低分子的单环芳烃几环烷烃通过裂化、齐聚、环化和脱氢等反应转化为芳烃，从而使直流汽油的辛烷值得到提高，达到 90 号以上汽油标准的要求的全过程。该工艺不仅减少了汽油中的烯烃含量，而且增加了芳烃含量，进而提高汽油辛烷值可以用凝析油、直馏汽油等劣质汽油来生产高辛烷值汽油调和组分。该工艺使用LAC芳构化改质催化剂，产品中液化石油气+汽油产率达到91%—94%，粗汽油的标号（研究法，RON）达到90以上。异构化技术也能生产出高辛烷值的调和组分，并且使直馏汽油得到了升值利用。

四是汽油清洁剂和含醇汽油。在不改变汽油组成的条件下，汽油中添加一定比例的含氧化合物，可有效地降低汽车CO的排放量。常见的含氧化合物如甲醇、乙醇、ETBE、MTBE、TAME等。减少汽车污染排放，生产质量逐步与国际接轨的清洁汽油已成为我国石化工业的一个发展旋律。

2. 我国清洁汽油生产技术应用现状

2005年，针对我国FCC汽油硫含量高，烯烃含量高，中国石化石油化工研究院以脱硫、保汽油收率，减少辛烷值损失为技术目标，开展国Ⅳ汽油生产技术研究，经过多年攻关，不断创新，实现了催化剂孔结构调整、多梯度金属溶液浸渍、成型技术三项创新，取得了核心催化剂、梯级级配装填、钝化硫化方法三个关键技术突破，开发出第一个拥有自主产权的国Ⅳ汽油生产技术，整体达到国际先进水平，实现了从"跟踪模仿"到"自主创新"的跨越式技术进步。该技术分别于2008年7月在玉门炼化总厂32万吨/年汽油加氢装置（切割分馏工艺流程）和2009年4月在大连石化20万吨/年汽油加氢改质装置（全馏分工艺流程）上成功进行工业化应用，达到国Ⅳ汽油生产技术要求。

除此之外，2011年，中国石化石油化工研究院已成功开发出预加氢催化剂，并完成了工业放大。预加氢催化剂可将轻质硫醇变为重质硫化物，降低轻汽油的硫含量，降低重汽油加氢装置的苛刻度，减少加氢脱硫过程中产生的辛烷值损失，延长轻、重汽油后加工装置（例如轻汽油醚化、重汽油加氢脱硫）的运行周期，取代炼油厂原有的汽油碱洗、脱硫醇单元，减少碱渣排放，具有重要的环保意义；进一步提高汽油的加氢脱硫活性，减少辛烷值损失。

尽管我国在清洁汽油生产技术的研发探索方面取得了较大成就，但就清洁汽油生产技术应用方面仍较为欠缺。在清洁汽油生产技术中，加氢技术在国外广为应用，该技术不仅能提高产品品质，而且能够提高生产清洁燃料的处理能力。相比而言，催化裂化汽油的硫和烯烃含量过高，性能稳定性差。催化裂化是目前我国炼油工业最主要与最有效的加工手段，我国汽柴油的主要部分是催化裂化产品。在目前我国的汽油构成中，催化裂化汽油占70%以上。其中在90号汽油中，大部分企业的催化裂化汽油都在90%以上。和欧美国家相比，我国的催化裂化燃油所占份额过大。例如美国，在汽油调和组分中，催化汽油只占34.5%。因此，催化裂化的加工手段是造成我国燃油清洁化水平低的根本原因。尽管我国加氢能力每年有所增长，但和美、日、英、法、德等国比较，加氢能力占蒸馏能力的比例仍然偏低，随着进口含硫原油的增加以及对清洁燃料要求的提高，发展催化裂化原料加氢预处理技术，是一项重要的措施。

3.清洁柴油生产技术

一是低硫、低芳烃柴油生产技术。发展低硫、低芳烃柴油是生产清洁柴油的关键，因此加氢裂化技术尤为重要。我国炼油厂建有大量的催化裂化装置，催化裂化柴油占成品柴油的30%左右，但是它的芳烃、十六烷值均无法满足清洁燃料的要求。尤其是重油催化裂化柴油，总芳烃质量分数可高达50%—75%。用催化裂化原料油中压加氢裂化代替加氢处理，除能得到催化裂化原料油加氢预处理的好处外，还能得到超低硫（50μg/g）的高十六烷值（50以上）柴油。为了生产低硫高十六烷值柴油，各大石油公司开发了各种加氢技术。丹麦哈尔德托普索公司开发了两种用于深度脱硫催化剂TK574和TK5731，可生产含硫量低于350μg/g的柴油。荷兰阿克苏诺贝尔公司开发的柴油超深度加氢脱硫催化剂KF-757除了脱硫效率高以外，还具有加氢脱氮和芳烃饱和的活性，能够提高柴油十六烷值，改进产品色度，并且已有工业应用等。

二是生物柴油生产技术。生物柴油是典型的"绿色能源"，生产生物柴油的能耗仅为石油柴油的25%，可显著减少燃烧污染排放；生物柴油无毒，生物降解率高达98%，降解速率是石油柴油的2倍；生产生物柴油适用的植物可以改善土壤，保护生态，减少水土流失；利用餐饮废油脂生产生物柴油，可以减少废油直接进入环境或重新进入食用油系统，有较大的环境价值和社会价值。在国外，用于规模生产生物柴油的原料有大豆（美国）、油菜籽（欧盟国家）、棕榈油（东南亚国家）。日本、爱尔兰等国以植物油下脚料及食用回收油为原料生产生物柴油，成本较石化柴油低。美国、英国等西方国家正尝试使用一种高油脂的工程微藻来生产生物柴油。食用回收油价格低廉，取材广泛，亦是许多国家研究和利用的对象。

4. 我国清洁柴油生产技术应用现状

我国对柴油加氢精制的催化剂和工艺技术都有了一定程度的了解和发展。我国开发的 MHUG 工艺采用重油催化裂化柴油与直馏柴油混合为原料，在 RN-1/RT-5 催化剂作用下，加氢改质提高柴油质量，柴油中硫、氮含量均有所降低，十六烷值达 40 以上。同时可生产部分催化重整原料。石油化工科学研究院研发的 RN-1 催化剂是一种性能优良的低压加氢精制催化剂，目前已经应用于 44 套工业装置。此种催化剂也可用于高硫直馏瓦斯油生产低硫、低芳烃柴油。在生物柴油生产方面，我国目前主要以废餐饮油脂、动物脂肪和木本油籽为生物柴油的生产原料。

然而，我国生物柴油生产及推广仍有不少的障碍：一是生物柴油厂的生产设计和运行没有技术规范，限制了其大规模的扩张；二是廉价、来源稳定的原料不能满足需求，亟待建设固定的植物原料基地；三是市场准入受限，生物柴油目前尚不能进入加油站渠道销售等。尽管 2006 年我国首个生物柴油国家标准《柴油机燃料调和用生物柴油》已进入报批程序，标志着我国生物柴油产业进入有序健康发展，但现阶段适用于我国生物柴油的质量标准和产业规范有待进一步改进和完善。

（六）降低风阻技术

车辆风阻系数的研究重点在于尽可能降低行驶过程中的空气阻力。关于车辆风阻系数的研究是伴随着汽车急速的不断提高而逐渐被人们重视起来的。数据显示，当车辆以 80 千米 / 小时的速度行驶，有 60% 的油耗是用来克服风阻，而随着车速的上升，这个比例还会直线上升。车型的风阻系数越小，被空气阻力消耗掉的动力就越少，同等容量的燃料实际使用的功率就越高，油耗自然就更低。一般来说，大多数轿车的风阻系数在 0.28—0.4 间，流线性较好的汽车如跑车等，其风阻系数可达到 0.25 左右，一些赛车可达到 0.15 左右。这方面的研究主要涉及材料科学和机械结构分析，尤其是车身有限元分析方面。

国产新奔驰 E 级的风阻系数仅为 0.24，在同级车型中非常出色。在德国的保时捷汽车公司拥有目前世界上汽车行业最先进的空气动力学实验室。日本的汽车企业也着力研究降低风阻和降低滚阻，而且这些方面的技术越来越成熟。

（七）传动系统设计

汽车的机械损失中运动部件摩擦损失和传动功率损失占总机械损失的90%以上，发动机附件所耗功率约占12%。在汽车上安装带有离合器的风扇，其随水温的变化而改变工况。该措施能降低耗油6%左右。也可以通过减少活塞组、曲轴与连杆、配气结构、传动系统、各驱动装置的机械损失来实现减低运动摩擦系数和提高传动效率。此外，在使用时可在润滑油中添加各减摩剂以减低各运动摩擦系数。

丰田汽车正在全力以赴地通过提高汽车传动效率来改善油耗，针对发动机、变速箱采用了为数众多的新技术来改善油耗和二氧化碳的排放。如丰田 A650E 自动变速器，将 Rr 行星齿轮的法向模数从传统的 1.15 增加到 1.5，这样减少了齿轮噪声，降低了齿轮啮合频率。在 Fr 和 Ctr 行星齿轮排的齿轮设计中选用了更大的接触系数，同时采用有限单元法对齿轮规格参数和行星齿轮轴承结构进行了优化设计处理，有效地减少了齿轮啮合损耗。

三、现行汽车能源政策的节能减排实施效果分析

（一）限制燃料消耗量的政策措施及实施效果分析

2004年10月，国家管理标准化委员会发布的《乘用车燃料消耗量限值》，是我国控制汽车燃油消耗量的第一个强制性标准，该标准明显压低了我国乘用车的平均燃油消耗。按《乘用车燃料消耗量限值》国家标准,对于新开发车型，要求从2005年7月1日实施第一阶段限值,2008年1月1日执行第二阶段限值；对于在产车型，要求从2006年7月1日执行第一阶段限值，2009年1月1日起执行第二阶段限值。第二阶段的限值是在第一阶段限值基础上加严约10%，但依然落后于2002年世界各国轿车的平均油耗水平。

值得关注的是，我国的第三阶段油耗标准已经考虑到与国际对接。第三阶段油耗限值实施过程将允许车企采取逐年改善的方式，最终达到要求，以此减

轻汽车企业的负担。比如从 2012 年开始为导入期，2012 年到 2014 年企业燃料消耗量将分别给予高于车型油耗目标值 9%、6%、3% 的灵活性，2015 年及以后完全实施。

2007 年，国家标准委又发布《轻型商用车辆燃料消耗量限值》强制性国家标准，这是我国第一个控制轻型商用车辆燃料消耗量的强制性标准。同时，对"车型燃料消耗量目标值"，将以"企业"作为标准评价的对象，在实施上也采用更加灵活的方式。《轻型汽车燃料消耗量标示管理规定》的出台，只是我国对汽车产业进一步节能减排调整的第一步。更加值得期待的是，未来我国的财税政策将与油耗直接挂钩，考虑通过标准以外的衡量办法，来推动汽车行业的节能减排。

该项标准是与《节能法》配套的重要标准之一，对于落实国家节能减排工作要求，促进我国轻型商用车辆节能技术水平的提高，完善我国汽车节能标准体系具有重要的意义。《轻型商用车辆燃料消耗量限值》施行后，节能降耗成果显著。2006 年与 2002 年相比，新车的全国平均燃料消耗量从 2002 年的 9.11 升每百公里，下降为 8.06 升每百公里，乘用车燃料消耗量平均下降了 11.5%。生态环境恶化趋势得到基本遏制。汽车发动机、变速箱、电机和轮胎翻新等再制造企业成倍增长，而且促进了企业进一步淘汰落后产品。同时将《轻型商用车辆燃料消耗量限值》标准纳入汽车产品强制认证实施规则，完善了清洁燃料汽车认证技术规范、标准及合格评定程序。提高了机动车零部件节能水平和循环回收利用率。积极推动了低排放、低油耗、小排量汽车的生产和使用，以及机动车用节能添加剂产品和交通基础设施建设材料产品认证、车辆维修和售后服务认证。

（二）鼓励发展小排量汽车的政策措施及实施效果分析

1. 鼓励小排量汽车发展的行政政策

我国一直提倡和支持发展小排量汽车。1995 年发布的《汽车工业产业政策》，提出要引导消费者使用低油耗、低污染的小排量汽车。在 1996 年 8 月，国务院办公厅转发了国家计委《关于取消地方限制经济型轿车使用意见》的通知。2004 年 10 月，我国汽车产业首个油耗强制性国家标准《乘用车燃料消耗量限值》出台，随后，我国发改委发布了我国第一个《节能中长期专项规划》。

2005年12月25日，国务院转发发展改革委等部门关于鼓励发展节能环保型小排量汽车意见的通知，要求制定鼓励节能环保型小排量汽车发展的产业政策，要按照国家《产业结构调整指导目录》，积极鼓励低油耗、低排放、小排量、小型化、高动力性汽车的生产和投资。加大节能环保型小排量汽车及其先进发动机（汽油机升功率大于50千瓦，柴油机升功率大于40千瓦）技术研究开发和产业化的支持力度。进一步完善节能环保型小排量汽车的技术标准，不断提高其安全、节能、环保等性能。2008年1月国家发改委修订的《产业结构调整指导目录》明确将节能环保型小排量乘用车的整车设计、开发列为鼓励类产业，并给出了小排量车的主要技术指标数值："燃油经济性高于国家第二阶段限值10%，排放满足国家Ⅲ级标准，两厢车长不大于4米，三厢车长不大于4.5米。"

2. 鼓励小排量汽车的税费政策

2006年4月1日，我国重点加大了大排量和能耗高的小轿车、越野车的税收负担，相对减轻了小排量车的负担，体现出对生产和使用小排量车的鼓励政策。调整内容为：第一，将消费税对小汽车的分类与国家新的汽车分类标准统一起来，将小汽车税目分为乘用车和中轻型商用客车两个子目。第二，调整小汽车税率结构，提高大排量汽车的税率。第三，对混合动力汽车等具有节能、环保特点的汽车将实行一定的税收优惠。该税率的调整，体现了国家鼓励混合动力等具有节能、环保特点汽车的生产和消费。

原来小汽车消费税的税率存在大排量车的税率偏低的问题，尤其是对大于2.2升的小轿车和大于2.4升的越野车在税率上没有进一步划分，对真正大排量和能耗高的小轿车和越野车的生产和消费缺乏调节的力度，在对小汽车消费税的税率结构做出相应的调整后，我国汽车保有量结构性失衡问题得到了明显改善，小排量车市场萎缩的现象得到初步遏制，对于节约能源起到一定积极作用。

3. 鼓励小排量汽车政策实效分析

虽然这些行政政策、税收政策在一定程度上促进了小排量汽车的发展，但是由于长期以来人们对小排量车的概念只有一个排气量大小的简单模糊理解；对小排量车在尺寸、节能、安全性、单位排放量等方面都缺乏统一详尽的行业标准，因此，阻碍了小排量汽车的快速发展。自我国《乘用车燃料消耗量限值标准》实施以来，虽然也促使我国乘用车油耗呈下降趋势，同期也制定了明确的排放法规及实施期限，但在各地区具体的执行过程中，往往不够严格，厂商生产一致性很差（即送检产品与生产线大批量生产之产品节能减排指标不一致），从而导致车辆的节能减排指标大打折扣。小排量汽车的燃油经济性并不一定都是好的，其排放的有害污染物和温室气体也不都是最少的。我国目前一些小排量乘用车的节能减排性能并不好，实际上，有些汽车排量虽小，但油耗并不少，排放量也不低。我国规定的小排量车通常是指排量在1.0升左右的"微型汽车"，其油耗基本在每百公里5升以下。小排量并不直接决定低油耗，油耗量与车身整体重量、发动机的性能有关。即使是小排量的汽车，其发动机性能低，燃料在发动机内无法完全燃烧，仍然会提高耗油量、排放不达标。

（三）替代能源计划及其实效分析

自1997年以来，我国政府及部分汽车企业早就进行了多手准备工作，除了不断采用技术手段降低传统内燃机的油耗之外，积极寻找汽车用替代石油的能源。

在车用石油替代资源的寻找上，我国主要推广乙醇汽油。2001年4月，我国颁布了《变性燃料乙醇》和《车用乙醇汽油》国家标准。从2002年3月起，国家开始在河南省的郑州、洛阳、南阳和黑龙江省的哈尔滨、肇东5个城市进行乙醇汽油推广使用工作。对乙醇汽油的试点工作总结，可以看出乙醇汽油具有良好的社会效益和环境效益，对经济的可持续发展及环境质量的改善有很大的促进作用。因此，2004年2月，国家发改委、财政部等八部委联合下发《车用乙醇汽油扩大试点方案》和《车用乙醇汽油扩大试点工作实施细则》将推广试点范围扩大到黑龙江、吉林、辽宁、河南、安徽5省及湖北、河北、山东、江苏部分地区总计27个地市。目前，大部分试点地区已建立起较为完善的乙醇汽油供销网络，乙醇汽油逐步被广大消费者认同和接受。到2005年底，我国乙醇汽油的年消费量已占国内汽油消费量的20%。

由于燃料乙醇的原料是玉米等粮食，随着乙醇燃料的推广，已出现了原料供应不足的问题，而且生产成本较高、性能也不尽如人意。生物柴油产业也遇到了廉价原料供应不稳定，技术不成熟等诸多问题。

四、各地发展情况

（一）北京

北京市的节能减排从高排放公务车的改革开始。2011年，北京下发《"十二五"时期公共机构节能规划》。规划中指出：要淘汰更新高污染、高排放公务车辆，加大新购公务车辆中节能和新能源汽车比例，实施公务车油耗定额管理。而且，公务车将实行"一车一卡"定点加油维修的措施，公务车油耗运行费支出将实行公示制度。

北京市分别在1999年、2002年、2005年、2008年实施了新车的排放标准，从国Ⅰ到国Ⅳ标准，每提高一次标准，单车污染就减少三至五成。2011年，又将排放达到国Ⅴ的柴油公共汽车投入了线路运营。为了实现公交车的低排量目标，北京市规定了严格的低排量标准；今后更新车辆全部将为新型环保公交车，更新方向除了国Ⅴ排放标准柴油车外，还包括混合动力车、电车和纯电动公交车等。目前，北京市所有公交车的排放水平都已达到欧Ⅲ以上标准，其中45%已经达到欧Ⅳ标准。

北京市加强公务车辆的管理，淘汰高污染、高排放公务车辆，严格控制公务车辆的加油量；设定低排量标准，特别是对公交车设置了严格的排放标准。这些举措，在北京收到良好的效果，而且易于实施，具有普遍适用性，可在全国进行推广。

（二）上海

上海近年来交通发展迅速，由此也带来燃油消耗、尾气排放等问题。面对诸多问题，市政府积极组织替代能源开发、提高机动车燃油经济性、发展新能源汽车等科研项目。确立了"公交优先"的节能交通体系，并加大其技术科研力度。设立专项支持超级电容公交客车的研发，以改善传统电车的缺陷，大力发展零排放、擅节能、低噪声、行动灵活的超级电容公交车。

为了促进节能及新能源汽车产业的发展，上海出台了《上海市汽车产业"十二五"规划》，规划中把加强能源资源集约利用、强化生态环境保护放在突出位置，推广节能环保车作为核心内容。

另外，上海市还减免节能低排放车型的贷款道路通行费，这种做法有效降低了节能低排放车型的使用成本,达到了鼓励发展节能环保型小排量汽车发展的目的。上海市政府还通过调整费率的方式,鼓励节能低排放车型的发展。

除此之外,上海市调整了公务车采购政策,使采购公车类型向节能和新能源车型倾斜,尤其是节能小排量高性能自主品牌车型和新能源汽车。

上海市政府发展节能汽车的经验对于全国开展节能减排工作有着重要的意义。在我国,可以推广其先进经验,在全国普及环保节能型的公共交通工具;减免节能低排放车型的贷款道路通行费;调整公务车采购类型,向节能和新能源车型发展,大力鼓励节能汽车的发展。

(三)广州

广州是我国重要的轿车生产基地,具有较好的发展新能源汽车产业的基础。围绕城市发展目标,广州市积极开展了节能及新能源汽车示范运行探索实践,并把发展节能及新能源汽车产业、加快节能及新能源汽车推广应用作为发展战略性新产业的优先选择。广州市政府还专门成立了节能及新能源汽车发展工作领导小组,统筹协调全力推进,着力发展节能及新能源汽车产业。

广汽集团联合有关高校、科研机构加大科研力度,已完成了传统车辆改造项目、研制油电混合等多台样车,而且试运行表现良好。广州市通过关键零部件及其配套设施的建设,形成了比较完善的节能及新能源汽车产业链。除此之外,广州市还进一步完善规划的编制、政策引导、资金扶持以及治理和技术支撑等措施,强化传统汽车改造及新能源汽车产业发展和推广的合力,最大限度地推进广州市节能降耗进程。

目前我国对于节能降耗及新能源汽车的发展,选定了 25 个城市作为试点城市,与广州市选取示范区域的做法相似,这一政策的实施将有助于推广节能与新能源汽车,节能与新能源汽车正处于规模化进入市场的起步阶段,也是市场培育和产业化发展的关键时期,通过试点城市,可以鼓励消费者购买节能与新能源汽车,从消费者的角度促进节能汽车的发展。

(四)武汉

作为中部地区重要的汽车制造基地,武汉市较早开展了节能与新能源汽车研究。作为国家"863"电动汽车成果产业化基地,武汉市具有电动汽车科研、产品制造、维修保养等各方面的综合实力,混合动力汽车、纯电动汽车和燃料电池汽车开发并举，电动汽车产业体系健全。2003年以来，节能与新能源汽车的研发、产业化及示范运营一直走在全国前列。

为了进一步推动武汉市节能与新能源汽车示范推广工作，加强关键核心技术研发，培育自主品牌；以优势企业为龙头，整车开发为主线，加强产业配套，形成基本完整的节能与新能源汽车产业链；完善相关政策，做好应用推广，加强组织协调，建立产业联盟，形成全行业、各部门紧密合作、共同推进的良好局面。

武汉市正在积极组建节能和新能源汽车研究院及产业战略联盟，加快节能汽车的配套建设，建设示范样板区，以推进节能及新能源汽车的产业化。

发展节能环保型汽车，必须要有相应的配套设施，如充电站、新型汽车零部件制造企业等。因此，对于我国推广节能环保型汽车，必须要投入大量的资金，培养专门人才，鼓励相关企业的发展，推动配套设施的建设，形成完整的节能与新能源汽车产业链。

（五）合肥

作为全国首批为数不多的新能源汽车"双试点"城市，合肥市政府采取了多方面的措施，以推动节能及新能源汽车的发展。首先，合肥市出台新能源汽车补贴政策，对私人用户以自有燃油汽车换购新能源汽车，将一次性补助3000元／辆。由于个人消费者价格弹性大，财政补贴能大大促进私人消费者购买新能源汽车，再加之车型轻巧、方便，价钱便宜，每月的燃料费用大幅减少等因素，都能够激发消费者购买欲望。其次，合肥市还大力推广新能源客车、新能源乘用车，并将建3座大型换电站和一批充电桩，以方便购车者在市里开车充电。再次，财政还将加大新能源汽车研发的补贴力度，降低生产成本。

这些政策效果已初步显现，以国轩高科、华霆动力、江汽集团等企业为代表的合肥新能源汽车产业集群正逐渐形成。新能源汽车的新型商业模式正逐步形成。到"十二五"末，合肥市将形成10万辆新能源乘用车和5000辆新能源客车的产能，力争在全国25个试点城市中保持领先地位。

五、存在的主要问题

尽管我国在传统汽车改造及新能源汽车的研发生产等方面取得了一定的成

果，但也必须看到，在改造传统汽车产业技术和新能源汽车领域与发达国家的差距仍然十分明显，尚有许多问题亟待解决。

（一）政策目标与实际情况产生较大偏离，影响政策执行效果

《节能与新能源汽车产业发展规划（2012—2020）》中提出：到2015年，新能源汽车初步实现产业化，动力电池、电机、电控等关键零部件核心技术实现自主化；纯电动汽车和插电式混合动力汽车市场保有量达到50万辆以上；混合动力汽车实现产业化，基本掌握先进内燃机、自动变速器、汽车电子、轻量化材料等关键技术；具有自动起停功能的微混系统成为乘用车标准配置，中、重度混合动力乘用车保有量达到100万辆。然而目前我国能够实现新能源汽车量产的企业还较少，产销也不过万余台，先进的节能降耗技术的研发也仅仅停留在初级阶段，在五年之内迅速实现产业化有极大的挑战性。

（二）政策对节能降耗技术研发的资金与技术支持仍然不足

我国的节能降耗技术及新能源汽车技术处在刚刚起步阶段，因此我国在这方面的技术落后于先进国家，加之技术的研发及现有技术的产业化需要大量的资金投入，然而科研机构、汽车企业等凭借自身的能力，是杯水车薪，所以政府持续的资金投入、高新技术的引进对节能降耗技术、新能源汽车的研制与开发起着至关重要的作用。

首先，我国没有建立国家级专项节能基金。近年来，政府尽管加大了对技术改造项目、高新技术项目和科技创新项目的资助，但专项用于鼓励节能技术、产品的研发、推广，节能示范项目和企业节能技改等项目的基金不到位。因此，企业设备更新、改造资金匮乏；同时由于缺乏鼓励节能技术推广的政策和机制，节能技术、工艺、产品信息传播缺位，使部分企业因信息闭塞，不能及时了解和掌握国内外资源节约新技术、新产品、新设备、新工艺及节能降耗的先进经验，导致汽车行业资源节约技术进步工作迟缓。节能及降耗技术发展较为缓慢。目前仅有上海市、浙江省、江苏省和一些地级市如宁波、深圳、珠海等建立了节能基金，数量从几百万元到几千万元不等。

其次，我国对节能降耗技术资金投入缺乏连续性。如我国对混合动力汽车的鼓励政策，从"十五"期间就开始实施，虽然企业也获得了国家的补助，但企业自己也掏出了大量资金去研发，苦苦研发了近十年，目前已有产业化的动

向，一旦政府不再大力支持，很可能使混合动力产业化的速度放缓。

再次，发展替代能源战略是我国的一项基本国策，而各种替代能源的研究开发，主要是部分企业和科研单位的行为，缺乏政府引导的、系统的技术产品开发，缺乏扎实的实验设施和商业化应用基础。

（三）政策措施操作性不强，执行效果不佳

《节能法》《乘用车燃料消耗量限值》《实行能源效率标识的产品目录（第一批）》、各地方省、市、自治区相应的规章基本奠定了我国汽车行业节能降耗的政策体系框架。上述政策的颁布和实施在一定程度上缓解我国能源供求形势，也将在未来相当长时间内对节能降耗发挥更大的作用。

现阶段，我国目前制定的节能法规、标准、规范还不足以支持节能工作的深入开展，节能监督、执法方面还有相当差距。如虽然配合《节能法》的出台，一些省、市、自治区制定了一些《节能法》配套法规，但总体上《节能法》执行效果不理想，条款未执行率达到42%。现行政策措施执行不力的一个突出问题是，对节能监管机制、体制的规定几乎是空白。没有规定明确的执法主体和监督主体，对节能行政主管部门法律地位及其管理责权的规定不够明确，因此操作性较差。

在执行政策方面，还存在着一些其他的问题，如财政部、发改委和工信部出台的"节能产品惠民工程"政策，对于1.6升及以下乘用车购置税基本在万元左右，按5%减征，购车者可省5000元。而如果是节能产品，除了减征2.5%的购置税之外，还可享受3000元的补贴。作为一项利好政策和惠民工程，一次性享受3000元节能补贴的方式更为直接，能够让消费者立竿见影降低购车成本。但是，该政策由于采取的是间接补贴方式，即由政府将补贴款直接补给汽车厂家，再由汽车厂家通过经销商补给消费者，相对于购置税减半的直接补贴方式，此项政策由于其间接性的原因，使得补贴的透明度受到影响。这也就使得在实际市场操作过程中出现了部分经销商私自侵占补贴、明降暗升甚至冒名顶替节能车型销售的情况存在，导致消费者不满。因此，政策的执行效果不是很明显，并未达到预期的效果。

（四）税收优惠等经济手段的应用有待加强

节能产品要在原有产品的基础上增加投入，往往会增加用户成本，因此，即使是西方市场化国家，也会对高效节能新产品的生产或销售过程实行优惠税率，对提供节能服务的企业给予适当的税收优惠经济激励，包括减免税、补贴、贴息、加速折旧、贷款抵押等。

从我国节能降耗的实践看，20世纪80—90年代，政府除了指令性规定要求全社会节能外，也非常重视采取经济激励政策推动企业节能基建和技术改造。例如：对节能基建投资，最初为财政拨款，之后将拨款改为低息贷款，这些节能优惠政策对缓解能源供需矛盾、支撑国民经济发挥了较大作用。20世纪90年代中后期以来，税收体制改革逐步深入，我国通过降低小排量汽车的税收、生产节能汽车的企业进行低息贷款、现金回扣补贴等方式来促进节能降耗及新能源汽车产业的发展。但总体来说，财政、税收优惠等方面的政策措施，还未形成完整的体系。

我国目前没有专门促进节能环保汽车发展的税收政策，现行的有关节能环保汽车消费存在问题。一是整体税负过高。按照现行税收政策，消费者买一辆节能环保汽车，要负担比例不同的消费税和17%的增值税，还要承担因缴纳增值税和消费税而产生的城市维护建设税和教育附加费。如果消费者买的是进口的节能环保型的汽车，还要承担进口环节所缴纳的增值税、消费税和关税。汽车上牌照，消费者还要缴纳10%的车辆购置税。在使用时，每加1升油，要缴纳1元燃油消费税和因此产生的城市维护建设税和教育附加费。在现行汽车消费制度下，消费者购买节能环保汽车与购买传统汽车在费用方面没有什么优势，依旧负担很重。二是税收调控有限。目前，我国现行的节能环保汽车税制，仍然停留在以价格和排量为主要指标、以控制购买为税负重点、以财政收入为征税主要目的的模式上。我国汽车消费税收的构成虽在短期内能限制汽车购买、增加税收收入，但从长远看不利于加强消费者的环保观念和引导汽车消费。三是缺乏扶持产业发展税收优惠政策。节能环保汽车代表了汽车产业的发展方向，而现行相关税收政策中并未体现这一趋势，鼓励节能环保汽车发展的政策近乎空白。

（五）政策措施制定的标准认证存在漏洞

从2011年10月1日起，国家调整并实施新的节能汽车补贴政策，主要是将纳入补贴范围的节能汽车门槛提高，百公里平均油耗从6.9升降低到6.3升，补贴标准仍维持 3000 元/辆不变。现在国家推行的对油耗达标车型补贴 3000 元政策，依据的仅仅是企业自己上报的耗油标准，没有经过任何第三方机构的试验和检测。仅凭企业的自我申报，难保其中没有虚报作假情况存在。如果长此以往，就会让弄虚作假的人占便宜，就会诱发更多的人弄虚作假。这不仅浪费了纳税人的钱财，而且使政策效果大打折扣，达不到节能降耗的目的。

　　对于节能汽车的认定标准也存在着问题。如《"节能产品惠民工程"节能汽车（1.6L 及以下乘用车）推广实施细则》，有些达不到标准的车型在增加重量后反而能够达标。该细则通过两个指标来认定一辆车是不是节能汽车：整车整备质量（即汽车自重）及百公里综合油耗。其中，整车整备质量从 750 千克以下到 2510 千克以上，共分为 16 档，每档间隔 110 千克到 230 千克不等，整车整备质量越高，百公里综合油耗标准也放得越宽。有的汽车，不同型号的车型自重横跨了两个档次，出现了自重高的车型达到"节能汽车"标准，而自重较轻的车型不能达标的情况。以排量 1.3 升、代号 HG7134DAA 的广汽本田自动档飞度为例，天窗版百公里综合油耗 6.8 升，被划入第 5 档，百公里油耗低于 6.8 升即为节能汽车；不带天窗的飞度自重 1089 千克，被划入第 4 档，百公里油耗低于 6.5 升才算节能汽车。这样一来，天窗版飞度符合节能汽车标准，不带天窗的飞度则不达标，而要使其达标，做法很简单——只要使其增重 2 千克，达到 1091 千克，便可像天窗版飞度一样划入第 5 档，从而顺利达标。

第三章
主要替代能源的能效和排放分析

车用替代燃料广义来讲，指对传统车用柴油、汽油具备替代能力的燃料，不仅包括在传统内燃机汽车上使用的天然气基、煤基和生物质基的液体或者气体替代燃料（如天然气、液化石油气、生物乙醇、生物柴油、甲醇、二甲醚等），还包括电动汽车所使用的电力和燃料电池汽车所使用的氢气等。前一类燃料不需要根本性地改变车辆驱动结构，后一类燃料需要从根本上改变车辆动力系统。在各种车用替代燃料中，天然气和液化石油气的技术最为成熟，并被广泛应用于世界各地的固定线路公共交通和出租车中。目前世界上大约有500万辆机动车使用这两种传统车用燃气，约占汽车总量的0.7%，占替代燃料车的80%。生物乙醇燃料是液体替代燃料中推广最成功的，主要用来与汽油混合组成各种比例的醇油混合燃料。

在开发替代燃料的同时，与燃料相配合的车辆推进技术发展同样日新月异。相应的技术包括替代动力型和替代燃料型，前者包括纯电动汽车、混合动力汽车、燃料电池汽车技术，后者包括灵活燃料汽车技术（使用事先配好的混合燃料）、双燃料汽车技术（使用两套燃料系统，加注两种燃料）和混合燃料汽车技术（使用一套燃料系统，加注两种燃料）。根据对纯电动汽车、混合动力汽车、燃料电池汽车、替代能源以及传统动力汽车的能源利用效率以及温室气体排放的比较分析，按照能源开采、冶炼、消耗等全寿命周期对能源消耗量和温室气体排放进行评价，研究结果表明：纯电动汽车总能量消耗和温室气体排放情况都大大优于传统汽油车，在运行阶段具有尾气零排放的显著优势，可以将污染物从数量众多的流动污染源（以千万辆计的汽车）转移到数量有限的固定污染源（国家大型火电厂），便于对污染物进行集中减排处理。混合动力汽车的WTW阶段总能量消耗和温室气体排放情况好于传统汽油车，其WTW总能量消耗为传统汽油车的75%，温室气体排放能够降低25%以上。燃料电池汽车根据制氢方式的不同，其WTW阶段总能量消耗和温室气体排放情况有较大改善。所有煤基燃料路线（电、二甲醚、甲醇、煤制油）中，采用煤发电驱动电动汽车的 WTW 阶段总能量消耗、化石能量消耗和石油能量消耗仅为其他煤基液体燃料驱动车辆的总能量消耗的 34% 左右，温室气体排放降低 65% 以上。而未来随着水电、风电等可再生能源发电比例的提高，电动汽车的减排潜力也将更加明显。

第一节　全生命周期的"油井到车轮"分析方法

一、生命周期评价的起源

在环境保护和控制污染方面，过去人们关注的是如何控制产品生产企业排放的各种污染物，由此产生了早期环境管理的模式——面向污染源的末端控制模式，它在早期的环境保护中起了积极的作用。但随着环境保护的日益深入，这种环境管理模式的局限性也日益突出，于是便有了 20 世纪 80 年代提出并推行的污染预防模式——清洁生产，这是一种面向产品生产过程的环境管理方式，但它依然不能完全满足经济、资源、环境可持续发展的要求。生命周期评价则是近年来提出的面向产品的环境管理方式，它关注的是从产品原材料的获取和处理、产品的加工与生产、产品的分配与运输、产品的使用与维修到产品材料的再循环及废弃产品的最终处置等整个生命周期过程对环境产生的影响，从而找出减少或消除这些影响的措施与方法。

生命周期评价（LCA，Life Cycle Assessment）诞生仅仅十多年，但其理论和应用研究已经取得了长足的进展，是目前国际上最流行的对于一种产品或者技术进行"从摇篮到坟墓"的资源利用和环境影响的评价方法。国际标准化组织（ISO，International Standard Organization）对它的定义是："对一个产品系统的生命周期中输入、输出及其潜在环境影响的汇编和评价。"也就是说这种方法评价了一个产品系统的整个阶段——从原材料的提取和加工，到产品生产、包装、市场营销、使用、再使用和产品维护，直至再循环和最终废物处置——的环境和资源影响。

数据的收集和验证是生命周期评价的重要环节之一，合理、准确、匹配的基础数据是进行正确评价的基础。不同的数据表现不同的内涵，对数据的采集和整理，就是对知识的挖掘。在 LCA 中，如果所研究的体系是一个实际存在的产品，那么要求所有数据都应是真实的、来源于实际过程的。尤其是对排放因子数据的选用，应该与具体应用的技术和设备相吻合。如果所研究的体系是一个预测产品体系，那么其数据的获取、匹配将更加困难，一些数据可能是预测或估算的。

LCA 方法十分重视数据的收集和整理，最关键的要素是各种过程数据应满足匹配原则，数据的选择、整理和修正工作十分重要。在本章所研究的系统中，存在大量还没有实现工业化的过程。这些过程的数据只能通过各种文献调研或估算获得，因此存在一定的不确定性。研究中，通过对某些关键因素的不确定性分析来弥补预测数据不够精确的缺陷。

为了使各国、各地区和各行业开展的全生命周期评价的项目具备更好地共享和比较的价值，需要为生命周期评价的一些术语和使用方法进行统一，为此，1997 年，国际标准化组织（ISO）发布了第一个生命周期评价的国际标准——ISO14040《生命周期评价原则与框架》，此后几年中又相继发布了 ISO14041《生命周期评价:目标与范围的确定及清单分析》、ISO14042《生命周期评价:生命周期影响评价》、ISO14043《生命周期评价:生命周期解释》、ISO/TR14047《生命周期评价:ISO14042 的应用范例》、ISO/TS14048《生命周期评价:数据文件格式》和 ISO/TR14049《生命周期评价:ISO14041 的应用范例》等多个标准及应用示例。这些标准的出台更好地统一了项目的原则、目标与范围，规范了项目的工作流程，梳理了项目数据的格式，推动了项目成果在更大范围内的应用。至此，生命周期评价经过多年的发展，进入成熟应用的阶段。

二、全生命周期理论在汽车领域的应用

作为一个非常重要的技术工具，汽车全生命周期分析得到国际汽车产业界、学术界的极大关注和高度重视。1993 年以后，世界各国的许多研究机构都建立了工作组从事有关全生命周期评价（LCA）的方法研究，并逐步囊括了对汽车行业进行评价的数据体系。Boustead Model 是最早的 LCA 工具之一，该工具的数据库中大约有 4000 组单元数据，已经用于各种复杂的产品，尤其是在

汽车行业中应用较广，但是该 LCA 工具无法进行环境影响评估。瑞典的 LCA Inventory Tool 主要是关于制造、运输过程中的能量消耗方面的评价，也缺乏排放方面的评价。德国的 GaBi LCA 的数据库中含有 350 个典型工艺的环境信息，却没有关于能量消耗方面的评价。总的来说，早期的大部分 LCA 工具都存在着一些局限，无法满足在汽车领域对替代能源应用的能效和排放进行全面评价的要求。

在生命周期概念的影响下，针对汽车领域对替代能源应用进行研究的特殊要求，美国能源部所属的阿贡国家实验室（Argonne National Laboratory，ANL）发展了燃料循环研究的思想，提出了"从油井到车轮"（Well-to-Wheel，WTW）评价体系（如图 3-1 所示）。这个体系的研究对象是车用燃料在应用路径中的能源消耗和排放情况，研究范围包括燃料从开采到使用的整个应用路径，分成燃料生产（Well-to-Tank，WTT）和机动车使用（Tank-to-Wheel，TTW）两个阶段，囊括从原料的开采、运输，燃料的生产、运输、储存，到车辆的使用这一全过程，研究的方式是对能源的消耗和各项排放指标进行量化评估。

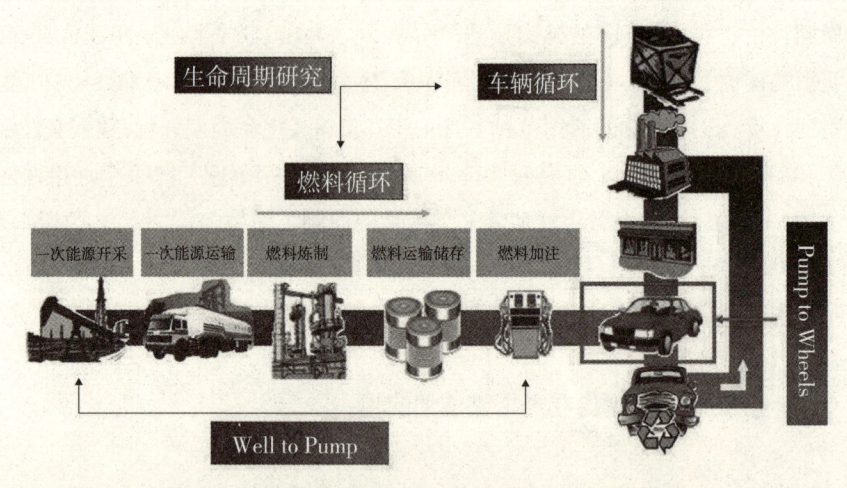

图 3-1　车用能源的"从油井到车轮"（WTW）过程

基于"从油井到车轮"的思想框架，阿冈实验室的科研人员开发了专门的车用燃料 LCA 工具——GREET 模型（Greenhouse gases, Regulated Emissions, and Energy use of Transportation），用于计算车用燃料全生命周期的能源消耗、温室气体排放和法规污染物排放。GREET 模型对于各种车用燃料的应用路径，依据一系列完整的生命周期数据清单，对总能耗（所有能源）、化石能源消耗（石油、天然气和煤），以及石油消耗进行分别计算；在排放方面，GREET 模型对三种温室气体（包括 CO_2、CH_4 和 N_2O）和其他五种重要污染物（VOC、CO、NOx、PM10 及 SOx）进行分别计算。

车用燃料全生命周期分析主要针对的对象包括石油基燃料、生物质基燃料、天然气基燃料、煤基燃料和可再生能源基燃料，具体的燃料及其应用路径如图 3-2 所示。

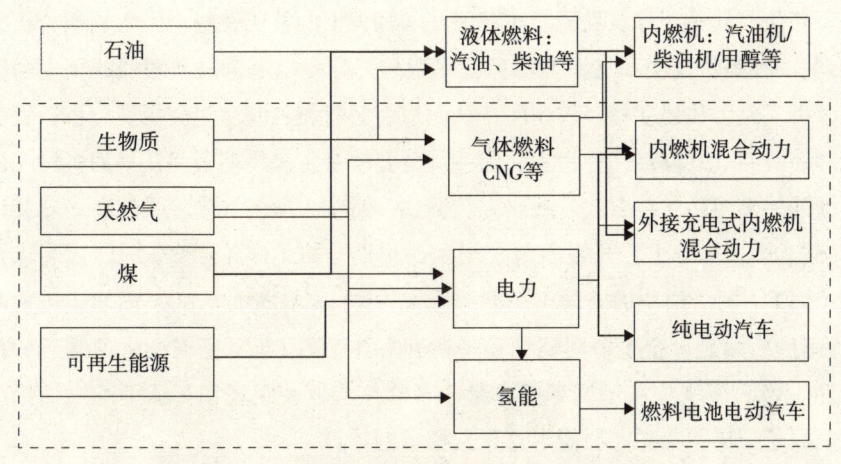

图 3-2　车用燃料全生命周期研究对象及其应用路径

除了 GREET 模型以外，其他的研究机构也开发了一些针对车用燃料的 LCA 工具。加州大学戴维斯校区（UC-Davis）的交通研究所在 1999 年开发了电动汽车生命周期成本和能源使用模型，主要进行生命周期成本分析和能源消耗分析；2002 年，该研究所开发出了生命周期排放模型（LEM），该模型可以对包括汽油、柴油、天然气、液化石油气和燃料电池等在内的多种传统及替代燃料汽车的环境排放进行生命周期评价；2003 年，该研究所又推出了燃料来源排放模型（FUEEM），它是专门为了对燃料电池汽车及其燃料来源进行蒙特卡洛（Mote Carlo）不确定性分析和生命周期评价而设计的。LEM 模型是一个更加综合的模型,不仅研究燃料问题,而且试图把整个机动车的生产和使用的过程能源、环境和经济评价都包括在内。

中国在汽车领域的生命周期评价方面的研究起步较晚。近年来国内多个机构也开展了车用燃料的全生命周期评价方面的研究,以中国汽车技术研究中心、中国汽车工程学会、清华大学、重庆大学、上海交通大学、上海同济大学等研究机构和高校为代表。但是,目前国际上通用的 LCA 工具主要是依据发达国家的数据背景开发的,中国的 LCA 研究很难直接使用。因此,相应的国内研究方式有两种,一种是以国外的全生命周期分析工具为基础,搜集整理中国能源领域、交通领域、车辆运行的重要或主要数据,对国外的分析工具中的数据进行替代,从而计算出我国能源环境技术背景下的替代燃料全生命周期分析结论;另一种是根据中国能源及燃料技术背景,开发出适合我国国情的全生命周期分析工具,并建立相应数据库,从而进行替代燃料的全生命周期分析。目前我国的研究方式以第一种为主,但一部分开展全生命周期研究较早的机构,已逐渐开始采用第二种方式开展研究。例如,清华大学公共管理学院在嵌套使用 GREET 模型基础上,开发出包含全生命周期分析(LCA)和车用能源需求预测(VEF)两个模块的中国车用能源研究模型(CAERM)。LCA 模块中包含两个部分:终端能源全生命周期计算平台和具体燃料/车辆路线全生命周期分析程序。VEF 模块中基于汽车保有量、车队年均行驶距离和车队平均燃油经济性三因子分析,实现能源需求总量及构成的计算。

三、替代能源生命周期能效和排放计算方法

目前可作为车用替代燃料的包括在传统内燃机汽车上使用的液化石油气(LPG)、压缩天然气(CNG)、甲醇、二甲醚(DME)、生物乙醇、生物柴油,以及电动汽车所使用的电力和燃料电池汽车所使用的氢气等。为了对各种车用替代燃料的能效和温室气体排放情况进行对比,需要对各种燃料在同样的车辆上、同样的载荷下、行驶同样的里程为基准,对比各种燃料的全生命周期总能源消耗量,以及总温室气体(温室气体)排放量。在温室气体排放方面,本书重点考虑 CO_2、CH_4 和 N_2O 排放,并按照全球增温潜力效应折算成

CO_2 当量。

下面对 LPG、CNG、甲醇、二甲醚 DME、电力、氢气、生物乙醇、生物柴油等车用替代燃料的全生命周期中的燃料生产（WTP）阶段进行进一步细分，以便于了解 WTP 阶段的计算方法（参见表 3-1）。

表 3-1　车用替代燃料 WTP 阶段细分

资源开采	资源运输	燃料生产	燃料运输、分配、储存和加注
原油开采	原油运输	炼制汽油、增氧剂炼制、含氧汽油调配	汽油运输、分配
		炼制柴油	柴油运输、分配
		炼制 LPG	LPG 运输、分配
		发电	电力运输、分配及电池充电
天然气开采、净化处理	天然气运输	天然气压缩	CNG 运输、分配
		天然气制氢、氢气压缩	压缩氢气运输、分配
		发电	电力运输、分配及电池充电
煤炭开采、加工洗选	煤炭运输	煤炭气化、合成甲醇	甲醇运输分配
		煤炭气化、合成 DME	DME 运输分配
		发电	电力运输、分配及电池充电
生物质原料如玉米、木薯、秸秆、甜高粱、大豆和麻疯树等的种植和采收，以及地沟油收集	生物质原料的运输	生产燃料乙醇	燃料乙醇运输、分配
		生产生物柴油	生物柴油运输、分配
		发电	电力运输、分配及电池充电
可再生能源的原料开采、加工	可再生能源的运输	发电	电力运输、分配及电池充电

替代能源全生命周期的能效和排放定义为汽车行驶 100 公里所消耗的总的能源热值和产生的总温室气体排放，基本计算方式如下：

WTW 能耗 = 汽车行驶 1 公里燃料消耗量 ×（单位燃料所含的能量 + 生产单位燃料所导致的能耗 + 运输单位燃料所导致的能耗 + 生产单位燃料所需的原料的生产导致的能耗 + 生产单位燃料所需的原料的运输导致的能耗）；

WTW 温室气体排放 = 汽车行驶 1 公里燃料消耗量 ×（单位燃料燃烧的温室气体排放量 + 生产单位燃料所导致的温室气体排放量 + 运输单位燃料所导致的温室气体排放量 + 生产单位燃料所需的原料的生产导致的温室气体排放量 +

生产单位燃料所需的原料的运输导致的温室气体排放量）。

由于原料、燃料的产地差异性、生产技术水平差异性等因素，全国各地的燃料生产工艺、能耗强度、运输方式等方面存在差异性，需要统计各方式所占的比重进行具体计算，因此生命周期的每一个生产或运输阶段所涉及的数据量均较庞大，计算过程比较复杂，因此需要对每一个阶段的计算方式进行规范。以燃料运输过程的能耗和排放的计算逻辑为例进行说明，其他阶段的计算逻辑有所类似。

运输单位燃料所导致的能耗 = $\sum$ 运输方式 i 运输燃料的距离 × 运输方式 i 的能耗强度 × 运输方式 i 在燃料运输的各种方式中所占的比重；

运输单位燃料所导致的排放 = $\sum$ 运输方式 i 运输燃料的距离 × 运输方式 i 的排放强度 × 运输方式 i 在燃料运输的各种方式中所占的比重。

其中：

运输方式 i 的能耗强度 = $\sum$ 运输方式 i 采用驱动燃料 j 时的能量强度 × 驱动燃料 j 在运输方式 i 采用的各种驱动燃料中的比重；

运输方式 i 的排放强度 = $\sum$ 运输方式 i 采用驱动燃料 j 时的能量强度 × 运输方式 i 采用驱动燃料 j 时每单位能量强度对应的排放因素 × 驱动燃料 j 在运输方式 i 采用的各种驱动燃料中的比重。

第二节　车用替代能源的全生命周期能效和排放情况

各种替代能源各自具有不同的应用特点，除对车辆的性能有所影响、对车辆的结构有所要求之外，对其发展趋势有着更大影响的因素是其能源效率和温室气体排放情况。由于各种替代能源的能源效率和温室气体排放受诸多因素的影响，为了对各种替代能源进行全面、客观的评价，需要采用全生命周期评价方法进行评估。

全生命周期评价框架中涉及的数据量较大，各环节的数据都存在明显的地域差异性，因此不能简单地用某一来源的数据说明全部的情况。尤其在研究中国的替代燃料全生命周期能耗和排放时，存在地域广阔、情况复杂、数据口径多元化、部分数据统计数据不全或缺失的情况，因此数据的选择也存在较大的灵活性，从而导致在各种资料来源下的计算结果存在较大差别。这些资料的数据来源无法一一得到核实，因此本文将采用集思广益、定性说明的方法，尽量客观、全面地描述出在中国的能源环境下，替代能源的全生命周期能效和排放情况。

根据目前中国各研究机构及产业界对车用代用燃料的关注点和关注度，本文确定的研究对象包括：电力、生物乙醇、生物柴油、氢气、甲醇。

一、原料开采和燃料生产阶段数据

本节首先对中国主要终端能源的全生命周期能源强度和温室气体排放强度清单进行数据收集和整理，为各条代用燃料路径的全生命周期各阶段的能耗和排放计算提供数据基础。

基础数据主要来自于各类统计资料，包括国家统计局、能源、交通运输、石油石化、电力等专业统计资料，以及部分论文、研究机构内部报告，这些报告进行了大量的实地调研，并采用了专家咨询核实确定等方式。为了尽量保障数据的全面性，主要以2007年统计的数据为准。

各种类型的数据具有不同的来源。总体来看，对于各种燃料的能量密度、碳含量等基础数据，可直接采用年鉴数据或者业内广泛采用的数据；对于能源开采和加工转化阶段的能效和排放数据，需要进行广泛的实地调研、一定的选择和加工；对运输阶段的能效和排放数据，需要通过调研、专家咨询等方式，在了解各类运输模式构成和运输距离基础上，结合相应运输方式的能源强度和交通燃料构成进行适当的测算。

首先需要确定各种能源的能量密度，以及排放因子，作为各阶段计算的基础数据。本章采用中国气候变化国别研究组对各种能源的能量密度、含碳量和CO_2排放系数的成果。该成果是我国温室气体排放清单首次报告的基础数据，具有权威性。表3-2未给出CH_4和N_2O的排放系数，因这两者的排放量均不到CO_2的排放量的0.01%，在误差范围内可以忽略不计。

表 3-2 部分车用燃料的能量密度、碳含量系数和 CO_2 排放系数

	能量密度，MJ/kg	碳含量，%	CO_2 排放系数，g CO_2/MJ
汽油	42.5	84.6	73.2
柴油	42.7	86.5	74.3
LPG	47.3	82.0	63.6
CNG	43.0	75.0	64.0
生物乙醇	27.0	52.2	70.9
生物柴油	38.0	77.3	74.6
煤基甲醇	19.7	37.5	69.8
氢气	121.0	0	0

其次需要确定各种运输方式的能源强度和主要使用的燃料种类，作为计算原料运输和燃料运输阶段的基础数据。通过调研总结，各种运输模式的能源强度及燃料构成结果如表 3-3 所示。结合前一节提及的各种能源的运输模式构成和运输距离情况就可测算出原料阶段和燃料运输阶段的能效和排放。

表 3-3 交通能源强度及燃料结构计算结果

交通模式	能源强度	燃料种类及结构
远洋	23	燃料油（100%）
铁路	240	柴油，电力（45%）
原油管道	300	燃料油（50%），电力（50%）
天然气管道	372	天然气（99%），电力（1%）
水运	148	燃料油（100%）
短途公路	1362	柴油（68%），汽油（32%）
长途公路	1200	柴油（68%），汽油（32%）

数据来源：中国交通运输协会和清华大学中国车用能源研究中心。

再次需要确定的是几种最基本的传统能源的数据，包括石油、天然气、煤、电力等能源，数据包括开采效率、处理效率、所消耗的各种能源的比例，以及运输距离和运输方式等，供代用燃料全生命周期的原料阶段数据计算用。

(一) 石油和汽柴油

汽油、柴油、炼厂 LPG 是炼油厂的主要产品，我们选择中国具有代表

性的炼厂工艺路线、生产技术和能耗情况，讨论不同条件下炼厂生产汽油、柴油、LPG 的能耗和排放。汽油、柴油、炼厂 LPG 生产的边界系统如图 3-3 所示：

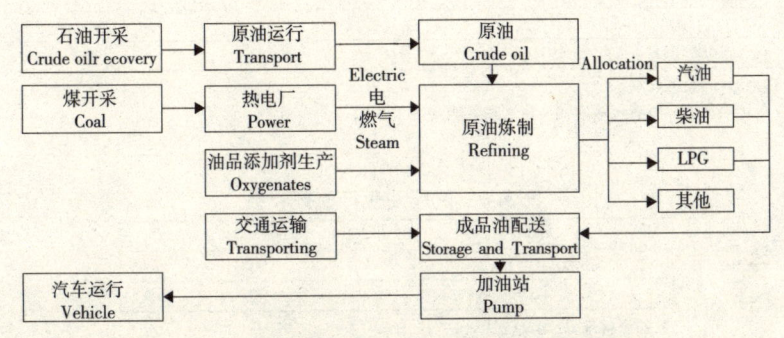

图 3-3 石油基燃料的全生命周期分析框架示意图

石油开采、运输、炼制和成品油输配送过程相关参数如表 3-4 至表 3-7 和图 3-4、图 3-5 所示。

表 3-4 石油开采能效相关参数

项目	数值（%）
原油进口比例	55.8
原油开采效率	91.3

数据资料来源：国家统计局。

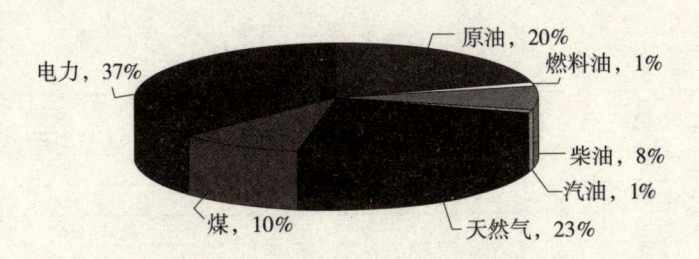

图 3-4 原油开采消耗的能源比例

数据资料来源：国家统计局。

表 3-5　石油运输参数

运输模式	原油	
	百分比（%）	平均运输距离（km）
远洋	50	11000
铁路	45	950
管道	80	500
水运	10	250
短途公路	0	0

数据资料来源：国家统计局。
注：因存在接力运输，所有运输模式占比之和可能超过100%。

表 3-6　汽柴油生产能效参数

项目	数值（%）
汽油生产能效	91
柴油生产能效	92

数据资料来源：国家统计局。

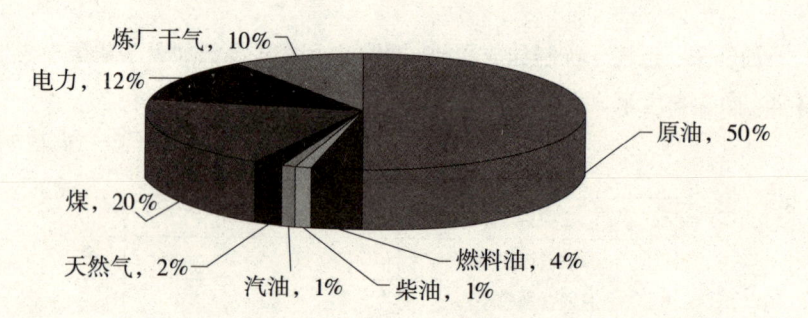

图 3-5　汽柴油生产消耗的能源比例

炼厂干气，10%
电力，12%
煤，20%
天然气，2%
汽油，1%
柴油，1%
燃料油，4%
原油，50%

数据资料来源：国家统计局。

表 3-7　成品油运输参数

运输模式	汽油、柴油、燃料油	
	百分比（%）	平均运输距离（km）
远洋	25	7000
铁路	50	900
管道	0	160
水运	15	1200
短途公路	10	50

数据资料来源：国家统计局。
注：因存在接力运输，所有运输模式占比之和可能超过100%，下同。

第三章　主要替代能源的能效和排放分析

（二）LPG

LPG 生产及输配情况如表 3-8、表 3-9 所示。

表 3-8　LPG 生产能效相关参数

项目	数值（%）
LPG 生产效率	90.3

数据资料来源：国家统计局。

表 3-9　LPG 运输参数

运输模式	汽油、柴油、燃料油	
	百分比（%）	平均运输距离（km）
远洋	65	7000
铁路	50	900
管道	15	160
水运	25	1200
短途公路	10	50

数据资料来源：国家统计局。

（三）天然气

天然气开采、处理及输配情况如表 3-10、表 3-11，以及图 3-6 至图 3-8 所示。

表 3-10　天然气开采与处理能效参数

项目	数值（%）
天然气开采效率	96
天然气处理效率	94
天然气压缩效率	96

数据资料来源：国家统计局。

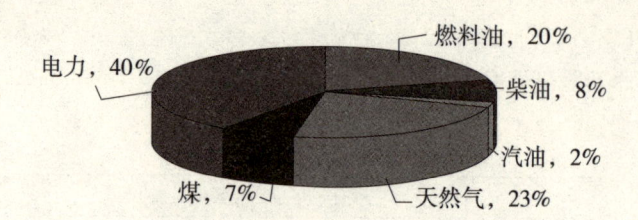

图 3-6　天然气开采消耗的能源比例

数据资料来源：国家统计局。

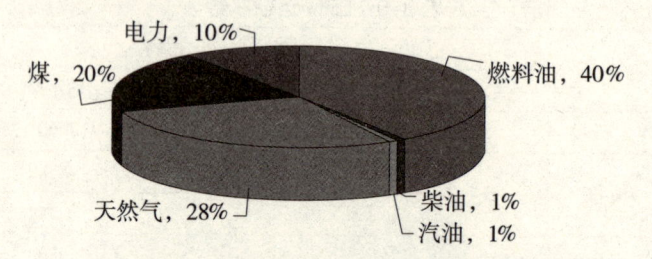

(电力，40%；燃料油，20%；柴油，8%；汽油，2%；天然气，23%；煤，7%)

图 3-7　天然气处理消耗的能源比例

数据资料来源：国家统计局。

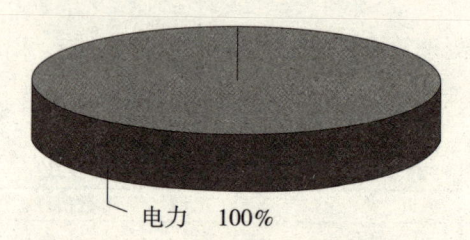

(电力，10%；煤，20%；燃料油，40%；柴油，1%；汽油，1%；天然气，28%)

图 3-8　天然气压缩消耗的能源比例

数据资料来源：国家统计局。

(电力 100%)

表 3-11　天然气管道运输参数

用途分类	平均运输距离（km）
压缩天然气	900

数据资料来源：国家统计局。

(四)煤炭和甲醇

煤炭开采、处理及输配情况如表 3-12、表 3-13 和图 3-9 所示,甲醇生产和运输情况如表 3-14、表 3-15 和图 3-10 所示。

表 3-12 煤炭开采与处理能效参数

项目	数值(%)
煤炭开采效率	97
煤炭洗选效率	95

数据资料来源:国家统计局。

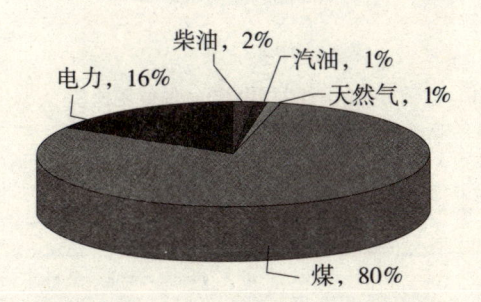

图 3-9 煤炭开采与洗选消耗的能源比例

(电力,16%;柴油,2%;汽油,1%;天然气,1%;煤,80%)

数据资料来源:国家统计局。

表 3-13 原煤运输相关参数

运输模式	汽油、柴油、燃料油	
	百分比(%)	平均运输距离(km)
铁路	75	1000
水运	17	650
长途公路	8	310
短途公路	10	50

数据资料来源:国家统计局。
注:本数据综合了部分专家的意见。

表 3-14　甲醇生产能效相关参数

项目	数值（%）
煤制甲醇生产效率	42.75

数据资料来源：国家统计局。

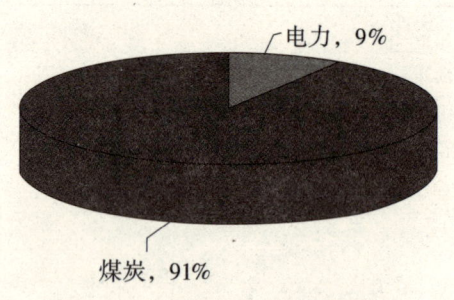

图 3-10　煤制甲醇消耗的能源比例

电力，9%
煤炭，91%

数据资料来源：国家统计局。

表 3-15　甲醇运输参数

运输模式	汽油、柴油、燃料油	
	百分比（%）	平均运输距离（km）
远洋	0	0
铁路	0	0
管道	0	0
水运	0	0
短途公路	100	100

数据资料来源：国家统计局。

（五）二甲醚

二甲醚生产和运输情况如表 3-16、表 3-17 和图 3-11 所示。

表 3-16　二甲醚生产能效相关参数

项目	数值（%）
煤制二甲醚生产效率	38.9

数据资料来源：国家统计局。

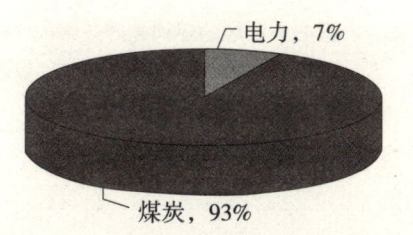

图 3-11 煤制二甲醚消耗的能源比例

数据资料来源：国家统计局。

表 3-17 二甲醚运输参数

运输模式	汽油、柴油、燃料油	
	百分比（%）	平均运输距离（km）
远洋	0	0
铁路	50	900
管道	0	0
水运	50	1200
短途公路	0	50

数据资料来源：国家统计局。

（六）电力

根据发电原料的来源，电力路线可分为化石能源发电（煤电、气电和油电）和非化石能源发电（核电、水电、生物质发电、风电、太阳能发电和其他方式发电）。我国电网电力全生命周期能效和排放情况要按照各种电力路线的能效和排放数值，以及各种路线在电网供电总量中的权重，进行加权计算。

我国电力生产的相关参数如图 3-12 和表 3-18 所示。

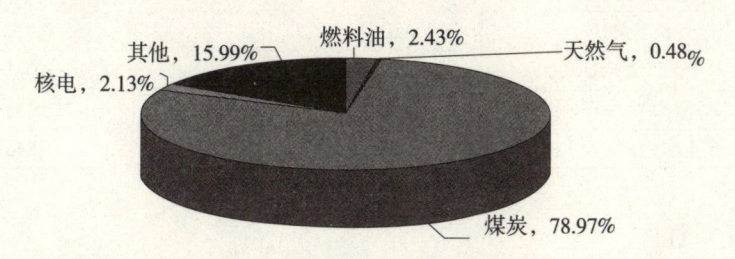

图 3-12 我国电力生产结构

数据资料来源：中国电力企业联合会。

表 3-18　不同电力路线的平均生产效率和线损比率

项目	数值（%）
燃料油发电	32
天然气发电	45
煤炭发电	36
核电	32
线损比率	7

数据资料来源：中国电力企业联合会。

对于燃料油发电、天然气发电和煤炭发电，其消耗的能源类型分别对应为燃料油、天然气和煤炭，其产生的温室气体排放也对应为燃料油、天然气和煤炭在开采、燃烧过程中产生的排放，可以通过生产效率计算获得。

虽然核电、水电和生物质发电的主要发电能源来源是非化石能源，但是在发电过程中还是要涉及一些其他的能源消耗和排放，本文进行粗浅的介绍。其中，核电的能耗和排放要涵盖铀矿开采、处理和运输各个子阶段；水电是中国非化石能源电力的最主要组成部分，需要考虑水库容量增大对地面淹没带来的CH_4问题；生物质发电路线要考虑生物质种植、运输等子阶段，但各地区和不同的生物质种类存在较大的差别。

本章以棉花秸秆发电的案例分析为基础，进行以下主要假设：原料热值为 15.89 兆焦/千克；原料运输距离为 100 公里；运输车辆的能耗为 0.0745 升柴油/吨公里。根据清华大学的研究结论，核电、水电和生物质发电的能耗和排放情况如表 3-19。

表 3-19　核电、水电和生物质发电路线全生命周期能耗和排放

能源消耗量	核电	水电	生物质发电
煤炭 MJ/MJ	0.052	—	0.010
天然气 MJ/MJ	0.005	—	0.002
原油 MJ/MJ	0.006	—	0.064
温室气体排放 g(CO_2)e/MJ	6.506	5	5.846

（七）氢

氢主要用于燃料电池汽车和氢内燃机汽车，其中燃料电池汽车为世界各国的主要选择方向。目前，各国的燃料电池汽车（FCV）都还处在研发和示范运

第三章 主要替代能源的能效和排放分析

营阶段,没有进入工业化生产和大批量使用阶段。目前我国氢燃料电池汽车的氢源采用的主要规模化生产方式就是天然气制氢。在现实条件仅允许小规模生产时,电解水制氢的方式较为简易,得到了较多的使用,但电解水制氢方式的能耗远高于其他制氢方式。本章选择天然气制氢路径进行介绍,其生产、运输情况如表3-20、表3-21和图3-13、图3-14所示。

表3-20 天然气制氢生产能效相关参数

项目	数值(%)
天然气蒸汽重整制氢生产效率	71.50
氢气压缩效率	92.50

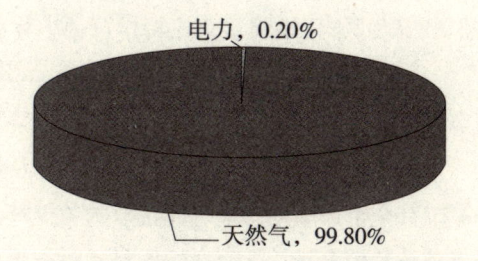

图3-13 天然气蒸汽制氢消耗的能源比例

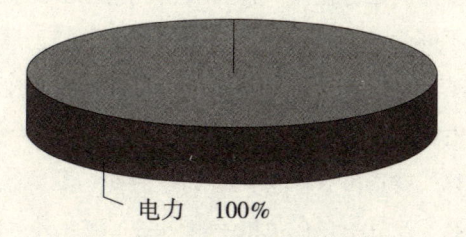

图3-14 氢气压缩消耗的能源比例

表3-21 氢气运输参数

运输模式	汽油、柴油、燃料油	
	百分比(%)	平均运输距离(km)
远洋	0	0
铁路	0	0

续表

运输模式	汽油、柴油、燃料油	
	百分比（%）	平均运输距离（km）
管道	100	50
水运	0	0
短途公路	0	0

（八）生物燃料

生物燃料包括生物乙醇和生物柴油。生物乙醇包括以淀粉生物质为原料生产的生物乙醇（即第一代生物乙醇）和以纤维素生物质为原料生产的生物乙醇（即第二代生物乙醇）。生物柴油也包括以油脂类生物质为原料生产的生物柴油（即第一代生物柴油）和以纤维素生物质为原料生产的生物柴油（即第二代生物柴油）。

美国阿贡国家实验室开展的燃料乙醇生命周期分析结果显示，化肥生产过程、化肥使用过程、氮肥使用过程（产生温室气体 N_2O）及燃料乙醇生产和副产品处理过程等是影响其全生命周期温室气体排放的关键环节。此外，作物生长会影响土壤及土壤植被的碳含量，从而影响燃料乙醇全生命周期温室气体排放总量。美国燃料乙醇全生命周期温室气体排放中，乙醇生产过程占35%，氮肥使用过程占31%。燃料乙醇温室气体排放情况与乙醇的生产方式和所采用的原材料密切相关，不同生产方式和原材料条件下的燃料乙醇相对于传统汽油温室气体排放水平的变化范围为+3%到-52%，尤其以纤维生物质为原材料的燃料乙醇（即第二代生物乙醇）的温室气体相对于传统汽油减排80%以上。从长远角度考虑，第二代生物乙醇在减少化石燃料消耗、温室气体减排及其他污染物减排方面优势明显，并且不存在与粮争地问题，因此具有很好的发展前景。

在我国，一代技术目前已较为成熟，一代生物乙醇目前得到了快速发展，主要原料为陈化粮（主要是玉米），木薯和甜高粱为原料生产燃料乙醇的准备工作。我国一代生物柴油还处于初步发展阶段，目前我国生物柴油主要原料是工业废油和废食用油（地沟油）、木本油料作物和麻疯树果实。因此本章对玉米、木薯和甜高粱制取生物乙醇和大豆、麻疯果和地沟油制取生物柴油这六条主要一代生物燃料技术路线进行分析研究，并以传统汽柴油作为基准进行对比。

二代技术在我国目前尚未形成生产能力，但其燃料产品种类繁多，技术路线多样，未来希望比较大的路线有纤维素乙醇和费托合成生物柴油。因此，本章对木质纤维素乙醇、草本纤维素乙醇和费托合成生物柴油这三条二代技术路线也进行分析。这九条生物燃料的路线及全生命周期分析包含阶段的内容见表3-22。

表3-22 主要生物燃料路线及全生命周期分析包含阶段

原料种植	原料运输	燃料生产	燃料运输、分配、储存和加注	车辆运行
玉米种植	玉米运输	生产生物乙醇	生物乙醇运输、分配	燃用生物乙醇
木薯种植	木薯运输	生产生物乙醇	生物乙醇运输、分配	燃用生物乙醇
甜高粱种植	甜高粱运输	生产生物乙醇	生物乙醇运输、分配	燃用生物乙醇
大豆种植	大豆运输	生产生物柴油	生物柴油运输、分配	燃用生物柴油
麻疯果种植	麻疯果运输	生产生物柴油	生物柴油运输、分配	燃用生物柴油
地沟油收集	地沟油运输	生产生物柴油	生物柴油运输、分配	燃用生物柴油
木质纤维素原料收集	木质纤维素原料运输	生产生物乙醇	生物乙醇运输、分配	燃用生物乙醇
草本纤维素原料收集	草本纤维素原料运输	生产生物乙醇	生物乙醇运输、分配	燃用生物乙醇
木质、草本等纤维素原料收集	木质、草本等纤维素原料运输	生产生物柴油	生物柴油运输、分配	燃用生物柴油

1. 一代生物燃料

一代生物燃料乙醇和一代生物燃料柴油的全生命周期能耗和排放的计算方法与化石基路线相似，但需要对种植性原料路线中的农药、化肥等生产资料投入导致的能耗和温室气体排放，以及氮肥中氮元素部分氧化形成 N_2O 效应带来的温室气体排放进行计算，并选择合适分摊方法对各路线中的副产品进行能耗和温室气体排放分摊。

由于生物燃料的原料种植在不同地域和气候条件下存在巨大的差异，因而难以从较为权威的统计渠道收集相关数据。清华大学的研究通过实地调研、专家访谈和文献调研结合的方法，对一代生物乙醇和一代生物柴油的各路线关于原料产量、种植能耗、农化投入、收集半径和燃料转化率、提炼能耗、输配距离和副产品分摊比例等现状数据进行了归纳，如表 3-23 至表 3-25 所示。其数据具有一定的代表性，本章予以引用。

表 3-23 一代生物乙醇路线的基本参数

	玉米乙醇	木薯乙醇	甜高粱乙醇
原料产量（t/hm^2）	6.5	13.3	64.5
种植能耗（MJ/hm^2）	4047	1572	2800
N 肥投入（kg/hm^2）	162	100	600
P 肥投入（kg/hm^2）	13.3	100	150
K 肥投入（kg/hm^2）	131	200	0
农药投入（kg/hm^2）	8	0	0
收集半径（km）	125	250	50
转化率（吨原料/吨燃料）	3.2	3.0	18.8
提炼能耗（GJ/吨燃料）	25	13.9	20
输配距离（km）	520	450	300
副产品分摊比例（%）	31	18.06	20

资料来源：清华大学。

表 3-24 一代生物柴油路线的基本参数

	大豆生物柴油	麻疯果生物柴油	地沟油生物柴油
原料产量（t/hm^2）	1.8	5.0	—
种植能耗（MJ/hm^2）	4494	800	—
N 肥投入（kg/hm^2）	88	97	—
P 肥投入（kg/hm^2）	33	27	—
K 肥投入（kg/hm^2）	27	18	—
农药投入（kg/hm^2）	4	0	—
收集半径（km）	200	250	35
转化率（吨原料/吨燃料）	5.9	3.3	20.0
提炼能耗（GJ/吨燃料）	12.9	10	7.5
输配距离（km）	200	300	100
副产品分摊比例（%）	30	40	0

资料来源：清华大学。

对我国农化产品生产情况进行调研，可得到不同的化肥和农药的生产过程所投入的能源情况，从而计算出每生产一单位化肥所消耗的化石能源强度和温室气体排放强度数据，如表3-25所示。

表3-25 我国农化产品的全生命周期能源强度和温室气体排放强度计算结果

	N肥	P肥	K肥	农药
化石能源强度 MJ/kg	55.17	7.98	8.90	381.64
温室气体排放强度 g(CO_2)e/kg	5148	587	811	32164

根据清华大学的研究，假定氮肥中N元素质量含量为50%，且2%的N元素将转化为N_2O，则可测算出N_2O转化效应系数为15.8克/千克氮肥。然后基于各条路线的N肥投入强度，则可测算出基于单位热量产出的氮肥N_2O效应结果，如表3-26所示。

表3-26 生物燃料路线的氮肥N_2O效应

原料类型	玉米	木薯	甜高粱	大豆	麻疯果	地沟油
N肥投入强度，千克/吨燃料	79.75	22.56	174.88	288.44	64.02	0.0
氮肥N_2O效应，g/MJ燃料	0.04	0.01	0.09	0.12	0.03	0.0

2. 二代生物燃料

二代生物乙醇是利用秸秆等农林废弃物制取乙醇燃料，属于废弃物资源化利用，因此在生命周期分析中，可以不考虑原料生产阶段的能耗和排放。在燃料生产阶段，对于纤维素燃料乙醇路线，原料预处理、纤维素水解等工序均需要消耗大量的电力、热力，并远远大于现有一代燃料乙醇技术路线的水平，但是由于存在大量的木质素作为燃料，该路线的燃料生产阶段也并不需要输入大量电力或者蒸汽。

二代生物柴油采用的是混合生物质原料通过热化学反应合成生物柴油，因进入工厂的生物质不仅仅作为输入原料，还用作生产工艺所需电力的动力燃料，因此该路线的原料生产阶段和燃料生产阶段也基本不需要外部提供能量。

根据国内外相关研究成果，理论上 2020 年前后二代生物乙醇和二代生物柴油能实现工业化生产，相关基本数据如表 3-27。假定其中木质原料和草本原料路线所产乙醇各占纤维素乙醇路线总量的 50%。

表 3-27 二代生物燃料路线的基本参数

路线	二代生物乙醇		二代生物柴油
原料类型	木质原料	草本原料	混合原料
燃料类型	燃料乙醇	燃料乙醇	生物柴油
替代燃油类型	汽油	汽油	柴油
原料热值（MJ/kg）	15.89	14.63	15.55
采集能耗（-）	忽略	忽略	忽略
运输半径（km）	100	100	100
运输能耗（升柴油/百吨公里）	7.45	7.45	7.45
转化率（吨原料/吨燃料）	4.1	3.7	6
提炼能耗（GJ/吨燃料）	1.00	0.85	0
工艺燃料类型及比例	煤炭（100%）	煤炭（100%）	生物质原料（100%）
吨液体燃料电力副产（kWh）	400	200	0
输配距离（km）	500	500	200

二、车辆运行阶段数据

由于代用燃料及先进汽车技术进入市场的前期推广成本过高，为了克服市场障碍，代用燃料和先进汽车技术往往在城市公交车、长途客车上先进行示范。因此本研究以城市公交车为基础，考察典型的代用燃料/动力系统对城市公交车的能耗和排放产生的影响，并与传统的公交车进行对比分析。研究将车辆标准统一为车长 12 米，额定载客量 70 人。

本章分析了典型的车用燃料及动力系统的能耗与排放影响，主要面向的燃料包括：汽油、柴油、LPG、CNG、M100、DME、电力和氢气；主要面向的动力系统包括：汽油发动机、柴油发动机、天然气发动机、混合动力系统、纯电动系统以及氢燃料电池系统。测试的指标包括：车辆行驶单位里程消耗的能量，以及行驶过程中产生的温室气体排放。对能耗和排放采用的测试方法包括：整车转鼓城市循环工况循环实验、发动机台架实验（对燃油发动机采用稳态循环实验，对燃气发动机采用瞬态循环实验）、整车道路城市循环工况实验和现场实际调研，并根据车型进行数据处理和换算。

汽油客车、柴油客车、天然气客车和 LPG 客车在国内已经有较长时间的应用，通过市场调研可以确定能耗和排放。甲醇和二甲醚在客车上进行使用时，需要对发动机进行一定的改造，目前的应用范围较小，主要在实验室进行了一些研发和使用，因此通过专家咨询的方式可以获得其能耗和排放数值。

纯电动客车目前在国内的使用范围不太广泛，不同企业生产的纯电动客车的百公里电耗也有所不同，本章通过对纯电动客车国家示范运行采集数据的整理，以及专家咨询，得到纯电动客车的能耗数值。

插电式混合动力汽车目前在国内较少应用，其能耗具有非常大的不确定性。由于其既可以通过电网充电、仅依靠电力行驶，也可以通过发动机驱动、仅依靠汽油或者柴油，在混合动力模式下行驶。因此，插入式混合动力汽车的能耗是介于混合动力汽车和纯电动汽车之间，本书暂不进行计算。

目前国内的燃料电池大客车数量比较有限，基本是由国家"863"计划支持研发和试运行，包括清华大学研制出的燃料电池大客车和上海同济大学研制出的燃料电池大客车。由于技术处于快速发展阶段，随着车型的不断更新，示范运行所采集的燃料电池客车能耗值也在不断下降，本章选取国内最新的一代燃料电池客车在国家示范运行中采集的气耗值进行计算。

混合动力技术近几年来发展迅速，逐渐趋向成熟，市场上已经有较多的应用。但是，混合动力客车的能耗存在一定的不确定性，主要原因在于其动力系统可有串联式、并联式、混联式等多种方式，各动力系统的节能程度有差别。此外，混合动力系统还可以分为轻混、中混和重混三种，各系统的复杂程度、成本费用和节能效果各有差别。结合我国目前的开发实际情况，综合协调性、先进性、技术复杂性和成本及维护费用之间的关系，将目前市场上的混合动力汽车分为 3 个档次的车型，各车型根据所采用技术的不同，分别节能 10%、20% 和 30%，相应的简写为 HEV10、HEV20 和 HEV30。

生物燃料在客车上有多种使用方式，目前国内的生物乙醇主要用于与汽油混合使用。在混合燃料中，生物乙醇占 5% 体积的燃料称为 E5，占 10% 体积的燃料称为 E10，目前这两种混合方式最为常见。本书以各种原料生产的 E10 为对象，与普通汽油进行比较。由于 E10 直接在汽油机中使用，基本不需要改变汽油机本身，也不改变汽油机的燃油经济性。同样，生物柴油目前也主要用于与柴油混合使用。在混合燃料中，生物柴油占 20% 体积的燃料称为 BD20。本书以各种原料生产的 BD20 为对象，与普通柴油进行比较。BD20 同样也不改变柴油机的燃油经济性。

综合以上数据获取方式，得到各燃料路线的 100 公里燃料消耗量和单位里程的能量消耗量数据，如表 3-28 所示。

表 3-28 不同燃料类型公交车的燃料消耗情况

类型	发动机形式	燃料类型	100km 燃料消耗量	能量消耗量（MJ/km）
汽油车	点燃式内燃机	汽油	55 L	17.53
柴油车	压燃式内燃机	柴油	45 L	16.12
CNG 车	点燃式内燃机	CNG	45 kg	16.02
LPG 车	点燃式内燃机	LPG	30 kg	15.56
M100 车	点燃式内燃机	M100	90 L	16.23
DME 车	压燃式内燃机	DME	80 L	15.18
电动汽车	纯电动系统	电	150 kWh	5.40
燃料电池车	燃料电池系统	氢	9.61 kg	11.63
汽油混合动力车（HEV10_G）	混合动力系统	汽油	49.5 L	15.78
汽油混合动力车（HEV20_G）	混合动力系统	汽油	44 L	14.02
汽油混合动力车（HEV30_G）	混合动力系统	汽油	38.5 L	12.27
柴油混合动力车（HEV10_D）	混合动力系统	柴油	40.5 L	14.51
柴油混合动力车（HEV20_D）	混合动力系统	柴油	36 L	12.90
柴油混合动力车（HEV30_D）	混合动力系统	柴油	31.5 L	11.28

三、替代能源全生命周期分析结论

依据前文所整理的数据，结合全生命周期理论和相应的算法，对各条路线的全生命周期的能耗和排放进行了计算。在不考虑车辆使用阶段时，可计算出生产单位热值的替代燃料时，在原料开采、运输和燃料生产、运输过程中所消耗的能源强度和温室气体排放强度结果，如表3-29所示。由于生物燃料的原料来源种类较多，故对其进行单独计算。

表3-29 主要车用替代燃料的化石能源和温室气体排放强度（基于单位热值）

	能源强度（MJ/MJ）	煤炭（MJ/MJ）	天然气（MJ/MJ）	石油（MJ/MJ）	温室气体排放强度（g(CO_2)e/MJ）
汽油	1.343	0.164	0.049	1.13	98.9
柴油	1.302	0.156	0.027	1.119	102.4
LPG	1.293	0.151	0.027	1.116	99.9
CNG	1.243	0.109	1.063	0.071	75.0
甲醇	2.761	2.487	0.004	0.27	250.1
二甲醚	3.028	2.729	0.005	0.294	273.7
电力	2.924	2.572	0.021	0.33	297.7
氢气	1.989	0.337	1.527	0.124	128.6

在考虑车辆使用阶段时，可计算出每条替代能源技术路径在相应的车型中使用的全生命周期能耗和排放，如表3-30所示。

表3-30 主要车用替代燃料的化石能源和温室气体排放强度（基于交通服务）

	能源强度（MJ/MJ）	煤炭（MJ/MJ）	天然气（MJ/MJ）	石油（MJ/MJ）	温室气体排放强度（g(CO_2)e/MJ）
汽油车	22.824	2.735	0.473	19.616	1733
柴油车	19.666	2.241	0.419	17.007	1650.7
LPG车	19.479	2.267	0.4	16.812	1504.8
CNG车	19.909	1.751	17.029	1.13	1201.8
甲醇车	44.816	40.37	0.072	4.374	4059.7
二甲醚车	45.964	41.433	0.07	4.461	4154.5
纯电动汽车	15.784	13.889	0.113	1.782	1607.6
FCV	23.130	3.922	17.760	1.446	1495.2
HEV10_G	20.5416	2.4615	0.4257	17.6544	1559.7
HEV20_G	18.2592	2.188	0.3784	15.6928	1386.4
HEV30_G	15.9768	1.9145	0.3311	13.7312	1213.1
HEV10_D	17.6994	2.0169	0.3771	15.3063	1485.63
HEV20_D	15.7328	1.7928	0.3352	13.6056	1320.56
HEV30_D	13.7662	1.5687	0.2933	11.9049	1155.49

根据表 3-30 可得出以下结论：

LPG 车的全生命周期总能耗比汽油车约低 15%，与柴油车相当，总排放比汽油车约低 13%，比柴油车约低 9%。

CNG 车的全生命周期总能耗比汽油车约低 13%，与柴油车相当，总排放比汽油车约低 30%，比柴油车约低 27%。同时，CNG 车的全生命周期对石油和煤炭的消耗量非常低，对天然气的消耗量较高。

甲醇车的全生命周期总能耗比汽油车约高 96%，比柴油车约高 128%，总排放比汽油车约高 134%，比柴油车约高 146%。同时，甲醇车的全生命周期对石油和天然气的消耗量非常低，对煤的消耗量较高。

二甲醚车的全生命周期总能耗比汽油车约高 101%，比柴油车约高 134%。总排放比汽油车约高 134%，比柴油车约高 146%。同时，二甲醚车的全生命周期对石油和天然气的消耗量非常低，对煤的消耗量较高。

纯电动汽车的全生命周期总能耗比汽油车约低 30%，比柴油车约低 20%，总排放比汽油车约低 7%，比柴油车约低 3%。同时，纯电动汽车的全生命周期对石油和天然气的消耗量非常低，对煤的消耗量较高。

燃料电池汽车的全生命周期总能耗与汽油车相当，比柴油车约高 18%，总排放比汽油车约低 14%，比柴油车约低 10%。同时，燃料电池汽车的全生命周期对石油和煤的消耗量非常低，对天然气的消耗量较高。

根据各替代能源的全生命周期能耗和排放对比结果，整体上看，纯电动汽车和混合动力汽车的总能耗最低，相对于基准汽油车可节能约 30%，其中，柴油混合动力的节能效果最好；CNG 车、混合动力汽车和燃料电池汽车的温室气体排放最低，相对于基准汽油车可降低排放约 25%；甲醇、二甲醚等煤制液体燃料的全生命周期总能耗和温室气体排放约为基准汽油和基准柴油的 2 倍多，节能减排的效果最差。

对于生物燃料，本章对不同原料和技术来源的生物燃料分别进行了计算和综合比较。根据对各生物燃料路径在原料种植采收、原料运输、燃料加工和燃料运输各个子阶段的能源投入情况调查，结合农化产品的生产能耗和排放强度数据、燃料乙醇和生物柴油生产消耗的农化产品数据和各燃料的热值，可计算出各生物燃料的原料种植和燃料生产过程所导致的化石能耗和温室气体排放，结果如表 3-31 所示。

表 3-31 生物燃料的化石能源和温室气体排放强度（基于单位热值）

原料	燃料	能源强度（MJ/MJ）	煤（MJ/MJ）	气（MJ/MJ）	油（MJ/MJ）	温室气体排放强度（g（CO_2）e/MJ）
玉米	乙醇	1.13	0.9	0.06	0.17	131
木薯	乙醇	0.65	0.57	0.01	0.07	69
甜高粱	乙醇	1.46	1.19	0.13	0.12	145
大豆	BD	0.87	0.41	0.1	0.36	75
麻风树	BD	1.02	0.61	0.12	0.29	110
地沟油	BD	0.5	0.34	0.08	0.09	52
木质纤维素	乙醇	0.03	−0.08	0	0.05	−5
草本纤维素	乙醇	0.01	−0.04	0	0.05	−1
BtL	BD	0.07	0.01	0	0.06	6

考虑车辆行驶阶段的能耗和排放，对不同原料和技术来源的生物燃料混合而成的 E10 和 BD20 在车辆上应用的情况进行综合计算，汽车每行驶 100 公里的全生命周期能耗与温室气体排放情况如表 3-32 所示。

表 3-32 不同生物燃料的全生命周期能耗和排放情况（基于交通服务）

燃料类型	燃料种类	化石能耗（MJ/km）	能耗降低比例（%）	温室气体排放（g（CO_2）e/km）	排放降低比例（%）
基准燃料	93# 汽油	22.824	—	1733.0	—
一代生物乙醇	E10（玉米乙醇）	22.45468	1.62	1778.768	−2.64
一代生物乙醇	E10（木薯乙醇）	21.64217	5.18	1674.146	3.40
一代生物乙醇	E10（甜高粱乙醇）	23.04559	−0.97	1802.14	−3.99
二代生物乙醇	E10（木质纤维素乙醇）	20.46035	10.36	1551.36	10.48
二代生物乙醇	E10（草本纤维素乙醇）	20.53421	10.03	1558.001	10.10
基准燃料	0# 柴油	19.666	—	1650.7	—
一代生物柴油	BD20（大豆制生物柴油）	19.2758	1.98	1663.413	−0.77
一代生物柴油	BD20（麻风果制生物柴油）	18.41737	6.35	1569.231	4.94
一代生物柴油	BD20（地沟油制生物柴油）	19.04168	3.17	1605.896	2.71
二代生物柴油	BD20（混合生物质原料制生物柴油）	17.79305	9.52	1494.506	9.46

根据表 3-32 可知，一代生物燃料路线的能耗和温室气体排放水平结果差异性比较大。和汽油、柴油路线相比，除甜高粱这条路线外，其他的生物燃料路线的能耗都有所降低，但有三条路线的温室气体排放水平比汽柴油路线要高（玉米、甜高粱和麻疯树）。二代生物燃料的能耗和温室气体排放水平结果较为相近。和汽油、柴油路线相比，二代生物燃料的能耗和温室气体排放水平的降低幅度都较大。尤其是二代生物乙醇和汽油的混合燃料 E10，其温室气体排放降低的幅度超过了混合燃料中二代生物乙醇的比例，可以理解为二代生物乙醇的温室气体排放是负值。

以上生物燃料的研究结果证明了木薯乙醇和麻风果制生物柴油等一代生物燃料，以及木本纤维素乙醇、草本纤维素乙醇和混合生物质原料制生物柴油等二代生物燃料的节能和减排水平是较高的，地沟油制生物柴油也有一定的节能和减排效果，玉米乙醇和大豆制生物柴油有一定的节能效果，但温室气体排放有所增加，而甜高粱乙醇则在能耗和排放上都有所增加。总体而言，相比于传统汽、柴油路线，一代生物燃料各路线的节能优势微小，二代生物燃料的节能效果比较明显。

第三节 不同研究对替代能源的全生命周期分析结论对比

一、汽柴油路径对比

对于基准燃料路线，即汽柴油路线的全生命周期能耗和排放分析，也有大量的机构进行了研究，本章收集整理了国内若干机构的研究结果进行对比，如表 3-33 所示。

表 3-33　汽油和柴油的全生命周期分析结果对比（基于单位热值）

终端能源	文献来源	化石能源强度 （MJ/MJ）	碳强度 （g（CO_2）e/MJ）
汽油	欧训民等，2010	1.33	99
汽油	Huang and Zhang，2006	1.27	—
汽油	胡志远等，2007	1.31	—

第三章　主要替代能源的能效和排放分析

续表

终端能源	文献来源	化石能源强度（MJ/MJ）	碳强度（g(CO_2)e/MJ）
汽油	申威等，2006	1.25	—
柴油	欧训民等，2010	1.32	102
柴油	胡志远等，2006	1.26	95
柴油	申威等，2006	1.22	—

由上表可以看出，在国内各机构在同样的生命周期理论框架下、类似的数据来源结构下，所做出的对汽油和柴油的化石能源强度和温室气体排放强度的研究结果是基本吻合。可以认为，在国内比较成熟的汽柴油生产路径中，从全国的范围平均来看，汽油和柴油的全生命周期能耗和排放是相对稳定的。

二、电力路径对比

不同研究机构所做出的电动汽车全生命周期能耗和排放的情况存在较大的差异，本书整理了几处研究结论，对比各电动汽车与基准汽油车的节能和减排比例，如表3-34所示。探讨各研究结论存在差异的原因，主要存在于发电环节和车辆使用环节，即不同的发电效率、电力结构，和不同的车辆耗电量和耗油量，都会对结果产生较大的影响。下面探讨这些因素对全生命周期结论的具体影响。

表3-34　电动汽车的全生命周期分析结果对比

终端能源	文献来源	相对汽油车的节能比例（%）	相对汽油车的减排比例（%）
纯电动汽车	清华大学全球环境研究中心	37	13
纯电动汽车	清华大学中国车用能源研究中心	48	34
纯电动汽车	中国汽车工程学会	41	20
纯电动汽车	中国汽车工程学会	47	19
纯电动汽车	中国汽车工程学会	37	16

（一）不同地区电力生产结构下的电力路径对比

我国能源分布的地区差异较大，典型的例子就是水电等可再生能源在不同地区有不同的分布，因此，不同地区的电力生产结构也有所不同。在各个地区发展电力替代能源路线，其全生命周期的能耗和排放也有所不同，下面进行简要介绍。

我国各主要地区的电力构成情况如表 3-35 所示。可以看到，在华中、西北和南方地区，水电所占比例较大，而在华北、东北和华东地区，煤电所占比例仍在 80% 以上，其中华北地区接近 100%。

表 3-35　中国各主要地区的电力结构（单位:%）

	全国平均	东北	华北	华东	西北	华中	南方
火电	82	95	98	88	77	74	65
水电	15	4	1	7	22	26	30
核电	2	0	0	5	0	0	5
风电	1	1	1	0	1	0	0

数据来源:清华大学能源环境经济研究所。

根据上述数据，以及各种电力类型的能效和排放情况，清华大学能源环境经济研究所计算出全国各地区以及全国平均水平的电力生产的能耗和排放。考虑电力在相比汽油车节能 40% 的插入式混合动力汽车（PHEV40）和纯电动汽车（EV）上使用的情况，可以得出 PHEV 和 EV 与汽油车的全生命周期结论对比。研究表明电动汽车全生命周期的 CO_2 排放水平存在显著的地域差异。但是，考虑到全国电力结构的发展规划和华中地区的电力结构发展规划不同，随着时间的推移，不同地域间的差距会越来越小。图 3-15 给出了对 PHEV40 和 EV 从 2010 年到 2030 年，在华中地区和全国范围内分别进行研究的全生命周期温室气体排放结论。

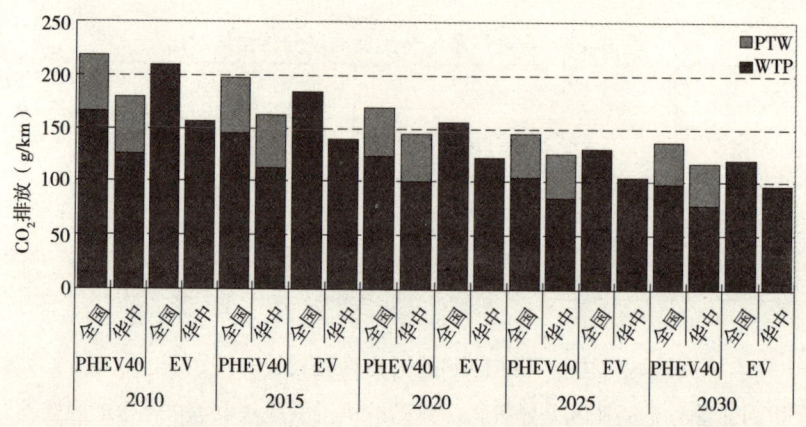

图 3-15　全国和华中的 PHEV、EV 的 CO_2 排放对比（2010—2030）

数据来源:清华大学全球环境研究中心。

可以看到，在清洁电力构成比例较高的地区推广 PHEV 和 EV，会获得更高的 CO_2 减排效益。以水电比例高的华中地区为例，2010 年华中地区 EV 的 CO_2 排放比全国平均水平低 25%。在煤电构成高的地区推广 PHEV/EV 其生命周期的 CO_2 排放削减效益会大打折扣。

清华大学能源环境经济研究所也对在不同地区的电动汽车的全生命周期温室气体排放进行了分析，结果如图 3-16 所示。

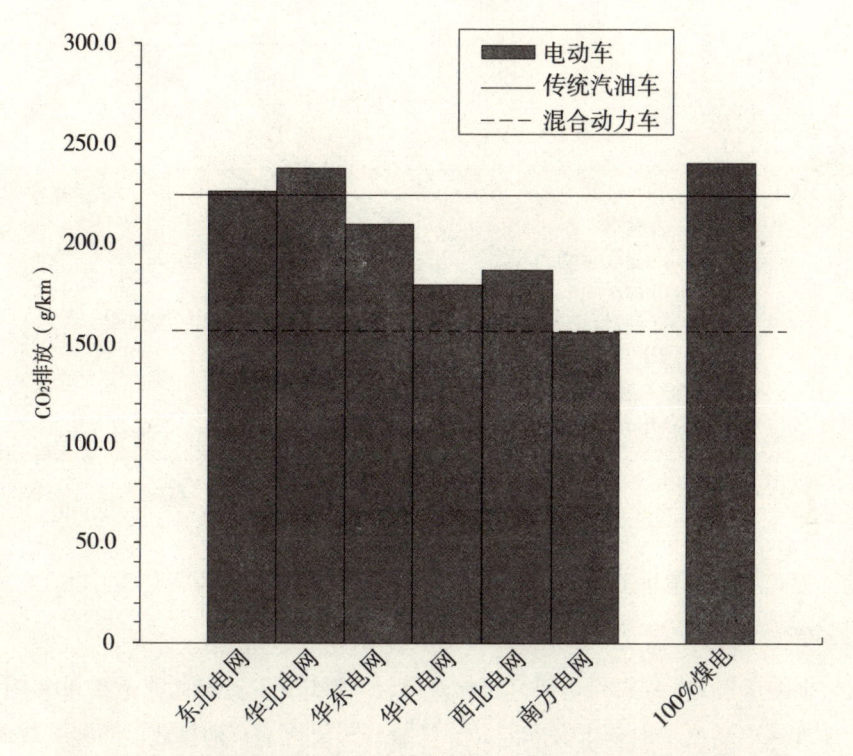

图 3-16 不同地区电网电情况下的纯电动汽车全生命周期温室气体排放

数据来源：清华大学能源环境经济研究所。

可以看到，目前我国纯电动汽车的碳减排效益因地区而异，部分地区的纯电动汽车产生的全生命周期温室气体排放甚至高于传统汽油车，但几乎所有的纯电动汽车的温室气体排放都高于混合动力汽车。但在未来，通过提高非化石燃料发电比例、提高燃煤电厂燃烧效率,可极大地降低纯电动汽车的碳减排,如图 3-17 所示。

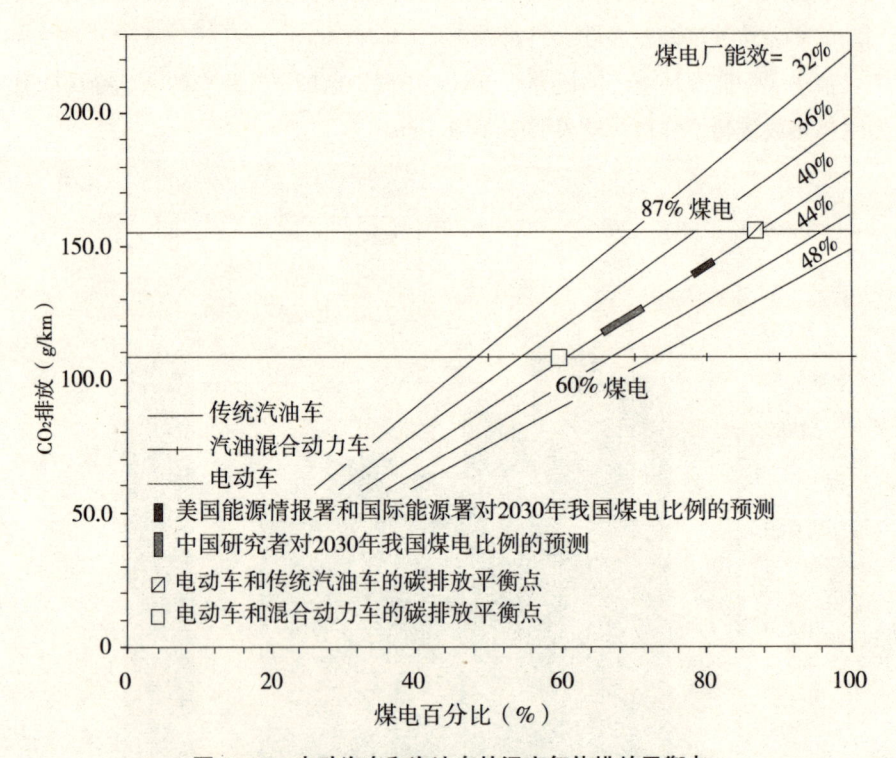

图 3-17 电动汽车和汽油车的温室气体排放平衡点

数据来源:清华大学能源环境经济研究所。

根据清华大学能源经济研究所的研究,当燃煤电厂燃烧效率达到 40% 时,为实现纯电动汽车的全生命周期 CO_2 排放与传统汽油车的排放的平衡,煤电比例需要低于 87%,为实现混合动力汽车的全生命周期 CO_2 排放与传统汽油车的排放平衡,煤电比例需要低于 60%;当燃煤电厂燃烧效率达到 48% 时,无论煤电比例多高,即使达到 100% 煤电,纯电动汽车的全生命周期 CO_2 排放也低于传统汽油车,为实现混合动力汽车的全生命周期 CO_2 排放与传统汽油车的排放平衡,煤电比例需要低于 75%。

（二）不同年份电力生产结构下的电力路径对比

我国的电力事业正处在快速发展中，随着水电、风电、核电规模的高速发展，中国的电力结构将发生明显的变化，这一变化在电力产业的发展规划中得到了明确的体现。中国汽车工程学会对2020年的电力生产结构下的纯电动汽车的全生命周期能效与排放情况进行了计算，并与2008年的电力生产结构下的电动汽车和汽油车的全生命周期能效与排放情况进行对比。由于不同车型的技术水平差异，其油耗和电耗水平也有很大的差异，该研究选择了三组具有典型意义的纯电动汽车和相应的基准汽油车，分别进行计算，并进行对比[1]。表3-36给出2008年和2020年的电力生产结构情况，表3-37给出3组不同的汽油轿车和纯电动汽车的行驶能耗数据。

表3-36　2008年与2020年的电力生产结构（%）

年份	原料（%）										
	煤	原油	电力	天然气	汽油	柴油	燃料油	水能	核能	风能	其他
2008年电网电	77.66	0.00	0.00	0.90	0.00	0.00	2.39	16.41	1.99	0.37	0.28
2020年电网电	68.29	0.00	0.00	2.00	0.00	0.00	2.00	15.71	8.20	2.86	0.94

数据来源：国家统计局；中国电力企业联合会，2008；中国工程院，2009。

表3-37　不同类型纯电动汽车及其基准汽油车的城市工况能耗

车型	动力类型	行驶能耗	单位	车辆燃油效率（MJ/100km）
普通轿车	汽油车	7.5	L/100km	229.5
	电动汽车	16.67	kWh/100km	60.0
先进技术轿车	汽油车	7.7	L/100km	235.6
	电动汽车	15.56	kWh/100km	56.0
微型车	汽油车	5.6	L/100km	171.4
	电动汽车	13.33	kWh/100km	48.0

数据来源：宝马；众泰；哈飞。

---

[1] 张可等：《不同能源结构下的汽油轿车纯电动轿车的全生命周期能耗与排放分析》，见《EVS25大会论文集》，2010。

通过对以上主要数据以及其他中国国情下的能源结构、转化效率、运输方式、运输距离等大量数据的综合整理，利用全生命周期理论，可得出不同车型的汽油车和纯电动汽车在 2008 年以及 2020 年电力结构下的全生命周期能耗和排放，如图 3-18 和图 3-19 所示。

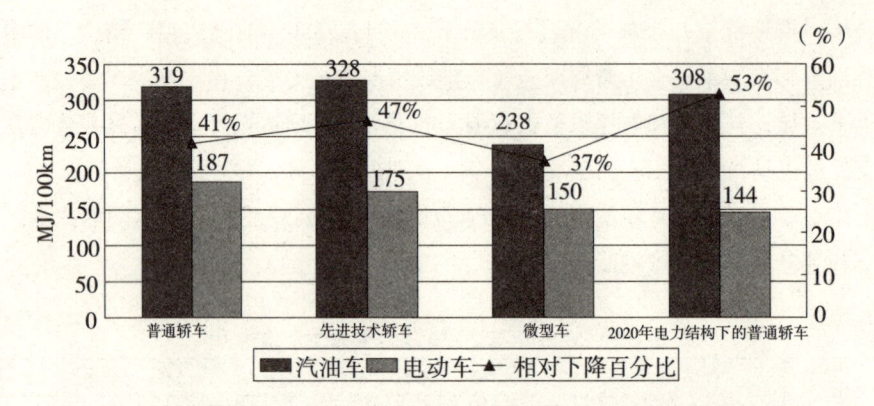

图 3-18 不同车型及不同年份的汽油车与纯电动汽车的全生命周期能耗对比

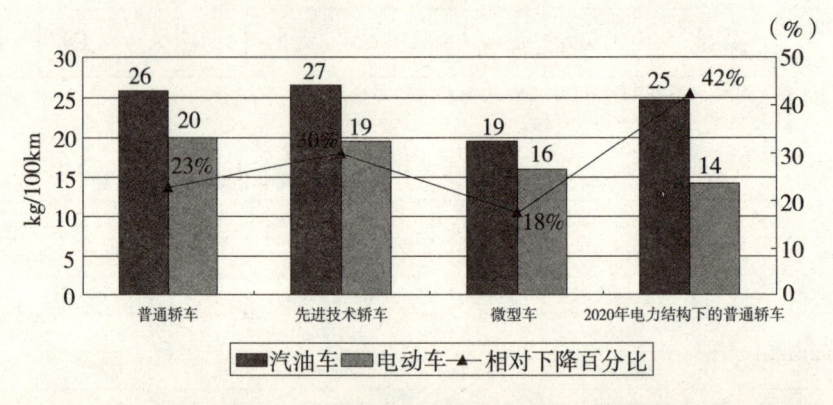

图 3-19 不同车型及不同年份的汽油车与纯电动汽车的全生命周期温室气体排放对比

从图可以看出，在 2008 年的电力结构下，普通轿车、先进技术轿车以及微型车三种车型的纯电动汽车与基准汽油车相比，电动汽车的全生命周期的能源效率都要高于汽油车，温室气体排放也较低。从不同的车型上看，先进技术轿车的纯电动汽车节能比例比普通轿车要高,说明纯电动汽车的技术先进程度对于节能效果有着较大的影响,纯电动汽车的技术越先进,其节能效果越明显。微型车的纯电动汽车节能比例和排放降低比例都低于普通轿车,其具体而言,电动汽车的能耗相对于汽油车分别降低了41%、47%及37%,电动汽车的温室气体排放相对于汽油车分别降低了23%、30%及18%。

在2020年的电力结构中,普通轿车的汽油车与其相应的电动汽车相比,电动汽车的全生命周期的能源效率要高于汽油车。具体数据为:电动汽车的能耗相对于汽油车降低了53%,电动汽车的温室气体排放相对于汽油车降低了42%。

与2008年的电力结构相比,2020年的电力结构中,煤电的比例从77.26%下降到68.29%,煤电的发电效率从36%上升到44.74%,对电动汽车的全生命周期能耗的降低和排放的降低带来了积极影响,尤其对温室气体排放降低的促进作用更大。具体数据为,2008年与2020年的电动汽车能耗降低分别为41%和53%,温室气体排放降低分别为23%与42%。

三、氢路径对比

目前燃料用氢的生产和使用尚未普及,各种制氢方式和氢气加注方式各有优劣,尚未形成较为明确的燃料用氢的生产路线。为了较为全面地分析和评价氢路线,应该选择各种氢燃料生产路线进行比较研究。清华大学化工系和中国科学院大连化学物理研究所合作开展了一项综合评价各种氢燃料生产路线的氢燃料全生命周期研究[1]。该研究选择了9条氢源燃料路线参与比较研究。在这9条路线中,分别包括了以煤、天然气和石油为初级能源的路线,燃料生产过程包括了直接制氢、生产甲醇再用车载甲醇重整制氢、生产汽油再用车载汽油重整制氢3种燃料氢源,所涉及的燃料加注站有:氢站(纯氢站、甲醇现场制氢、天然气现场制氢、汽油现场制氢)、甲醇加注站和汽油加注站,如表3-38所示。

---

[1] 邱彤、孙柏铭、洪学伦:《燃料电池车氢源系统的生命周期EEE综合评估》,《化工进展》2003年4月。

表 3-38　主要氢源燃料路线及全生命周期分析包含阶段

原料开采	原料运输	燃料生产	燃料运输、分配、储存和加注	车辆运行
煤开采	煤运输	煤制甲醇	甲醇运输、甲醇加注站分配	甲醇车载重整车
天然气开采	天然气运输	天然气制甲醇	甲醇运输、甲醇加注站分配	甲醇车载重整车
石油开采	石油运输	石油制汽油	汽油运输、汽油加注站分配	汽油车载重整车
煤开采	煤运输	煤大规模制氢	氢运输、加氢站分配	氢燃料电池汽车
天然气开采	天然气运输	天然气大规模制氢	氢运输、加氢站分配	氢燃料电池汽车
天然气开采	天然气运输	天然气现场制氢	加氢站分配	氢燃料电池汽车
煤开采	煤运输	煤制甲醇	甲醇运输、甲醇现场制氢、加氢站分配	氢燃料电池汽车
天然气开采	天然气运输	天然气制甲醇	甲醇运输、甲醇现场制氢、加氢站分配	氢燃料电池汽车
石油开采	石油运输	石油制汽油	汽油运输、汽油现场制氢、加氢站分配	氢燃料电池汽车

该研究选定边界的起点为煤（或石油、天然气）从坑口的运出，其后为运输过程、车用燃料的生产、汽车的生产、汽车和燃料的使用至汽车报废。比较评价所用数据的采集力主国内，对于目前国内没有或不易获得的数据参考了国外同类研究或文献中的数据。研究以天然气制甲醇为基准，对其他路线进行比较研究。通过详细的全生命周期计算，得出以下结果，如表 3-39 所示。

表 3-39　各条氢源路线的全生命周期比较评价结果

燃料生产	车型	能耗比较	温室气体排放比较
天然气制甲醇	甲醇车载重整车	基准	基准
煤制甲醇	甲醇车载重整车	较高	较高
石油制汽油	汽油车载重整车	较低	较高
煤大规模制氢	氢燃料电池汽车	变化在10%之内	较高
天然气大规模制氢	氢燃料电池汽车	较低	较低
天然气现场制氢	氢燃料电池汽车	变化在10%之内	较低
煤制甲醇——甲醇现场制氢	氢燃料电池汽车	较高	较高
天然气制甲醇——甲醇现场制氢	氢燃料电池汽车	较高	变化在10%之内
石油制汽油——汽油现场制氢	氢燃料电池汽车	变化在10%之内	较高

通过以上研究可以得出，基础燃料的不同对氢源系统的总体能效、排放影

响很大，相比相同类型的煤基和石油基路线，天然气基路线的环境效益和能效都具有优势，天然气制氢纯氢燃料电池车路线的综合评价最好。

四、生物燃料路径对比

对于一代生物燃料的全生命周期能耗和排放，尤其是玉米乙醇、木薯乙醇、大豆生物柴油和麻疯果生物柴油，目前学术界已有大量研究，由于研究边界、框架、数据来源等不同，研究结论也有所差别。为了更全面地了解一代生物燃料的节能和减排情况，以及区分出不同研究中的具体差异，清华大学对不同研究中对生物燃料进行的全生命周期分析结论进行了对比。为了更直观地观察对比结果，将各研究成果的数值进行了转化，通过对比净能源生产效率和净减排量，来考察各研究的基于单位热值的能耗和温室气体排放结论。其中，净能源生产效率为，1兆焦耳生物燃料所含的能量，与其生产过程中的消耗的化石能耗的比值；净减排比例为：1兆焦耳生物燃料相对于基准燃料的全生命周期温室气体排放减少量，与1兆焦耳基准燃料的全生命周期温室气体排放量的比值。

对国内外不同研究成果进行能耗情况和温室气体排放对比分析，如表3-40和表3-41所示。

表3-40　各生物燃料的全生命周期能耗结果对比分析（基于单位热值）

路线	国家	文献来源	发表时间	化石能源强度（MJ/MJ）	净能源生产效率（%）
传统汽油	中国	欧训民等，2010	2010	1.331	74.40
传统柴油	中国	欧训民等，2010	2010	1.319	76.75
玉米乙醇	中国	欧训民等，2010	2010	1.129	88.57
玉米乙醇	中国	张治山，2006	2006	0.962	104.00
玉米乙醇	中国	胡志远等，2007	2007	0.782	127.90
玉米乙醇	中国	Yu et al.，2009	2009	0.700	142.86
玉米乙醇	美国	Alexander et al.，2006	2006	0.769	130.00
木薯乙醇	中国	欧训民等，2010	2010	0.653	153.14
木薯乙醇	中国	胡志远等，2007	2007	0.779	128.40
木薯乙醇	中国	董丹丹等，2008	2008	0.623	160.60

续表

路线	国家	文献来源	发表时间	化石能源强度（MJ/MJ）	净能源生产效率（%）
木薯乙醇	中国	Dai et al., 2006	2006	0.732	136.58
木薯乙醇	中国	Yu et al., 2009	2009	0.540	185.19
木薯乙醇	中国	Leng et al., 2008	2008	0.781	128.00
木薯乙醇	泰国	Nguyen et al., 2008	2008	0.245	408.81
大豆生物柴油	中国	欧训民等，2010	2010	1.020	98.04
大豆生物柴油	中国	胡志远等，2007	2007	0.307	326.00
大豆生物柴油	中国	Hu et al., 2008	2008	0.306	326.80
麻疯果生物柴油	中国	欧训民等，2010	2010	0.499	200.40
麻疯果生物柴油	中国	Hu et al., 2006	2006	0.129	777.00

表3-41 各生物燃料的全生命周期温室气体排放结果对比分析（基于单位热值）

路线	国家	文献来源	发表时间	温室气体排放（g(CO_2)e/MJ）	净减排比例（%）
传统汽油	中国	欧训民等，2010	2010	98.86	
传统柴油	中国	欧训民等，2010	2010	102.40	
玉米乙醇	中国	欧训民等，2010	2010	131.384	−26.43
玉米乙醇	美国	Wang, 2007	2007		+48.40
玉米乙醇	瑞典	Börjesson, 2009（注1）	2009	48.000	
玉米乙醇	瑞典	Börjesson, 2009（注2）	2009	76.000	
玉米乙醇	瑞典	Börjesson, 2009（注3）	2009	103.000	
木薯乙醇	中国	欧训民等，2010	2010	68.63	33.96
木薯乙醇	中国	Hu et al., 2004	2004		18.49
木薯乙醇	泰国	Nguyen et al., 2007	2007	30.51	66.96
大豆生物柴油	中国	欧训民等，2010	2010	110.5	−7.71
大豆生物柴油	中国	Hu et al., 2008	2008		67.44

注：1. 以林木废弃物为燃料；2. 以NG为燃料；3. 以煤炭为燃料。

各研究的结论有所差异，但总体上看，仍然是木薯乙醇和麻疯果制生物柴油的节能和减排效果更显著。

具体来看，对于能耗结论，清华大学研究得出的玉米乙醇和大豆生物柴油路线的净能源生产效率仅为88.57%和98.04%，即生产的生物燃料的能量小于生产过程中消耗的能量，其他研究的结论显示这两者的净能源生产效率大于100%。但是，总体上玉米乙醇的净能源生产效率低于木薯乙醇，大豆生物柴油的净能源生产效率低于麻疯果生物柴油。相对传统柴汽油路线，各生物燃料路线中化石能源消耗减少量从大到小依次为是麻疯果生物柴油、木薯乙醇、地沟油生物柴油、大豆生物柴油和玉米乙醇路线。对于排放结论，清华大学研究得出的玉米乙醇路线和大豆生物柴油路线的净减排比例均为负值，分别为 –7.71% 和 –26.43%，其他研究的结论显示这两者的其他路线的净减排比例为正值，产生了明显差异。

对于这些研究结论的差异，可以进行定性的分析。我国生物燃料路线的全生命周期能耗和温室气体排放的情况和其他国家情况存在较大差异的主要原因是：中国以煤为主的能源结构；中国农民在农作物中大量使用农肥的习惯；中国燃料乙醇和生物柴油的生产过程中相对较高的能耗水平。

而在对中国生物燃料路线的研究中，清华大学研究的结果和其他研究也具有较大差异，主要原因是：对国内氮肥生产、运输和使用各阶段能耗，以及农业生产中氮肥 N_2O 效应的全面计算，和对国内煤炭、石油、天然气开采阶段由于逸散或者简单烧掉导致的 CO_2 和 CH_4 排放的全面核算。其中氮肥 N_2O 效应影响很大，比如在甜高粱制乙醇路线中，该部分 N_2O 的温室效应就占全生命周期温室气体排放的 15%。

不同的研究结果都指出，虽然目前一代生物燃料的能耗和排放依然较高，但生物燃料的能耗和排放有很大的改善空间，如：通过基因培育、选择良种以提高产量；通过选择合适栽种地点、减少农机灌溉和化肥施用以降低种植能耗、肥料能源；通过合理布局提炼工厂、燃料就地推广使用以减少原料、燃料的输配能耗；推广使用高效低耗提炼设备，降低提炼能耗；深化副产品的生产抵免能耗。总体而言，二代生物燃料更具有优势。如果二代生物液体燃料技术得到突破，纤维素乙醇技术和混合生物质制生物柴油技术将带来近零能耗以及负的温室气体排放。

五、综合对比

清华大学中国车用能源研究中心还开展了一个以公交车为基础的车用能源

全生命周期研究。该研究利用 GREET 模型，设定符合中国实际的输入参数，通过对比柴油内燃机大客车、GTL 内燃机大客车、混合动力大客车、天然气大客车、天然气混合动力大客车、燃料电池大客车、电动大客车的全生命周期分析结果，尽可能给予氢能汽车合理准确的全生命周期评价。

分析结果是基于城市公交车利用各种燃料在城市运行工况下的能耗与排放测试结果，包括柴油、GTL、氢气、CNG、电力等燃料和混合动力、燃料电池等动力系统，及其分别与对比燃料/动力系统在同样的车型、运行工况下的能耗与排放对比，以对比相对比例与基础柴油公交车在整车转鼓城市循环工况实验下的能耗和排放结果相乘得到各代用燃料/动力系统的能耗和排放值，以作为各代用燃料/动力系统的生命周期对比研究的下游数据基础。测试的指标包括：车辆行驶单位里程消耗的能量，以及行驶过程中产生的 HC、CO、NOx 和 PM10 排放。对代用燃料采用的测试方法包括：整车转鼓城市循环工况实验，发动机台架实验（对燃油发动机采用稳态循环实验，对燃气发动机采用瞬态循环实验）和整车道路城市循环工况实验。

该研究得到的分析结果如图 3-20、图 3-21 所示。

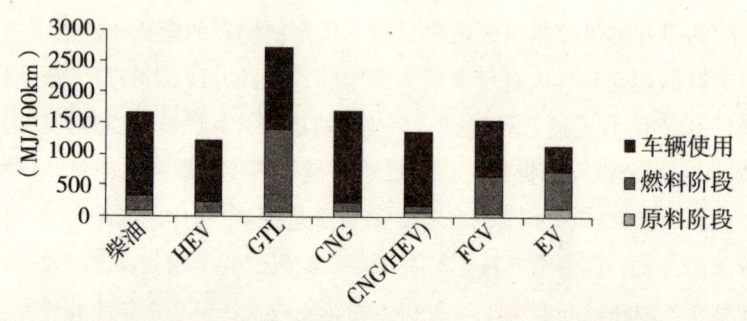

图 3-20　不同燃料在城市公交工况下的能耗全生命周期分析

资料来源：清华大学车用能源研究中心。

七条燃料/动力路径的全生命周期的化石能耗的综合比较，可以明显看出，在降低化石能耗方面，纯电动客车降低的幅度最大，其次是柴油混合动力客车和 CNG 混合动力客车。而氢燃料电池客车只有略微的降低，CNG 客车则有所上升，GTL 燃料客车有较大幅度的上升。从化石能耗的角度看，最值得进行全面推广的是纯电动客车、柴油混合动力客车和 CNG 混合动力客车。

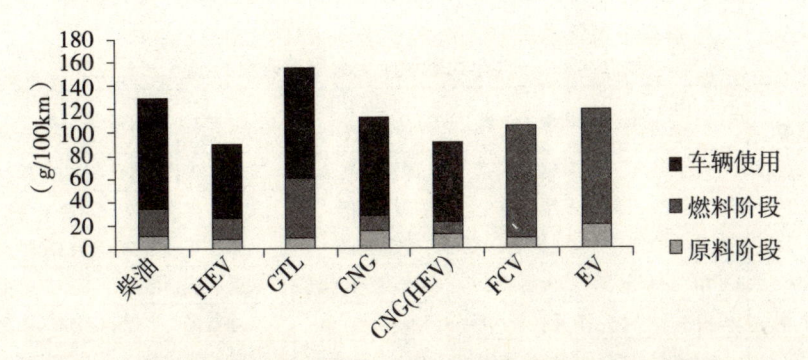

图 3-21　不同燃料在城市公交工况下的温室气体排放的全生命周期分析

资料来源：清华大学车用能源研究中心。

七条燃料/动力路径的全生命周期的温室气体排放的综合比较，可以明显地看出来，在降低温室气体排放方面，CNG 混合动力客车降低的幅度最大，其次是柴油混合动力客车和氢燃料电池客车。而 CNG 客车、纯电动客车、GTL 燃料客车的降低幅度较小。从温室气体排放的角度看，最值得进行全面推广的是 CNG 混合动力客车、柴油混合动力客车和氢燃料电池客车。

七条燃料/动力路径的全生命周期的石油能耗的综合比较，可以明显地看出来，在降低石油能耗方面，CNG 混合动力客车降低的幅度最大，其次是 CNG 客车、氢燃料电池客车、GTL 燃料客车和纯电动客车，降低幅度都在 90% 以上，而柴油混合动力客车只有较小幅度的降低。从石油能耗的角度看，最值得进行全面推广的是 CNG 混合动力客车、CNG 客车、氢燃料电池客车、GTL 燃料客车和纯电动客车。

六、其他

国内对不同替代燃料进行了一些全生命周期分析和研究，鉴于各研究的研究框架、数据边界、数据来源、数据年份等因素的不同，无法直接进行对比，因此本章仅摘取各研究对不同替代燃料路径的能源效率数据和温室气体排放数据，以供参考。表3-42给出文献来源及其基本研究框架，表3-43给出其研究结论。

表3-42 一些车用能源全生命周期研究的描述

初始能源	车用能源产品	制备子系统	终端利用子系统	数据来源
天然气	压缩天然气	天然气压缩	天然气汽车	文献、统计数据、GREET模型
天然气	液化天然气	天然气液化	改装轿车	文献、实测数据、GREET模型
石油	液化石油气	原油蒸馏分馏	改装轿车	文献、实测数据、GREET模型
煤	甲醇（M85）	直接制备法	灵活燃料汽车	文献、统计数据、GREET模型
木薯	乙醇（E10）	木薯制备乙醇	普通汽车	实地数据、文献、GREET模型
天然气	二甲醚	直接合成法	灵活燃料汽车	文献、统计数据、GREET模型
煤	电能	火力发电	蓄电池轿车	文献、论文、统计数据
天然气	氢气燃料	天然气重整	燃料电池汽车	实测数据、文献、GREET模型
石油	汽油 GAS	原油制备	普通汽车	文献、统计数据、GREET模型
石油	柴油	原油制备	柴油汽车	文献、统计数据、GREET模型

表3-43 一些车用能源全生命周期研究的结论

能源产品	能源效率（%）	温室气体（g/km）
压缩天然气 (CNG)	27	205176
液化天然气 (LNG)	15	19314
液化石油气 (LPG)	17	20515
甲醇 (M85)	15	279167
乙醇 (E10)	8	277117
二甲醚 (DME)	/	28813
电能	21	7817
氢气燃料	28	146
汽油	15	24117
柴油	18	2149

第四章
我国的能源资源禀赋及供需情况

第一节 我国的能源资源状况

总量大、人均占有量少、资源保障时间短是我国能源资源的基本特征。根据《BP 世界能源统计年鉴 2009》的统计：2008 年，中国的石油剩余已探明储量为 154.6 亿桶，仅占世界总量的 1.2%；人均拥有石油储量为 11.6 桶，为世界平均水平的 6.2%。中国石油的"储量/开采量"之比值为 11.1 年，远低于世界 42.0 的水平，这意味着按目前的开采速度，中国现有储量可以支持的时间，远远低于世界的平均水平，未来中国的石油供给将越来越依靠外部来源。中国的天然气资源剩余已探明储量为 2.46 万亿立方米，占世界总储量的 1.3%，人均天然气拥有储量占世界平均水平的 6.7%。中国的煤炭资源总量较大，其剩余已探明储量为 1145 亿吨，占世界总储量的 13.9%，然而人均占有储量也只有 86.2 吨，为世界平均水平的 72.0%。另外，中国煤炭资源的"储量/开采量"比值为 41 年，远低于 122 年的世界平均水平，煤炭资源利用在可持续性方面所面临的形势并不乐观；另外，与其他国家相比，水资源和土地资源也不丰富。具体数据参见表 4-1。

表 4-1 中国的石油、天然气和煤炭资源储量及其与世界水平的比较

能源类型	中国总量	占世界比例（%）	中国"储量/开采量"比值	世界"储量/开采量"比值	我国人均水平	占世界人均（%）
石油	154.6 亿桶	1.2	11.1	42	11.6 桶	6.2
天然气	2.46 万亿立方米	1.3	32.3	60.4	0.2 万立方米	6.7
煤炭	1145 亿吨	13.9	41	122	86.2 吨	72

注：以上资源储量皆为剩余已探明储量（proved reserves）；"储量/开采量"比值指当年储量除以当年的开采量，意味着若以目前的开采速度，目前的储量还可以持续维持的年份长度。

一、煤炭资源

（一）煤炭资源总量

根据第三次全国煤田预测资料，除台湾省外，我国垂深 2000 米以内的煤炭资源总量为 55697.49 亿吨，其中探明保有资源量 10176.45 亿吨，预测资源量 45521.04 亿吨。在探明保有资源量中，生产、在建井占用资源量 1916.04 亿吨，尚未利用资源量 8260.41 亿吨。其中，褐煤资源量 3194.38 亿吨，占我国煤炭资源总量的 5.74%；褐煤探明保有资源量 1291.32 亿吨，占全国探明保有资源量的 12.69%。低变质烟煤（长焰煤、不粘煤、弱粘煤）资源量 28535.85 亿吨，占全国煤炭资源总量的 51.23%；低变质烟煤探明保有资源量 4320.75 亿吨，占全国探明保有资源量的 42.46%。中变质烟煤（气煤、肥煤、焦煤和瘦煤）资源量为 15993.22 亿吨，占全国煤炭资源总量的 28.71%；中变质烟煤探明保有资源量 2807.69 亿吨，占全国探明保有资源量的 27.59%；高变质煤资源量为 7967.73 亿吨，占我国煤炭资源总量的 14.31%；高变质煤探明保有资源量 1756.43 亿吨，占全国探明保有资源量的 17.26%。

（二）煤炭资源分布

在地域分布上北多南少，西多东少，各省分布严重不均。从南北分布来看，煤炭资源主要分布于昆仑—秦岭—大别山以北地区。大致以昆仑—秦岭—大别山一线以北的我国北方省区煤炭资源量之和为 51842.82 亿吨，占全国煤炭资源总量的 93.08%；其余各省煤炭资源量之和为 3854.67 亿吨，仅占全国煤炭资源总量的 6.98%。在昆仑—秦岭—大别山以北地区探明保有资源量占全国探明保有资源量的 90% 以上；而这一线以南探明保有资源量不足全国探明保有资源量的 10%。从东西分布来看，我国煤炭资源主要分布于大兴安岭—太行山—雪峰山以西地区。大致这一线以西的内蒙古、山西、四川、贵州等 11 个省区，煤炭资源量为 51145.71 亿吨，占全国煤炭资源总量的 91.83%。这一线以西地区，探明保有资源量占全国探明保有资源量的 89%；而这一线以东地区，探明保有资源量仅占全国探明保有资源量的 11%。

从省区分布看，除上海以外其他各省区均有分布，但分布极不均衡。煤炭资源量最多的新疆维吾尔自治区煤炭资源量多达 19193.53 亿吨，而煤炭资源量最少的浙江省仅为 0.50 亿吨。我国煤炭资源量大于 10000 亿吨的省区有新疆、内蒙古两个自治区，其煤炭资源量之和为 33650.09 亿吨，占全国煤炭资源量的 60.42%；探明保有资源量之和为 3362.35 亿吨，占全国探明保有资源量的 33.04%。我国煤炭资源量大于 1000 亿吨以上的是新疆、内蒙古、山西、陕西、河南、宁夏、甘肃、贵州等 8 个省、自治区，煤炭资源量之和 50750.83 亿吨，占全国煤炭资源总量的 91.12%；这 8 个省区探明保有资源量之和为 8566.24 亿吨，占全国探明保有资源量的 84.18%。煤炭资源地域分布上的北多南少、西多东少、分布不均的特点，决定了我国的西煤东运、北煤南运的基本生产格局。

（三）煤炭质量

我国煤炭资源的煤类齐全，包括了从褐煤到无烟煤各种不同煤化阶段的煤，但是其数量和分布极不均衡。褐煤和低变质烟煤资源量占全国煤炭资源总量的 50% 以上，动力燃料煤资源丰富。而中变质煤，即传统意义的"炼焦用煤"数量较少，特别是焦煤资源更显不足。我国探明保有资源量 10176.45 亿吨，生产在建井已占用 1916.04 亿吨，尚未利用资源量 8260.41 亿吨，其中特低灰（灰分小于 5%）、低灰（灰分小于 10%）的煤 1786.76 亿吨，占尚未利用资源量的 21.63%；低中灰（灰分大于 10%—20%）的煤 3626.67 亿吨，占尚未利用资源量的 43.9%；中灰（灰分大于 20%—30%）的煤 2698.85 亿吨，占尚未利用资源量 32.67%。特低灰—低中灰（灰分在 20% 以下）的煤占尚未利用资源量的 65.53%。煤的硫分是煤质评价的一项十分重要指标。在我国，特低硫和低硫煤为 4160.01 亿吨，占尚未利用资源量的 50.37%；低中硫、中硫煤 2823.30 亿吨，占尚未利用资源量的 34.18%；硫分大于 2% 的煤占 15.45%。全国尚未利用储量中煤的发热量 $Q_{gr, ad}$（分析基高位发热量）> 20MJ/kg 的中高热值煤占 91.8%，低热值煤很少，主要分布于云南和内蒙古东部的褐煤。

（四）煤炭的开发条件

我国位于亚洲大陆东南部，在现代板块构造格局中，属欧亚板块与太平洋—菲律宾海板块和印度板块的拼合部，煤田构造复杂。西北赋煤区和滇藏赋煤区煤田构造样式由较强烈褶皱、逆冲断层、推覆构造等挤压构造组成，构造复杂。东北赋煤区煤田构造样式为伸展型构造，宽缓褶皱与阶梯状、地堑—地垒状的断层组合发育，绝大多数煤田构造复杂。华北赋煤区构造组合样式多样，煤田构造变形强度总体呈现四周强、中心弱的特点，除鄂尔多斯盆地中心，一般情况下煤田构造比较复杂。与华北赋煤区相比，华南赋煤区构造变形强度和构造复杂程度均超过了华北赋煤区。除此，火成岩、陷落柱对煤炭资源的开发开采也有较大影响。

从瓦斯含量上看，高沼气矿井和瓦斯矿井比重大，多数矿井开采技术条件差。根据中国煤矿瓦斯地质图编图组及其他单位对25个省区1799对大、中、小型矿井资料的统计，高沼气矿井486对，占27%；煤与瓦斯突出矿井249对，占14%；高沼气矿井和煤与瓦斯突出矿井735对，占统计矿井的41%。在我国，不仅高、突矿井比例大，而且随着开采深度的增加，高、突矿井的比例还可能增加。

我国煤炭工业战略向中西部转移将遇到的两个突出问题，一是水资源缺乏的问题，二是生态环境脆弱的问题。我国是一个水资源贫乏的国家，水资源年平均总量2804亿立方米。按人口平均，仅相当于世界人口平均占有量的四分之一。不仅如此，水资源区域分布极不均衡。昆仑山—秦岭—大别山一线以北的北方17个省、市、自治区约占全国面积的一半，而水资源约为600亿立方米，仅占全国水资源总量的五分之一；太行山以西的北方广大地区水资源量为45亿立方米，仅占北方水资源量的7.5%。显然，我国水资源分布存在着南丰北缺、东多西少的特点，这正好与煤炭资源的西多东少、北丰南贫形成反向分布的格局。据统计，晋、陕、内蒙古、宁及附近地区13个正在生产和建设的大型煤矿区，近期日需水量约90万立方米，而这些矿区水源地日供水能力仅为需水量的一半。

二、石油资源

（一）常规石油资源及开发前景

《全国油气资源动态评价（2010）》显示，全国石油地质资源量881亿吨，可采资源量233亿吨，比2003—2007年开展的新一轮全国油气资源评价分别增加116亿吨和21亿吨。其中，渤海湾盆地滩海、海域中深层勘查取得重大突破，盆地地质资源量由 225 亿吨增加到 277 亿吨，可采资源量由 55 亿吨增加到 66 亿吨（参见图 4-1）。鄂尔多斯盆地低渗、特低渗储层开发技术的进步拓展了资源领域，地质资源量由 74 亿吨增加到 129 亿吨，可采资源量由 17 亿吨增加到 25 亿吨。北部湾盆地石油地质资源量净增 7.6 亿吨，增长了一倍；珠江口盆地净增 1.3 亿吨。但是，石油资源品质变差，低渗、稠油、深水、深层资源的比重进一步增大。

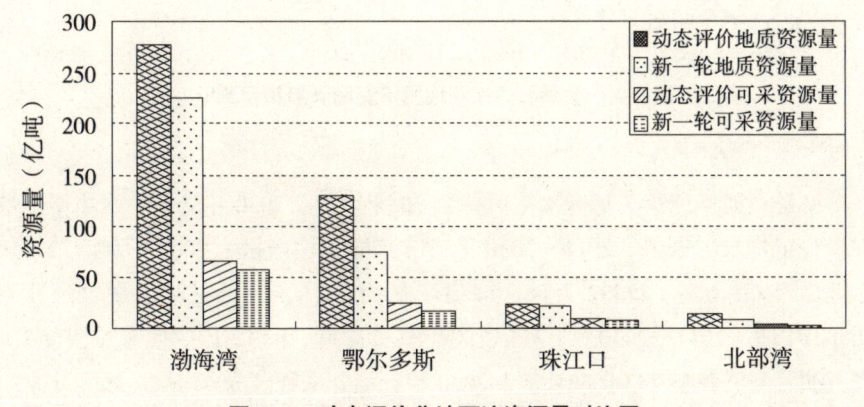

图 4-1　动态评价盆地石油资源量对比图

资料来源：中国非常规油气，www.cuog.cn。

截至 2010 年底，全国石油累计探明地质储量为 312.8 亿吨，剩余技术可采储量 31.4 亿吨，探明程度为 38%，仍可保持较长的稳产时期。2010 年，中国石油产量为 20301 万吨，占全年石油消耗量的 45%，当年中国石油对外依存度为 55%。

基于"十一五"油气资源动态评价成果，国土资源部油气中心对 2011—2030 年石油储量产量增长趋势预测如下：

一是石油探明储量高位增长。2030 年之前，石油年探明地质储量继续保持较高的水平，2011—2030 年每五年石油年均探明地质储量为 10.65 亿吨、10.50 亿吨、9.85 亿吨、9.25 亿吨，到 2030 年，全国可累计探明 202 亿吨，年均 10.2 亿吨。按石油地质资源量 881 亿吨计算，2030 年的资源探明程度为 58%（参见图 4-2）。

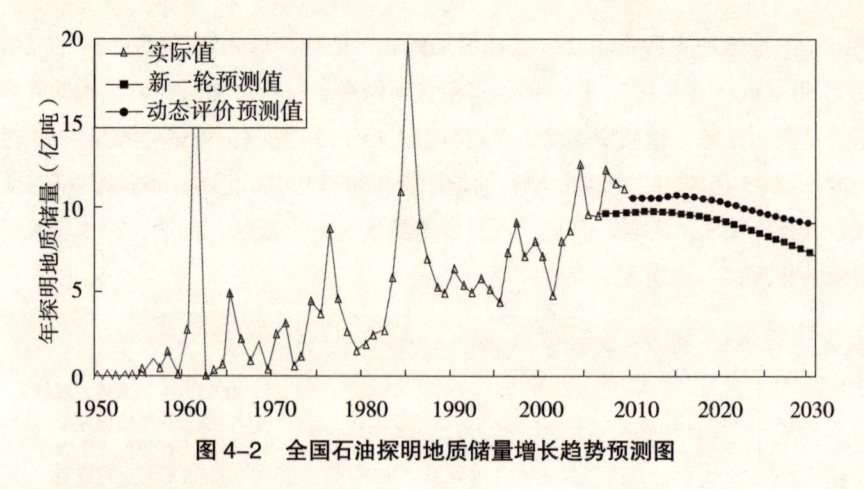

图 4-2　全国石油探明地质储量增长趋势预测图

资料来源：中国非常规油气，www.cuog.cn。

二是石油年产量 2 亿吨水平可持续 20 年以上。2030 年之前，石油年产量保持稳定增长的态势，2011—2030 年每五年的年均产量为 20443 万吨、21419 万吨、21925 万吨、21492 万吨，峰值产量约 2.2 亿吨，2 亿吨水平可延续到 2030 年以后。2011—2030 年，全国累计产油 42 亿吨，年均 2.1 亿吨（参见图 4-3）。按石油可采资源量 233 亿吨计算，2030 年石油开采程度为 41.5%，属于开发中期，中西部与海域的接替能力逐步提高，并与东部形成三分天下的格局。

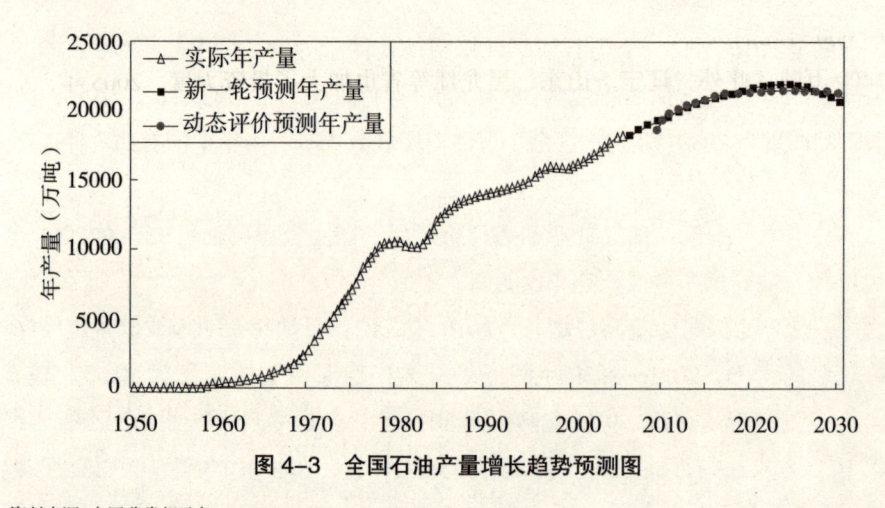

图 4-3　全国石油产量增长趋势预测图

资料来源：中国非常规油气，www.cuog.cn。

(二)页岩油资源

中国页岩油资源丰富,地质资源量超过 470 亿吨,技术可采资源量超过 160 亿吨,可回收量超过 120 亿吨。松辽、鄂尔多斯、伦坡拉、准噶尔和羌塘 5 个盆地地质资源量占全国 90% 以上。埋深 0—500 米和 500—1000 米油页岩资源储量分别占全国的 70%、30%;按含油率(ω)大于 5 的油页岩资源储量分别占全国的 68%(参见表 4-2)。

表 4-2　全国油页岩资源评价结果表

评价范围	资源量(亿吨)	技术可采资源(亿吨)	可回收资源(亿吨)
油页岩	7199	2432	—
页岩油	476	—	120

资料来源:2008 年 1 月 3 日《关于新一轮全国资源评价和储量产量趋势预测报告》。
注:评价范围包括 5 个大区、80 个含矿区。

中国开发利用油页岩已有 70 多年的历史,20 世纪 50 年代油页岩油的产量曾占中国整个石油产量的一半,抚顺油页岩矿为当时世界上最大的油页岩油生产基地之一。大庆油田发现开发后,油页岩工业逐渐萎缩,勘探工作基本处于停滞状态。20 世纪 90 年代以来,随着全球对石油需求的增长,油价逐步攀升,辽宁抚顺、广东茂名、吉林桦甸等油页岩矿区又重现开发生机。目前,抚顺矿区年处理油母页岩 700 万吨,页岩油产量达到 21 万吨。茂名准备建设年产 600 万吨油页岩矿区。桦甸油页岩的综合开发利用,预计最高年处理油页岩 1400 万吨。此外,辽宁、山东、黑龙江等省也加大了投资力度。2005 年,中国油页岩油产量已达 30 余万吨。

(三)油砂资源

在国土资源部新一轮的油砂资源评价中,通过对 106 个油砂矿进行资源量计算,我国油砂资源地质储量为 59.7 亿吨,可开采资源量 22.58 亿吨,位居世界第 5 位,其中 100 米内埋深的油砂油地质资源量为 18.56 吨,油砂油可开采资源量为 11.31 亿吨,100—500 米埋深预测油砂油地质资源量为 41.14 亿吨,油砂油可开采资源量为 11.27 亿吨。到 2006 年底,中国石油对油砂矿进行了排队和优选,预测出 5 个油砂矿分布有利区,分别为准噶尔盆地西北缘、松辽西斜坡、吉尔嘎朗图、四川厚坝、玉门石油沟(参见表 4-3)。

尤其在准噶尔西北缘，通过地质调查及钻探，已初步查明，埋藏 100 米以下的油砂资源量为 9881 万吨；100—300 米埋深范围内的油砂资源量为 1.5 亿吨以上，发现了大面积品质好的油砂，含油率高达 15%，油砂矿现场试验取得重大进展。

表 4-3　全国油砂油资源评价结果表

评价范围	地质资源量		可采资源量	
	万亿立方米	占全国总量的比例（%）	万亿立方米	占全国总量的比例（%）
西部区	32.9	55.1	13.6	60.2
青藏区	9.7	16.2	2.3	10.1
中部区	7.3	12.2	2.8	12.3
东部区	5.3	8.9	1.97	8.7
南方区	4.5	7.5	1.98	8.8

资料来源：2008 年 1 月 3 日《关于新一轮全国资源评价和储量产量趋势预测报告》。
注：油砂指露出地表或近地表包含烃类的砂岩和碳酸盐岩。油砂油是指油砂中所含的烃类物质，可以是重油、固体沥青、轻油等，且烃类含量不低于 3%。评价结果：全国油砂油地质资源量 59.7 亿吨，可采资源量 22.6 亿吨。

三、天然气资源

（一）常规天然气资源及开发利用情况

《全国油气资源动态评价 2010》显示，全国天然气地质资源量 52 万亿立方米、可采资源量 32 万亿立方米，比 2003—2007 年开展的新一轮全国油气资源评价分别增长 49% 和 45%（参见图 4-4）。其中，鄂尔多斯盆地致密砂岩气开发技术进步，使天然气地质资源量由 4.7 万亿立方米增加到 15.2 万亿立方米。四川盆地海相天然气勘探连续获得重大发现，地质资源量由 5.4 万亿立方米增加到 9.3 万亿立方米。渤海湾盆地天然气地质资源量净增 0.6 万亿立方米，珠江口盆地净增 1.2 万亿立方米，琼东南盆地净增 0.7 万亿立方米。然而低渗、深水、深层、含硫化氢资源占有较大比重。截至 2010 年底，天然气累计探明地质储量 9.3 万亿立方米，剩余技术可采储量 3.9 万亿立方米，探明率只有 18%。未来新增探明潜力较大。

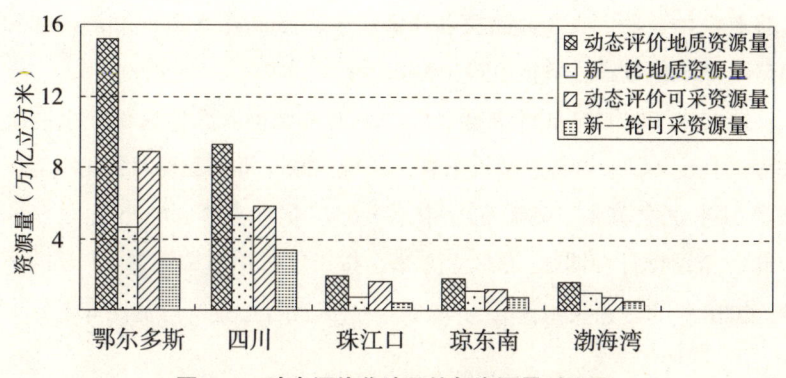

图 4-4 动态评价盆地天然气资源量对比图

资料来源：中国非常规油气，www.cuog.cn。

近年来，我国天然气勘探开发势头强劲。目前，我国已经形成八大天然气主探区，四川、鄂尔多斯、塔里木、松辽、柴达木和准噶尔盆地已成为陆上六大天然气主探区；莺—琼、东海成为近海的两大天然气主探区，八大天然气探区格局基本形成。其中，鄂尔多斯、四川和塔里木为三个万亿立方米储量规模的大气区。从全国近20年年均新增天然气探明可采储量增长趋势来看，"七五"期间年均新增天然气可采储量近353亿立方米，"八五"期间为近900亿立方米，"九五"期间达到1513亿立方米，期间为3009亿立方米，"十一五"前四年年均新增探明可采储量3123亿立方米。2010年，天然气新增探明地质储量5945.5亿立方米，新增探明技术可采储量2875亿立方米。2011年全国天然气年探明地质储量仍保持"十五"以来的高速增长态势，天然气勘查新增探明地质储量7659.54亿立方米，同比增长29.6%。新增探明技术可采储量3956.65亿立方米，同比增长37.6%。

中国天然气生产主要经历了两个阶段：第一阶段为起步阶段（1949—1995年），天然气年产量由0.112亿立方米增至174亿立方米，年均增长仅为3.8亿立方米；第二阶段（1995年以后）为快速发展阶段，天然气年产量由1995年的174亿立方米快速上升到2009年的841亿立方米、2010年的950亿立方米和2011年的1011亿立方米。但由于天然气消费增长加快，天然气进口呈现扩大的趋势，2009年、2010年和2011年，中国的天然气进口增长分别为76亿立方米、165亿立方米、280亿立方米。

基于"十一五"油气资源动态评价成果，国土资源部油气中心对2011—2030年天然气储量产量增长趋势预测如下：

一是天然气探明储量将快速增长。2030年之前，天然气年探明地质储量仍保持"十五"以来的高速增长态势，2011—2030年每五年天然气年均探明地质储量6198亿立方米、6300亿立方米、6370亿立方米、6375亿立方米。到2030年，全国预计探明22万亿立方米，按天然气地质资源量52万亿立方米计算，2030年的资源探明程度为41.9%，进入勘探中期（参见图4-5）。

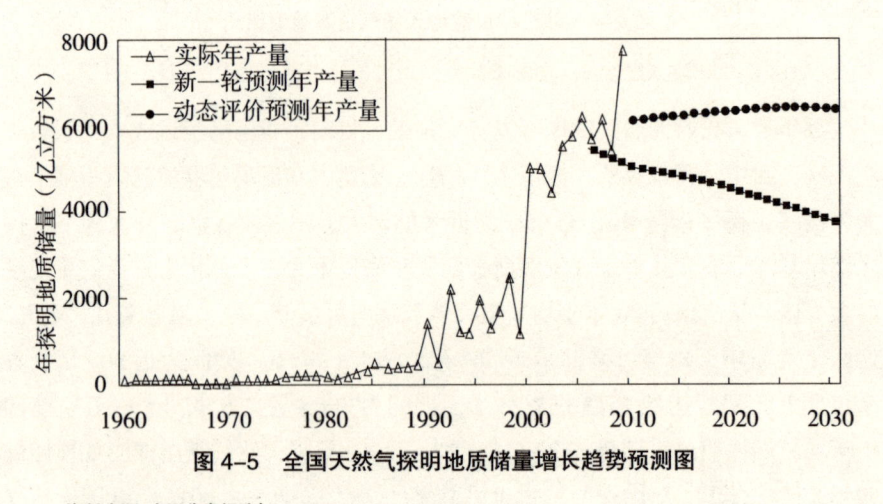

图4-5　全国天然气探明地质储量增长趋势预测图

资料来源：中国非常规油气，www.cuog.cn。

二是常规天然气年产量将持续快速增长。2030年之前，天然气年产量将持续快速增长，2011—2030年每五年的年均产量为1264亿立方米、1796亿立方米、2292亿立方米、2796亿立方米。到2025年，油气"二分天下"格局初步形成，2030年天然气年产量可接近3000亿立方米。到2030年，全国累计产气5.2万亿立方米，按天然气可采资源量32万亿立方米计算，2030年天然气开采程度为16%（参见图4-6）。鄂尔多斯、塔里木、四川盆地仍将是我国天然气主产区，进一步加强南海北部深水天然气勘查开发，有望改变我国天然气供应格局。

图4-6 全国天然气产量增长趋势预测图

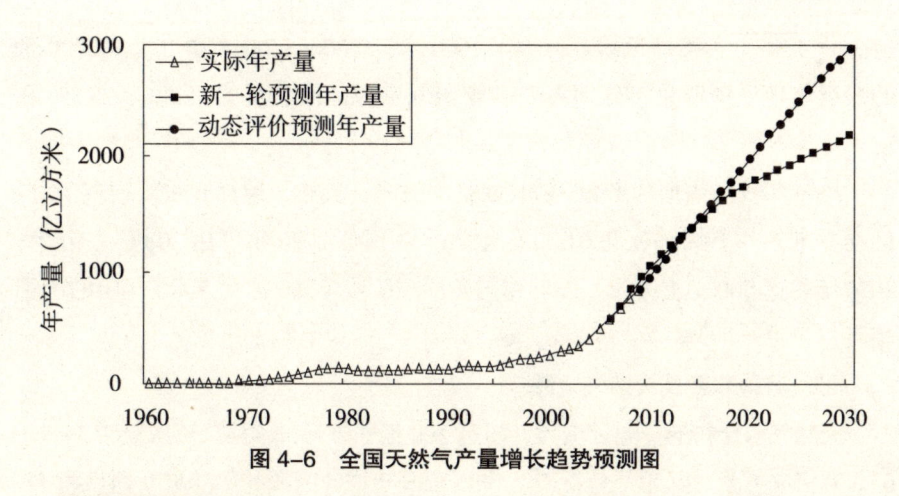

资料来源：中国非常规油气，www.cuog.cn。

（二）页岩气

2011年国土资源部组织有关专家对我国页岩气资源做了一次普查。2012年3月1日，国土资源部召开新闻发布会，发布《全国页岩气资源潜力调查评价及有利区优选成果》。经初步查明，我国陆域页岩气地质资源潜力为134.42万亿立方米，可采资源潜力为25.08万亿立方米。已发现工业气流的页岩气评价单元面积约88万平方公里，地质资源量93.01万亿立方米，可采资源量15.95万亿立方米，是目前我国页岩气资源量落实程度较高的地区，我国的页岩分布以南方和西北地区为主，四川盆地、鄂尔多斯盆地的古生界等是页岩气勘探的主要层系。根据页岩气"十二五"规划，"十二五"期间，基本完成全国页岩气资源潜力调查与评价，初步掌握全国页岩气资源量及其分布，优选30—50个页岩气远景区和50—80个有利目标区。探明页岩气地质储量6000亿立方米，可采储量2000亿立方米。2015年页岩气产量65亿立方米。到2020年页岩气产量达到600—1000亿立方米。

（三）煤层气

我国埋深小于2000米煤层气地质资源量约为36.81万亿立方米，可采储量约10万亿立方米，华北地区、西北地区、南方地区和东北地区，这些地区的煤层气地质资源量分别占全国煤层气地质资源总量的56.3%、28.1%、

14.3%、1.3%。若按埋深划分，小于 1000 米、1000—1500 米和 1500—2000 米的煤层气地质资源量，分别占全国煤层气资源地质总量的 38.8%、28.8% 和 32.4%。

2009 年我国煤层气产量为 71.89 亿立方米，其中，地面开采煤层气 10.17 亿立方米，井下抽采瓦斯 61.72 亿立方米。预计 2020 年可达 300 亿立方米；2030 年将达 500 亿立方米，届时将与美国现阶段（560 亿立方米/年）的产量相当。

（四）其他非常规天然气资源

天然气水合物的资源量最大，超过 100 亿立方米，水溶气资源量为 11.8—65.3 万亿立方米。从地质情况看，中国东海陆坡、南海北部陆坡及西沙海槽、台湾周边海域、冲绳海槽、东沙和南沙海槽等地域均具备产出天然气水合物的良好地质条件。冻土区也具备形成天然气水合物的温度和压力条件。中国青藏高原和东北北部为主要冻土区，青藏高原永久冻土区占世界永冻区面积的 7%。中国科学院（兰州）冰川冻土研究所在 20 世纪 60 年代和 70 年代对祁连山海拔 4000 米多年冻土区和青藏高原 4700 米五道梁永冻区进行钻探时，曾发现过类似气水合物显示的大量征兆和现象。

四、可再生能源资源

（一）水能资源

我国河流水能资源总量巨大。中国拥有世界上最高的高原和山地，是世界上陆地高差最大的国家，从而形成一系列世界上落差巨大的河流，这是其他国家所不具备的。发源于"世界屋脊"青藏高原的大河长江、黄河、澜沧江、雅鲁藏布江、怒江等，天然落差都在 4000 米以上，河陡谷狭，水流湍急，蕴藏着巨大的水能资源。据统计，中国河流水能资源蕴藏量约为 6.8 亿千瓦，可能开发水能资源的装机容量约 4 亿千瓦（水能资源及分布情况参见表 4-4）。不论是水能资源蕴藏量，还是可能开发的水能资源，中国在世界各国中均居第一位。中国的水电资源呈现以下特点：

表 4-4　我国的水能资源及分布

水系	水能资源蕴藏量			可开发的水能资源		
	装机容量（MW）	年发电量（GW.h/a）	占全国（%）	装机容量（MW）	年发电量（GW.h/a）	占全国（%）
全国	676047.1	5922180	100	378532.4	1923304	100
长江	268017.7	2347840	39.6	197243.3	1027498	53.4
黄河	40548.0	355200	6.0	28003.9	116991	6.1
珠江	33483.7	293320	5.0	24850.2	112478	5.8
海滦河	2944.0	25790	0.4	2134.8	5168	0.3
淮河	1446.0	12700	0.2	660.1	1894	0.1
东北诸河	15306.0	134080	2.3	13707.5	43942	2.3
东南沿海诸河	20667.8	181050	3.1	13896.8	54741	2.9
西南国际诸河	96901.5	848860	14.3	37684.1	209868	10.9
雅鲁藏布江及西藏其他河流	159743.3	1399350	23.6	50382.3	296858	15.4
北方内陆及新疆诸河	36985.5	323990	5.5	9969.4	53866	2.8

一是资源总量十分丰富，但人均资源量并不富裕。以电量计，我国可开发的水电资源约占世界总量的 15%，但人均资源量只有世界均值的 70% 左右，并不富裕。

二是水电资源分布不均衡，与经济发展的现状极不匹配。从河流看，我国水电资源主要集中在长江、黄河的中上游，雅鲁藏布江的中下游，珠江、澜沧江、怒江和黑龙江上游，这七条江河可开发的大、中型水电资源都在 1000 万千瓦以上，总量约占全国大、中型水电资源量的 90%。全国大中型水电 100 万千瓦以上的河流共 18 条，水电资源约为 4.26 亿千瓦，约占全国大、中型资源量的 97%。按行政区划分，我国水电主要集中在经济发展相对滞后的西部地区。西南、西北 11 个省、市、自治区，包括云、川、藏、黔、桂、渝、陕、甘、宁、青、新，水电资源约为 4.07 亿千瓦，占全国水电资源量的 78%，其中云、川、藏三省区共 2.9473 亿千瓦，占 57%。而经济相对发达、人口相对集中的东部沿海 11 省、市，包括辽、京、津、冀、鲁、苏、浙、沪、穗、闽、琼，仅占 6%。

三是江、河来水量的年内和年际变化大。中国是世界上季风最显著的国家之一，冬季多由北部西伯利亚和蒙古高原的干冷气流控制，干旱少水，夏季则受东南太平洋和印度洋的暖湿气流控制,高温多雨。受季风影响,降水时间和降水量在年内高度集中,一般雨季2—4个月的降水量能达到全年的60%—80%。降水量年际间的变化也很大,年径流最大与最小比值,长江、珠江、松花江为2—3倍,淮河达15倍,海河更达20倍之多。这些不利的自然条件,要求我们在水电规划和建设中必须考虑年内和年际的水量调节,根据情况优先建设具有年调节和多年调节水库的水电站,以提高水电的供电质量,保证系统的整体效益。从水系流域来看,长江流域的水能资源蕴藏量占了全国总量的40%,可能开发的水能资源则占全国的一半以上,为全国各水系流域之最,且主要分布在长江上游地区。

(二)风能资源

根据新一轮中国风能资源详查和评价结果,中国陆上离地面50米高度达到3级以上风能资源的潜在开发量约23.8亿千瓦;内蒙古的蒙东和蒙西、新疆哈密、甘肃酒泉、河北坝上、吉林西部和江苏近海等7个千万千瓦级风电基地风能资源丰富,陆上50米高度3级以上风能资源的潜在开发量约18.5亿千瓦;7个千万千瓦级风电基地总的可装机容量约为5.7亿千瓦;初步估计,中国5米至25米水深线以内近海区域、海平面以上50米高度可装机容量约2亿千瓦。

从我国风能资源分布图上可以清楚看出,我国风能资源丰富和较丰富的地区主要分布在两个大带里。

一是三北(东北、华北、西北)地区丰富带。风能功率密度在200—300瓦/平方米以上,有的可达500瓦/平方米以上,如阿拉山口、辉腾锡勒等,可利用的小时数在5000小时以上,有的可达7000小时以上。这一风能丰富带的形成,主要是由于三北地区处于中高纬度的地理位置。

二是沿海及其岛屿地区丰富带。年有效风能功率密度在200瓦/平方米以上,将风能功率密度线平行于海岸线,沿海岛屿风能功率密度在500瓦/平方米以上,如台山、平潭、东山、南鹿、大陈、嵊泗、南澳、马祖、马公、东沙等,可利用小时数约在7000—8000小时。这一地区特别是东南沿海,由海岸向内陆是丘陵连绵,所以风能丰富地区仅在海岸50公里之内,再向内陆不但不是风能丰富区,反而成为全国最小风能区,风能功率密度仅为50瓦/平方米左右,基本上是风能不能利用的地区。

（三）太阳能资源

我国幅员广大，有着十分丰富的太阳能资源。据估算，我国陆地表面每年接受的太阳辐射能约为 50×10^{18} kJ，全国各地太阳年辐射总量达 335—837kJ/$(cm^2 \cdot a^{-1})$，中值为 586kJ/$(cm^2 \cdot a^{-1})$。从分布上来看，全国大致上可分为五类地区。

一类地区：全年日照时数为 3200—3300 小时，辐射量在 670—837×10^4kJ/$(cm^2 \cdot a^{-1})$。相当于 225—285 千克标准煤燃烧所发出的热量。主要包括青藏高原、甘肃北部、宁夏北部和新疆南部等地。这是我国太阳能资源最丰富的地区，与印度和巴基斯坦北部的太阳能资源相当。特别是西藏，地势高，太阳光的透明度也好，太阳辐射总量最高值达 921kJ/$(cm^2 \cdot a^{-1})$，仅次于撒哈拉大沙漠，居世界第二位，其中拉萨是世界著名的阳光城。

二类地区：全年日照时数为 3000—3200 小时，辐射量在 586—670×10^4kJ/$(cm^2 \cdot a^{-1})$，相当于 200—225 千克标准煤燃烧所发出的热量。主要包括河北西北部、山西北部、内蒙古南部、宁夏南部、甘肃中部、青海东部、西藏东南部和新疆南部等地。此区为我国太阳能资源较丰富区。

三类地区：全年日照时数为 2200—3000 小时，辐射量在 502—586×10^4kJ/$(cm^2 \cdot a^{-1})$，相当于 170—200 千克标准煤燃烧所发出的热量。主要包括山东、河南、河北东南部、山西南部、新疆北部、吉林、辽宁、云南、陕西北部、甘肃东南部、广东南部、福建南部、江苏北部和安徽北部等地。

四类地区：全年日照时数为 1400—2200 小时，辐射量在 419—502×10^4kJ/$(cm^2 \cdot a^{-1})$。相当于 140—170 千克标准煤燃烧所发出的热量。主要是长江中下游、福建、浙江和广东的一部分地区，因春夏多阴雨，比一、二、三类地区太阳能资源条件较差。

五类地区：全年日照时数约 1000—1400 小时，辐射量在 335—419×10^4kJ/$(cm^2 \cdot a^{-1})$。相当于 115—140 千克标准煤燃烧所发出的热量。主要包括四川、贵州两省。此区是我国太阳能资源最少的地区。

一、二、三类地区，年日照时数大于 2000 小时，辐射总量高于 586kJ/$(cm^2 \cdot a^{-1})$，是我国太阳能资源丰富或较丰富的地区，面积较大，约占全国总面积的 2/3 以上，具有利用太阳能的良好条件。四、五类地区虽然太阳能资源条件较差，但仍有一定的利用价值。

五、土地资源

（一）土地资源总量大，但人均占有土地少，人均占有耕地更少

我国有960万平方公里的国土面积，是世界第三大国。但我国又是世界人口第一大国，拥有13亿多人口，平均人口密度达到每平方公里110多人，是世界平均人口密度的三倍。我国东南部部分省平均人口密度甚至达到每平方公里600人左右。更为严重的是，我国的耕地数量占国土面积比例小。我国国土面积144亿亩。其中，耕地约占全国总面积的13.9%（美国耕地面积占国土面积的比例接近20%，印度则超过50%）；林地18.7亿亩，占13.92%；草地43亿亩，占29.9%；城市、工矿、交通用地12亿亩，占8.3%；内陆水域4.3亿亩，占2.9%；宜农宜林荒地约19.3亿亩，占13.4%。从人均耕地上看，2010年，我国耕地面积18.27亿亩，人均耕地只有1.4亩，不及世界平均水平的一半，仅相当世界人均耕地3.75亩的37%，为美国的12.8%，为印度的45.5%（参见表4-5）。

表4-5 全世界主要年份人均耕地面积统计（1995—2003）

国家或地区 \ 年份	1995	1999	2000	2001	2002	2003
世界	0.25	0.23	0.23	0.23	0.23	0.22
阿根廷	0.78	0.76	0.75	0.75	0.74	0.73
埃及	0.05	0.05	0.04	0.04	0.04	0.04
奥地利	0.18	0.18	0.17	0.17	0.17	0.17
澳大利亚	2.55	2.53	2.63	2.62	2.46	2.40
巴西	0.36	0.34	0.33	0.33	0.33	0.33
比利时	0.09	0.09	0.09	0.08	0.08	0.08
波兰	0.37	0.36	0.36	0.37	0.34	0.33
朝鲜	0.11	0.12	0.12	0.12	0.12	0.12
丹麦	0.44	0.43	0.43	0.43	0.42	0.42
德国	0.14	0.14	0.14	0.14	0.14	0.14
法国	0.32	0.31	0.31	0.31	0.31	0.31
菲律宾	0.08	0.08	0.07	0.07	0.07	0.07
芬兰	0.42	0.42	0.42	0.42	0.42	0.42
古巴	0.32	0.31	0.29	0.29	0.27	0.27

续表

年份 国家或地区	1995	1999	2000	2001	2002	2003
韩国	0.04	0.04	0.04	0.04	0.03	0.03
荷兰	0.06	0.06	0.06	0.06	0.06	0.06
加拿大	1.55	1.50	1.49	1.48	1.46	1.44
肯尼亚	0.16	0.15	0.15	0.15	0.14	0.14
罗马尼亚	0.41	0.42	0.42	0.42	0.43	0.43
马来西亚	0.09	0.08	0.08	0.08	0.08	0.07
美国	0.68	0.63	0.62	0.61	0.60	0.60
秘鲁	0.15	0.14	0.14	0.14	0.14	0.14
墨西哥	0.28	0.26	0.25	0.25	0.25	0.25
南非	0.38	0.34	0.34	0.33	0.33	0.32
挪威	0.23	0.20	0.20	0.19	0.19	0.19
日本	0.04	0.04	0.04	0.03	0.03	0.03
瑞典	0.31	0.31	0.31	0.30	0.30	0.30
沙特阿拉伯	0.20	0.17	0.17	0.16	0.16	0.15
斯威士兰	0.20	0.17	0.17	0.17	0.16	0.16
泰国	0.29	0.26	0.26	0.26	0.25	0.22
土耳其	0.40	0.37	0.35	0.35	0.34	0.33
委内瑞拉	0.12	0.11	0.11	0.10	0.10	0.10
乌克兰	0.65	0.66	0.66	0.67	0.67	0.68
西班牙	0.36	0.33	0.33	0.33	0.33	0.33
希腊	0.27	0.25	0.25	0.25	0.25	0.24
新加坡	0.00	0.00	0.00	0.00	0.00	0.00
新西兰	0.43	0.41	0.39	0.39	0.38	0.37
伊朗	0.29	0.26	0.22	0.22	0.23	0.24
以色列	0.06	0.05	0.05	0.05	0.05	0.05
意大利	0.14	0.15	0.15	0.14	0.14	0.14
印度	0.17	0.16	0.16	0.16	0.15	0.15
印尼	0.09	0.10	0.10	0.10	0.10	0.10
英国	0.10	0.10	0.10	0.09	0.10	0.09
越南	0.07	0.08	0.08	0.08	0.08	0.08
智利	0.15	0.13	0.13	0.13	0.13	0.12
中国	0.10	0.11	0.11	0.11	0.11	0.11

资料来源:《世界经济年鉴2006—2007》。
注:单位:公顷/人。

（二）土地类型多，山地多于平地

我国地域辽阔，南北跨热带、亚热带、温带、寒温带，东西跨滨海湿润区、半湿润区、内陆半干旱区、内陆干旱区，这导致了我国地貌、地形、气候等自然条件十分复杂，形成了多样地形。从海拔 500 米以下的东部广大平原、丘陵，到西部海拔 1000 米以上的山地、高原和盆地，山地多于平原。据统计，我国山地约占全国面积的 33%，丘陵占 10%，高原占 26%，盆地占 19%，平原仅占 12%。按广义标准计算，我国山区面积约占全部土地面积的三分之二，平原面积仅占三分之一；全国约有三分之一左右的农业人口和耕地在山区。这种情况造成了我国农林牧业生产条件相对较差的结果。

（三）土地资源的地区分布不平衡，耕地资源总体水平差

按照 400 毫米等降水量线，我国土地一般可划分为东南部和西北部面积大致相等的两大部分。这条等降水量线习惯上称为"爱辉—腾冲"线，即由黑龙江省爱辉起，经大兴安岭、张家口、榆林、兰州、昌都到云南省腾冲止。"爱辉—腾冲"线东南部为湿润区（占全国土地总面积的 32.2%）、半湿润区（占全国土地总面积的 17.8%）；西北部为半干旱区（占全国土地总面积的 19.2%）和干旱区（占全国土地总面积的 30.8%）。"爱辉—腾冲"线以南地区，由于受季风气候影响，雨量充沛，并随纬度高低和距海远近，年降水量变动于 400—2400 毫米间，干燥度（最大可能蒸发量与降水量之比）一般低于 1.5；雨热同期，全年降水量 80% 集中于作物生长活跃期。"爱辉—腾冲"线以北地区，降水量一般小于 400 毫米，少者仅几毫米，干燥度大于 1.5，甚者超过 20。因此，全国 90% 以上的耕地和内陆水域分布在东南部地区；一半以上的林地分布并集中于东北部和西南部地区；86% 以上的草地分布在西北部干旱地区。人口、工业也都集中于东南部地区。目前我国中低产田占耕地总量的 79%，无灌溉设施耕地占 60%，大于 25°的陡坡耕地超过 600 万公顷。全国耕地平均有机质含量已降到 1%，低于欧美国家的 2.5%—4%；全国 56% 的耕地缺钾，70%—80% 的耕地养分不足。中国"北大仓"的东北黑土地，土壤有机质含量由开垦时的 8%—10% 降为目前的 1%—5%。长期以来不合理的土地资源开发利用，导致土地退化。全国水土流失面积达 356 亿公顷，占国土面积的 37.1%；全国沙漠化、盐碱化的耕地分别达 393 万公顷和 677 万公顷；草地退化、沙化、盐碱化面积

达 135 亿公顷，占国土面积的 14.1%。此外，由于过度利用和人为破坏，天然草地年减少约 67 万公顷，超限额消耗森林 86794 万立方米。由于化肥、农药、地膜的大量使用及污水灌溉造成土壤污染和耕地质量下降。全国遭受工业"三废"污染的农田达 700 万公顷，使粮食每年减产 100 亿千克，并潜伏着严峻的农产品质量危机。

（四）耕地后备资源不足

目前我国土地资源已利用的达到 100 亿亩左右，占土地面积的三分之二，还有三分之一土地是难以利用的沙漠、戈壁、冰川以及永久积雪、石山、裸地等。我国农业开发历史悠久，土地开发程度较高，可利用的土地大多已耕种，可利用尚未利用的土地数量十分有限，而且大多质量差，开发难度大。据有关方面统计，我国目前还有土地后备资源 18.8 亿亩，但其中可供开垦种植农作物和牧草的宜农荒地仅约 5 亿亩，而其中宜耕荒地资源只有 2.04 亿亩。在这全部 5 亿亩宜农荒地中，现为天然草场的约占 40%，即 2 亿亩。这些荒地即使开垦，一般也应用于种植饲草、饲料。另有 1 亿亩荒地零星分布在南部山丘地区，应主要用于发展经济林木。实际上可开垦为农用地的不足 2 亿亩，主要分布在黑龙江、新疆，开垦后仅可得耕地 1—1.2 亿亩。此外，目前还有部分工矿废弃地，但可复垦为耕地的数量不大。根据现有开发复垦能力，我国今后 15 年最多可开发 8000 万亩土地。

六、水资源状况

（一）水资源总量和人均水资源量

根据 20 世纪 80 年代初水利部对全国水资源进行的评价，我国的多年平均降水总量为 6.2 万亿立方米，除通过土壤水直接利用于天然生态系统与人工生态系统外，可通过水循环更新的地表水和地下水的多年平均水资源总量约为 2.8 万亿立方米。占全球水资源的 6%，仅次于巴西、俄罗斯和加拿大，居世界第四位，但人均只有 2000 多立方米，仅为世界平均水平的 1/4、美国的 1/5，在世界上名列 121 位，是全球 13 个人均水资源最贫乏的国家之一（参见表 4-6）。扣除难以利用的洪水径流和散布在偏远地区的地下水资源后，中国现实可利用的淡水资源量则更少，仅为 11000 亿立方米左右，人均可利用水资源量约为 900 立方米。

表 4-6 世界各主要国家年径流量、人均和单位面积耕地占有量

国家	年径流量（亿 m^3）	单位国土面积产水量（万 m^3/km^2）	人口（亿）	人均占有水量（m^3/人）	耕地（$10^8 m^2$）	单位耕地面积水量（$m^3/100m^2$）
巴西	69500	81.5	1.49	46808	32.3	215170
前苏联	54660	24.5	2.8	19521	226.7	24111
加拿大	29010	29.3	0.28	103607	43.6	66536
中国	27115	28.4	11.54	2350	97.3	27867
印尼	25300	132.8	1.83	13825	14.2	178169
美国	24780	26.4	2.5	9912	189.3	13090
印度	20850	60.2	8.5	2464	164.7	12662
日本	5470	147	1.24	4411	4.33	126328
全世界	468000	31.4	52.94	8840	1326	35294

资料来源：陈家琦、王浩，《水资源概论》，中国水利水电出版社，1996 年版。

（二）水资源的时间分布

除了人均水资源量紧张外，我国水资源的时间分布很不均衡。由于季风气候影响，各地降水主要发生在夏季。雨热同期，是农业发展的一个有利条件，使我国在发展灌溉农业的同时，还有条件发展旱地农业。但由于降水季节过分集中，大部分地区每年汛期连续 4 个月的降水量占全年的 60%—80%，不但容易形成春旱夏涝，而且水资源量中大约有 2/3 左右是洪水径流量，形成江河的汛期洪水和非汛期的枯水。而降水量的年际剧烈变化，更造成江河的特大洪水和严重枯水，甚至发生连续大水年和连续枯水年。

（三）水资源的空间分布

我国的年降水量在东南沿海地区最高，逐渐向西北内陆地区递减。从黑龙江省的呼玛到西藏东南部边界，这条东北—西南走向的斜线，大体与年均降水 400 毫米和年均最大 24 小时降水 50 毫米的暴雨等值线一致，这是东南部湿润、半湿润地区和西北部干旱、半干旱地区的分界线。东南部的湿润和半湿润地区也是暴雨洪水的多发区。

水资源的空间分布和我国土地资源的分布不相匹配。黄河、淮河、海河三流域，土地面积占全国的 13.4%，耕地占 39%，人口占 35%，GDP 占 32%，

而水资源量仅占 7.7%，人均约 500 立方米，耕地亩均少于 400 立方米，是我国水资源最为紧张的地区（参见表 4-7）。西北内陆河流域，土地面积占全国的 35%，耕地占 5.6%，人口占 2.1%，GDP 占 1.8%，水资源量占 4.8%。该地区虽属干旱区，但因人口稀少，水资源量人均约 5200 立方米，耕地亩均约 1600 立方米，如果在科学指导下，合理开发利用水土资源，并安排相适应的经济结构和控制人口的增长，可以支持发展的需要，但必须十分注意保护包括天然绿洲在内的荒漠生态环境。

表 4-7　各地区的水资源差别

流域	河川年径流 （亿立方米）	人口 （万）	耕地 （万亩）	人均水量 （立方米/人）	亩均水量 （立方米/亩）
松花江	742	5112	15662	1451	474
辽河	148	3400	6643	435	223
海滦河	288	10987	16953	262	170
黄河	661	9233	18244	716	362
淮河	622	14169	18453	439	337
长江	9513	37972	35171	2505	2705
珠江	3360	8202	7032	4097	4778

资料来源：水利电力部水文局，《中国水资源评价》，水利水电出版社，1987 年版。

（四）水资源质量

多年来，我国水资源质量不断下降，水环境持续恶化，由于污染所导致的缺水和事故不断发生，不仅使工厂停产、农业减产甚至绝收，而且造成了不良的社会影响和较大的经济损失，严重威胁了社会的可持续发展，威胁了人类的生存。为了加强水资源管理，提高人们的环境意识，引起政府和更多民众关注环境，我国每年 6 月 5 日"世界环境日"前夕均发表《中国环境公报》，其中水环境作为重要的组成部分予以公布。

表 4-8 根据全国 2222 个监测站监测结果统计的，从表中我们可以看出，我国七大水系存在着不同程度的污染，如果以污染程度大小进行排序，其结果为：辽河、海河、淮河、黄河、松花江、长江、珠江。其中珠江污染较轻，辽河、海河、淮河污染最重。综合考虑我国地表水资源质量现状，符合《地面水环境质量标准》的 I、II 类标准只占 32.2%（河段统计），符合 III 类标准的占

28.9%，属于Ⅳ、Ⅴ类标准的占38.9%，如果将Ⅲ类标准也作为污染统计，则我国河流长度有67.8%被污染，约占监测河流长度的2/3，可见我国地表水资源污染非常严重。

表4-8 我国水环境污染状况

水系	符合Ⅰ、Ⅱ类标准占监测河段长比例（%）	符合Ⅲ类标准占监测河段长比例（%）	符合Ⅳ、Ⅴ类标准占监测河段长比例（%）	主要污染参数	综合评价
长江	38.8	33.7	27.5	氨氮、高锰酸钾指数、挥发酚	干流水质好，岸边污染严重
黄河	8.2	26.4	65.4	氨氮、高锰酸钾指数、生化需氧量、挥发酚	水质污染日趋严重，并随水量减少和沿岸污染物增加重，1996年断流136天
珠江	49.5	31.2	19.3	氨氮、高锰酸钾指数、砷化物	水质总体较好，部分支流河段受到污染
松辽	2.9	24.3	72.8	氨氮、高锰酸钾指数、挥发酚	水系污染严重
海河	39.7	19.2	41.1	氨氮、高锰酸钾指数、生化需氧量、挥发酚	污染一直严重，部分重要地面水源地已受污染或受污染威胁
浙闽	40.7	31.8	27.5	氨氮	水质较好，少数河段受到污染
内陆河	63.5	25.4	11.1		水质较好，部分河段的总硬度和氯化物偏高
七大水系	32.2	28.9	38.9		同往年相比，水质状况没有好转，污染加剧，范围扩大

（五）未来水资源的供需形势

全国用水总量从1949年的1000多亿立方米增加到2000年的5497亿立方，再增加到2010年的6022亿立方米。其中农业用水比重下降（68.82%到61.26%），工业用水比重上升（20.72%到24.03%），生活用水比重上升（10.46%到12.72%）（参见表4-9）。预测我国用水高峰将在2030年前后出现，用水总量为7000亿—8000亿立方米/年，人均综合用水量为400—500立方米。经分析，全国实际可能利用的水资源量约为8000亿—9500亿立方米，需水量已接近可能利用水量的极限。表4-10给出了世界主要国家的供水情况及水资源利用率。

表4-9　近年来我国用水总量及结构（单位：亿立方米）

年份	用水总量	农业用水	工业用水	生活用水	生态补水
2000	5497.6	3783.5	1139.1	574.9	
2001	5567.4	3825.7	1141.8	599.9	
2002	5497.3	3736.2	1142.4	618.7	
2003	5320.4	3432.8	1177.2	630.9	79.5
2004	5547.8	3585.7	1228.9	651.2	82.0
2005	5633.0	3580.0	1285.2	675.1	92.7
2006	5795.0	3664.4	1343.8	693.8	93.0
2007	5818.7	3599.5	1403.0	710.4	105.7
2008	5910.0	3663.5	1397.1	729.3	120.2
2009	5965.2	3723.1	1390.9	748.2	103.0
2010	6022.0	3689.1	1447.3	765.8	119.8

表4-10　世界主要国家的供水情况及水资源利用率

国家	人均供水量（m³/s）	农业用水比例（%）	水资源利用率（%）	国家	人均供水量（m³/s）	农业用水比例（%）	水资源利用率（%）
人均水资源量 >2000m³							
新加坡	84	4	31.7	以色列	407	79	84.1
约旦	172	65	32.1	摩洛哥	427	92	36.2
阿尔及利亚	180	60	30.4	沙特阿拉伯	497	47	
英国	205	3	16.6	科威特	525	4	
波兰	321	11	21.9	韩国	632	46	41.8
南非	358	72	26.6	阿联酋	884	8	45
突尼斯	380	89	79.5	比利时	917	4	72.2
人均水资源量 >10000m³							
玻利维亚	201	85	0.4	匈牙利	661	36	5.7
巴西	246	59	0.5	马来西亚	759	47	2.1
奥地利	303	9	2.6	俄罗斯	790	23	2.7
瑞典	342	9	1.6	澳大利亚	933	33	4.3
芬兰	440	3	1.9	阿根廷	1042	73	2.8
挪威	488	8	0.5	加拿大	1602	12	1.6

续表

国家	人均供水量（m³/s）	农业用水比例（%）	水资源利用率（%）	国家	人均供水量（m³/s）	农业用水比例（%）	水资源利用率（%）
新西兰	589	44	1	智利	1626	89	3.6
人均水资源量 >2000m³—10000m³							
牙买加	159	86	3.9	菲律宾	685	61	9.1
瑞士	173	4	2.4	日本	736	50	16.6
丹麦	233	43	9.2	葡萄牙	738	48	10.5
越南	414	78	7.7	西班牙	781	62	27.6
叙利亚	435	83	9.4	墨西哥	899	86	21.7
荷兰	518	34	8.7	埃及	955	85	
希腊	523	63	8.6	意大利	985	59	33.7
德国	579	20	27.1	罗马尼亚	1134	59	12.5
土耳其	584	57	17.3	阿富汗	1830	99	52
泰国	602	90	17.8	美国	1870	42	18.9
印度	611	93	18.2	巴基斯坦	2054	98	32.8
法国	665	15	19.1	哈萨克斯坦	2294	79	30.2
乌克兰	673	30	40	乌兹别克斯坦	4122	84	76.4

第二节 我国的能源供需形势

一、现阶段我国能源供需形势

随着中国持续的经济发展，工业化和城镇化的加快，能源需求不断增加，二氧化碳和温室气体排放也迅速增加。自2005年实行的节能减排政策成效明显，单位GDP能耗下降19.1%。相对发达国家，中国在新能源技术领域起步较晚，近几年政府发挥引导作用，激发了国内巨大的市场需求，通过引进消化吸收和自主研发，核能和可再生能源的利用都取得了较快发展。水电总装机容量达到2.2亿千瓦，居世界第一；核电已投运装机1082万千瓦，在建规模占世界40%以上；风电并网规模达到6000万千瓦，跃居世界第一；30万千瓦及以上机组占全部火电装机 70% 左右。但与国际先进水平相比，中国高耗能产品的单位能耗平均高出 20% 左右。2010 年中国能源消费约占世界总量的 19%，而 GDP 不到世界总量的 10%（按购买力平价，是近 14%）；能源消耗约比美国高 10%，但中国的 GDP 只有美国的 37%（按市场汇率，按购买力平价，是 63%），能源消费量与美国基本相当；GDP 与日本相当，但能源消费量是日本的 4.7 倍，这种能源消费效率的差距反映了国民经济总体素质特别是产业结构、创新能力和生产力水平的差距，节能减排工作任重而道远。中国经济增长和能源消费之间的关系可以参见图 4-7，而图 4-8 给出了新中国成立以来的能源强度变化。

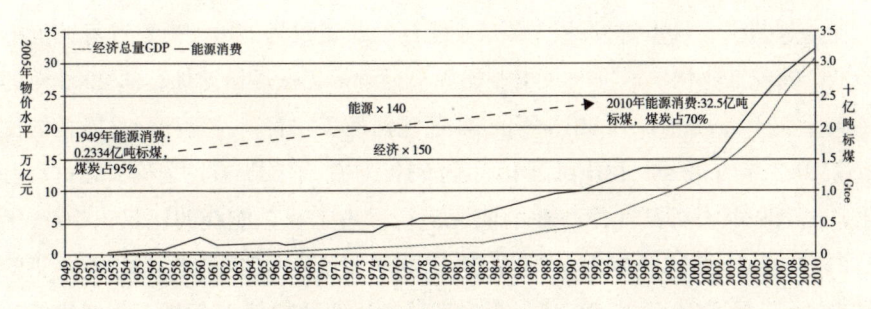

图 4-7 中国的经济增长和能源消费（1949—2010 年）

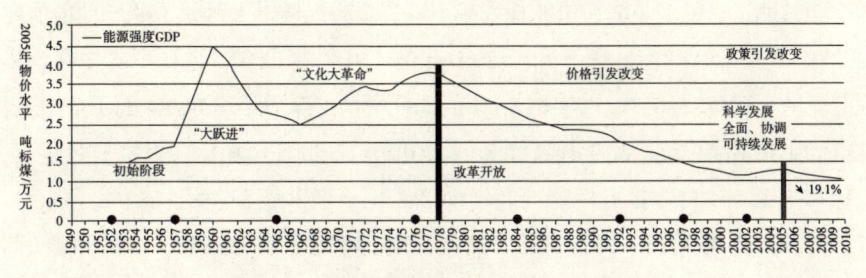

图 4-8 中国的能源强度（1949—2010 年）

为了切实推动能源生产和消费模式的转变，中国政府正在大力支持风电、水电、核电等非化石能源的发展，并已经正式公布了近中期的发展目标。中国政府提出了"争取到 2020 年单位国内生产总值二氧化碳排放比 2005 年下降 40%—45%"的目标。"十二五规划"提出了三个约束性指标：非化石能源占一次能源消费的比重从 2010 年的 8.3% 提高到 2015 年 11.4%，单位国内生产总值能源消耗和二氧化碳排放分别降低 16% 和 17%。为有效实现 2020 年控制温室气体排放行动目标在"十二五"、"十三五"期间将要采取的各种力度更大的政策措施，包括培育发展战略性新兴产业、着力推进节能降耗、合理控制能源消费总量、大力发展可再生能源等。

（一）工业能耗

中国是世界上最大高耗能产品生产国和消费国。2009 年，中国的钢、水泥、平板玻璃、建筑陶瓷、化肥、化纤、汽车产量占全球的比重分别为 47%、60%、48%、50%、35%、57% 和 25%。中国工业能耗占全国能耗总量的 70% 以上，与美国、日本等发达国家工业能耗的比重仅为 20%—30% 有着较大的差别。随着工业化快速发展，工业能源消耗总量仍在逐年增加，从 2005 年的 15.95 亿吨标准煤增加到 2010 年的 24 亿吨标准煤左右，占全社会总能耗的比重由 2005 年的 70.9% 上升到 2010 年的 73% 左右；钢铁、有色金属、建材、石化、化工和电力等高耗能行业的能源消耗量占工业总能耗的比重由 2005 年的 71.3% 上升到 2010 年的 77% 左右；工业增加值占 GDP 的比重由 2005 年的 41.8% 下降至 2010 年的 40.2%，六大高耗能行业增加值占全部工业增加值的比重由 2005 年的 32.7% 下降至 2010 年的 30.3%。

同时期，单位工业增加值能耗大幅下降，全国规模以上万元工业增加值能耗由 2005 年的 2.59 吨标准煤下降至 2010 年的 1.91 吨标准煤，累计下降 26%，实现节能量 6.3 亿吨标准煤，以年均 8.1% 的能耗增长支撑了年均 14.9% 的工业增长；重点行业和主要用能产品单耗持续降低，2010 年同 2005 年相比，钢铁、有色金属、石化和化工、建材等重点用能行业增加值能耗分别下降 23.4%、15.1%、35.8%、37.9%，吨钢、铜冶炼、吨水泥综合能耗分别下降 12.1%、35.9%、28.6%；淘汰落后产能任务逐步落实，累计淘汰炼铁、炼钢、焦炭、水泥和造纸等落后产能分别为 12000 万吨、7200 万吨、10700 万吨、37000 万吨和 1130 万吨。

（二）建筑能耗

从 1978 年到 2010 年，中国城镇化率由 17.92% 提高到 49.8%，中国的建筑面积为世界最大，单位面积建筑能耗较高，全国城镇节能建筑占既有建筑面积的比例为 23.1%。2006 年以来中国《绿色建筑评价标准》《绿色建筑评价标识管理办法》及《绿色建筑评价技术细则》《公共机构节能条例》《民用建筑节能条例》等规章陆续颁布和实施。2010年,我国新建建筑施工阶段执行强制性标准的比例已达到95.4%,但建筑节能强制性标准水平低,即使目前正在推行的65%标准也只相当于德国20世纪90年代的水平,能耗指标是德国的两倍。

根据清华大学中国建筑能耗模型（CBEM）对我国建筑能耗现状和逐年发展过程的计算结果,2008年我国建筑总商品能源一次能耗约为5.81亿吨标煤（不含生物质能）,约占当年全国总商品能耗的19.9%。

（三）运输能耗

改革开放以来是中国经济的飞速发展时期,中国的交通行业也经历了跨越式的发展,道路建设、交通需求以及交通能源消费均迅猛增长。中国的公路、铁路、民航通行线路里程,从1980年的88.33万公里、4.99万公里和19.53万公里,分别增长到了2010年的400万公里、9.1万公里和276万公里。客货运周转总量,从1980年的2281亿人公里和11517亿吨公里,增长到了2010年的62290亿人公里和162690亿吨公里。燃料消费从1980年的0.25亿吨标油,增长到2010年的1.9亿吨标油,年增长速度7%。

从运输方式发展看,许多趋势和特征具有中国特色。城市交通增长迅速并快速机动化,自行车等非机动交通工具比重快速下降,摩托车和电动自行车日渐普及,乘用车比重和保有量爆发式增长,城市轨道建设大规模加速。城际交通,公路运输比例持续增长,已经超越了铁路跃居第一位,民航比例不断扩大,内河航运由于航道不畅比例缓慢下降。

对于货运部门,由于中国产业布局和资源分布的地理差异性,铁路和道路运输量呈指数型增长,国际远洋运输亦随着国际贸易的扩大而持续增长。在规划和政策层面,中国提出了交通建设速度适度超前于经济发展的建设思想,不断提高规划水平,先后出台了《中长期铁路网规划》《促进道路运输业又好又快发展的若干意见》《公路水路交通节能中长期规划》等系列政策文件,提高交通运输行业基础设施供应能力和技术水平。

中国交通行业的能源消费主要由公路、铁路、水路、民航四部分（管道运输能耗总量较低,不做详细讨论）。各交通模式中以公路运输石油消费所占比重最大,约占全行业能源消费的80%以上,2005—2010年增长率年均20%。

主要是由于城市居民出行的机动化水平不断提高，小汽车保有量迅速增长，柴油货车超过铁路承担了公路货运的主力。铁路部门电气化率快速提升，从 2005 年的 26.8% 提升至 2010 年的 41.9%。水路运输柴油消费增长相对较为平稳，燃料油消费翻了一番。航空煤油周转量和消费量增长速度最快，2010 年较 2005 年翻了 2.4 倍。

二、未来我国能源供需形势

此部分资料数据主要依据国务院发展研究中心与壳牌国际有限公司共同合作开展的"中国中长期能源供需情景研究"。分析中根据经济发展、能源安全、环境保护三个不同的目标，定义了四个情景：情景 A（经济 & 安全）——主要考虑经济发展和能源安全，环境保护考虑较少；情景 B（安全 & 环境）——主要考虑能源安全和环境保护，经济发展考虑较少；情景 C（经济 & 环境）——主要考虑经济发展和环境保护，能源安全考虑较少；情景 P（优化政策情景）——基于情景 A、B、C 的分析，综合考虑经济增长、能源安全和环境保护三个因素的优化政策情景。通过情景分析，对未来能源供需有以下几个看法：

（一）在我国经济将由高速增长向中速增长转换的阶段，能源发展出现战略调整机遇期，有可能实现能源需求增速的明显下降

过去 30 年，我国的人口增长超过 1/3，2010 年的人均 GDP 是 1980 年的 12 倍多。随之而来的能源消耗达到 1980 年的 4 倍以上，我国的能源消费增量占全球增长总量的近 1/3。展望未来，随着经济总量的扩大和发展阶段及增长动力的转换，我国经济增长逐步由高速增长向中速增长过渡。研究显示，经济增速将从"十一五"的 11.2% 放缓到"十二五"的 8% 左右和"十三五"的 7% 左右，2020—2025 年经济增速大体在 6% 左右，2025—2030 年大体在 5% 左右。按购买力平价计算，2010 年中国人均 GDP 为 7300 国际元[1]，到 2020 年将增长至 15000 国际元，到 2030 年将达到 24000 国际元。按购买力平价计算，2030 年中国的经济总量分别是美国的 1.48 倍和欧洲的 1.23 倍，占全球经济总量比

---

[1] 按照购买力平价计算，单位 2010 年美元不变价。

重由 2010 年的 13.5% 提高到 2030 年的 23.5%[1]。

目前，我国的工业化进程处于中期阶段向后期阶段过渡时期，工业增长力量逐步由资本投入转向技术进步，重化工业增速放慢，其中，钢铁、水泥等能源原材料工业的需求峰值可能在 2015 年前后出现，2020 年将基本实现工业化。服务业对经济增长的拉动作用更进一步增强。考虑到我国经济转型的紧迫性和可能性，优化政策情景采用积极的结构调整措施，到 2020 年三次产业的比例为 7：41：52；到 2030 年三次产业的比例为 5：35：60（欧洲目前三次产业比例为 2：25：73，美国的三次产业比例为 2：22：76）。未来 20 年，我国仍处在快速的城镇化和机动化过程中，城镇化率每年提高近 1 个百分点，2020 年达到 58%，2030 年达到 65%。随着收入水平的提高，建筑和交通用能将成为推动能源需求增长的重要因素，未来 20 年人均行驶里程还要翻两番（具体指标预测参见表 4-11）。

表 4-11　未来的经济增长和结构变化（优化政策情景）

		2010	2015	2020	2025	2030
经济增速（前 5 年平均 %）		11.2	8.3	7.5	6.4	4.4
产业结构（%）	第一产业	10.2	8	7	6	5
	第二产业	46.8	45	41	38	35
	第三产业	43	47	52	56	60
城镇化率（%）		49.7	54	58	62	65

分析显示，在所有的情景中，我国的能源需求都持续增长。在经济发展方式不变、结构调整缓慢、依靠国内资源的情景 A 中，2020 年我国的能源需求将达到 65 亿吨标煤，2030 年将达到 81 亿吨标煤。但是如果采取积极的结构调整、能效大幅提升等政策（即优化政策情景），2020 年的能源需求为 52 亿吨标煤，2030 年为 60 亿吨标煤。

这就意味着，我国在未来增长阶段转换和推动转变经济发展方式的攻坚阶段，存在能源可持续发展取得重大进展的极大可能。如果采取正确的能源战略和政策，可明显降低能源需求增速，优化政策情景与情景 A 相比，2030 年可减少超过 21 亿吨标煤的能源需求，降低幅度超过四分之一。

---

[1]　如果按照汇率法计算，2010 年中国占全球 GDP 的 9.4%。

从增速上看，在优化政策情景中，2010—2020年我国能源需求年均增长4.8%，2020—2030年年均增长1.5%（参见图4-9和表4-12）。纵向看，明显低于过去10年年均8.4%的增长速度；横向看，仍然明显快于国际能源需求的增长速度，2010—2020年是其2.5倍，2020—2030年年均增速略高于国际水平，是其1.3倍。

（百万吨标煤）

图4-9 不同情景下中国的能源需求

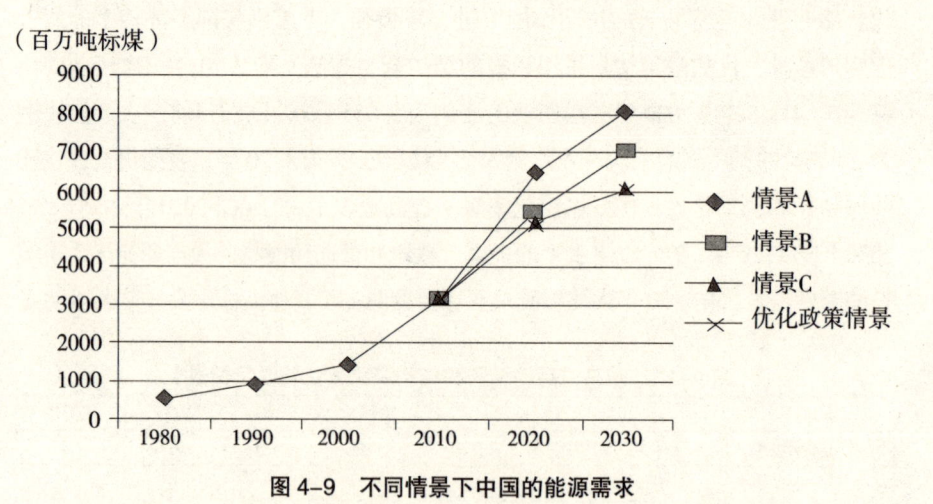

表4-12 不同情景下的中国一次能源需求总量和结构（单位：百万吨标煤）

能源品种	基准年	未来需求的情景分析						
		情景A		情景B		情景C		优化政策情景	
	2010	2020	2030	2020	2030	2020	2030	2020	2030
石油	617	921	901	728	688	794	948	744	885
天然气	143	532	865	413	736	529	1065	418	762
煤炭	2210	4277	5131	3598	4372	3215	2849	3255	2940
核能	25	152	291	152	383	152	383	152	335
水电	213	327	356	327	356	327	356	358	504
太阳能光伏	0	15	136	13	138	15	132	14	115
太阳能光热	13	38	46	34	48	57	68	47	42
风能	16	112	246	93	216	90	169	113	233
生物质及其他	14	94	117	79	112	86	69	110	210
总消耗量	3250	6467	8089	5437	7049	5265	6039	5209	6026

注：因存在四舍五入，数据之和存在一定误差。

从消费总量看，2030 年中国的能源需求总量比美国和欧洲分别高出 53% 和 33%，占全球能源需求总量的比重将达到 23.3%。从人均看，2030 年中国人均能源需求为 4.1 吨标煤，低于美国 7.5 吨标煤和欧洲 5.2 吨标煤的人均水平，但明显高于全球 3.1 吨标煤的人均水平。

从能源消耗强度看，在情景 A 中，由于结构调整进展小，能效提高慢，2010—2020 年，单位 GDP 能耗仅下降 15.9%。在情景 C 和优化政策情景中，由于结构调整和能效提高进展明显，单位 GDP 能耗下降较快，2010—2020 年单位 GDP 能耗分别下降了 34.6% 和 35%（参见表 4-13）。从国际比较看，在优化政策情景中，到 2020 年我国的单位 GDP 能耗（基于购买力平价计算）接近欧洲目前的水平；到 2030 年，我国的单位 GDP 能耗（基于购买力平价计算）接近欧洲当时的水平。

表 4-13　不同情境下的单位 GDP 能耗变化（单位：%）

单位 GDP 能耗	2005—2010 年	2010—2020 年	2020—2030 年
情景 A	19.1	15.9	28.4
情景 B	19.1	22.3	21.6
情景 C	19.1	34.6	33.6
优化政策情景	19.1	35.0	33.9

（二）能源需求部门结构发生显著变化，建筑和交通将是未来能源消耗增长的主要领域，能源需求的品种结构也相应发生显著变化

我国工业化由中期阶段向后期阶段过渡，工业用能需求增长逐步放缓，2020 年随着我国基本实现工业化，工业能源消费在全社会能源消费中的比例将逐步下降。

建筑和交通能耗是未来能源消耗增长的主要领域。在不加强节能措施的情景 A 中，建筑能耗（包括民用建筑和商用建筑）和交通能耗从 2010 年的 8.77 亿吨标煤增长到 2020 年的 16.40 亿吨标煤和 2030 年的 23.4 亿吨标煤，2010—2020 年年均增长 6.5%，2020—2030 年年均增长 3.9%，占终端能耗的比例从 2010 年的 38.1% 上升到 2020 年的 40.5% 和 2030 年的 47.6%。同时，建筑和交通领域也是节能潜力较大的领域。在优化政策情景中，通过改善城市结构、优化交通结构、提高建筑和交通能源利用效率，可以实现 3.3 亿吨标

煤和6.9亿吨标煤的节能量，占同期终端能源消耗减少量的39%和52%（参见表4-14）。

表4-14 不同情景下的终端能源需求（单位：百万吨标煤）

需求类别	历史				情景A		优化政策情景	
	1980	1990	2000	2010	2020	2030	2020	2030
工业用能	302	397	470	1234	1905	1852	1631	1526
服务业用能	8	17	34	95	230	383	241	393
交通用能	35	54	118	255	642	977	454	661
居住用能	344	419	404	527	770	978	617	597
非能源使用	15	61	75	186	507	764	269	461
总计	704	948	1101	2297	4054	4954	3212	3638

注：终端能源计算时采用电热当量法。

作为化学原料用的能源需求也是终端能源需求增长较快的领域之一。化工产品广泛地应用在各个行业，用于化工原料的能源需求增长与经济增长高度相关，2010年用于化工原料的能源需求是2000年的2.5倍，年均增长接近10%。未来二十年，用于化工原料的能源需求还要翻番。目前的化工原料主要靠石油来制备。从未来发展方向来看，有两条路径可以选择，一是通过煤化工和气化工来制备化学原料，在情景A中选择了这一发展路径，其好处是有利于保障国内的能源安全，但存在资源利用效率低且污染大的问题。二是通过在资源国投资生产基础化工产品，并向国内销售基础化工原料，国内的化工产业集中在高附加值的精细化工和特殊化工上。其好处是降低了我国的资源消耗和碳排放。

由于不同的终端能源需求的能源品种不同，终端能源需求结构的变化会对各能源品种的需求产生影响。

对于电力而言，尽管重化工业的电力需求放缓，但服务业、居民生活以及加工工业的电力需求将持续增长，电力需求总体将保持较为强劲的增长，增长速度明显高于一次能源需求的增长速度。即使在优化政策情景下采取需求管理以及提高终端能效，由于经济增长以及家庭和交通部门更多地采用电力作为能源，电力需求仍将保持较快增长，2020年前年均增长7%，2020年以后年均增长 3%。预计到 2020 年，电力需求将超过 8 万亿千瓦时，2030 年接近 10 万亿千瓦时，人均电力需求将接近 7000 千瓦时/年，大体上相当于发达国家的人均水平。

对于天然气而言，随着经济发展、环境监管标准和力度的提高，对天然气等优质能源的需求会大量增加。所有的情景分析都显示天然气在未来 20 年应保持快速增长。在优化政策情景中，到 2020 年天然气需求将超过 3500 亿立方米，2010—2020 年年均增长 12%；到 2030 年天然气的需求将超过 6300 亿立方米，2020—2030 年年均增长 6%。工商业、居民、城市供暖是驱动天然气需求增长的主要领域，发电和交通也将成为驱动天然气需求增长的重要领域。天然气在加工制造业、商业、城市供暖等领域逐步替代煤炭，在交通和制氢等化工领域逐步替代一定量的石油。

对于石油而言，由于机动化的过程还要持续相当长的时间，石油消耗将持续增长。即使在优化政策情景中，采取了积极的节油和代油措施，石油消耗仍然持续增长，2020 年石油消耗达到 5.5 亿吨，2030 年石油消耗达到 6.5 亿吨。

对于煤炭而言，随着经济转型和能源结构调整，煤炭消耗增速会放慢。钢铁、水泥等耗能行业需求逐步达到峰值，重化工业对煤炭的需求将趋于稳定。电力将是煤炭需求增长的主要拉动力量。预计 2010—2020 年，煤炭增长速度为 3.8%，2020 年煤炭需求量为 32.5 亿吨标煤，相应的原煤需求量为 45.5 亿吨。2020 年以后，随着能源总需求放缓以及可再生能源和页岩气规模化发展，煤炭需求量有望逐步下降。

对于非化石能源而言，由于能源需求持续增长，2020 年能源需求总量明显超出制定非化石能源目标时的预估基数，因此完成 2020 年非化石能源消费占能源消费总量 15% 的目标任务极为艰巨。模型计算显示，情景 A、B、C 均未实现 2020 年非化石能源占能源消费比重 15% 的目标，只有在优化政策情景中，通过大力提高能效，超高速发展可再生能源，方能完成 2020 年非化石能源目标。因此，要加大非化石能源的发展力度，确保目标实现（参见表 4-15）。

表 4-15 不同情景下非化石能源消费占比（单位:%）

	2010	2020	2030
情景 A	8.6	11.4	14.7
情景 B	8.6	12.8	17.8
情景 C	8.6	13.8	19.5
优化政策情景	8.6	15.2	23.9

（三）我国的能源自给率总体上保持较高水平，但石油对外依存度持续上升，亟待采取措施控制石油对外依存度过快上升的势头，近期天然气对外依存度快速上升也须关注

2010 年我国能源需求总量为 32.5 亿吨标煤，国内生产总量为 29.7 亿吨标煤，能源自给率为 91%。随着国内可再生能源资源和非常规资源的开发利用以及煤炭资源的可持续利用，能源自给率总体上保持较高水平。在优化政策情景下，2020 年我国能源自给率为 85.5%，2030 年能源自给率为 83.6%。

但是，对石油的进口要给予高度关注。由于收入水平提高及机动化水平的提高，未来石油需求增长强劲，国内石油供给能力有限，石油对外依存度将持续上升。如果不控制石油消耗快速增长，2020 年石油消耗将超过 6 亿吨，2030 年石油将超过 8 亿吨，届时我国石油只能保障 1/4 的供应。如果通过采取各种手段的情况下，将石油需求控制在 2020 年的 5.5 亿吨和 2030 年的 6.5 亿吨，考虑到国内石油产量大体上略高于 2 亿吨，届时的石油进口量分别为 3.2 亿吨和 4.1 亿吨，石油对外依存度分别为 60% 和 65%，石油对外依存度可控制在 2/3 以内（美国石油对外依存度的最高值为 65%）（参见图 4-10）。

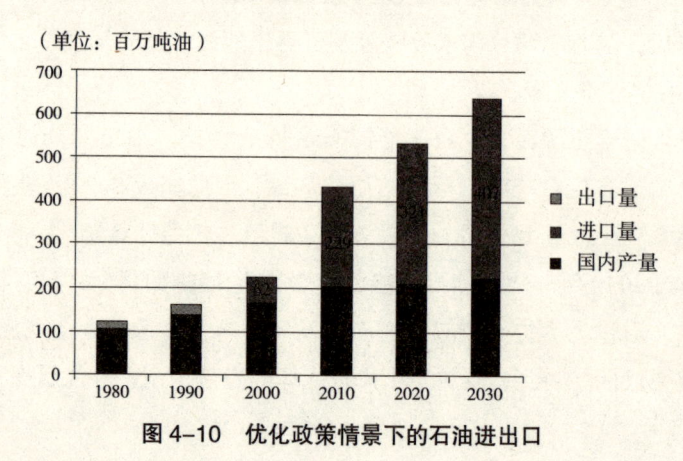

图 4-10 优化政策情景下的石油进出口

定量分析同时显示，要实现上述目标，必须实施积极的交通能源战略，在节约和替代两个方面采取更为积极的政策措施。在情景 A 中，不进行交通需求管理，燃油经济性提高较慢，主要考虑石油替代。要实现对外依存度控制在 2/3 以内的目标，到 2030 年乘用车保有量的一半应来自于电动汽车，这就意味着 2020 年以后 75% 的新增乘用车来自于电动汽车，考虑到目前的电动汽车技术进展，这一目标难以实现。在情景 C 中，主要强调需求管理和能效提高，如通过改进城市规划来减少交通距离，用公共交通替代私人交通，提高汽车的燃油效率，同时在境外进行基础化工品的生产；基本上不考虑石油替代，不发展煤制油和煤化工，电动汽车发展较为缓慢。计算结果表明，尽管效率大幅提升，2030 年石油需求仍然接近 7 亿吨，石油对外依存度达到 70%。只有在优化政策情景中，一方面强调交通需求管理和能效提高，另一方面适度发展煤制油和煤化工，大力发展电动汽车，才能将 2020 年我国的石油需求控制在 5.5 亿吨，将 2030 年的石油需求控制在 6.5 亿吨。

从中长期来看，我国页岩气和煤层气资源丰富，如果成功开发利用，天然气对外依存度将不会像石油对外依存度一样持续上升。但近期来看，页岩气和煤层气开发还处于探索期，随着天然气需求快速上升，天然气进口量快速上升，2011 年我国的天然气对外依存度上升到 21.7%。要匹配好国内的产量和消费关系，力争将天然气的对外依存度控制在 40% 以下。

（四）能源开发利用带来的环境压力持续增大，二氧化碳排放问题更为突出

能源开发和利用是造成大气污染、土地酸化等环境污染问题和气候变化的主要原因，目前全国 80% 以上的大气主要污染物和温室气体排放来自于能源使用。能源开发利用引发的环境污染与公众对环境质量诉求日益提高的矛盾将更加尖锐。

未来 20 年，我国能源使用过程中排放的二氧化碳将持续增长。在情景 A 中，由于能效提高较慢，为保障能源安全而大量开发利用煤炭，且不采取 CCS（碳捕获和封存）技术，2020 年中国排放的二氧化碳达到 139 亿吨，到 2030 年将增加到 161 亿吨，分别比 2010 年增加 67.5% 和 94.2%，大约是 1990 年的 6 倍。届时，中国排放的二氧化碳将超过全球因使用能源排放的二氧化碳总量的 1/3。从人均排放角度来看，到 2030 年我国人均因能源使用排放的二氧化碳将达到 10.7 吨，

接近美国人均 11.1 吨的水平，显著高于欧洲人均 6.8 吨的水平。

在优化政策情景中，通过提高能效、改善能源结构、优化城市布局以及大规模使用碳捕获技术，二氧化碳排放得到明显控制，2020 年中国因使用能源排放的二氧化碳增长到 100 亿吨，之后增长放缓，到 2030 年中国因使用能源排放的二氧化碳为 105 亿吨，人均排放量为 7 吨，与欧洲的人均排放水平大体相当，显著低于 2030 年美国的人均排放水平。

三、小结

综合上述分析，从能源资源的状况来看，我国在选择汽车能源战略时应考虑以下方面。

第一，我国石油资源供给能力有限，必须实施激进的汽油节油和代油战略。从目前来看，东部油田勘探开发程度较高，油田产出已呈现下降趋势，主要是通过老油田挖潜来减缓石油产量的下降，石油供应逐步从东部向西部和海上转移，但西部石油开发存在配套条件差等问题的制约，海上石油开采还存在领土争议和海上石油开采技术尚未完全自主化等因素。综合各方面的信息来看，中国国内石油供给能力在 2 亿吨左右。车用能源需求是石油需求增长的主要驱动力量，随着人均收入水平的提高和机动化的发展，石油消耗将快速增长，预计到 2020 年，中国的石油消耗将超过 5.5 亿吨，2030 年石油消耗将超过 6.5 亿吨，石油对外依存度达到 2/3，考虑到国际石油市场的波动和国际地缘政治的动荡，能源安全问题极为突出，因此，必须实施激进的汽车节油和代油战略。

第二，天然气供应具有取得重大突破的潜力，应加快天然气汽车的发展。我国的常规天然气仍处于勘探开发的青壮年期，近 10 年来，天然气新增探明可采储量每年达到 3000 亿立方米，这种趋势未来还可以保持 20 年。另外，页岩气、煤层气等非常规天然气资源极为丰富，我国页岩气资源是全球第一，页岩气在美国实现大规模商业化开发，中国目前也制定了页岩气发展规划和相应的扶持政策，再加上中国周边天然气资源比较丰富，具有多方进口天然气的优势，因此，天然气供应比较充分。使用天然气做燃料产生的排放又明显低于汽油和柴油，应加快完善天然气供气基础设施建设，加快天然气汽车发展。

第三，我国土地资源有限，应按照"不与人争粮，不与粮争地"的原则发展生物燃料汽车。中国国土面积世界第三，但多山地和沙漠，中国人均耕地不到世界人均耕地的一半，且水资源匹配较差，因此，在生物燃料发展上，中国不能走美国采用玉米制造乙醇的技术路线，以农林废弃物制造纤维素乙醇的第二代生物燃料才应是中国的战略选择。

第四，我国可再生能源资源丰富，开发利用的潜力很大，电动汽车的发展要和可再生能源的发展匹配起来。多方面的研究表明，电动汽车使用化石能源转化的电力，其节能和碳减排的作用非常有限。如果采用可再生能源发电，则可以实现全寿命周期的零排放。并且，可再生能源具有间歇性能源，电动汽车的发展为其提供一个巨大的储能设施，电动汽车的发展可以促进可再生能源的消纳使用。因此，要大力发展电动汽车，并且与可再生能源的发展匹配起来。

第五，中国水资源紧张，煤制油等技术发展也受限。中国人均水资源仅为世界平均水平的1/4，且时空分布极为不均。煤制油技术是目前可以大规模商业化的代油技术，但是煤制油技术能耗高，对水资源消耗大，制备1吨煤制油需要消耗10吨以上的水资源，考虑到中国的煤炭资源多分布在干旱地区，煤制油的发展应受到限制。

第五章
我国车用能源战略及政策

进入21世纪以来,我国车用能源消费一直呈现高增长态势,成为推动我国能源消费总量持续增长的重要因素之一。车用能源消费总量的持续增长对我国保障能源安全和保护生态环境都提出了严峻挑战。当前,全球及我国在经济发展、能源工业和汽车产业等领域出现的重大变化为妥善应对车用能源问题提供了难得的时间窗口。我国应积极顺应世界发展潮流,不断拓展发展思路,动态调整发展战略,推动车用能源实现"高效、多元、绿色"转型发展。

第一节 我国车用能源现状

一、我国车用能源消费呈现高速增长态势,占能源消费总量的比重不断攀升,对保障能源安全提出了严峻挑战

(一)我国车用能源消费正处于高速增长阶段

自进入21世纪以来,我国汽车产业迎来了高速发展阶段,汽车产销量、保有量均持续大幅增加,而单车年均行驶里程并没有出现显著变化。在汽车购买、保有和使用这3个环节的共同影响下,近年来我国车用能源消费一直处于高速增长阶段。

1. 我国汽车消费呈现井喷式增长态势

进入21世纪以来,在加入WTO、"轿车进入家庭"产业政策等因素的多重影响下,我国汽车产销量均经历了高速增长。2011年,我国汽车产销量分别达到1841.89万辆和1850.51万辆,比2001年分别增长了6.87倍和6.83倍(参见图5-1)。自加入WTO以来,我国汽车产量年均增长率高达22.91%,占全

球汽车产量的比重在 2011 年达到 23.01%，比 2001 年提高了近 19 个百分点（参见图 5-2），自 2009 年起一直稳居世界第一。从结构上看，由于家庭乘用车的迅速普及，乘用车产销量占我国汽车产销总量的比重一直较高，近年来基本保持在 75% 以上。

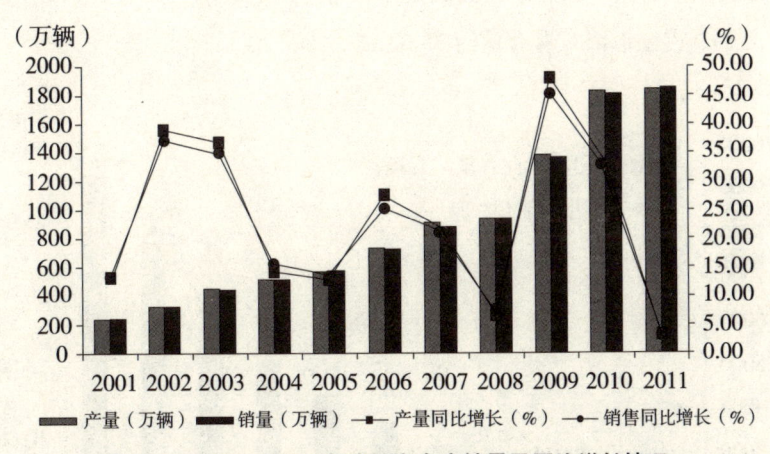

图 5-1　2001—2011 年我国汽车产销量及同比增长情况

数据资料来源：中国汽车工业协会。

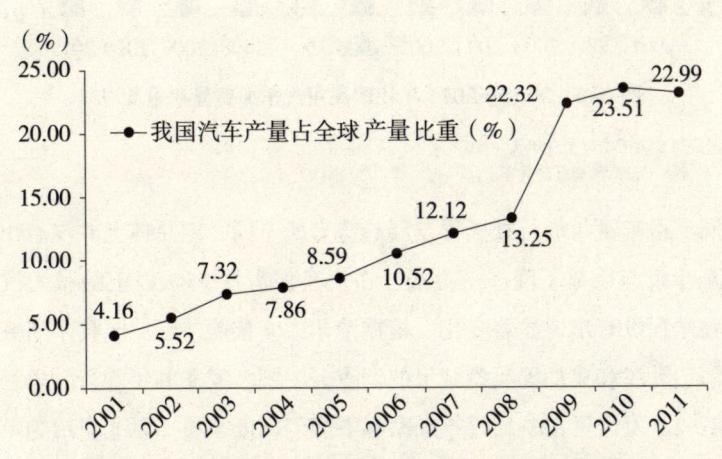

图 5-2　2001—2011 年我国汽车产量占全球产量比重

数据资料来源：国际汽车制造商协会（OICA）。

汽车产销量的高速增长直接推动了汽车保有量的快速增加。2011年，我国民用汽车拥有量达到9356.32万辆，比2001年增长了4.19倍，年均增长率高达17.9%（参见图5-3）。目前，我国汽车保有量仅次于美国位居全球第二，约占全球汽车保有量的8%左右。如果加上三轮汽车和低速货车，截至2012年6月底，全国汽车保有量已经高达1.14亿辆[1]；其中，私人汽车保有量达到8613万辆，占全部汽车保有量的75.62%。

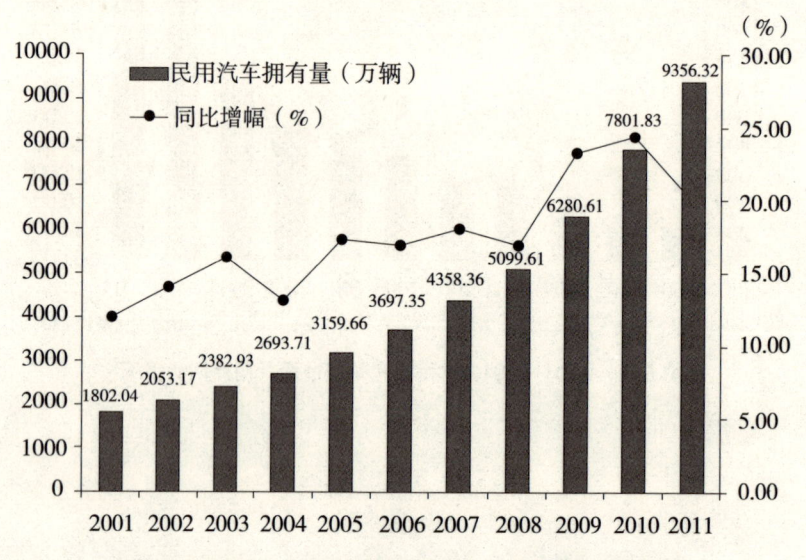

图5-3 2001—2011年我国民用汽车拥有量数量及增幅

数据资料来源：《中国统计年鉴（2012）》。
注：不包括三轮汽车和低速货车。

不同类型车辆年均行驶里程发展趋势有所不同，但总体上并没有出现显著变化，至少没有明显下降。一方面，占汽车保有量75%以上的私人汽车单车年均行驶里程没有出现显著变化。根据清华大学核能与新能源技术研究院在北京、上海、天津和成都等典型城市的调查，中国私家车的年均行驶里程基本保持在1.8—2.2万公里左右，近年来略有下降但幅度很小。以北京市为例，根据

---

[1] 此外，摩托车保有量达到1.03亿辆。

北京交通发展研究中心的小样本调查数据，2008—2011年私人汽车单车年均行驶里程基本保持在19500—22000公里左右，并没有随着交通拥堵加剧而出现明显下降（参见表5-1）。

表5-1 北京市2008—2011年车辆年均行驶里程调查统计数据

年份	项目	公务车	私家车	总计
2008	样本数（个）	202	998	1200
	年均里程（公里）	28034.65	21767.90	22822.80
2009	样本数（个）	245	962	1207
	年均里程（公里）	28583.67	19766.32	21556.09
2010	样本数（个）	130	1070	1200
	年均里程（公里）	37584.62	21421.50	23172.50
2011	样本数（个）	172	825	997
	年均里程（公里）	28657	19596	21161

资料来源：北京交通发展研究中心，2008—2011年《北京交通发展年报》。

另一方面，公路营运车辆单车年均行驶里程在不同年份有增有减，但近年来没有出现明显下降趋势（参见表5-2）。客运方面，在假设满员的前提下，2006年载客汽车（包括公共汽车和出租车）单车年均行驶里程达到4.38万公里，比2005年降低了12.4%。而2011年载客汽车（不包括公共汽车和出租车）单车年均行驶里程达到8.03万公里，比2010年增加了7.8%；城市公共汽电车单车年均运营里程达到7.32万公里，比2010年降低了3.2%；出租车单车年均运营里程达到12.02万公里，比2010年降低了1%。货运方面，在假设满载的前提下，2006年载货汽车单车年均行驶里程达到3.46万公里，比2005年增加了1%；而2011年载货汽车单车年均行驶里程达到7.08万公里，比2010年降低了2.1%。总体上，最近几年来公路运营车辆单车年均行驶里程没有出现大幅变化。

表5-2 典型年份全国公路客运、货运情况

公路客运				
	2005年	2006年	2010年	2011年
旅客周转量（亿人公里）	9292.08	10130.85	15020.81	16760.25
载客汽车（万辆）	128.40	161.92	83.13	84.34
客位（万位）	1859.30	2312.41	2017.09	2086.66

续表

公路客运				
	2005 年	2006 年	2010 年	2011 年
平均客位（位/辆）	14.48	14.28	24.26	24.74
单车年均里程（万公里）	5.00	4.38	7.45	8.03
公共汽电车运营里程（亿公里）	已经包含在载客汽车统计之中		317.86	331.73
公共汽电车运营车辆（万辆）			42.05	45.33
公共汽电车单车年均里程（万公里）			7.56	7.32
出租车运营里程（亿公里）			1488.85	1519.69
出租车运营车辆（万辆）			122.57	126.38
出租车单车年均里程（万公里）			12.15	12.02
公路货运				
	2005 年	2006 年	2010 年	2011 年
货物周转量（亿吨公里）	8693.19	9754.25	43389.67	51374.74
载货汽车（万辆）	604.82	640.66	1050.19	1179.41
吨位（万吨）	2537.75	2822.69	5999.82	7261.20
平均吨位（吨/辆）	4.20	4.41	5.71	6.16
单车年均里程（万公里）	3.43	3.46	7.23	7.08

资料来源：交通运输部，《公路水路交通行业发展统计公报（2005 年、2006 年）》《公路水路交通运输行业发展统计公报（2010 年、2011 年）》；课题组计算。
注：因自 2005 年起交通量计算单位使用标准小客车当量数，自 2008 年起公路运输量统计数据的统计范围口径有较大调整，自 2010 年起公共汽车、出租车不再纳入公路载客汽车统计，故仅选择两组可比年份，2005 年和 2006 年，以及 2010 年和 2011 年；载客汽车和载货汽车单车年均里程基于满员和满载的假设条件，实际值应该会更大。

2. 汽车燃油经济性提高不足以抵消汽车消费高速增长影响

在借鉴国际先进经验的基础上，我国在近年来发布了一系列汽车燃料消耗量标准（参见专栏 5-1）。在乘用车方面，目前已经公布实施了三阶段标准，包括分别于 2005 年 7 月 1 日、2008 年 1 月 1 日实施的《乘用车燃料消耗量限值标准》第一阶段、第二阶段，以及于 2012 年 1 月 1 日实施的《乘用车燃料消耗量评价方法及指标》。在商用车方面，《轻型商用车燃料消耗量限值标准》、《重型商用车辆燃料消耗量限值（第一阶段）》也已分别于 2008 年 2 月 1 日、2012 年 7 月 1 日开始实施。

专栏 5-1：我国乘用车燃油经济性标准及全球比较

我国于 2005 年开始实施国家强制性标准，总体上对降低乘用车消耗起到了重要作用。

《乘用车燃料消耗量限值标准》第一阶段燃料消耗量限值标准基本相当于当时国产乘用车的燃料消耗平均水平，推动促进作用有限。《乘用车燃料消耗量限值标准》第二阶段限值标准在第一阶段限值标准的基础上进一步降低约10%，限值目标与2002年世界各国轿车的平均水平基本相当，依然明显落后于世界平均水平。

《乘用车燃料消耗量评价方法及指标》在充分借鉴国际经验的基础上，提出了"车型燃料消耗量+企业平均燃料消耗量目标值"的评价体系，目标使国内乘用车平均燃料消耗量水平在2015年降低至6.9升/百公里左右，对应的CO_2排放降低至167克/百公里。

目前，全球很多发达国家都建立了燃油经济性标准（fuel economy standards），但在计量单位和目标设定方面也存在着较大差异。从计量单位看，包括中国在内的全球大部分国家使用升/百公里（L/100km）；美国、英国使用英里/加仑（mpg）；加拿大同时采用升/百公里和英里/加仑；日本等国采用公里/升（km/L）；阿根廷等国同时采用升/百公里和公里/升（见表5-3）。

表5-3　典型国家轻型车燃油经济性目标比较（截至2011年8月）

国家或地区	目标年份	标准类型	计量单位	结构	目标车型	循环工况
美国/加州（实施）	2016	燃油经济性/温室气体排放	34.1英里/加仑；每英里排放250克CO_2	基于碳足迹的公司平均	轿车/轻型卡车	美国标准
美国（意向）	2025		49.6英里/加仑；每英里163克CO_2			
加拿大（实施）	2016	温室气体排放	每公里153(141)克CO_2	基于碳足迹的公司平均	轿车/轻型卡车	美国标准
欧盟（实施）	2015	二氧化碳排放	每公里130克CO_2	基于车重的公司平均	轿车/SUV	欧洲标准
欧盟（意向）	2020		每公里95克CO_2			
澳大利亚（自愿）	2010	二氧化碳排放	每公里222克CO_2	车辆平均	轿车/SUV/轻型商用车	欧洲标准
日本（实施）	2015	燃油经济性	16.8公里/升	基于车重的公司平均	轿车	日本标准
日本（意向）	2020		20.3公里/升			

续表

国家或地区	目标年份	标准类型	计量单位	结构	目标车型	循环工况
中国（意向）	2015	燃料	6.9升/百公里消耗量	基于车重的单车和公司平均	轿车/SUV	标准
韩国（意向）	2015	燃油经济性/温室气体排放	17公里/升；每公里排放140克CO_2	基于车重的公司平均	轿车/SUV	美国标准

资料来源：IEA，Technology Roadmap;Fuel Economy of Road Vehicles,2012。

注：该表资料截至2011年8月，中国事实上已经于2012年1月1日开始实施；循环工况包括美国体系（US combined）、欧洲体系（NEDC）、日本体系（JC08）。

近年来我国汽车燃油经济性持续提高。一些研究认为中国近年来乘用车平均燃油经济性出现负面变化，如IEA认为中国2008年乘用车平均燃油消耗为8.05升/百公里，高于全球平均水平，比2005年增加了3.9%，而同期全球平均则降低了5%（参见表5-4）。

表5-4 代表性国家2005—2008年全国乘用车平均燃油消耗（单位：升/百公里）

国家	2005年	2008年	年均增长（%）	循环工况
阿根廷	7.56	7.64	0.3	欧洲标准
澳大利亚	9.80	8.98	-2.9	欧洲标准
巴西	7.29	7.37	0.3	欧洲标准
中国	**7.75**	**8.05**	**1.3**	欧洲标准
法国	6.56	6.04	-2.7	欧洲标准
德国	7.47	7.10	-1.7	欧洲标准
印度	5.60	6.09	2.9	低欧洲标准
日本	6.65	6.22	-2.2	日本标准
墨西哥	7.47	7.98	2.2	美国标准
俄罗斯	8.33	8.11	-0.9	欧洲标准
英国	7.31	6.82	-2.3	欧洲标准
美国	9.68	9.13	-1.9	美国标准
欧盟（27国）	7.00	6.61	-1.9	欧洲标准
全球平均	**8.07**	**7.67**	**-1.7**	

资料来源：IEA，International Comparison of Light-duty Vehicle fuel Economy and Related Characteristics，2011。

注：美国和澳大利亚的车型计算范围和其他国家有所不同，包括乘用车和轻型商用车。

但多数国内研究认为近年来我国汽车燃油消耗量在不断提高。根据中国汽车技术研究中心的统计，2006年全国新车平均燃油消耗量降低至8.06升/百公里，比2002年的9.11升/百公里下降了11.5%。清华大学核能与新能源技术研究院的研究也认为，我国私人轿车、商用轿车、出租车等平均燃油消耗量在近年来呈现明显的下降趋势（参见表5-5）。

表5-5 2000—2010年我国各车型燃油消耗量（单位：升/百公里、立方米/百公里）

年份	私人轿车		商用轿车		出租车	
	汽油	柴油	汽油	柴油	汽油	CNG
2000	10.2	7.9	10.2	7.9	10.2	9.3
2001	10.2	7.9	10.2	7.9	10.2	9.3
2002	10.2	7.9	10.2	7.9	10.2	9.3
2003	10.2	7.9	10.2	7.9	10.2	9.3
2004	10.2	7.9	10.2	7.9	10.2	9.3
2005	10.2	7.9	10.2	7.9	10.2	9.3
2006	9.9	7.6	10.0	7.7	10.0	8.4
2007	9.7	7.5	9.9	7.6	9.9	8.4
2008	9.6	7.4	9.7	7.5	9.7	8.4
2009	9.5	7.3	9.6	7.4	9.6	8.4
2010	9.5	7.3	9.5	7.3	9.5	8.4

资料来源：清华大学核能与新能源技术研究院。

总体上看，近年来汽车燃油经济性提高幅度有限，难以抵消汽车消费高速增长的影响，难以扭转车用能源消费总量持续增长的态势。

3. 我国车用能源消费呈现高速增长态势

在我国现行的统计体系下，全口径的公路运输能耗可用来指代车用能源消费。公路运输能耗的分解较为复杂，并且存在着数据相对分散、可获得性较差等问题。在充分考虑数据可得性的前提下，对公路运输能耗进行分解，包括公路客运能耗（又分解为私人轿车、出租车、城市公共交通等）、农用车和低速车能耗、公路货运能耗（参见图5-4）。

```
                        ┌──────────────┐
                        │ 公路交通能耗 │
                        └──────┬───────┘
            ┌──────────────────┼──────────────────┐
    ┌───────┴──────┐  ┌────────┴────────┐  ┌──────┴──────┐
    │ 公路客运能耗 │  │ 农用车、低速车能耗 │  │ 公路货运能耗 │
    └───────┬──────┘  └─────────────────┘  └─────────────┘
```

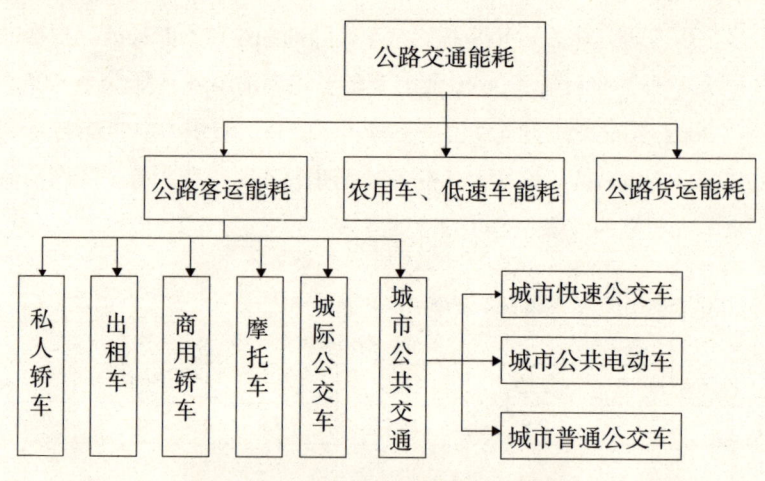

图 5-4 公路交通能耗测算范围示意图

在公路客运能耗中，私人轿车、商用轿车、出租车和摩托车能耗计算以保有量统计为基础，即保有量 × 年行驶里程 × 燃料经济性；城际公交车和城市公共交通能耗计算以客运周转量为基础。农用车和低速车的能耗计算以保有量估计为基础，利用燃油经济性进行估算。公路货运能耗计算以货运周转量为基础。然后，再根据各种交通运输方式一般性的能源分类折算出分类型能源消费。

近年来，我国车用能源消费（以公路交通能耗代替）持续大幅增加。2010年，我国车用能源消费达到2.414亿吨标煤，比2005年增长了76.23%，年均增幅高达12%（参见表5-6和图5-5）。分类型看，客运能耗从2005年的6577.9万吨标煤增长到2010年的12600.2万吨标煤，年均增幅达13.88%；货运能耗从2005年的5615.7万吨标煤增长到2010年的9979.5万吨标煤，年均增幅达12.19%；农用车和低速车能耗从2005年的1506.5万吨标煤增长到2010年的1564.3万吨标煤，年均增幅达0.76%。

表 5-6 2005—2010 年公路交通能耗情况（单位：万吨标煤）

年份	客运能耗	货运能耗	农用车、低速车能耗	公路交通能耗
2005	6577.9	5615.7	1506.5	13700.1
2006	7429.7	6301.1	1513.4	15244.2

续表

年份	客运能耗	货运能耗	农用车、低速车能耗	公路交通能耗
2007	8485.5	7335.0	1514.3	17334.8
2008	9609.6	7559.6	1514.7	18683.9
2009	11276.0	8553.5	1542.3	21371.8
2010	12600.2	9979.5	1564.3	24144.0

数据来源:《中国中长期能源发展战略》。

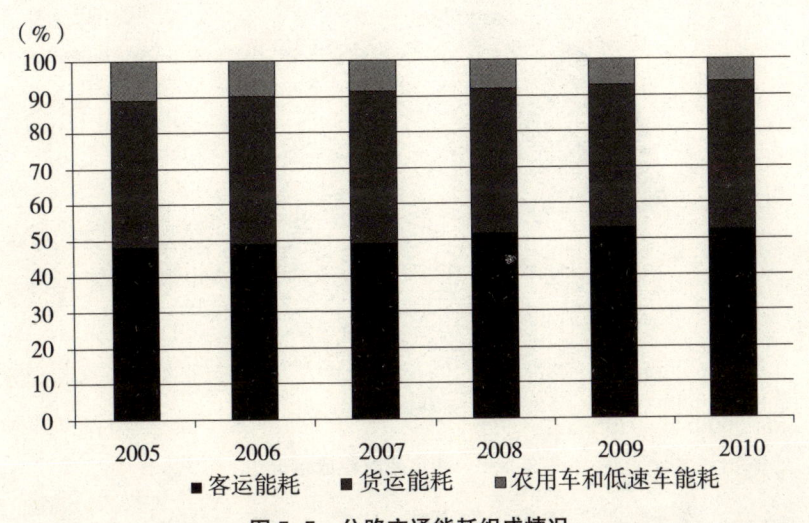

图5-5 公路交通能耗组成情况

数据来源:《中国中长期能源发展战略》。

在客运中，私人轿车能耗增长最快，从2005年的2411.6万吨标煤增长到2010年的6710.4万吨标煤，年均增幅高达22.7%；占客运能耗的比重也从36.67%快速增长到53.26%（参见表5-7和图5-6）。

表5-7 2005—2010年客运能耗情况（单位:万吨标煤）

年份	私人轿车	商用轿车	出租车	城际客运	城市公共交通	摩托车	客运（总计）
2005	2411.6	1294.9	640.7	295.3	119.8	1815.6	6577.9
2006	3071.8	1364.9	714.6	326.7	138.0	1813.7	7429.7
2007	3780.4	1484.7	747.6	397.7	164.1	1911.0	8485.5
2008	4570.7	1561.2	910.3	368.1	206.6	1992.7	9609.6

续表

年份	私人轿车	商用轿车	出租车	城际客运	城市公共交通	摩托车	客运（总计）
2009	6049.6	1686.1	930.0	424.6	197.9	1987.8	11276.0
2010	6710.4	1826.7	1019.7	472.0	232.5	2338.9	12600.2

数据来源：《中国中长期能源发展战略》。

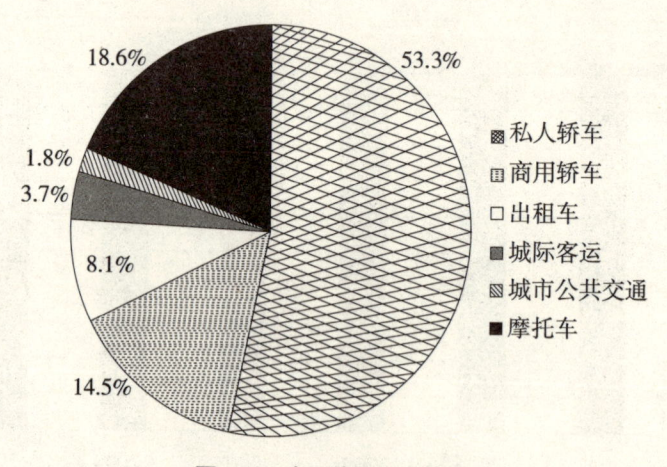

图 5-6　客运能耗组成情况

数据来源：《中国中长期能源发展战略》。

（二）车用能源消费占我国能源消费总量的比重持续快速攀升

交通能源消费已经成为我国能源消费总量持续上升的重要拉动力量，近年来在我国能源消费总量中的比重不断提高。在交通能源消费中，车用能源消费是主体。

1. 交通能源消费占我国能源消费总量的比重迅速提高

在我国主要的能源消费领域中，近年来交通能源消费增长得最快。在我国目前的能源消费结构中，工业能源消费所占比例最高，其次是交通能源消费。根据《中国统计年鉴（2012）》，2005—2010 年间，我国能源消费总量从 235997 万吨标煤增加到 324939 万吨标煤，年均增幅达到 6.61%。同期中，工业能源消费从 168724 万吨标煤增加到 231102 万吨标煤，年均增幅达到 6.49%，增速低于能源消费总量增速；而我国交通能源消费从 16723.6 万吨标煤快速上涨到 29826.5 万吨标煤（参见表 5-8），年均增幅高达 12.27%，增速明显高

第五章 我国车用能源战略及政策

于能源消费总量增速。因此，交通能源消费占我国能源消费总量的比重也从 2005 年的 7.09% 快速增加至 2010 年的 9.18%（参见图 5-7）。

表 5-8　2005—2010 年交通能耗占我国能源消费总量比重变化

年份	能源消费总量（万吨标煤）	交通总能耗（万吨标煤）	比重（%）
2005	235997	16723.6	7.09
2006	258676	18878.8	7.30
2007	280508	21149.9	7.54
2008	291448	22833.2	7.83
2009	306647	26382.2	8.60
2010	324939	29826.5	9.18

数据来源：《中国中长期能源发展战略》。

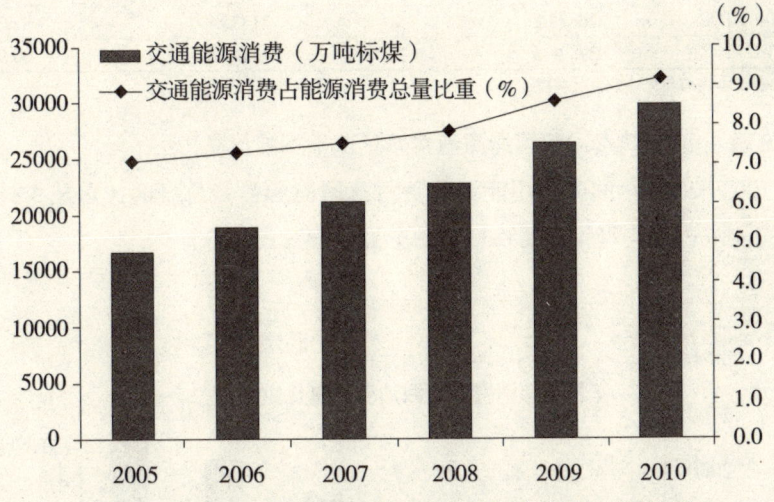

图 5-7　2005—2010 年交通能源消费及占能源消费总量比重

数据来源：《中国中长期能源发展战略》。

2. 车用能源消费占交通能耗比重稳定维持在 81% 左右

我国的交通运输包括公路、铁路、水运、民航、管道、轨道交通等多种方式，其中公路一直占据主要地位。在客运方面，近年来公路一直居于主导地位，2011 年全国旅客周转量达到 30984.0 亿人公里，其中公路占 54.09%；在货运方面，2011 年全国货物周转量达到 159324 亿吨公里，其中公路仅次于水运位居

· 351 ·

第二位，占比达到 32.26%，比 2007 年提高了 21.06 个百分点。此外，私人交通的快速增长进一步凸显了公路在交通结构中的主导地位。

在交通能源消费结构中，车用能源消费一直占据主导地位，比重稳定维持在 81% 左右。近年来，我国交通能源消费经历了快速增长，而车用能源消费的涨幅则基本保持同步，其占交通能源消费的比重也一直维持在 80%—82% 之间（参见表 5-9）。

表 5-9　2005—2010 年车用能源消费占交通能耗比重

年份	交通总能耗（万吨标煤）	车用能源消费（万吨标煤）	比重（%）
2005	16723.6	13700.1	81.92
2006	18878.8	15244.2	80.75
2007	21149.9	17334.8	81.96
2008	22833.2	18683.9	81.83
2009	26382.2	21371.8	81.01
2010	29826.5	24144.0	80.95

数据来源：《中国中长期能源发展战略》。

3. 车用能源消费占我国能源消费总量比重不断提高

2005—2010 年间，车用能源消费占我国能源消费总量的比重从 5.81% 提高至 7.43%，平均每年提高 0.33 个百分点（参见图 5-8）。

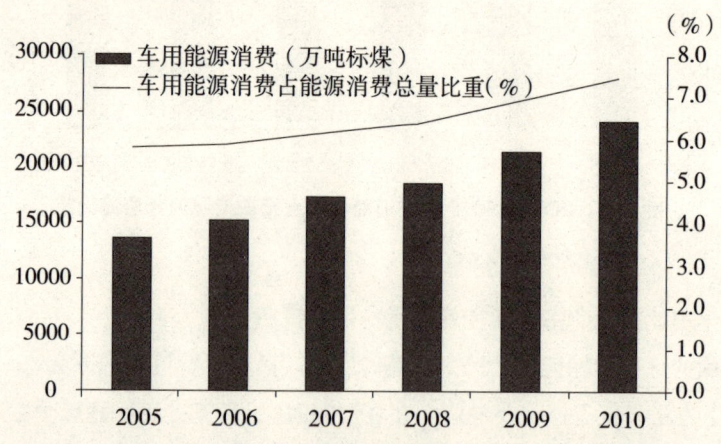

图 5-8　2005—2010 年交通能源消费及占能源消费总量比重

数据来源：《中国中长期能源发展战略》。

由于统计分类方式不同,本章进一步给出了 IEA 关于中国交通能源的统计结果进行比较(参见专栏 5-2)。虽然在具体数值上有细微差异,但是车用能源占终端能源消费总量持续上涨的趋势是一致的。

专栏 5-2:IEA 关于中国交通能源的统计结果

按照 IEA 的分类统计方法,终端能源消费可分为工业、交通(包括公路、航空、铁路、管道等)、其他(包括居民消费、商业和公共服务、农业等)、非能源使用 4 类。在 2000—2009 年期间,中国交通终端能源消费从 0.74 亿吨标油迅速上涨到 1.61 亿吨标油,年均涨幅达到 9%;占中国终端能源消费的比重也从 9.59% 提高到 11.22%(参见图 5-9)。

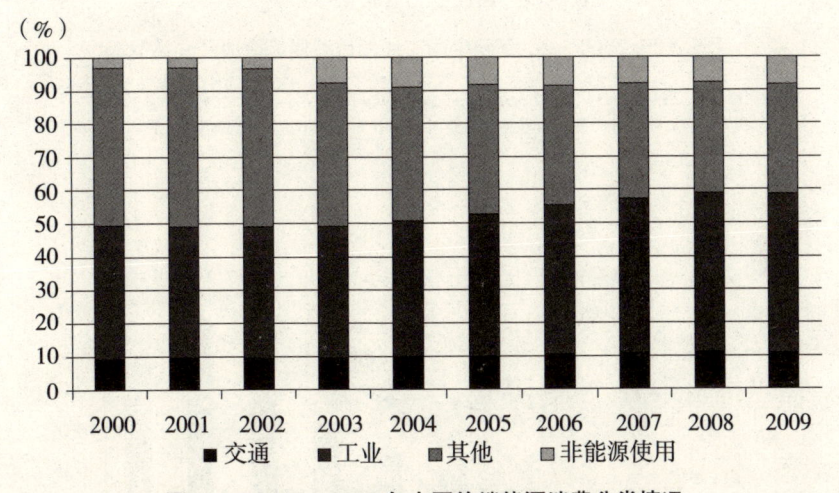

图 5-9　2000—2009 年中国终端能源消费分类情况

数据资料来源:IEA, 2002—2011 Energy Balances of Non-OECD Countries;作者计算。
注:个别年份前后统计分类有细微差异,具体可参考 IEA 相关出版物。

在交通终端能源消费中,公路能源消费一直占据主体地位。在 2000—2009 年期间,中国公路能源消费从 0.47 亿吨标油快速增长到 1.28 亿吨标油,年均涨幅达到 11.4%;占交通终端能源消费的比重也从 62.97% 攀升至 76.35%(参见图 5-10)。此外,公路能源消费占中国终端能源消费的比例也从 2000 年的 6.04% 快速提高到 2009 年的 8.57%(参见图 5-11)。

图 5-10 2000—2009 年中国交通领域终端能源消费分类情况

数据资料来源：IEA，2002—2011 Energy Balances of Non-OECD Countries；作者计算。
注：个别年份前后统计分类有细微差异，具体可参考 IEA 相关出版物；略去管道能耗。

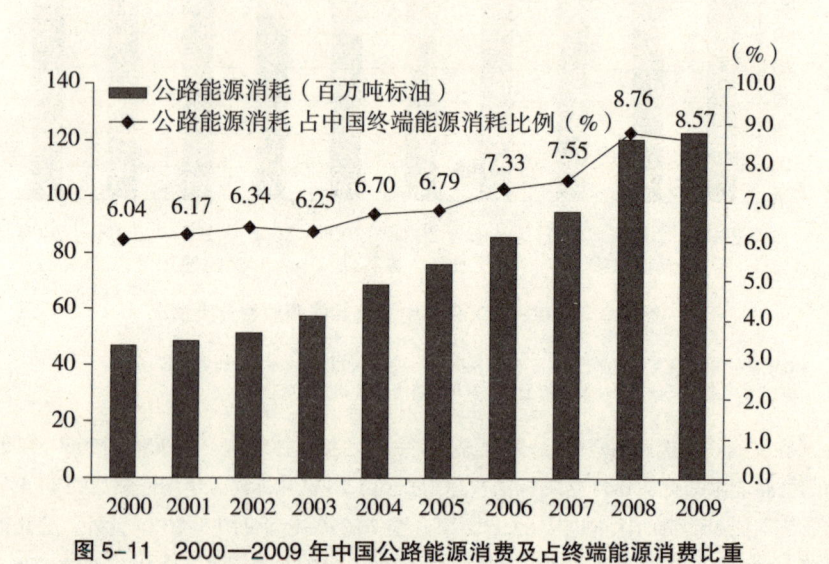

图 5-11 2000—2009 年中国公路能源消费及占终端能源消费比重

数据资料来源：IEA 历年 Energy Balances of Non-OECD Countries；作者计算。

（三）车用能源高度依赖汽油和柴油

我国车用能源多元化程度不足的问题一直比较突出，车用能源高度依赖汽油和柴油，在国内石油消费总量中的比重一直较高。

从发动机看，我国汽车发动机几乎全部是汽油机和柴油机。近年来，我国汽车发动机产量大幅增长，但汽油机和柴油机所占比重达到或者非常接近100%的趋势一直没有改变。以2011年为例，汽油机和柴油机的产量总计为1671.1万台，占发动机总产量的比重为99.95%；而其他燃料发动机产量为0.8万台，占发动机总产量的比重仅为0.05%（参见表5–10）。

表5–10　2001—2011年全国汽车发动机产量

年份	总产量（万台）	燃油类型			汽柴油机比重（%）
		汽油机	柴油机	其他燃料	
2001	235.1	148.1	87.0	—	100.00
2002	307.6	202.7	104.9	—	100.00
2003	412.4	299.6	112.8	—	100.00
2004	476.3	332.0	144.3	—	100.00
2005	525.5	367.5	157.8	0.2	99.96
2006	685.6	493.7	191.6	0.4	99.96
2007	882.8	651.2	231.2	0.4	99.95
2008	901.5	655.1	245.8	0.6	99.93
2009	1345.3	1019.6	325.0	0.7	99.95
2010	1715.5	1305.1	409.4	1.0	99.94
2011	1671.9	1312.1	359.0	0.8	99.95

资料来源：《中国汽车工业年鉴（2012）》。

从整车产销看，我国汽车几乎全部是汽油车和柴油车。以2011年产量数据为例，汽油车占乘用车的比重为99.32%，乘用车几乎全部是汽油车；柴油车和汽油车占商用车的比重分别为81.58%和18.11%，商用车的主体是柴油车，其余则几乎全部是汽油车（参见表5–11）。尽管其他燃料汽车产销量增长幅度较大，如2011年产量和销量分别比2010年增长68.23%和74.37%，但占汽车产销量的比重非常小，短时期内难以改变汽油车和柴油车的绝对主导地位。

表 5-11 2010 年、2011 年全国汽车产量动力技术形式分类

分类	汽车产量			
	2010 年		2011 年	
	产量（辆）	比重（%）	产量（辆）	比重（%）
乘用车生产量	13897083	100.00	14485326	100.00
汽油汽车	13757096	98.99	14386728	99.32
柴油汽车	126610	0.91	75899	0.52
其他燃料汽车	13377	0.10	22699	0.16
商用车生产量	4367678	100.00	3933550	100.00
汽油汽车	809229	18.53	712470	18.11
柴油汽车	3551097	81.30	3208907	81.58
其他燃料汽车	7352	0.17	12173	0.31

分类	汽车销量			
	2010 年		2011 年	
	销量（辆）	比重（%）	销量（量）	比重（%）
乘用车销售量	13757794	100.00	14472416	100.00
汽油汽车	13619456	98.99	14372027	99.31
柴油汽车	125567	0.91	77595	0.54
其他燃料汽车	12771	0.09	22794	0.16
商用车销售量	4304142	100.00	4032698	100.00
汽油汽车	800950	18.61	720083	17.86
柴油汽车	3496075	81.23	3300730	81.85
其他燃料汽车	7117	0.17	11885	0.29

数据资料来源：《中国汽车工业年鉴（2012）》。
注：因存在四舍五入，故各部分比重相加之和可能不等于100%。

受汽车动力结构的影响，我国汽油和柴油的合计消费量从 2005 年的 8197 万吨，增长到 2010 年的 14899 万吨（参见图 5-12），占当年石油表观消费量的比重约为 33%，占当年终端能源总消耗量的比重约为 6.5%。其中汽车消耗的汽油占汽油消耗总量的 85% 以上，汽车消耗的柴油占柴油消耗总量的 40% 以上。

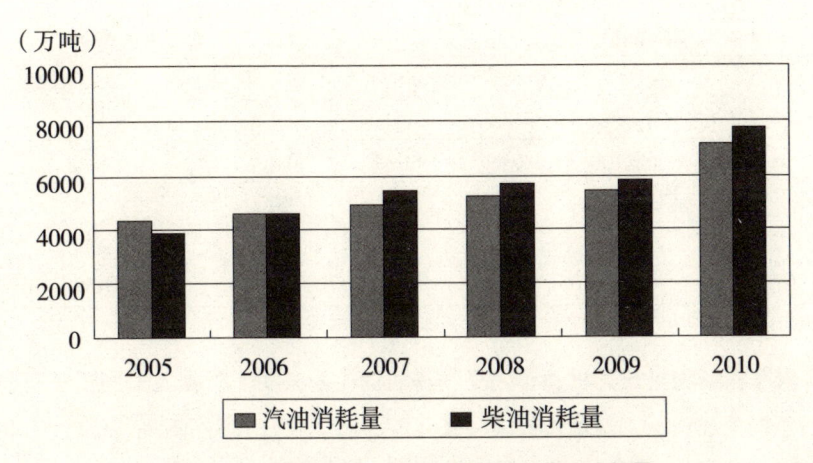

图 5-12　我国 2005—2010 年车用汽柴油消耗量

数据资料来源：《中国汽车产业发展报告（2012）》。

二、机动车引发的环境问题日益突出，已经成为城市污染的主要来源，严重威胁人民群众身体健康

（一）机动车污染已经成为大气环境污染中最突出、最紧迫的问题之一

根据《中国环境年鉴（2011）》，1980—2010 年间，我国机动车保有量增加了 25 倍，机动车污染物排放总量同期增加了 12 倍。虽然机动车污染物排放量增速显著低于机动车保有量增速，但随着机动车保有量的快速增长，机动车污染物排放总量持续增长的趋势短期内难以扭转。以"十二五"时期列入主要污染物减排约束性指标的氮氧化物为例，2010 年机动车氮氧化物排放占全国总排放的比重达到 32.36%。

机动车排放的污染物有几百种，其中最主要的是一氧化碳（CO）、碳氢化合物（HC）、氮氧化物（NO_x）、颗粒物（PM）。2010 年，全国机动车排放污染物 5226.8 万吨，比 2006 年增长了 6.4%，"十一五"期间年均增长 1.25%；分类别看，一氧化碳、碳氢化合物、氮氧化物、颗粒物排放量"十一五"期间年均增幅达到 1.12%、0.92%、2.68%、0.54%（参见表 5-12）。

表 5-12 2006 年、2009 年、2010 年机动车排放主要污染物情况

	2006 年	2009 年	2010 年	"十一五"年均增幅（%）
机动车排放污染物（万吨）	4912.6	5143.3	5226.8	1.25
一氧化碳	3863.9	4018.8	4084.4	1.12
碳氢化合物	465.4	482.2	487.2	0.92
氮氧化物	525.1	583.3	599.4	2.68
颗粒物	58.2	59.0	59.8	0.54

数据资料来源：环境保护部，《中国机动车污染防治年报（2010、2011）》。

汽车污染物排放是机动车污染物排放的主要来源。根据《中国机动车污染防治年报（2011）》，汽车排放的一氧化碳、碳氢化合物占机动车总排放的 70% 以上，汽车排放的氮氧化物、颗粒物占机动车总排放的 85% 以上。

（二）机动车污染已经成为城市污染的主要来源

车用能源使用导致的环境问题在城市中越发凸显。近年来，随着城市机动车保有量和使用量的快速增长，在很多大城市特别是超大城市中，影响城市空气质量的主要污染物是机动车使用导致的可吸入颗粒物。图 5-13 为 2001—2011 年北京市主要污染物浓度变化。2006—2010 年间，我国地级及以上城市（含地、州、盟所在地）可吸入颗粒物年均浓度达到或优于二级标准的比例从 66.5% 提高到 85.0%，但劣于三级标准的比例在经历了快速下降后又出现了反弹（参见表 5-13）。

表 5-13 2006—2010 年地级及以上城市空气质量情况

年份	可吸入颗粒物年均浓度	
	达到或优于二级标准（%）	劣于三级标准（%）
2006 年	66.5	7.0
2007 年	72.0	2.2
2008 年	81.5	0.6
2009 年	81.3	0.3
2010 年	85.0	1.2

数据资料来源：环境保护部，《中国环境年鉴》（2006—2010）。
注：含地、州、盟所在地。

城市道路交通噪声污染也是影响城市居民身心健康的重要方面。近年来，

城市道路交通声环境质量总体上有所提高,但中度污染城市占监测城市数量的比重常有反弹,噪声污染仍旧不容忽视。2007—2010 年间,300 多个监测城市的道路交通噪声环境质量达到"好"和"较好"的比重从 92.3% 提高到 97.3%,但达到"中度污染"的比重也从 1.1% 提高到 1.2%(参见表 5-14);同期中,环境保护重点城市道路交通噪声环境质量达到"好"和"较好"的比重从 92.9% 提高到 97.3%,但达到"中度污染"的比重和道路交通噪声平均等效升级范围却在提高(参见表 5-15)。

表 5-14　2007—2010 年监测城市道路交通噪声情况

年份	城市道路交通噪声环境质量					
	好(%)	较好(%)	轻度污染(%)	中度污染(%)	重度污染(%)	监测城市数量(个)
2007	58.6	33.7	5.7	1.1	0.9	353
2008	65.3	27.1	4.2	2.9	0.5	384
2009	67.1	27.5	1.2	0.9	0.3	331
2010	68.0	29.3	1.2	1.2	0.3	331

数据资料来源:环境保护部,《中国环境年鉴》(2007—2010)。

表 5-15　2007—2010 年环境保护重点城市道路交通噪声环境质量

年份	道路交通噪声环境质量				
	好(%)	较好(%)	轻度污染(%)	中度污染(%)	道路交通噪声平均等效声级范围,dB(A)
2007	56.6	36.3	7.1	无	
2008	57.5	36.3	4.4	1.8	
2009	57.5	39.0	3.5	无	63.0—71.6
2010	56.6	40.7	0.9	1.8	63.6—73.3

数据资料来源:环境保护部,《中国环境年鉴》(2007—2010)。

专栏 5-3:北京市大气质量和道路交通噪声情况

北京市大气质量环境首要污染物是可吸入颗粒物。《北京市 2011 年 12 月空气质量月报》显示:北京市可吸入颗粒物等污染依然较为突出,PM10 年均浓度超出国家标准 14%;在 PM10 污染尚未解决的同时,PM2.5 污染问题也凸显出来,大气复合性污染特征明显。

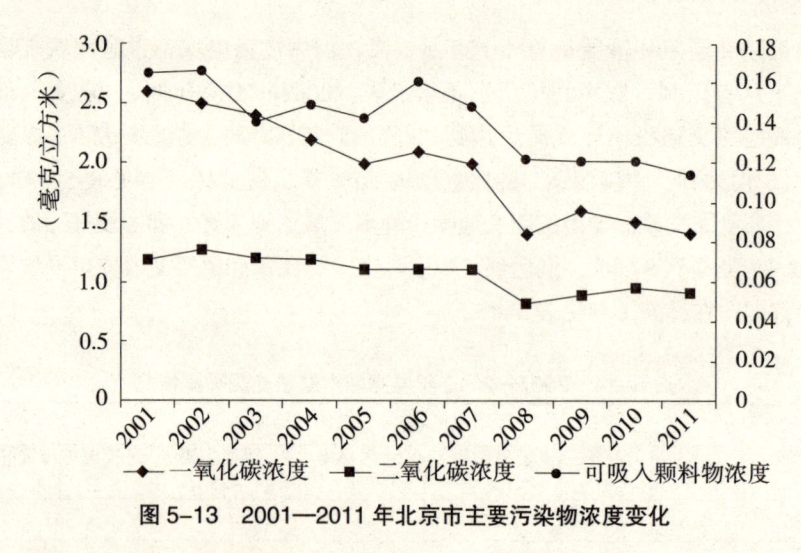

图 5-13 2001—2011 年北京市主要污染物浓度变化

数据资料来源：北京市环境保护局。

北京市道路交通噪声污染并未出现根本性好转，城区还进一步恶化。2011 年，北京市城区道路交通噪声达到 69.6 分贝，同比下降了 0.57%，但仍比 2001 年增加了 1.7 分贝（参见表 5-16）。

表 5-16 2001—2011 年北京市建成区道路交通噪声情况

年份	建成区道路交通噪声，分贝（A）				
	城区	同比增幅（%）	近郊	同比增幅（%）	平均值
2001	67.9	–	70.5	–	69.6
2002	68.1	0.29	70.1	−0.57	69.5
2003	68.2	0.15	70.3	0.29	69.7
2004	68.1	−0.15	70.3	0.00	69.6
2005	69.5	2.06	68.4	−2.70	69.4—72.7
2006	69.7	0.29	69.0	0.88	69.4—73.0
2007	69.9	0.29	68.9	−0.14	62.3—74.0
2008	69.6	−0.43	68.9	0.00	65.2—74.4
2009	69.7	0.14	68.4	−0.73	63.6—73.2
2010	70.0	0.43	68.0	−0.58	65.9—74.2
2011	69.6	−0.57	67.9	−0.15	64.5—72.5

数据资料来源：北京市环境保护局。

第二节 解决我国车用能源问题面临的挑战与机遇

国际金融危机爆发之后，全球处于新一轮技术和产业革命的孕育期，能源技术及能源供需格局、汽车产业发展趋势等均产生深刻变化，既为我国解决车用能源问题带来了诸多挑战，也带来了新的机遇。总体来看，短期中挑战大于机遇；长期中机遇大于挑战。

一、车用能源消费特别是石油消费持续增长是最大挑战，将影响能源安全和加剧环境污染

从国际经验来看，我国人均汽车保有量还处于高速发展阶段，未来仍将持续增长。在汽车动力结构、电源结构以及汽车消费模式尚未出现重大调整的前提下，车用能源特别是石油消费仍将持续增长。在"存量大、增量也大"的局面下，保障车用能源供给和改善环境质量面临巨大挑战。

一方面，保障车用能源消费将导致石油消费持续增长，增加了我国保障能源安全的现实难度和经济代价。我国车用能源消费的主体来源和保障能源安全的重点难点是一致的，都是石油。我国自1993年成为石油净进口国以来，石油对外依存度快速攀升，2011年已经超过56%，目前是世界第二大石油净进口国；原油进口支出近年来也持续大幅增加，2011年达到1967亿美元，同比大幅增加45.3%。从国内国际现实情况看，我国车用石油消费增量部分未来只能依靠进口，对外依存度和进口成本仍将持续增长。从国内看，我国原油产量近年来稳定在2亿吨左右，已经基本处于峰值区间。未来一段时期内，国内石油稳产的难度已经很大，增产的可能性很小。从国际看，石油依然是全球主导型燃料[1]，而以中国为代表的新兴经济体石油消费增量对全球石油消费增量的贡献度超过100%[2]。此外，国际油价居高不下、部分能源输出国存在

---

[1] 根据《BP世界能源统计年鉴（2012）》，尽管石油在全球能源消费中的比重已经连续12年出现下滑并且降至自1965年以来的最低值，但仍占全球能源消费的33.1%，是全球主导型燃料。

[2] 近年来，OECD国家石油消费总体上表现出下降趋势，而新兴经济体石油消费增长势头强劲。

的政治风险、全球能源运输通道的潜在风险等问题也非常突出。2011年，即期布伦特原油现货平均价格为111.26美元/桶，比2000年上涨了2.9倍，达到历史最高水平[1]；2011年初发生的"阿拉伯之春"运动进一步放大了中东石油输出国面临的政治风险，石油供给短期内出现下降的可能性依然较大；在美国"能源独立"取得明显进展之后，未来全球能源运输通道面临的风险也明显增大。

另一方面，保障车用能源消费将带来更大的碳减排压力和环境压力，已经并仍将持续成为我国环境保护治理的重点难点。当前，机动车污染排放已经成为我国污染物排放的重点来源之一，并成为城市环境污染的主要来源。尽管在加速淘汰"黄标车"、普及应用汽车节能技术、完善提高机动车污染物排放标准以及大力发展城市公共交通等诸多举措的共同作用下，机动车污染物排放增长速度显著低于机动车保有量增长速度，但污染物排放量总体上仍处于不断增长态势。在现行的城市交通模式和车辆技术水平下，一些大城市特别是超大城市中的机动车污染已经接近甚至达到了城市环境承载能力，对城市居民身心健康带来了长期危害。

二、能源工业和汽车产业技术创新及应用是最大机遇，将实现车用能源转型发展

技术创新一直是引领人类文明发展的主要推动力量。国际金融危机爆发之后，世界主要国家都高度重视清洁能源[2]、新能源汽车产业的发展（参见专栏5-4），希望借此逐渐摆脱经济和社会发展对传统化石能源的高度依赖，并且促进经济增长和增加就业机会。清洁能源、新能源汽车产业中先进技术的出现和应用为我国实现车用能源多元、绿色转型提供了潜在机遇。

---

[1] 2011年，即期迪拜原油现货平均价格为106.18美元/桶，也达到历史最高水平；美国西得克萨斯中级原油现货平均价格为95.04美元/桶，是历史第二高水平，仅次于2008年。

[2] 例如，里夫金在其专著《第三次工业革命》中认为，互联网技术和可再生能源的结合，将使全球出现第三次工业革命。虽然对这个判断有不同认识，但是已经得到了很多人包括部分决策者的认同。

专栏 5-4：世界主要国家能源发展、新能源汽车发展战略

为顺应和引领全球能源和经济发展形势新变化，以美国为代表的主要发达国家普遍调整了其能源发展战略和新能源汽车发展战略。

在能源战略方面，美国加速推进"能源独立"进程，加强国内油气资源开发，在非常规油气开发利用方面取得明显进展；欧盟出台《能源 2020：具有竞争力的、可持续的和安全的能源战略》，提出于 2020 年前在能源基础设施、科技创新等领域投资 1 万亿欧元；日本修订了《能源基本法》，颁布了《2030 年能源战略》。

在新能源汽车发展战略方面，美国选择重点发展插电式混合动力汽车，力争到 2015 年成为首个上路行驶 100 万辆的国家；德国发布了《德国联邦政府国家电动汽车发展计划》，明确了将把纯电动汽车和插电式混合动力汽车作为主要技术路线，并且提出了五项具体目标；日本发布了《下一代汽车战略 2020》，对日本电动汽车发展的战略思路、目标和路线图等给出明确部署，意图在未来继续保持其在混合动力汽车、纯电动汽车等方面的技术领先地位。

一方面，能源技术的发展改变了全球能源结构，为提高车用能源多元化程度、实现绿色转型发展提供了现实可能。可再生能源领域出现快速的技术创新和市场应用。在技术进步和规模效应的共同作用下，可再生能源装机容量迅速提高，例如 2005—2011 年，全球太阳能、风能的年均增长率分别达到 61%、25%；发电价格大幅下降，例如太阳能光伏发电价格目前已低于 1 元/千瓦时，国内专家普遍预计在 2015 年前后在终端用户侧可以实现与火电平价，2020 年前后在发电侧与火电平价；在一些发达国家已经成为主流能源，例如 2011 年丹麦风电电量占本国总用电量的比重已经达到 28.5%。此外，非常规天然气等清洁能源的发展势头也非常迅猛。页岩气已被公认为美国天然气市场的"博弈改变者"(game changer)。2011 年美国页岩气产量达到 1800 亿立方米，占其天然气总产量的 34%，预计到 2035 年将升至 49.1%。页岩气的爆发式增长和大规模利用深刻影响了美国及全球能源市场：美国天然气自给率从 2005 年的 82.2% 迅速提高到 2011 年的 94.6%；2009 年，美国超过俄罗斯成为全球第一大天然气生产国；2011 年，美国天然气产量超过煤，30 年来第一次成为美国第一大产出能源；2011 年，美国天然气发电量占发电总量的比重达到 24.8%，是自 1949 年以来的最高点，同时燃煤发电量比重为 42.2%，是自

1949 年以来的最低点。美国页岩气资源开发利用的成功，必将推动其他有资源国家加快开发利用，从而掀起一场非常规天然气资源发展的新高潮，对全球能源结构产生重要深刻的影响。就我国而言，可再生能源、页岩气等清洁能源的发展潜力巨大，能否实现快速发展和应用是解决车用能源问题的关键"胜负手"。

另一方面，新能源汽车的大规模普及应用，既能直接缓解能源安全和环境污染局面，又能间接实现汽车产业自主创新发展，为解决车用能源问题提供长期支撑。新能源汽车的发展，有助于降低车用石油消费增长速度甚至降低车用石油绝对量，并且也能有效降低车用能源消费对环境造成的负面影响，实现车用能源消费领域的节能减排。从国际看，美国、日本、德国等传统汽车强国纷纷在战略层面上推动新能源汽车的发展和应用，既在短期内推动国内经济复苏、增加就业岗位，又在长期中解决能源、环境等传统问题。从国内看，我国也在国家战略层面上统筹考虑新能源汽车的发展，并且在核心技术研发、基础设施建设、产业化应用等诸多环节给予大力度的政策支持，取得了一定成效。如果能够在现有基础上适时调整，加快推进，我国新能源汽车发展有望实现重大突破，既能够在长期中解决车用能源问题，还能够实现汽车工业自主发展，增强国际竞争力。

三、短期中挑战大于机遇，长期中机遇大于挑战

考虑到国内汽车动力结构、电源结构的深度调整都需要较长时间，短期中解决车用能源问题的挑战大于机遇。一方面，虽然混合动力汽车、先进柴油汽车等节能汽车以及天然气汽车等替代燃料汽车的市场化推广条件相对比较成熟，但占汽车保有量和使用量的比重依然较低；再加上新能源汽车目前处于产业化初期阶段，核心技术发展、基础设施建设、商业模式创新等还需不断完善，汽车动力结构的重大调整在短期内难以实现。另一方面，以清洁能源的大规模开发利用为方向的电源结构调整是新能源汽车实现节能减排预期效果的关键前提，但风电、太阳能发电等清洁能源的快速发展以及应用既

需要技术领域的创新发展又需要体制机制的适应性调整，在短期中作用依然有限。

考虑到全球发展清洁能源、新能源汽车的未来趋势以及对我国实现创新驱动、可持续发展的重大战略意义，长期中解决车用能源问题的机遇大于挑战。长期中，我国清洁能源发展潜力巨大，例如国土资源部普查评估认为我国页岩气可采资源潜力为 25.08 万亿立方米[1]；新能源汽车发展市场应用前景巨大；清洁能源和新能源汽车的发展对于抢占未来国际竞争制高点具有重大战略意义。再加上转变发展模式提供的"倒逼"机制，实现车用能源多元、绿色转型是可以预期的。

第三节 原则、思路和途径

未来 20 年中，我国车用能源消费持续上升的基本态势不会改变，妥善应对车用能源消费引发的能源安全和环境污染问题刻不容缓。

一、原则

综合考虑经济发展情况、能源资源状况、城市发展模式、生态文明建设以及未来 20 年中的发展趋势，我国在进行车用能源战略选择时应该坚持以下五个原则：

第一，有利于满足基本交通运输需求。综合统筹能源、交通、城市发展等，实现车用能源和交通运输协调发展。优化调整交通运输结构，加快转变城市公共交通出行模式，优先保障共用基础设施建设。

第二，有利于保障国家能源安全。不断提高机动车燃油经济性，大力推广普及节能汽车；加快发展天然气汽车等替代燃料汽车，加快推进新能源汽车产业化应用；节油和代油双管齐下。

---

[1] 美国能源信息署报告认为，全球页岩气可采储量为 6622 万亿立方英尺，其中中国为 1275 万亿立方英尺，高于美国的 862 万亿立方英尺，位居全球第一。

第三，有利于减少对环境的不利影响。不断提高汽车排放标准和油品标准。大力发展分布式能源，加快提高风力发电、太阳能发电等可再生能源发电在发电总量中的比重，减少新能源汽车全生命周期碳排放。

第四，有利于促进自主创新发展。发挥市场优势，加快推动新能源汽车核心技术研发，建立完善的自主创新开发体系。加快推动可再生能源发电、非常规天然气勘探开发利用、智能电网和分布式能源系统等相关领域技术创新。

第五，有利于维护国家粮食安全。在车用生物燃料选择中，限制第一代生物燃料发展，加快推进第二代生物燃料的技术研发和示范应用，适时部署第三代、第四代生物燃料技术的基础研究。

依据以上总体原则，形成符合中国国情的车用能源发展路线。在车用能源种类选择上应坚持：石油仍主要用于交通运输；天然气是重要的替代燃料；电力要提高可再生能源发电比重；生物燃料以第二代为主并坚持因地制宜；煤基燃料作为重要的战略技术储备。

二、思路

以逐步缓解我国能源安全严峻形势、逐步提高我国生态环境质量、逐步提高我国汽车产业自主发展能力和国际竞争力为发展方向，不断促进清洁能源、节能与新能源汽车的技术创新和推广应用，加快推动汽车动力结构、电源结构的深度调整以及交通运输系统的优化协同，力争实现车用能源的"高效、多元、绿色"转型（参见图 5-14）。

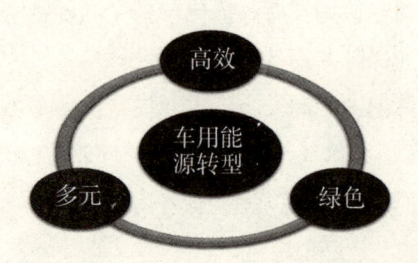

图 5-14 我国车用能源"高效、多元、绿色"转型发展目标

"高效"转型,是指通过优化调整交通运输结构和城市交通运输体系、不断提高机动车燃油经济性,用最低的车用能源消费来满足基本的交通运输需求。

"多元"转型,是指通过发展各种替代燃料汽车技术并促进其大规模推广应用,显著改变车用能源严重依赖石油资源的现状,降低车用能源消费对维护国家能源安全造成的不利影响。

"绿色"转型,是指通过提高可再生能源、清洁能源在车用能源消费中的比重,显著减少车用能源消费带来的环境问题,形成车用能源的可持续发展模式。

三、途径

车用能源发展途径可概括为"531"体系,即做好"5"个"更加注重",形成"3"个"关键支撑",最终促成"1"个"总体转型"(参见图5-15)。

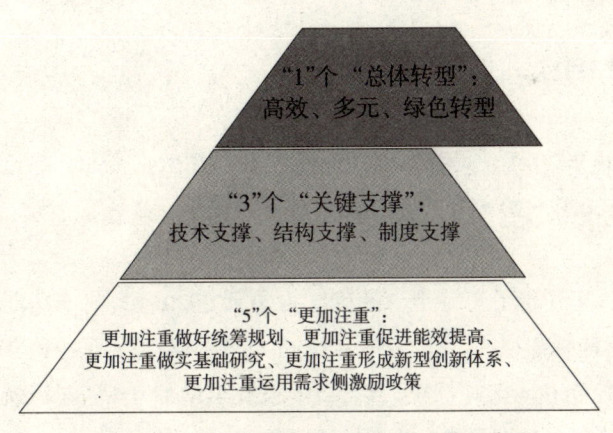

图 5-15 我国车用能源转型发展途径示意图

"5"个"更加注重",即更加注重做好统筹规划,综合考虑交通运输体系、城市发展模式、汽车产业自主创新、新能源发展等诸多方面;更加注重促进能效提高,充分发挥激进的能效目标带来的倒逼力量及巨大节能潜力;更加注重做实基础研究，以基础研究作为实现核心技术重大突破和自主掌控的关键环节；更加注重形成新型创新体系，实现更开放的创新、更紧密合作的创新、更"自下而上"的创新；更加注重运用需求侧激励政策，充分利用法规标准、政府采购等提供的强激励性。

"3"个"关键支撑"，即技术支撑，以更高质量的技术创新成果、更广泛的扩散运用等支撑转型发展；结构支撑，以更合理的交通运输结构和能源消费结构等支撑转型发展；制度支撑，以更有效的政策体系和管理体制等支撑转型发展。

"1"个"总体转型"，即"高效、多元、绿色"转型。

第四节 战略目标和重点

沿着车用能源"高效、多元、绿色"转型发展的总体思路，我国应明确战略目标和战略内容。

一、战略目标

从目前到 2020 年，是我国实现车用能源"高效、多元、绿色"转型发展的起步阶段；2020—2030 年，是我国实现车用能源"高效、多元、绿色"转型的攻坚阶段。

明显减缓车用能源总量上涨速度。力争到 2020 年，将车用能源消费总量控制在 3.6 亿吨标煤以内，比 2010 年增加 1.2 亿吨标煤；到 2030 年，将车用能源消费总量控制在 4 亿吨标煤以内，比 2020 年增加 0.4 亿吨标煤。车用能源消费总量由急速上升态势转向为平稳上升态势。

显著提高车用能源消费多元化程度。力争到 2020 年，将车用能源消费中石油燃料所占比重降低至 90% 左右；2020—2030 年间的新增车用能源消费需求基本由替代燃料满足，到 2030 年，将车用能源消费中石油燃料所占比重降低至 80% 左右。

有效缓解保障国家能源安全巨大压力。力争到 2020 年，车用石油燃料消费达到峰值。在国内原油产量和车用石油燃料消费占国内石油燃料消费总量基本平稳的前提下，将石油对外依存度一直控制在 65% 以内。

及时遏制车用能源二氧化碳排放增长势头。力争到 2020 年，车用能源消费导致的二氧化碳排放接近峰值；2020—2030 年间，车用能源消费导致的二氧化碳排放呈现平稳态势。

二、战略重点

从目前到 2020 年，考虑到插电式混合动力汽车、纯电动汽车处于产业化初期阶段，燃料电池汽车还处于技术研发阶段，实现车用能源"高效、多元、绿色"转型发展的战略重点应放在积极提高能效、推广普及混合动力汽车等节能汽车、大力发展天然气汽车等方面。我国节能汽车发展的情况参见专栏 5-5。

积极提高能效。改善燃油经济性是减少车用能源消耗和二氧化碳排放的最具成本效益的方法之一。据 IEA 预测，在 2050 年之前依然有可能将轻型车的燃油经济性提高 50%，将其他模式车辆的燃油经济性提高 30%—50%。目前，我国实施的汽车燃油经济性标准比世界先进水平还有 15%—25% 的差距，能效提高的潜力依然巨大。

推广普及混合动力汽车等节能汽车。以混合动力汽车为代表的节能汽车可以显著提高燃油经济性，降低二氧化碳排放。目前，混合动力汽车发展相对成熟，大规模市场化应用的条件均已具备。

专栏 5-5：我国节能汽车发展情况

推广普及节能汽车对汽车行业实现节能减排、促进汽车行业节能技术进步、引导节能汽车消费意义重大，作用明显。目前国内已经明晰了节能汽车的定义，即以内燃机为主要动力系统、综合工况燃料消耗量优于下一阶段目标值的汽车，包括常规混合动力汽车。

自 2009 年以来，我国政府开始对推广普及节能汽车给予多种政策支持。目前，对不同类型的节能汽车采取不同的政策支持：一是针对符合一定条件的 1.6 升及以下乘用车（包括一部分常规混合动力汽车），主要是对消费者给予一次性财政补贴；二是针对常规混合动力汽车，主要是支持在试点城市开展示范推广应用。

（一）符合节能条件的1.6升及以下乘用车

纳入此类需要满足3个条件：一是发动机排量为1.6升及以下的燃用汽油、柴油的乘用车（含混合动力汽车和双燃料汽车）；二是已列入《车辆生产企业及产品公告》和通过汽车燃料消耗量标识备案；三是综合燃料消耗量限值需达到相关具体标准。

2010年5月，财政部、国家发展改革委、工业和信息化部联合印发了《"节能产品惠民工程"节能汽车（1.6升及以下乘用车）推广实施细则》，自2010年6月1日开始施行节能汽车推广政策，对消费者购买节能汽车给予3000/辆的一次性补贴。2011年9月，财政部修订了新的节能汽车推广补贴政策，在财政补贴力度不变的情况下提高了纳入补贴范围的门槛。

享受节能汽车推广补贴政策的车型需要纳入《"节能产品惠民工程"节能汽车推广目录》（以下简称《节能目录》），目前《节能目录》一共推出八批。在新的节能汽车推广补贴政策于2011年10月出台之后，前六批《节能目录》全部作废。目前正在执行的第七批《节能目录》包括11家汽车企业的49款车型，第八批《节能目录》包括27家汽车企业的149款车型。第七批《节能目录》月度产量数据参见图5-16。

据中国汽车工业协会统计，2010年6月到2011年8月期间，纳入前六批《节能目录》的车型共增加至427个，共生产433万辆，占1.6升及以下乘用车产量的比例为53%；新生产的1.6升及以下乘用车提前达到第三阶段油耗目标值标准（6.9升/百公里）的比例已经超过60%。此外，自第七批《节能目录》公布以来[1]至2012年6月，累计产量为71.77万辆，其中2012年共生产46.23万辆，占1.6升及以下乘用车产量的比例保持在10%左右，占乘用车产量的比例保持在6.5%左右。

---

[1] 在49款车型中，有28款在前六批《节能目录》中已经出现，因为能够满足新的节能补贴油耗标准，所以在政策调整中得以保留，另外有21款车型是首次入选。因此，虽然第七批《节能目录》在2011年10月1日才开始施行，仍旧有历史生产数据。

节能汽车月度产量走势

图 5-16　第七批《节能目录》（2011.1—2012.6）月度产量数据

资料来源：中国汽车技术研究中心。

（二）常规混合动力汽车

自 2009 年开始启动的公共服务领域节能与新能源汽车示范推广试点框架下，常规混合动力汽车特别是混合动力商用车的推广应用也受到各种财税政策支持。

自 2009 年至今，《节能与新能源汽车示范推广应用工程推荐车型目录》（以下简称《推广目录》）共公示了 36 批次，一共包括 493 款车型，其中常规混合动力车型约 145 款（乘用车 22 款、商用车 123 款）。据中国汽车工业协会统计，2012 年上半年常规混合动力汽车产销量分别为 3807 辆和 3905 辆。

大力发展天然气汽车。天然气作为一种优质清洁能源，具有替代石油燃料的天然优势；而且天然气汽车是技术最为成熟的替代燃料汽车，全球保有量已经迈过千万辆大关。考虑到全球在页岩气开发利用方面取得的积极进展以及我国非常规天然气的巨大储量，天然气汽车在我国（至少是富气区域）的发展前景十分广阔。

在 2020—2030 年期间，除继续实施以上战略重点之外，还应将大力推进新能源汽车的产业化应用、不断优化交通运输结构作为战略重点。

大力推进新能源汽车产业化应用。在可再生能源发电量占总发电量不断提高的前提下，发展新能源汽车是实现车用能源转型发展的根本出路。此外，还应将新能源汽车的发展和可再生能源、分布式能源系统等重大能源技术的发展相结合，互为支撑，共同推进。

不断优化交通运输结构。在运输结构中，公路所占的比重一直较高[1]，但公路运输在能耗强度、污染排放等方面都明显劣于铁路、水运、管道运输，未来应将公路承担的货运周转量向更节能、更环保的其他方式转移。在城市交通结构中，我国大城市中乘坐公共交通工具出行的比例依然偏低，考虑到私人轿车人均公里能耗是普通公共交通的 8 倍，是快速公交和轨道交通的 15—16 倍，优化城市交通结构可有助于降低车用能源消费。各运输方式能耗强度比较参见表 5-17，世界各大城市公交出行比例情况参见表 5-18。

表 5-17　各运输方式能耗强度比较（2010 年）

不同运输方式		能耗强度系数（千克标煤/吨·公里）
铁路	普通铁路	0.036
	高速铁路	0.01566
公路		0.023
水运		0.00841
民航		0.4554
管道		0.0109

数据来源：《中国中长期能源发展战略》。

表 5-18　世界各大城市公交出行比例情况

地区	巴黎	纽约	东京	首尔	伦敦	新加坡	北京	上海
比例（%）	66	87	70	75	80	58	40	35

数据来源：《中国中长期能源发展战略》。

第五节　预期效果

未来 20 年中，考虑到在技术进步、结构改善、管理优化等方面存在的

---

[1] 2010 年，公路运输的能耗占物流运输总能耗的 71.96%，碳排放量占总排放量的 68.95%。

巨大节能减排潜力,如果采取更为激进的战略举措,我国车用能源消费总量有可能从急速上升趋势转向平稳上升趋势,车用能源消费结构也将更趋合理。

一、基准情景

(一)能源总量预测

中国经济正处于转型发展的关键时期,经济增长速度将从高速逐渐过渡到中速,但仍处于工业化、城市化较快发展过程中,能源消费总量持续上涨的基本态势不会改变。

据预测,在不同的情景分析中,我国到2015年的能源消费总量将在41亿吨标煤左右,2020年的能源消费总量将介于52.1—64.7亿吨标煤之间,到2030年将介于60.3—80.9亿吨标煤之间。

(二)车用能源预测

在做预测时,将车用能源消费分为三大类:一是客运能源消费;二是货运能源消费;三是农用车和低速车能源消费(参见图5-4)。在客运能源消费中,私人轿车、商用轿车、出租车、摩托车的能源消费主要基于对分类型保有量、年均行驶里程、燃油经济性的预测来计算;城际公交车和城市公共交通的能源消费主要基于对客运周转量和单位能耗水平的预测来计算。在货运能源消费中,主要基于对货运周转量和单位能耗水平的预测来计算。在农用车和低速车能源消费中,主要基于对保有量、年均行驶里程、燃油经济性的预测来计算。

根据预测,我国到2015年、2020年、2030年的私人轿车保有量将分别达到94.38百万辆、178.24百万辆、362.74百万辆,其中电动汽车保有量将有大幅度增长(参见表5-19)。此外,我国公路货运周转量在未来20年中也将有显著增长(参见表5-20)。

表5-19 我国未来20年机动车保有量预测(单位:百万辆)

机动车种类		2010年	2015年	2020年	2030年
私人轿车	电动	0.00	0.73	7.83	90.48
	非电动	42.36	93.64	170.41	272.26
	总计	42.36	94.38	178.24	362.74

续表

机动车种类		2010 年	2015 年	2020 年	2030 年
商用轿车	电动	0.00	0.09	0.60	4.67
	非电动	8.25	13.13	16.68	15.95
	总计	8.25	13.22	17.28	20.63
出租车	电动	0.00	0.08	0.33	0.90
	非电动	1.03	1.39	1.59	1.39
	总计	1.03	1.47	1.92	2.29
城市公交车	电动	0.00	0.01	0.03	0.14
	非电动	0.26	0.28	0.28	0.21
	总计	0.26	0.29	0.31	0.36
摩托车	Light	5.69	7.56	8.54	10.50
	Normal	107.28	114.66	123.69	128.51
	总计	112.96	122.22	132.23	139.01
农用车低速车	总计	25.50	25.50	23.00	18.00

数据来源:《中国中长期能源发展战略》。
注:因存在四舍五入,数据之和存在一定误差。

表 5-20 我国未来 20 年公路货运周转量预测

	2010 年	2015 年	2020 年	2030 年
货运周转量（亿吨公里）	43389	49663	69818	115158

数据来源:《中国中长期能源发展战略》。

总体来看,在目前的发展趋势下,我国未来车用能源消费将大幅增加,到 2015 年、2020 年、2030 年将分别达到 32982.4 万吨标煤、45087.5 万吨标煤、66819.4 万吨标煤,分别比 2010 年增长约 36.8%、87.0% 和 177.1%(参见图 5-17)。分类别看,客运能耗增长幅度最大,从 2010 年的 12600.2 万吨标煤增长到 2030 年的 42119.1 万吨标煤;货运能耗也经历了较快增长;农用车和三轮车能耗在未来 20 年中会出现下降趋势。

第五章 我国车用能源战略及政策

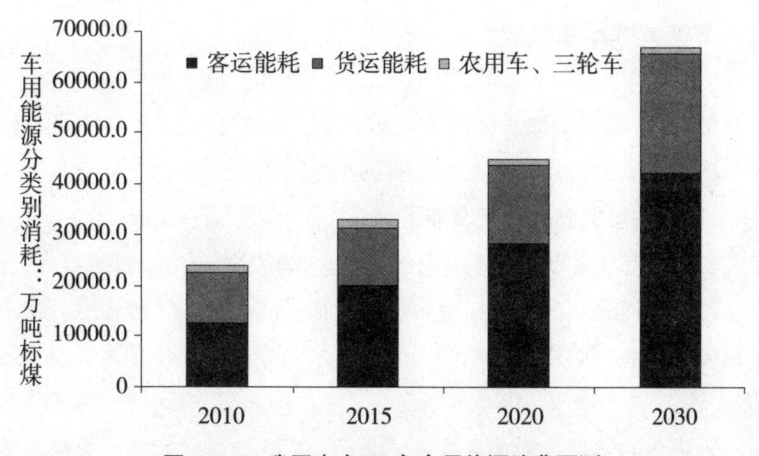

图 5-17 我国未来 20 年车用能源消费预测

数据来源:《中国中长期能源发展战略》。

私人轿车能耗增长预计是推动我国车用能源消费大幅增加的主导力量。私人轿车能耗从 2010 年的 6710.4 万吨标煤快速增长到 2030 年的 32672.7 万吨标煤,占车用能源比重也从 27.8% 快速提高到 48.9%（参见图 5-18）。预计在 2010—2030 年间,私人轿车能耗增加对车用能源能耗增加的贡献度达到 61%。

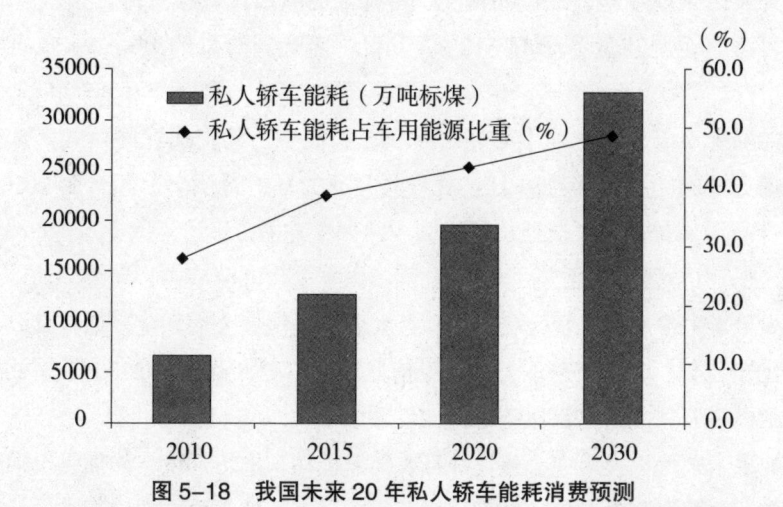

图 5-18 我国未来 20 年私人轿车能耗消费预测

数据来源:《中国中长期能源发展战略》。

二、节能减排措施及潜力

未来20年，如果采取积极的节能减排措施，车用能源消费中可以挖掘出很大的节能减排潜力。以下列举出主要的措施及潜力。

（一）采取积极的私人交通节能措施

私人交通是车用能源消费的主体部分，也是车用能源节能潜力最大的部分。私人交通领域可以采取的节能措施很多，包括提高燃油经济性标准，向小型化和轻量化模式发展，采用高效汽油内燃机技术和先进柴油机技术以及发展新能源汽车等。

在比较乐观的情况下，如果未来同时采取提高电动化比例、提高燃油经济性、促进燃油多样化发展等多项措施，预计到2030年，在私人轿车、商用轿车和出租车领域中可减少约50%的燃油消费量。

（二）优化城市结构

城市空间布局对城市客运交通能耗的影响主要体现在平均出行距离和出行结构两个方面。

如果未来将交通规划与城市规划相结合，如建设紧凑型城市，采取高密度混合开发的土地模式，提倡高密度、小街区的城市设计模式等，预计到2030年既可将客运周转量下降1%—2%，又可将客运周转量的1%—2%转向非机动车出行。

如果未来以公共交通引导城市发展，如推广公共交通社区模式，重视各种交通方式的衔接和换乘并且扩展公共交通的辐射范围等，预计到2020年、2030年可分别提高公共交通出行比例3%、5%左右。

（三）引导居民交通方式选择

如果未来建设大容量公交走廊并且大力发展快速公交系统，如交叉口进出口道优先公交，交叉口采取公交优先信号灯策略等，预计到2020年、2030年可分别提高公共交通出行比例1%、2%左右。

如果未来优化换乘中心建设并且改善非机动车出行环境，如加强换乘设施建设和枢纽综合开发，推动城市自行车租赁系统，建立独立的步行和自行车道等，预计到2020年、2030年可分别将客运周转量的1%、2%转向非机动车出行。

如果未来加强对私人机动车的购买和使用管理，如征收道路拥堵费，加强私人车辆牌照控制，提高城市中心区停车收费标准等，预计到 2020 年、2030 年可分别将客运周转量的 3.5%、7% 转向公共交通出行。

（四）优化货运管理

如果未来优化物流节点管理，优化货物配载方式，积极发展第三方物流，建立智能城市货运门户，并且采用更为先进的甩挂技术、物流信息技术等，预计到 2030 年可以减少公路货运能源消费约 5000 万吨标煤。

三、预期效果

综合上述分析结果，在采取激进的车用能源转型战略措施的情况下，预计我国到 2020 年车用能源消费总量在 3.6 亿吨标煤左右，比基准情景下降约 0.95 亿吨标煤；到 2030 年车用能源消费总量在 4 亿吨标煤左右，比基准情景下降约 2.76 亿吨标煤（参见图 5-19）。

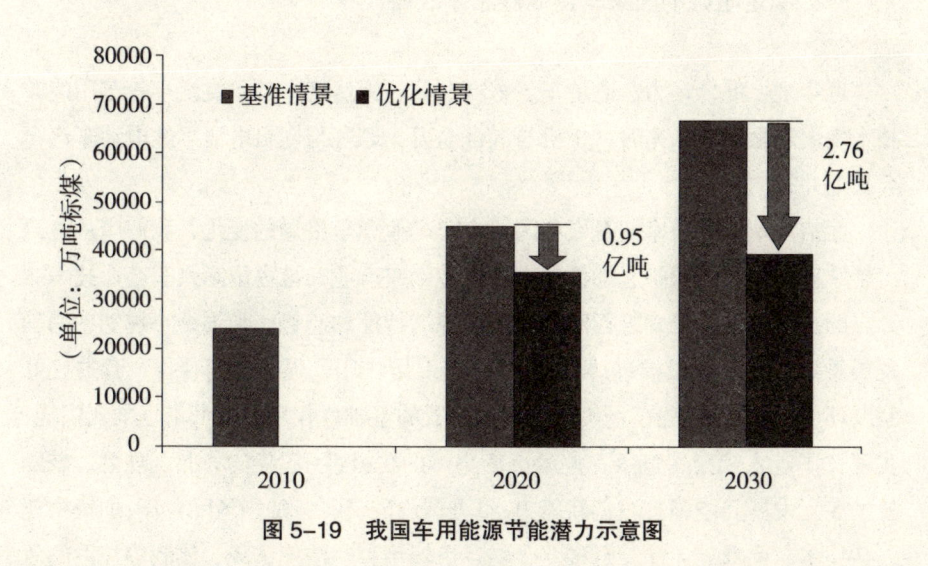

图 5-19 我国车用能源节能潜力示意图

此外，车用能源多元化程度也将明显改善，基本实现预期目标（参见图 5-20）。

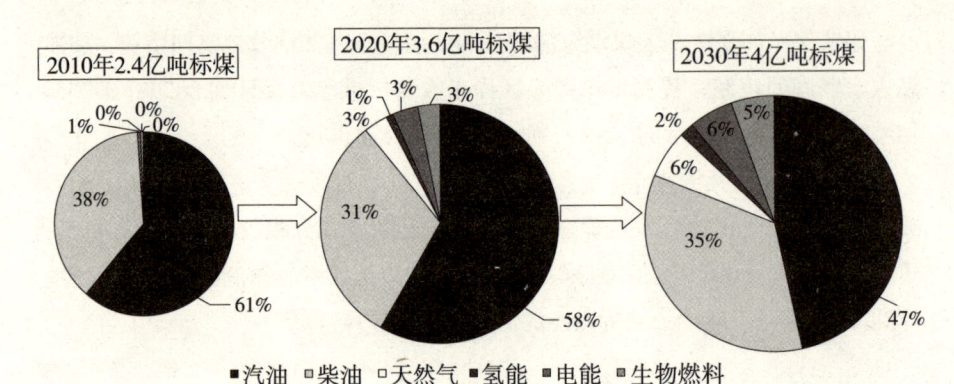

图 5-20 我国车用能源转型发展预期效果示意图

第六节 政策建议

一、制定明确的国家车用能源总体战略

近年来,混合动力、电动车、燃料电池、天然气车、醇类汽车等车用能源技术发展迅猛。从未来看,燃机与混合动力、燃气与燃料电池、纯电动车汽车会长期并存。

面临汽车能源技术的发展和国际汽车产业竞争格局的变化,我们应从能源可持续利用、环境保护、加快培育战略性新兴产业和抢占国际汽车产业技术制高点的高度出发,准确把握不同车用能源的特征和趋势,加强统一规划,明确发展重点,有序加以推进;积极发挥政府引导作用,强化部门合作,营造良好制度环境;进一步增强市场机制在资源配置的基础性作用,降低市场准入门槛,实现公平进入和公平竞争,调动市场主体的积极性;坚持技术中立政策,鼓励技术多元发展,增强自主创新能力;整合国内外资源,加强国际合作;加快构建包括技术、标准、人才、财税、金融、市场培育、法律法规、体制等在内的政策体系,推动车用能源高效、绿色、安全利用,促进我国汽车产业由大变强和资源节约型、环境友好型社会建设。

一是综合考虑能效和排放要求，发展先进柴油机技术和先进汽油技术，提高传统燃料汽车的燃油效率。将发展先进柴油技术作为我国汽车能源战略的有机组成部分，与柴油"清洁化"相配合，显著提高油品质量。

二是加大对天然气商用车及相关产业的支持,在促进天然气供应的多样化、推进天然气价格改革、加大下游的天然气渠道建设等方面制定明确规划。加强能源、交通、科技等相关部门协调，做好天然气车制造、加注站基础设施建设等相关规划。

三是开展可利用土地资源调查评估和能源作物种植规划，科学制定生物燃料战略。在黑龙江、山东、新疆、广西、四川、贵州等已有一定的能源作物及油料植物种植基础、资源潜力大的地区，规划建设生物燃料原料供应示范区。启动非粮食燃料乙醇和生物柴油试点示范项目和规模化应用，建立健全生物燃料收购流通体系，加强生物燃料产业体系建设。

四是正确处理好自主发展与开放合作、政府引导与市场推动之间的关系，合理规划混合动力和新能源汽车发展重点和产业布局。加快纯电动汽车发展，积极推进混合动力汽车发展，持续跟踪燃料电池汽车发展技术和促进产业化。充分调动各个市场主体积极性，培育一批产业基地，打造若干具有较强国际竞争力的关键企业。

二、加强车用能源技术研发和标准体系建设

积极营造有利于创新的环境，加大政府、企业和科研院所对汽车能源技术的研发投入，推进汽车能源的技术集成创新和引进消化吸收再创新，强化企业主体地位，完善产学研用相结合的技术创新体系，鼓励建立合作紧密、利益共享的产业创新联盟，加强公共技术平台建设，加快突破汽车能源的关键核心技术，并加强对整车电子及控制技术、先进内燃机、高效变速器、材料轻量化等共性技术研发，大力实施标准和知识产权战略，强化应用性标准制定，积极参与国际标准制定，加强知识产权保护，促进汽车产业规范健康发展，增强汽车产业自主创新能力。

一是支持提高汽柴油汽车技术水平。鼓励国有大企业集团积极开发自主品

牌高端汽油机产品。对自主开发车用汽油机新机型在税收上、贷款上予以优惠。制定适合汽车工业发展的油品质量标准，保障符合节能和排放技术要求的油品品质。

二是加强天然气汽车电子控制、空燃比控制和优化燃烧、后处理、动力性能、零部件、基础设施安全等关键技术研发。提高汽油机改天然气部件的集成度，降低改装成本，简化改装车的操作。制定柴油车改装LNG的统一标准，以及LNG汽车涉及的制造、运行、质量、安全标准，天然气汽车燃料和排放标准等技术标准。

三是支持生物燃料技术的研究开发和产业化工作，包括生物资源品种选育、生产和加工工艺等，特别要加大对纤维素生物质制取液体燃料技术研究开发的支持力度。建立能源作物和油料植物的育种和种植技术服务体系，做好能源作物和油料树种的筛选、改良和种植技术改进工作。建立相关的技术规范以及产品质量标准，为生物柴油进入油品市场做准备。

四是构建完善的新能源汽车标准体系，积极参与新能源汽车国际标准化制定工作。建立新能源汽车的评价规范和检测能力，建设并改造一批具有国际先进水平的新能源汽车及零部件国家级重点实验室和检测机构。支持电池、电机、电控等关键技术研发。实现电池以及隔膜、正极材料等制造装备自主化。开展新一代电池材料基础性、前瞻性研究，组织实施"国家电池突破计划"，将重点放在对现有电池技术进行提升和鼓励下一代高性能电池技术的开发上，提高电池的性能、寿命和安全性。加强中高级燃料电池汽车全新结构整车平台开发，开展燃料电池发动机寿命、可靠性以及氢能基础设施关键技术的研究。

三、构建公平开放的车用能源发展政策体系

按照节能、环保、安全、便捷、高效和有利于增强自主创新能力的价值取向，完善激励约束机制，充分调动市场主体积极性，公平对待各种汽车用能源技术，加大对天然气、生物柴油、乙醇、甲醇等替代能源在消费税征收、政府补贴、项目资金等方面扶持力度，完善混合动力汽车和新能源汽车扶持措施，加快形成科学合理的汽车能源发展政策体系。

一是放宽经济准入标准，强化社会性标准。努力创造公平开放的市场准入和退出机制，克服所有制歧视，激励各种所有制企业进入车用能源领域。充分考虑到新兴产业与成熟产业的区别，在政策扶持上变企业规模标准为鼓励创新的准入标准，重视对创新型中小企业和民营企业的政策扶持。努力克服"一哄而上，良莠不齐"现象出现，适应资源节约、环境友好、社会责任、消费者权益保护、质量、安全等社会性要求，加快制定相应的法规，尽快形成整车和零部件、试验认证、安全检验、基础设施等一系列政策法规体系。

二是鼓励车用能源技术自主创新。建立车用能源自主开发专项资金，进一步完善对新产品的财政补贴政策，对自主开发能力建设方面取得实质性进展的企业给予减免税政策支持，对企业购置的用于产品开发的样车、样件税费进行减免。进一步完善政府采购的相关法律法规，明确公务用车采购中自主品牌应占较大比例。

三是建立约束与激励并举政策。实行"公司平均燃油经济性"政策，对企业高耗油、高排放车实行分阶段限制措施，抬高常规能源汽车持续性支出，改变新能源汽车与传统能源汽车的比价关系。改变过去基于排量、重量等计税办法，制定基于燃油消耗量的税收奖惩政策，高耗高排高税与低耗低排低税并举。对电动汽车实行与常规汽车不同的牌照管理，并建立基于牌照差别的使用方面的激励政策。

四是鼓励突破产业链薄弱环节。车用能源技术具有跨产业、跨行业的特点，其产业化推进发展不仅依赖于传统汽车生产配套相关企业，还与替代燃料生产企业、电池厂商、电网、第三方运营商等密切相关。针对产业链薄弱环节，制定政策，鼓励打破利益围墙，强化管理部门合作，促进产业链紧密合作、协同创新。

五是完善金融政策。鼓励企业逐步建立以政府信用、投融资实体为平台，以汽车生产企业债券发行为手段的开发性金融信贷政策体系，解决企业研发资金来源。由企业独立承担的技术创新项目，给予拨款或政策性贷款支持；列入国家重点技术创新计划的项目，除给予拨款支持外，还可申请新产品基金的低息贷款。

六是完善新能源汽车扶持政策。在税收政策上，推进增值税改革，扩大增值税的抵扣范围，在现有生产设备抵扣的基础上，把用于生产新能源汽车的固定资产抵扣范围扩大到相关房屋、建筑物等不动产。对认定的纯电动汽车实行增值税即征即退，对燃料电池汽车、混合动力汽车适用 13% 的低税率；允许企业抵扣购置的属于消费税征税范围的新能源小汽车的进项税额。调整关税，充分利用世贸组织赋予的政策选择权，确定适度的新能源汽车关税税率，促进企业改善经营管理、更新技术和设备、扩大生产经营规模。降低购置环节税负，按照车辆的不同排量、用途和环保程度有区分地确定税率，鼓励购买燃料电池汽车和混合动力汽车车辆购置税减少税率征收，对纯电动汽车免税。减轻所得税，对投资新能源汽车开发与利用的企业实行所得税低税率，或者给予一定范围和时期内的减免税。购置生产新能源汽车的设备，可以在一定额度内实行投资税收抵免政策。用于新能源汽车生产的专用设备、关键设备，可适度缩短折旧年限或实行加速折旧法计提折旧。企业用于新能源汽车研发方面的支出，一是要扩大加计扣除的范围，二是分担企业研发风险，单位和个人为新能源汽车产品服务的技术转让、技术培训、技术咨询、技术服务、技术承包所取得的技术性服务收入，可予以免征或减征企业所得税和个人所得税。不断改善补贴政策，简化申请补贴的流程，缩短补贴到位的周期。鼓励整车租赁或集团定向采购，加强对电动汽车的整体监控和统一维护，对电动汽车进行实时监控，定时采集车辆运行数据，为技术改进提供重要依据，保证消费者的使用安全。除税收政策和补贴政策外，还应出台停车收费优惠、低峰时段低电价充电等措施。

四、推进替代能源和非常规动力能源的宣传推广和产业化

加强替代能源和非常规动力能源的宣传力度，展示替代能源和非常规动力能源的最新科研和技术成果。继续做好示范推广工作，拓展示范推广的深度和广度，在制度设计上消除地方保护的影响，优化交通、用电、使用成本等方面的政策，使替代能源和非常规动力能源得到不断改进和完善，产品性能得到稳步提高，有效促进技术进步。同时，积累丰富的示范运行经验，为替代能源和非常规动力能源的大规模推广应用奠定了坚实基础。

一是加大政府的采购力度，形成消费示范效应。由于节能环保和新能源汽车在市场导入期综合成本高、消费者认知度低、市场竞争力不足等问题，除了政府给予财政税收等扶持政策之外，政府的直接采购起着举足轻重的作用。要充分发挥政府采购的拉动作用，有计划地将节能环保和新能源汽车列入各级政府采购名录，帮助生产企业缩短产品导入期，迅速步入成长期，发挥规模经济优势，降低生产成本，从而进一步刺激市场需求。通过政府采购来增强投资者的投资信心和消费者的消费信心，向消费者传达政府鼓励节能环保汽车的生产和消费的信息。在实际操作上，可以考虑采取强制性规定要求中央各部门及地方政府每一年必须在本级公车专项采购预算当中有一定比例（如20%）的节能环保和新能源汽车采购，并做到每年有一定幅度的增长（如每年增加5%），否则将削减其公车采购额。

二是充分发挥各种力量，提高消费者对节能环保和新能源汽车的认知度。充分借助新闻媒体、网络传媒的力量，发挥中介机构、行业的作用，加强对消费者的宣传教育，培育一大批消费体验者，形成浓厚的支持车用能源发展的社会氛围。

三是完善道路交通管理，为节能环保和新能源汽车提供良好的道路环境。借鉴发达国家的经验，为节能环保和新能源车辆提供道路行使优先权，减收高速公路通行费，免收或减收养路费，免收停车费。对未达到标准的汽车进行交通限制。

五、加快车用能源发展的基础设施建设

基础设施建设是节能环保和新能源汽车发展的前提，必须建设大量的公共基础设施才能保障汽车行业的健康发展。燃气汽车需要建设更多的加气站才能得到更好地推广，电动汽车在城市中大规模运行需要大量的公用基础充电设施作为保障，燃料电池汽车需要配套建设相关的加氢站，要切实加快基础设施建设，促进车用能源产业的持续发展。

一是在天然气设施上，尽管近年来国家加大了天然气加气站的建设，但仍难以满足天然气汽车的使用。今后几年，我国天然气加气站要优化加气站设计，在不影响其功能的情况下降低成本，或在不过多增加成本的情况下增加其功能。

发展可靠和经济的家用小型压缩机加气泵，建设发展自动化程度高、修理周期短、利用率高的小型加气站，发展利用率高、可灵活使用的模块式加气站和移动式充气车，加速发展新型高压低排量压缩机。

二是营造良好的使用环境，稳步推进新能源汽车充电设施建设，逐步形成与市场规模相适应的基础设施体系，探索可行性的商业运行模式，降低消费者使用成本，建立完善节能与新能源汽车安全和维修保养服务体系，制定电池和电机驱动系统的售后服务政策，切实保证消费者合法权益。鼓励社会力量参与电动汽车充电设施的建设和经营，为充电站建设和设备购置提供贴息支持；鼓励探索多种形式的充电方式和商业模式（如更换电池）；鼓励地方政府建立电动汽车应用示范区。合理规划充电网络，加快充电设施建设。制定充电基础设施建设规划，为个人新能源汽车用户在其住宅小区停车位或工作场所停车位配套建设充电桩，该类充电桩与新能源车辆的配比不得低于1∶1；对购买新能源汽车的用户提供充电设施建设的服务。此外，在政府机关和商场、医院等公共设施及社会公共停车场，适当设置专用停车位并配套充电桩。

三是积极筹备、规划未来燃料电池汽车氢气供给网络。随着燃料电池汽车由技术验证和试验考核阶段向市场培育过渡，"能源供应商—基础设施制造商—基础设施运营商—城市规划、环境测评等政府部门"应以价值链为纽带联合起来，结合我国能源分布、产业聚集和现有工作基础，统筹规划，以点带线，以线构面，建立"点—线—面"结合的氢气"制取—运输—存储—加注"网络。在项目初期，可参考国际经验，设立"氢气社区"项目，探索氢气制取—运输—使用一体化智能社区。

六、建立健全汽车及电池回收相关政策法规

加快废旧汽车回收拆解与再制造行业和新能源汽车行业的健康发展，积极完善报废汽车回收利用和新能源汽车电池的政策法规，加大行业扶持力度，倡导行业自律发展等。尤其是建立报废汽车和新能源汽车电池回收管理网络，形成回收的主管部门、企业及公安交通管理部门共享的信息网络，实现报废回收拆解和回收利用的全程监控。

一是建立汽车强制回收利用标准。随着国内汽车工业的快速发展,汽车保有量大幅攀升,报废汽车数量也逐年上升。作为世界汽车第一产销大国,我国2011年民用汽车保有量已突破1亿辆,汽车报废量超过400万辆,预计2020年报废量将超过1400万辆。报废汽车回收拆解涉及安全环保和资源利用,是实现汽车产业可持续发展的重要环节。要抓紧研究制定强制性的汽车回收利用标准,促使汽车企业在设计阶段就考虑汽车产品报废以后的回收利用问题。一方面要推动报废机动车回收拆解管理条例尽快出台,提高回收拆解准入门槛,健全进入和退出机制,为汽车零部件再制造创造条件。另一方面,要强化汽车制造商的责任,鼓励汽车制造商加强与回收拆解企业的合作和交流,要求汽车制造商为回收拆解企业提供必要的技术支持,同时要抓紧出台机动车强制报废标准,进一步明确报废条件,严格车辆年检和转移登记制度,从源头上防止报废汽车流向社会。

二是建立完善新能源汽车电池回收管理体系。在法律法规体系中应明确规定生产企业、销售企业及消费者的责任、义务、权利以及违反法律法规将受到的处罚,确立制造商责任制,明确生产企业有义务对废旧电池进行回收处理,销售企业有收集废旧电池并运送到储存点或回收处理工厂的义务,消费者有将废旧电池送到收集点的义务等。

对电池的回收制定合理的价格。由于我国现行的电池产品价格中,只计入了生产成本,而并没有考虑电池本身的价值,以及电池原材料在开发过程中对外界环境造成破坏与污染所消耗的环境容量资源而产生的代价,这就使得长期以来我国电池产品的价格偏低,低价使用使人们产生资源丰富的错觉,从而误导消费者对于电池的不能充分利用。

三是完善财税政策。开征电池防污染税。对未实施逆向物流的电池生产企业开征特殊行业防污染税,其实质是对生态环境容量制定价格,以税的形式将环境容量出售给企业。这也完全符合当前国际上认可的"谁污染,谁付费"的原则。加强财政补贴。财政补贴是最常规的激励机制,也就是政府部门给予实施废旧电池逆向物流的企业某种形式的财务支持。对实施废旧电池逆向物流的企业给予必要的奖励,有利于加快构建我国废旧电池逆向物流系统。补贴的形式多样,通常是拨款、贷款贴息或是减免税收等。补贴经费来自电池防污染税。

四是构建物流体系。建立第三方逆向物流。由于废旧电池不可能完全被回收利用，因此政府就可以建立一种机制，在保证回收比率的前提下，根据每个电池生产企业的生产能力，给予其相应的废旧电池回收数量，使其承担相应的责任。如果某一家企业不想或无力实施废旧电池的逆向物流，就可以准许它通过支付一定费用，将这个责任转嫁给第三方逆向物流。从我国废旧电池逆向物流的客观环境出发，我国尚未健全完善的废旧电池逆向系统。主要的核心问题是电池的回收率过低，单一生产型企业通过回收自身的废旧电池，数量少，无法形成规模化效益，而通过第三方逆向物流进行网络收集，才能形成规模化效益。

五是制定废旧蓄电池回收和再生利用的政策和管理细则。废旧电池的回收利用牵涉生产、销售、使用等多方面，要尽快完善法规建设，从制度上为废旧电池的回收利用提供保障。有关部门要制定废旧蓄电池回收和再生利用的政策和管理细则，实行统一管理、归口收购，有组织地将废旧蓄电池运送至有生产能力且"三废"排放达标的再生铅生产企业。分区域集中建立少数较大规模的、技术先进的处理处置场所，避免小规模、分散处置可能造成的不良后果，清理整顿废旧铅酸蓄电池回收和再生企业，严格市场准入。同时制定优惠政策，扶持废旧铅酸蓄电池再生企业发展。

六是鼓励结合汽车和电动自行车维修点组建"换电站点"。换电站点形成网络，统一提供维修、充电、租赁、换购、出售、回购等服务。对生产厂家和经销商店分别实行生产多少电池上缴相同数量的旧电池、售出多少电池回收多少旧电池的做法。并对未建立回收点的商家，运用政治的、经济的、法律的手段，对其进行批评教育或在媒体上予以曝光，情节严重并造成严重后果的，有关部门要依法惩处。

最后要积极开展宣传教育。目前尽管废旧电池的逆向物流非常重要也非常必要，但绝大多数企业和消费者对其重要性并不太了解，这在很大程度上与宣传教育不够有关。通过宣传教育使消费者意识到废旧电池逆向物流的重要性，不实施废旧电池逆向物流所带来的危害，使广大群众真正意识到逆向物流关系到自己的切身利益，促使消费者主动收集回收废旧电池。与此同时，发挥社会公众的监督作用，一方面可以通过各种媒体，如电视、报纸、广播、广告、小品等来宣传废旧电池的逆向回收，另一方面可以采取各种形式的教育如学校教育、继续教育、职业教育培训和社会教育等来普及废旧电池处理的观念。

主要参考文献

[1] International Energy Agency, *2002—2011 Energy Balances of Non-OECD Countries*.
[2] International Energy Agency, *International Comparison of Light-duty Vehicle Fuel Economy and Related Characteristics*, 2011.
[3] International Energy Agency, *Technology Roadmap: Fuel Economy of Road Vehicles*, 2012.
[4] International Energy Agency, *World Energy Outlook 2011*.
[5] Michael Wang, Fuel Choices for Fuel-cell Vehicles: Well-to-wheels Energy and Emission Impacts, *Journal of Power Sources*, 112(2002): 307—321.
[6] Michael Wang, GREET1.5——Transportation Fuel-Cycle Model: Volume 1: Methodology, Development, Use and Results, Center for Transportation Research, Argonne National Laboratory, 1999.
[7] 北京交通发展研究中心:《北京交通发展年报》(2008)、(2009)、(2010)、(2011)。
[8] BP:《世界能源统计年鉴》(2009)、(2010)、(2011)。
[9] 陈胜震等:《中国清洁能源汽车全生命周期的3E分析与评论》,《汽车工程》2008年第6期。
[10] 邓南圣、王小兵:《生命周期评价》,化学工业出版社环境科学与工程出版中心2003年版。
[11] 狄向华、聂祚仁、左铁镛:《中国火力发电燃料的生命周期排放清单》,《中国环境科学》2005年第5期。
[12] 冯文:《燃料电池汽车氢能系统评价及北京案例分析》,清华大学,2003。
[13] 国土资源部油气资源战略研究中心:《全国油气资源动态评价(2010)》,中国大地出版社2011年版。
[14] 国务院发展研究中心、壳牌国际有限公司:《中国中长期能源发展战略》,中国发展出版社2013年版。
[15] 国务院发展研究中心产业经济研究部、中国汽车工程学会、大众汽车集团(中国):《中国汽车产业发展报告》(2009)、(2010)、(2011)、(2012)、(2013),社会科学文献出版社。
[16] 胡志远:《燃料乙醇生命周期评价及多目标优化方法研究》,上海交通大学,2004。

[17] 胡志远、浦耿强、王成焘：《汽车代用能源生命周期评估》，《上海汽车》2002年第11期。

[18] 李茜：《日本节能及新能源汽车产业发展动向》，《综合运输》2009年11期。

[19] 麦肯锡：《振兴中国电动汽车产业》，2012年。

[20] 毛节华、徐惠龙主编：《中国煤炭资源预测与评价》，科学出版社1999年版。

[21] 欧训民：《中国道路交通部门能源消费和GHG排放全生命周期分析》，清华大学博士学位论文，2010年6月。

[22] 清华大学中国车用能源研究中心：《中国车用能源展望（2012）》，科学出版社2012年版。

[23] 邱彤、孙柏铭、洪学伦：《燃料电池汽车氢源系统的生命周期EEE综合评估》，《化工进展》2003年4期。

[24] 任玉珑、朱丽娜、韩唯健等：《柴油车生命周期的3E评价》，《生态经济》，2005年第5期。

[25] 世界经济年鉴编辑委员会：《世界经济年鉴2006/2007》。

[26] 史立新主编：《交通能源消费及碳排放研究(2011)》，中国经济出版社2011年版。

[27] 王震坡、孙逢春：《电动汽车能耗分配及影响因素分析》，《北京理工大学学报》2004年第4期。

[28] 吴锐、雍静、任玉珑等：《生命周期方法在天然气基汽车燃料评价中的运用》，《环境科学学报》2005年第1期。

[29] 伍昌鸿、马晓茜、陈勇等：《汽车制造、使用及回收的生命周期分析》，《汽车工程》2006年第2期。

[30] 中国交通年鉴社主编：《中国交通年鉴2005》，中国交通年鉴社2005年版。

[31] 中国能源年鉴编辑委员会编：《中国能源年鉴2004》，中国石化出版社2005年版。

[32] 中国汽车技术研究中心、中国汽车工业协会：《中国汽车工业年鉴（2012）》，《中国汽车工业年鉴》期刊社2012年版。

[33] 中华人民共和国国土资源部：《全国页岩气资源潜力调查评价及有利区优选成果》，2012年。

[34] 中华人民共和国国家统计局：历年《中国统计年鉴》。

[35] 中华人民共和国环境保护部：《中国机动车污染防治年报》(2010)、(2011)。

[36] 中华人民共和国环境保护部：历年《中国环境年鉴》。

[37] 中华人民共和国交通运输部：《公路水路交通行业发展统计公报》(2005)、(2006)《公路水路交通运输行业发展统计公报》(2010)、(2011)。

[38] 中华人民共和国水利部：《2011年中国水资源公报》。

[39] 张可:《我国典型车用代用燃料数据库建立及生命周期分析》,清华大学硕士学位论文,2008年。
[40] 朱丽娜:《基于生命周期的替代汽车燃料方案的综合评价》,重庆大学硕士学位论文,2006年。